그리스도로
살아나다

❖ 본문의 성경은 《성경전서 개역개정판》과 *NASB*를 주로 사용하였습니다.
❖ 각 장의 큐알코드를 스캔하시면 해당 설교의 영상을 보실 수 있습니다.

그리스도로
살아나다

In Christ, We Revive

스가랴서에서 발견한
회복의 플랫폼

오정현 지음

국제제자훈련원

"그리스도로 살아나다"

천하의 왕이신 예수 그리스도로 살아나기를 소원하며

스가랴서는 제게 숨겨둔 보석과 같은 성경입니다. 모든 성경이 특별하고 귀하지만, 스가랴서는 신학교 시절에 지금은 고인이 된 찰스 파인버그(Charles Feinberg) 교수의 수업을 들으면서 말씀의 찬란한 영광에 가슴이 뛰었고, 감당할 수 없는 은혜의 물줄기로 저의 영혼을 한없이 적셨던 성경입니다. 그때부터 언젠가는 강단에서 이 놀라운 말씀의 축복을 성도들과 함께 나누는 꿈을 가졌습니다. 그리고 코로나의 어려운 상황이 절정에 이르렀던 시기에, 그러나 하나님께서 준비하신 은혜의 때에 사랑하는 성도들과 말씀을 함께 하는 기쁨을 누리게 된 것은 감사요 감격이었습니다.

스가랴서를 강해한다는 것은 영광이고 특권이지만 한편으로는 거룩한 부담이었습니다. 스가랴서는 신앙의 연조가 길어도 적지 않은 분들이 어디에 위치하는지 선뜻 찾지 못할 만큼 낯설고 익숙하지 않은 성경이기 때문입니다. 한편으로 스가랴서가 강단에서 쉽게 선포되지 않는 이유는 구약의 계시록이라고 부를 정도로 계시와 환상이 가득하여 다가가기 쉽지 않기 때문입니다. 그럼에도 스가랴서 강해는 저와 성도들에게 캄캄한 시대를 비추는 시의적절한 말씀의 빛이 되었습니다.

16년간 멈췄던 예루살렘 성전 재건을 격려하며 마침내 모든 대적과 문제로부터 승리하리라는 스가랴서의 말씀은, 코로나 팬데믹으로 인해 모든 것이 멈춘 듯한 시기를 지나는 성도들에게 다시 시작할 수 있는 힘이 되었습니다. '회복은 하나님께로 돌아감에서 시작된다'는 말씀은 예상치 못한 역사의 불청객으로 불안한 성도들에게 신앙의 기본기를 확고히 다지게 하였고, '열방이 주께로 돌아오리라'는 부흥의 말씀은 우리의 가슴을 사명으로 펄떡이게 하였습니다. 스가랴서 말씀 한 절 한 절을 마음에 새기는 가운데, 우리의 시선은 잠시 지나는 현재의 어려움에서 영원한 영광을 바라보게 되었고, '천하의 왕으로 귀환'하실 주님을 기대함으로 영광스러운 미래를 현재로 당겨와 초월적 감사를 드리는 영적 기백을 갖게 되었습니다.

스가랴서는 1장부터 14장까지 '예수 그리스도'를 증거하고 가리키고 있습니다. 1장에서는 '화석류나무 사이에 붉은 말을 타고 서신 예수님', 2장에서는 '측량줄을 잡으시고 성곽 없는 성읍을 약속하신 예수님', 3장에서는 '더러운 죄악의 옷을 입은 우리에게 깨끗한 예복을 입혀 주시는 예수님', 4장에서는 '무한한 힘과 성령의 능력을 공급해 주시는 예수님', 5장에서는 '날아가는 두루마리와 에바로 죄악을 청산하시는 예수님', 6장에서는 '영광의 면류관을 쓰신 예수님', 7장에서는 '너희의 금식이 누구를 위해 하는 금식이냐고 문책하고 도전하시는 예수님', 8장에서는 '거룩한 질투로 우리에게 회복을 주시는 예수님', 9장에서는 '우리를 왕관의 보석같이 만들어 주시는 겸손한 왕이신 예수님', 10장에서는 '우리에게 봄비의 축복을 주시고 참된 복을 주시는 예수님', 11장에서는 '우리의 참 목자이신 예수님', 12장에서는 '이 땅에 재림하시는 예수님', 13장에서는 '우리에게 정결의 샘을 주시는 예수님', 14장에서는 '천하의 왕으로 오셔서 우리 삶의 모든 영역을 통치하시는 예수님'을 말씀하고 있습니다. 스가랴서를 통해 우리는 '내가 원하는 그리스도'가 아니라 '성경이 말씀하시는 그리스도'를 진실하게 바라보았고, 인생의 무너진 부분을 재건하고 생명력 있게 살아나는 길은 '오직 예수 그리스도'밖에 없음을 고백했습니다.

예수 그리스도의 초림부터 재림에 이르기까지의 예언이 환상과 계시로 녹아 있는 스가랴서 말씀을 풀어내는 것은 진액을 쏟는 일이었지만, 선포되는 말씀을 스펀지처럼 빨아들이는 성도들을 보면서 기쁨으로 매 주일 강단을 감당할 수 있었습니다. 이런 점에서 이 책은 성도들과 함께 써내려간 책이며, 온전히 성도들의 사랑과 기도에 힘입고 있습니다.

읽는 이마다 말씀의 강수에 심령이 적셔져 험한 인생길에서 베이고 찢긴 상처에 새살이 돋고, 세상살이의 무거운 짐으로 신음하는 삶이 다시 일어서는 새 힘을 얻는 시간이 되기를 바랍니다.

매 주일 말씀 속에서 영혼의 호흡을 맞춘 사랑의교회 성도들에게 사랑과 감사를 드립니다.

주후 2022년 8월
사랑의교회 담임목사 오정현

In Christ, We Revive

Part 2. **FORM**: 형태

하나님이 원하시는 형태로 회복하라

삶의 모든 구획에서
돌아오라

여호와 하나님께 돌아가다

"다리오 왕 제이년 여덟째 달에 여호와의 말씀이 잇도의 손자 베레갸의 아들 선지자 스가랴에게 임하니라 이르시되 여호와가 너희의 조상들에게 심히 진노하였느니라 그러므로 너는 그들에게 말하기를 만군의 여호와께서 이처럼 이르시되 너희는 내게 로 돌아오라 만군의 여호와의 말이니라 그리하면 내가 너희에게로 돌아가리라 만 군의 여호와의 말이니라 너희 조상들을 본받지 말라 옛적 선지자들이 그들에게 외 쳐 이르되 만군의 여호와께서 이같이 말씀하시기를 너희가 악한 길, 악한 행위를 떠 나서 돌아오라 하셨다 하나 그들이 듣지 아니하고 내게 귀를 기울이지 아니하였느 니라 여호와의 말이니라 너희 조상들이 어디 있느냐 또 선지자들이 영원히 살겠느 냐 내가 나의 종 선지자들에게 명령한 내 말과 내 법도들이 어찌 너희 조상들에게 임 하지 아니하였느냐 그러므로 그들이 돌이켜 이르기를 만군의 여호와께서 우리 길대 로, 우리 행위대로 우리에게 행하시려고 뜻하신 것을 우리에게 행하셨도다 하였느 니라"(스가랴 1:1-6)

'스가랴'라는 은혜의 태산준령 앞에서 나는 한 가지를 놓고 간절히 기도했다. 스가랴서를 통해 주시는 말씀의 이른 비와 늦은 비의 풍요로움이 사각지대 없이, 온 성도에게 임하게 해 달라는 기도였다. 하나님은 누구에게나 새 일을 행하시는 분이 아닌가. 우리가 부르는 찬양 가사처럼, 때론 우리에게 그분이 보이지 않고 느껴지지 않아도 우리 하나님은 능력이 떠난 자에게 능력을 주시며 치유와 회복을 주시는 분임을 나는 온 교회에 알리고 싶었다.

특별히 코로나 팬데믹을 지나며, 큰 질병 이후에 부흥을 이루었던 세계 기독교 역사를 돌아볼 필요성을 느낀다. 유럽의 참혹한 페스트 이후에 하나님께서는 종교개혁의 횃불을 밝히시고 큰 부흥을 주셨다. 140여 년 전, 우리나라 선교 초기에도 나라 전역에 질병들이 넘쳐났고, 복음을 전하러 왔던 선교사들도 풍토병의 영향을 많이 받았다. 그때 유행했던 병이 '장질부사', 즉 장티푸스와 '호열자'라 불렸던 콜레라였다. 20세기 초반에는 '스페인독감'이 전 세계를 강타했다. 그런데 하나님께서는 그런 질병 후에 이 나라에 큰 부흥을 허락하셨다. 이유가 무엇인가. 우리가 질병 앞에서 겸손해졌기 때문이다. 겸손할 때 하나님께서 큰 부흥을 주신다.

코로나 팬데믹 이후 한국교회 공동체에도 다시 한번 회복과 승리의 표준이 확보되기를 소망한다. 부지불식간에 인본주의적 사고방식이 왕좌를 차지해 버린 모든 영역에서 오직 그리스도만 왕이 되심으로, 이 강해를 마칠 때쯤 거룩한 은혜의 잔치가 가정마다, 교회마다, 나라마다 일어나기를 소망한다.

이 기도를 드리며 스가랴서 첫 설교 주제를 '회복의 플랫폼'이라 하였다. 플랫폼이란 말은 어떤 정거장이나 승강장이란 뜻이다. 나는 2006년부터 "한국교회는 글로벌 사역을 위한 플랫폼이 되어야 한다"는 말씀을 계속해서 드려왔다. 그 말씀을 드리며 신도림역이라든가 서울역, 사당역과 같은 지하철 환승역의 개념을 그렸다. 즉 운동 시합이 있는 날의 운동경기장이나 잔칫날의 멍석처럼, 무슨 일을 시작하려 할 때마다 한국교회가 출발점과 근거지가 되기를 바란다는 말씀이었다. 다시 말해 '회복의 플랫폼'이란, 돌아와서 회복되어 다시 시작되는 지점이다.

왜 스가랴서 강해인가

주일 낮에 스가랴서를 강해한다는 것은 영광이자 특권이지만 큰 부담이기도 했다. 왜냐하면 성도들 가운데 스가랴가 누구인지를 아는 분이 많지 않기 때문이다. 스가랴서가 성경 어디쯤에 있는지 정확하게 찾는 분도 별로 없다. 그만큼 우리에게 익숙하지 않은 성경이 스가랴서다. 그럼에도 스가랴서를 강해하게 된 데는 몇 가지 이유가 있다.

첫째는 하나님의 말씀인 구약성경의 영광과 전통과 자양분을 믿기 때문이다. 영광스런 구약의 말씀 속에는 하나님의 아름다운 전통이 담겨 있다.

미국에서 신학교에 다니던 중 1982년에 찰스 파인버그(Charles L. Feinberg) 박사의 강의를 들을 수 있다. 그는 유대교(Jewish) 랍비, 즉 세계에서 가장 큰 유대교 회당의 랍비였는데 복음주의자로 개종했다. 파인버그 박사는 랍비 출신답게 유대적인 전통에도 풍부했지만 매우 복음적이어서 두 아들을 트리니티 신학교 조직신학 교수로 키워내기도 했다. 스가랴서를 배우는 동안, 나는 그의 유창한 영어를 다 알아들을 수 없는 한계에도 불구하고 하나님의 영광스러움에 압도되는 은혜를 누렸다. 특히, 스가랴서에서 말씀하는 'The Day of the LORD', 즉 '여호와의 날'에서 'LORD'라는 말은 그냥 '주님' 정도가 아니라 '여호와 하나님, 만군의 하나님 여호와'의 의미를 담고 있음을 배우며 말로 다할 수 없는 하나님의 영광에 사로잡혀 버렸다.

그래서 나는 이 말씀을 준비하는 동안, 영광스런 만군의 하나님의 날이 온 성도들의 가정마다 임하기를 간절히 소망했다. 그와 같은 소망의 아름다운 전통과 자양분이야말로 스가랴서를 강해해야 할 첫 번째 이유였다.

스가랴서를 강해하는 두 번째 이유는 우리가 지금 직면한 환경과 상황 때문이다. 우리는 지금 4차 산업혁명 시대를 살고 있다. 3차 산업혁명 시대의 교회는 정보 전쟁에서 많은 부족함을 드러냈다. 따라서 교회가 4차 산업혁명 시대를 선도하기 위해서는 세상에 대한 새로운 반응과 각오가 필요하다. 시대에 맞는 변화와 각오가 없으면 앞으로 혼란과 고통이 가중될 수밖에 없다. 그런 면에서 우리 교회는 교회 리더들과 중직자들이 매 주일 저녁마다 "4차 산업혁명 시대에 교회는 어떻게 할 것인가?"를 놓고 머리를 맞대며 공부했다. 빅데이터 전문가, 클라우드 전문가, AI 전문가들과 함께 매주 두 시간씩 배우며 가야 할 길을 찾았다.

현재 4차 산업혁명 시대의 환경은 전 세계적으로 구글이 압도하고 있다. 한국이나 중국에도 각각 주도하는 기업들이 있다. 그 말은 곧 하드웨어 면에서는 교회가 기업을 이길 수 없다는 뜻이기도 하다. '정보전체주의'(Information totalitarianism)라는 말이 있을 정도로 세상에서는 이제 정보가 막강한 통제력을 발휘한다. 연변 같은 곳을 가보라. 불과 4-5년 전만 해도 거친 운전이 난무하던 그곳이 지금은 너무나 조용하다. 왜 그런가. 그 사회가 빅데이터를 활용하여 정보전체주의 사회로 바뀌었기 때문이다. 교통법규를 조금만 위반해도 곧바로 데이터에 잡혀 범칙금 통지서가 날아오는 등 정보를 활용해 사회를 강력하게 통제하게 된 것이다.

이런 세상에서 우리가 해야 할 일이 무엇일까. 하드웨어 대 하드웨어의 싸움으로는 세상을 이길 도리가 없다. 말씀에 대한 새로운 표준과 영적 회복을 통해 4차 산업혁명 시대의 생명력 넘치는 사역이 교회에서 일어나야 한다. 이 사역을 통해 현재의 모든 상황을 뛰어넘는 말씀의 길이 열려야 한다.

그래서 나는 스가랴서를 통한 말씀의 생명력이 4차 산업혁명 시대에 가장 걸맞게 접목되어 나타나기를 간구하며 이 강해를 준비하게 되었다.

스가랴서를 강해하는 세 번째 이유는 우리가 신앙생활을 하고 사역을 할 때, 우리 나름대로의 역할 모델과 신앙 모델이 필요하기 때문이다. 물론 우리 교회에도 사역적 스승과 목회적 스승이 존재한다. 내 개인적으로도 그간 책을 통해 찰스 스펄전(Charles H. Spurgeon) 같은 분을 간접적 스승으로 만나기도 했다. 그런데 최근 한 2-3년 동안 나는 또 다른 한 인물을 주목하게 되었다. 네덜란드의 신학자이자 목회자이며, 정치가인 아브라함 카이퍼(Abraham Kuyper)가 그 사람이다. 그는 네덜란드 수상을 역임했을 뿐 아니라 교육자로 화란에서 제일 유명한 대학 중의 하나인 자유대학(Free University)을 창설하기도 했다. 또한 16,800개의 기사를 쓴 언론인이자 화가 렘브란트를 매우 잘 아는 예술가 중 한 사람이다. 아브라함 카이퍼는 소위 '영역주권', 즉 "내 삶의 어느 한 곳도 하나님의 통치가 미치지 않는 곳이 없다"라는 신학적 바탕을 가지고 그 나라를 반석 위에 세워놓았다.

진영논리가 난무하고 온갖 갈등이 봉합되지 않는 이 혼란의 시대에 아브라함 카이퍼의 신앙과 사상의 방향들이 스가랴서와 접목되어 선포될 때, 하나님께서 우리 개인과 공동체와 민족을 향한 새로운 표준, 뉴노멀(New Normal)을 열어주시리라 믿는다.

현재 우리가 해야 할 한 가지

먼저 스가랴서에 대한 개요부터 살펴보자. 스가랴서는 '구약의 종말론'으로 불리는 책이자 요한계시록과 같은 '예언서'다. 흥미로운 점은 스가랴서에 순금 등잔대 환상 등 여덟 가지의 찬란한 환상이 소개된다는 점이다. 가히 구약의 계시록이라 불릴 만한 특별한 책이다.

총 열넉 장으로 구성된 이 책은 예수님의 초림에서부터 재림에 이르기까지 예수님에 관한 많은 예언을 담고 있어서 메시아 예언서의 정수라고 할 수 있다. 그래서 신학자들은 스가랴서를 두고, "열두 소선지서 가운데 가장 신비한 책이다"라고 평가하기도 한다.

열넉 장에 불과한 책이지만 그 속에는 예수님께만 집중하는 기독론, 교회의 회복을 주장하는 교회론, 그리고 인류의 종말이 어떻게 될지를 알려주는 종말론까지 담겨있다. 스가랴서 한 권 안에 기독론과 교회론, 종말론 등 기독교 중심 교리가 다 담겨 있는 것이다.

'스가랴'라는 이름을 가진 사람은 성경에 약 29명이나 나온다. 그 이유는 스가랴라는 이름의 뜻이 좋기 때문인데, 영어로는 'Zechariah'이며 "하나님이 기억하신다"라는 뜻을 담고 있다. 아무쪼록 스가랴서 말씀을 듣는 우리를 하나님께서 다시 한번 기억해 주시길 바라며 본문 말씀을 살펴보자.

> 다리오 왕 제이년 여덟째 달에 여호와의 말씀이 잇도의 손자 베레 갸의 아들 선지자 스가랴에게 임하니라 이르시되(슥 1:1).

스가랴 1장 1절에 보니 선지자 스가랴에 대해 "잇도의 손자 베레갸의 아들"이라 기록했다. 그의 할아버지 잇도는 바벨론 포로 시절을 살았고 아버지는 포로기와 포로귀환 시대를 살았던 인물이다. 자연히 스가랴서는 포로귀환 이후를 배경으로 한다는 걸 알 수 있다.

여기서 우리가 주목해야 할 점은 "스가랴서는 어떤 책인가?"이다. 스가랴서는 한 마디로 '회개와 회복에 관한 책'이다. 그것도 아주 실제적인 회개에 관한 책이다. 즉, 스가랴는 옛날 옛적 일을 회개하라고 외치는 게 아니라 철저하게 현재를 바탕으로 회개하라는 얘기를 하고 있다.

이스라엘의 남유다 백성들은 기원전 605년부터 3차에 걸쳐 바벨론에 끌려가서 70년 동안 포로 생활을 했다. 그리고 포로 생활을 끝내고 예루살렘으로 귀환한 뒤에는 스룹바벨 성전을 짓는 일에 주력했다. 그러나 이때에도 성전 건축을 방해하는 세력들이 적지 않았다. 특히 사마리아 사람들이 매우 악랄한 방법으로 성전 건축을 훼방했다. 그 때문에 이스라엘 백성들이 그토록 염원하던 성전 건축은 16년 동안 중단되었다.

16년 동안이나 건축이 중단되자 이스라엘 백성들은 처음에는 낙심했다가, 나중에는 그런 현실에 익숙해졌다. 하나님의 집을 재건하려고 애쓰기보다 자기들의 집을 꾸미는 데 마음을 빼앗겨버렸다. 머릿속으로는 '하나님의 집을 다시 지어야지'라고 생각하지만 외부적 상황 자체가 어렵다보니 성전을 재건하는 일에 머뭇거리게 되었다.

우리는 어떤가? 우리는 이미 우리 자신이 하나님의 성전이라는 사실을 잘 알고 있다. 그래서 영적인 전(殿)이 우리 속에 제대로 지어져가기를 마음 깊이 소원한다. 그러나 사마리아 사람들과 같은 여러 환경을 연이어 만나는 동안 낙심에 낙심을 거듭한 나머지, 어느덧 영적인 전을 짓는 일을 중단해 버린 이도 있을 것이다. 혹 그와 같은 이유로 마음의 성전을 건축하지 못하는 이가 있다면 이번 기회에 낙심의 자리를 털고 일어나 하나님의 아름다운 전을 지을 수 있기를 바란다.

스가랴서와 시대적 배경이 같은 책이 학개서다. 그러다 보니 학개 1장 1절과 스가랴 1장 1절은 비슷하다. 다른 점이 있다면 학개서는 성전 재건을 독려하기 위해 쓰였고, 스가랴서는 성전 재건을 독려하는 가운데 이스라엘 백성들의 내적 부흥을 이루기 위해 쓰였다.

하나님께서는 회복의 메시지를 전하는 스가랴를 통해 하나님의 심정을 담은 여덟 가지의 영광스런 환상을 보여주며 그분의 백성들에게 격려를 전하려 하셨다. 본문 3절 말씀을 보라.

그러므로 너는 그들에게 말하기를 만군의 여호와께서 이처럼 이르시되 너희는 내게로 돌아오라 만군의 여호와의 말이니라 그리하면 내가 너희에게로 돌아가리라 만군의 여호와의 말이니라.

1장의 요절인 3절에서 '돌아오라'는 말이 두 번이나 반복된다. 뒤이어 4절과 6절에서도 '돌아오라'는 말이 반복된다. 짧은 여섯 절 본문 가운데 '돌아오라'는 말이 무려 네 번이나 강조되고 있는 것이다. 무슨 뜻인가.

"너희들은 돌아와야 한다. 돌아와야 회복될 수 있다. 나는 너희가 돌아오는 걸 정말 원한다. 돌아오라! 돌아오라!"

돌아오라는 이 말씀 안에는 복음의 신비가 담겨 있다. 돌아오라고 말씀하시지만 크게 보면 하나님께서는 이미 우리 심령 속에 돌아와 계신다. 여기에 복음의 신비, 보혈로 뿜어져 나오는 신비가 담겨 있다. 즉 하나님께서 우리 속에 돌아와 계시기 때문에 우리는 예수 그리스도를 구세주와 주님으로 영접하게 되었다. 보혈의 능력이 우리에게 임하여 하나님께서 우리 속에 돌아오심으로써 우리가 또한 주님께 돌아오게 되었다.

그런데 문제는, 이미 주님 앞에 돌아온 우리이지만 매일 부딪치는 삶의 현실 속에서 또다시 주님 앞으로 돌아와야 한다는 사실이다. 하나님께서 보내주신 초청장으로 인해 우리는 이미 보혈을 힘입어 구원의 은혜를 받은 자들이지만, 우리 편에서 볼 때는 지속적으로 주님께 돌아가야만 한다. 신앙생활의 성장과 성숙을 위해 주님께로 매일 돌아가야 하는 이 역동적인 관계야말로 하나님과 우리 사이의 신비를 보여준다.

어떤 면에서 예배의 자리를 지키는 것부터가 지속적으로 주님께 돌아오는 일이다. 하나님의 은혜로 이미 하나님께 돌아온 우리가 계속해서 주님께 돌아가는 이 역동적 관계가 살아날 때, 우리에게는 회복의 플랫폼 구축이 시작된다고 할 수 있다.

돌아옴의 전제 조건, 회개

그런데 한 가지, 하나님께로 돌아오되 전제 조건이 있다. 본문 4절을 보라.

> 너희 조상들을 본받지 말라 옛적 선지자들이 그들에게 외쳐 이르되 만군의 여호와께서 이같이 말씀하시기를 너희가 악한 길, 악한 행위를 떠나서 돌아오라 하셨다 하나 그들이 듣지 아니하고 내게 귀를 기울이지 아니하였느니라 여호와의 말이니라.

이 말씀에 의하면, 여호와께로 돌아오는 전제 조건은 '조상들을 본받지 말라'는 것이다. 조상들의 불순종을 본받지 말고 조상들의 죄악에서 떠나라고 하신다. 여호와의 말씀에 귀 기울이지 않았던 조상들의 죄악을 분명히 하신다. 그간 이스라엘 조상들이 하나님께 얼마나 불순종했던지, 성경은 그 불순종 때문에 이스라엘이 바벨론의 침략을 받고 포로가 되었으며, 성전마저 폐허가 되었다고 지적한다.

스가랴서는 그런 잘못을 반면교사로 삼아 "너희는 그렇게 하지 말라"고 말씀한다.

그렇다면 우리의 선조나 우리 자신은 어떤가. 여호와를 경외하여 패역한 길로 가지 않은 날이 과연 얼마나 될까.

너희 조상들이 어디 있느냐 또 선지자들이 영원히 살겠느냐 내가 나의 종 선지자들에게 명령한 내 말과 내 법도들이 어찌 너희 조상들에게 임하지 아니하였느냐 그러므로 그들이 돌이켜 이르기를 만군의 여호와께서 우리 길대로, 우리 행위대로 우리에게 행하시려고 뜻하신 것을 우리에게 행하셨도다 하였느니라(슥 1:5-6).

무슨 뜻인가. 쉽게 말해 너희 조상들이 하나님께서 보내신 선지자의 말을 듣지 않더니 결국은 경고와 징계와 형벌이 그대로 이루어졌다는 말이다. 안타깝다. 그래서 스가랴서는 처음부터 이와 같은 안타까운 상황이 계속되지 않기를 바라는 하나님의 마음을 전한다.

여호와가 너희의 조상들에게 심히 진노하였느니라(슥 1:2).

하나님께서 진노하시는 이유가 무엇인가. 하나님은 괜스레 부정적 감정을 발산하려고 진노하시는 분이 아니다. 하나님의 진노에는 그 백성들이 망하지 않기를 바라는 안타까운 심정이 담겨 있다. 그분은 우리가 오물 구덩이에 빠지거나 위험천만한 천 길 낭떠러지 앞에 서서 떨어져 죽는 걸 원치 않으시기 때문이다.

조금 격한 비유일지 모르지만 어느 부모가 자기 자식이 똥통에 빠져 똥물을 뒤집어쓴 채 사는 걸 묵과하겠는가. 똥물을 뒤집어쓰고 온몸에 냄새를 풍기다 보니 자식도 치욕스럽게 되고 집 전체가 더러워지는 걸 부모라면 도저히 견딜 수 없을 것이다.

"안 돼, 안 돼. 거기에 빠지면 안 돼."

하나님의 거룩한 진노란 이와 같다. 자식이 구렁텅이에 빠져들어가거나 죽으려고 절벽을 향해 내달릴 때 소리를 지르며 진노를 발하는 부모의 심정, 그것이 자식을 사랑하는 하나님 아버지의 마음이다.

이처럼 주님은 죄에 대해 진노하신다. 조상들의 죄와 우리의 죄에 대해 진노하신다. 오죽했으면 히브리서에서 "우리 하나님은 소멸하는 불이심이라"(히 12:29)고 했을까. 하나님께서는 우리를 죽이는 죄에 대해 진노하신 나머지, 그 죄를 소멸하기까지 하시는 분이라는 뜻이다.

이처럼 우리는 죄에 대해 노를 격발하시는 하나님의 본심을 진심으로 깨달을 수 있어야 한다. 하나님께서는 순전히 우리를 살리기 위해 진노하신다. 이것은 마치 깐깐한 율법주의자들이 자기 의가 충만한 나머지, 남들을 칼끝같이 지적하고 찌르며 깎아내리는 식의 분노가 아니다. 하나님의 진노는 우리를 향한 애타는 사랑이 기반이 된, 우리를 살리기 위한 진노이다.

우리 모두가 어떤 존재인가를 생각해보라. 우리는 거룩하신 하나님 앞에 오물투성이인 채로는 나갈 수 없는 사람들이다. 하나님께서 우리를 향해 깨끗하라, 거룩하라 하시는 이유도 그 때문이다. 따라서 엄위하신 하나님과 나 사이에 거리끼는 '부적절한 관계'나 '오염시키는 죄'가 아직도 남아 있다면 그 문제부터 깨끗이 정리해야 한다. 그래야 4차 산업혁명 시대의 정보전체주의를 뛰어넘는 회복을 얻을 수 있다.

열왕기하 말씀을 보자. 우리는 이 말씀에서 우리를 향하신 하나님의 본심을 엿볼 수 있다.

> 여호와께서 그의 종 다윗을 위하여 유다 멸하기를 즐겨하지 아니하
> 셨으니 이는 그와 그의 자손에게 항상 등불을 주겠다고 말씀하셨음
> 이더라(왕하 8:19).

나는 이 말씀을 보며 참으로 감사했다. 하나님은 우리를 멸하기를
원치 않으신다. 그래서 우리에게 등불을 주신다.

그런데도 그분이 진노하시는 이유는 무엇인가. 우리를 살리셔야
하기 때문이다. 살리고 싶기 때문에 진노하시는 분, 그분이 바로 하
나님이시다. 따라서 우리는 하나님 앞에 죄의 문제를 해결함으로써
하나님께서 주시려는 거룩한 등불을 확보할 수 있어야 한다. 이 등
불은 어두운 길 가운데 빛을 발하는 거룩한 등불이다. 이 등불이 있
으면 우리가 살 뿐 아니라 우리가 사는 지역도 살고 나라도 산다.

그러나 아직까지도 "죄에서 떠나라"는 하나님의 마음이 자신에게
와닿지 않는다면 에스겔서를 통해 계속해서 말씀하시는 하나님의
안타까운 음성을 들을 수 있기를 바란다.

> 너희는 돌이켜 회개하고 모든 죄에서 떠날지어다 그리한즉 그것이
> 너희에게 죄악의 걸림돌이 되지 아니하리라 너희는 너희가 범한 모
> 든 죄악을 버리고 마음과 영을 새롭게 할지어다 이스라엘 족속아
> 너희가 어찌하여 죽고자 하느냐(겔 18:30a-31).

이 말씀을 통해 드러나는 하나님의 마음 앞에 우리는 엎드려야
한다. "너희가 어찌하여 죽고자 하느냐? 그것이 너희에게 죄악의 걸

림돌이 되지 않기를 바란다"라는 하나님의 마음 안에 우리의 마음이 전격적으로 들어가야 한다. 하나님께서는 우리가 죽지 않고 생명의 역사를 통해 죄악의 걸림돌을 정리하기를 바라신다. 이 죄악의 걸림돌을 정리하고 하나님 앞에서 안타까운 죽음의 방향이 처리되기를 원하신다. "너희가 어찌하여 죽고자 하느냐?" 이렇게까지 말씀하시는 하나님의 안타까운 심정을 우리가 모두 깨달을 수 있기를 바란다.

누구의 통치 아래 살 것인가

그렇다면 우리는 삶의 현장에서 구체적으로 무엇을 회개해야 할까? 세상의 범죄처럼 사회적으로 명백히 드러나는 죄가 없는데도 불구하고 우리가 회개해야 할 것들은 무엇일까? 성경은 대체 우리에게 무엇을 회개하라고 촉구하는 것일까?

한 마디로 예수 그리스도를 내 삶의 전 영역에서 주인으로 삼지 않은 것, 예수 그리스도가 내 삶의 전 영역을 지배하시도록 내어드리지 않은 것을 회개해야 한다. 무슨 뜻인가. 1절을 다시 보자.

> 다리오 왕 제이년 여덟째 달에(슥 1:1a).

'다리오 왕 제이년'이란 표현은 스가랴 1장 1절뿐 아니라, 외부적 성전 건축을 독려하기 위해 쓰인 학개 1장 1절에도 나온다.

> 다리오 왕 제이년 여섯째 달 곧 그 달 초하루에(학 1:1a).

학개서와 스가랴서의 배경이 되는 시점은 불과 두 달 차이밖에 안 난다. 그리고 그 시기는 다리오 왕 치세였다. 이것은 이스라엘 입장에서 매우 비참한 일이었다. 이스라엘은 하나님께서 세우신 왕들의 통치를 받는 민족이었기 때문에 이스라엘이 멸망하기 전까지는 '여호사밧 치세 제 몇 년', '히스기야 치세 제 몇 년', '솔로몬이 통치하던 시기 제 몇 년' 등의 연호를 사용해왔다. 그런데 이스라엘의 불순종과 죄악의 범죄가 난무하던 시절을 거치는 동안 어느덧 이스라엘 왕들이 통치하던 연호는 사라지고, 이젠 '다리오 왕 치세 2년'이라는 연호를 사용하는 안타까운 일이 벌어지게 되었다. 이는 이스라엘에 진정한 왕이 없었기 때문에 이스라엘이 망했을 뿐 아니라 이방인의 손아귀에서 치욕적인 지배를 받고 있음을 뜻한다.

하지만 이방인의 치세는 언젠가 끝나게 된다. 그게 언제인가. 우리의 진정한 왕이신 예수 그리스도께서 우리를 통치하시는 순간이다. 페르시아의 다리우스 1세인 '다리오 왕'으로 상징되는 세상의 통치를 벗어나 우리가 오직 예수 그리스도의 다스림 속에서 살아갈 때, 우리의 삶은 완전히 재정비되고 진정한 회복을 이룬다. 모든 성도의 영적인 연대표가 달라지는 것, 그것이 회복으로 가는 결정적 기준이라는 것이다.

이를 더 쉽게 이해하기 위해 전 세계에서 쓰는 연호를 생각해보자. 북한은 지금 '주체 몇 년'이란 연호를 쓴다. 과거 중국의 영향을 받았던 우리나라 조선시대에는 과거에 급제한 사람들이 왕의 교지를 받을 때도 '세종 몇 년', '숙종 몇 년'이란 표현을 쓰지 못했다. '명나라 황제 몇 년'이란 표현을 쓰다가 나중에 청나라의 통치를 받을 때 즈음부터는 '건륭 몇 년', '광서제 몇 년' 식의 중국 연호를 써야만 했다. 우리나라 일제 강점기 때도 마찬가지였다. '메이지', 혹은 '쇼와(昭和) 몇 년' 식의 연호를 썼다.

한국교회 성도들은 앞으로 연호를 새롭게 해야만 한다. 세상에서는 집권자의 이름을 따서 어느 정부 몇년 식의 연호를 쓰지만 그것은 하나님 나라 연호에 비하면 하나의 형식이요 참고자료에 불과할 뿐이다. 우리는 하나님 나라 연대표 아래 사는 사람들이고 하나님의 치세 아래 있는 하나님의 백성들이기 때문이다.

부친께서는 내가 어렸을 때부터 종종 이런 당부를 하셨다.

"현아, 너는 앞으로 무슨 사인을 하거나 기록할 때는 그냥 몇 년 몇 월 며칠이라고 쓰지 말고 반드시 '주후'(主後) 몇 년 몇 월 며칠이라고 써라."

부친의 당부 덕분에 나는 철들고 지금까지 연 월 일을 쓸 때 '주후'라는 말을 안 쓴 적이 없다. 반드시 주후를 썼다. 왜 그래야 하는가. 하나님의 백성들은 관등성명이 분명해야 하기 때문이다. 그래서 나는 지난 20여 년 동안에도 우리 교회의 모든 공적인 서류와 기안지에 반드시 주후를 쓰라고 당부했다. 주후가 없는 것은 관등성명이 분명하지 않다고 봤다.

우리는 이를 명백히 할 필요가 있다. 우리 모두의 연호는 이제부터 주후다. 혹시 자식을 낳거든 김주후, 백주후, 이주후, 박주후라고 지으면 좋겠다는 생각마저 든다. 스가랴서를 강해하며 이런 말씀을 진지하게 드리는 이유는 단순히 주후라는 표현 자체의 중요성을 말씀드리기 위함이 아니다. 우리는 하나님의 통치와 그분의 영역주권 아래 사는 존재들임을 확실히 알려드리려 함이다.

따라서 지금 우리가 사는 시점을 말할 때도 주후 2020년대를 살고 있음을 분명히 해야 한다. 이것이 우리 신앙의 플랫폼이 되기를 바란다. 플랫폼이 무엇인가. 우리가 뻗어나갈 근거지나 환승장, 운동장, 멍석, 새로운 생태계가 아닌가. 따라서 회복의 플랫폼이란, 우리의 삶이 다리오의 치세 아래가 아니라 '하나님의 연대표' 아래 들어감으로 우리를 지배하시는 하나님의 영역주권의 현장이 확장되어 회복되는 것을 뜻한다.

우리는 왜 이렇게까지 하나님의 연대표를 생각하며 거기에 맞춰 살아야 할까. 늘 말씀드려왔던 그대로 그것만이 한 번 뿐인 우리 인생을 가장 그리스도인답게 사는 비결이기 때문이다. 세상의 연대표(역사)는 우리에게 '이 세상을 얼마나 즐기며 사는가'에 초점을 맞추도록 한다. 그러나 하나님의 연대표는 우리에게 하나님의 동역자로서 맡겨진 시간을 가장 값지고 의미 있게 살아가는 데에 초점을 두도록 이끈다. 세상의 연대표로 사는 사람은 결국 '죽음을 향해 달려가는 시간의 노예'라는 위치에서 벗어날 길이 없다. 그러나 하나님의 연대표로 살아가는 사람은 하루하루 하나님을 향해 걸어가면서 하나님의 영원한 시간대 속에 살아갈 수 있다. 이 땅에서의 하루가 죽음으로 가는 하루가 아닌, 영광스러운 하나님을 향한 영원한 시간대 속의 하루라는 사실이 얼마나 감사한 일인지 모른다.

세상의 연대표는 우리에게 "당신은 죽기 위해서 태어났다"고 말한다. 그러나 하나님의 연대표는 우리에게 "당신은 영원한 삶을 위해서 태어났다"고 말한다. 세상의 연대표는 우리에게 "묘비에 적힌 두 줄 사이의 짧은 인생"(몇 년에 태어나서 몇 년에 죽음)이라고 말하지만, 하나님의 연대표는 우리에게 "하나님의 생명책에 기록되는 존재"라고 말한다(빌 4:3, 계 21:27). 세상의 연대표는 우리에게 "지나가는 시간을 붙잡고 즐기라"고 말하지만, 하나님의 연대표는 우리에게 "주어진 소명을 붙잡고 사명의 즐거움으로 살라"고 말한다.

복음주의 사회 비평가요 변증가인 오스 기니스는 "우리 인생은 세 개의 단어로 묘사될 수 있다"고 말했다. '죽을 인생', '덧없는 인생', '깨지기 쉬운 인생'이 그것이다. 생각해보면 이 땅의 어떤 인생도 여기에서 자유할 수 없는 것 같다. 세상의 연대표가 주는 삶이 모두 이와 같기 때문이다. 그러나 하나님의 연대표는 죽을 인생을 죽지 않을 인생으로, 덧없는 인생을 의미 있는 인생으로, 깨지기 쉬운 인생을 안전한 인생으로 이끈다.

나는 스가랴서를 통해 온 성도들이 세상의 연대표가 아닌 하나님의 연대표에 눈 뜰 수 있기를 바란다. 그리하여 하나님의 동역자로서 한번 뿐인 우리 인생을 가장 의미 있고도 즐겁게, 새로운 차원으로 열어갈 수 있기를 소망한다.

나의 영역은 없다

그렇다면 영역주권의 실천적 의미로 '주후'를 사용하면 무슨 일이 일어날까? 이것은 매우 중요한 문제다. 예수 그리스도의 지배를 받기 위해 회개하는 것과 영역주권으로 주후를 쓰는 것은 어떤 관계가 있을까? 다시 스가랴 1장 1절부터 살피며 이를 발견해 보자.

> 다리오 왕 제이년 여덟째 달에 여호와의 말씀이 잇도의 손자 베레갸의 아들 선지자 스가랴에게 임하니라 이르시되.

다리오 왕의 통치를 받던 제2년이었지만 이 시기에 스가랴에게는 이전과 다른 무엇인가가 펼쳐진다. "여호와의 말씀이 선지자 스가랴에게 임하니라"라는 구절에서 알 수 있듯이 하나님의 살아있는 말씀이 선지자 스가랴에게 임한 것이다.

하나님의 말씀이 임한다는 차원을 과거 엘리 제사장이 살던 사무엘 시대 때 '말씀이 희귀했다'는 내용과 연관 지어 생각해보자. 당시에는 말씀이 없었다고 했다. 말씀의 임재가 거의 없었다는 것이다. 그때와 비교해서 스가랴서의 이 말씀을 보면 어떤 소망이 차오르는가. 하나님의 연대표에 있는 하나님의 백성 스가랴에게 여호와의 말씀이 임한 것처럼, 살아계신 하나님의 말씀이 지금 우리에게도 임함으로 주께서 직접 우리에게 기름 부으시고 새롭게 하시기를 소망하게 되지 않는가.

그런데 연이은 스가랴서 말씀은 우리의 현주소가 무엇인지를 깨닫게 한다.

여호와가 너희의 조상들에게 심히 진노하였느니라(슥 1:2).

앞서 언급했듯이, 우리가 하나님께로 돌아가려면 하나님의 진노에 대해 고민해야 한다. 하나님께서는 지금도 우리가 그분께로 돌아가기를 간절히 바라신다. 그런데도 사람들이 하나님께로 돌아가지 못하는 이유는 무엇인가.

우리가 하나님과 너무나 멀리 떨어져 있기 때문이다. 멀리 떨어져 있어서 그 음성을 듣지 못하거나 희미하게 듣기 때문이다. 우리는 "하나님이 택하사 거룩하고 사랑받는 자"(골 3:12)임에는 분명하지만 하나님과의 거리가 너무 멀어서 우리를 향해 "너는 내 사랑하는 자"라고 부르시는 음성을 제대로 듣지 못한다. 이렇게 하나님의 소리를 듣지 못할수록 우리는 세상 유혹의 소리, 쾌락의 소리에 더욱 빠져들어 갈 수밖에 없다. 그러니 혹 세상의 시끄러운 소리들 가운데서 "사랑하는 자야, 돌아오라"는 음성이 희미하게나마 들린다면, 세상의 소리를 줄이고 다시 하나님의 음성에 더욱 귀 기울여야 한다.

하나님을 가까이 하지 않고 그분의 음성을 들을 길은 없다. 그러므로 어떻게 하든지 하나님을 가까이 하는 끈을 놓지 말기를 바란다. 적어도 주일예배는 지키고 다락방도 참석하며, 짧게라도 성경을 펴서 읽고 잠자리에 들기 전에 엎드리기를 바란다.

우리 가운데 깊은 고독감이나 상실감, 그리고 소외감을 느끼는 이가 있다면 돌아오라는 하나님의 음성을 듣는 '기회'로 삼기 바란다. 이제 내게는 아무것도 남지 않았다고 생각되는 그때가 하나님께서 우리를 향해 돌아오라고 부르시는 때다. 누가복음 15장의 '탕자의 비유'에서 집 나간 둘째 아들이 다시 아버지의 집으로 돌아가도록 일깨워 주었던 것은 더이상 자기 주변에 아무도, 아무것도 없다는 완전한 상실감과 이제는 혼자뿐이라는 처절한 고독감 때문이었다. 마찬가지로 우리도 만약 손에 아무것도 가지고 있지 않다면, 홀로 있다는 고독감과 소외감으로 불안하다면 그것이 곧 돌아오라는 하나님의 사인임을 깨달아야 한다.

스가랴서는 그와 같은 하나님의 외침을 그대로 보여준다.

그러므로 너는 그들에게 말하기를 만군의 여호와께서 이처럼 이르시되 너희는 내게로 돌아오라 만군의 여호와의 말이니라 그리하면 내가 너희에게로 돌아가리라 만군의 여호와의 말이니라(슥 1:3).

돌아오라는 하나님의 말씀이 임할 때, 특별히 스가랴서에는 "만군의 여호와가 이르노라"라는 표현이 자주 나온다. 위의 3절에도

'만군의 여호와'란 표현이 세 번이나 나온다.

앞서 말한 대로 신학교에 다니던 시절, 파인버그 교수님과 스가랴서를 공부할 때 '만군의 여호와'라는 이 표현 하나에 대해서만 한 시간이나 강의를 들었다. 만군의 여호와, 'The LORD of hosts'라는 말은 '큰 군대의 왕'이라는 뜻이다. 하늘의 세계인 영계(靈界) 혹은 천계(天界)를 모두 지배하시는 하나님이 바로 여호와 하나님이시라는 것이다. 그렇다. 우리 하나님은 큰 군대의 왕처럼 영광스럽고 존귀하신 분이다.

이것은 말씀이 임하는 곳마다 하나님께서 우리 삶에 만군의 여호와가 되어주셔서 우리의 영적 전쟁을 앞서 인도해 주신다는 뜻이기도 하다. 우리가 누구인가. 우리는 아무것도 아니다. 우리는 부족할 뿐 아니라 오염되어 있어 연약하기 짝이 없는 존재들이다. 그러나 그런 우리에게 여호와의 말씀이 임함으로 하나님께서 만군의 여호와가 되어주시면, 우리는 4차 산업혁명 시대의 거대한 환경들까지도 극복할 수 있다.

'만군의 여호와'라는 말은 구약 929개 장 중 261번 나오며, 그중 스가랴서에서만 53번 나온다. 스가랴서는 14개 장으로 구약의 약 1.5퍼센트 정도밖에 안 되는 분량인데, 여기에서 '만군의 여호와'라는 말이 나오는 횟수가 구약 전체의 20퍼센트나 된다는 말이다. 스가랴서는 여호와의 말씀이 임할 때 만군의 여호와의 능력이 얼마나 강력하게 펼쳐지는지를 압도적으로 보여주고 있다.

흥미로운 것은 만군의 여호와의 말씀이 임하는 순서가 있다는 점이다. 하나님의 말씀은 먼저는 선지자에게, 그 다음은 지도자들에게, 그 다음은 백성들에게 임한다. 오늘 만군의 여호와의 말씀이 목회자에게, 우리 교회 순장님들과 말씀을 가지고 영혼을 섬기는 주의 백성들에게 임하기를 바란다. 만군의 여호와의 말씀이 임함으로 우리 집안에 있는 모든 자녀에게도 말씀의 능력이 임하기를 바란다.

이처럼 만군의 여호와의 말씀이 우리에게 임할 때, 스가랴서에 나오는 모든 환상도 시동이 걸리기 시작한다. 엔진이 가동되기 시작한다. 그러므로 온 성도들이 스가랴서에 나타난 여러 환상과 영광스런 만군의 여호와의 말씀이 깨달아짐으로, 그 삶의 시동이 힘차게 걸리기를 바란다. 인생의 엔진이 가동되기 바란다.

나 역시 지난 40여 년간의 사역을 돌아보면, 하나님께서 무엇을 이루실 때마다 그냥 되게 하지 않으셨음을 확인하게 된다. 항상 '만군의 여호와의 말씀'을 먼저 주시고 그 말씀을 붙잡고 강력하게 집중해서 기도하게 하셨으며, 그럴 때 우리 삶과 사역을 가장 아름다운 방향으로 인도하셨다.

여기서 '만군의 여호와의 말씀'이 누군가에게 임했다는 것은, 우리 삶의 전 영역에 하나님의 주권이 미쳤다는 것을 내포한다. 앞서 소개한 아브라함 카이퍼는 "만물을 통치하시는 그리스도께서 인류가 존재하는 모든 삶의 영역들 중 자신의 것이 아니라고 말씀하시는 영역은 단 한 평도 없다"라고 말했다. 우리 삶의 모든 영역에는 하나님의 통치와 주권이 임한다는 것이다. 우리 삶의 손톱만한 영역조차도 하나님께서 모두 통치하신다는 것이다. 우리가 이 사실을 인식하고 인정하는 일은 너무나도 중요하다. 하나님의 영역주권과 통치에 관해 하나님께서는 어떤 이분법적 논리도 허용하지 않으시는 분이기 때문이다.

그러나 신앙이 좋다는 분들 중에도 '제 삶의 99퍼센트는 하나님의 영역이지만 1퍼센트는 제 영역입니다'라고 생각하는 분들이 은근히 많다. 소위 열의 아홉은 하나님께 양보했으니 하나 정도는 하나님이 제게 양보해 주셔야지요, 라는 식이다. 그러나 그런 태도를 지닌 우리에게 주님은 단호히 말씀하신다.

"아니다. 우주 속의 단 한 평도 하나님의 통치와 주권을 벗어나는 곳은 없다."

이 사실을 가슴에 새기며 스가랴서의 엔진을 심장에 장착하여 시동을 걸 때, 우리 삶에는 약진하는 새로운 생태계가 펼쳐지리라 믿는다. 다시 말해 아무리 정보전체주의가 막강한 시대를 산다고 해도, 큰 군대를 통치하시는 하나님의 능력이 우리 삶에 임하면 하나님의 승리의 역사는 반드시 우리의 것이 된다. 이처럼 하나님께로 돌아간다는 것은 삶의 전 영역을 그리스도의 통치 아래 두는 일이다.

하나님께로 돌아가는 길은 결코 쉽지 않다. 어쩌면 그 여정은 과거에 대한 죄책감과 미래에 대한 불안으로 가득 차 있을지도 모른다. 돌아가기 위한 출발점과 도착할 집까지는 거리가 멀기에, 이 거리를 지혜롭게 가야만 한다. 그러나 돌아오는 자에게 주시는 축복에 대해 이사야서 35장 10절은 이렇게 말씀하며 우리를 격려한다.

> 여호와의 속량함을 받은 자들이 돌아오되 노래하며 시온에 이르러 그들의 머리 위에 영영한 희락을 띠고 기쁨과 즐거움을 얻으리니 슬픔과 탄식이 사라지리로다.

여기서 더 나아가 스가랴서는 여호와께로 돌아올 때 마음만 회복되는 것이 아님을 구체적으로 밝히고 있다.

> 그가 다시 외쳐 이르기를 만군의 여호와의 말씀에 나의 성읍들이 넘치도록 다시 풍부할 것이라 여호와가 다시 시온을 위로하며 다시

예루살렘을 택하리라 하라 하니라(슥 1:17).

이 말씀은 영적인 축복뿐 아니라 지역적으로나 도시와 국가 전체적으로도 회복되는 모습을 구체적으로 그릴 수 있게 한다. 어떤가. 이 말씀 앞에 우리 가정뿐 아니라 이 지역과 이 나라 전체를 향한 하나님의 회복을 바라고 소망하게 되지 않는가.

이 모든 일은 우리 한 사람 한 사람이 마음의 소원을 가지고 주님께로 돌아가기 시작할 때 일어날 것이다. 우리가 하나님께로 돌아갈 때 그분은 우리 인생을 회복의 플랫폼으로, 또 다함께 참여하는 운동장으로, 이 시대의 새로운 표준으로 만들어 주실 것이다.

소망으로 깨우시다

"그러므로 너는 그들에게 말하기를 만군의 여호와께서 이처럼 이르시되 너희는 내게로 돌아오라 만군의 여호와의 말이니라 그리하면 내가 너희에게로 돌아가리라 만군의 여호와의 말이니라"(스가랴 1:3)

"작은 일의 날이라고 멸시하는 자가 누구냐"(스가랴 4:10a)

"갇혀 있으나 소망을 품은 자들아 너희는 요새로 돌아올지니라 내가 오늘도 이르노라 내가 네게 갑절이나 갚을 것이라"(스가랴 9:12)

이번 장에서는 '소망의 포로들'을 향한 하나님의 심정을 살펴보려 한다. 본문 3절에는 '돌아오라'는 말씀이 유독 강조되어 표현되었다.

그러므로 너는 그들에게 말하기를 만군의 여호와께서 이처럼 이르시되 너희는 내게로 돌아오라 만군의 여호와의 말이니라 그리하면 내가 너희에게로 돌아가리라 만군의 여호와의 말이니라(슥 1:3).

하나님께서는 이스라엘 백성들에게 어디로 돌아오라고 하시는가? 율법으로 돌아오라고 하시는가, 아니면 이전의 종교로 혹은 이전의 땅으로 돌아오라고 하시는가.

그 무엇도 아니다. 내게로, 즉 하나님께로 돌아오라고 하신다. 하나님께서 원하시는 것은 단 하나다. 우리가 하나님께로 돌아오는 일, 그것을 원하신다. 그러므로 우리는 세상을 향해 열려있던 복잡

한 마음의 창을 모두 닫아걸고 오직 주님께만 영혼의 안테나를 곧추 세움으로 하나님께로 온전히 돌아가는 걸음을 뗄 수 있기를 바란다.

삶의 대반전은 어떻게 이루어질까

만군의 하나님 여호와의 첫 일성(一聲)이 무엇인가? 천군천사들의 큰 왕이시고 온 우주의 주인이시며 우주의 권세자, 온 우주의 능력 자시고 별들의 주님이신 만군의 여호와께서 하신 첫 말은 이것이다.
"너희는 내게로 돌아오라."
하나님께로 돌아오는 일, 이것이 이토록 중요한 이유는 하나님께로 돌아오는 일이 모든 인생의 토대가 되고 기본이 되기 때문이다.
그렇다면 왜 이것이 인생의 토대가 되고 기본이 될까? 이것은 "우리 생애에서 가장 중요한 것이 무엇인가?"에 대한 답과 연결 지어 찾을 수 있다. 예수님의 공생애 첫 사역 현장을 떠올려 보자. 당시 예수님은 공생애를 시작하시며 세례 요한에게 세례를 받으셨다. 그때 세례 요한은 세례를 받기 위해 모인 사람들에게 이렇게 외쳤다. "회개하라 천국이 가까이 왔다"(마 3:2). 그는 천국, 즉 '하나님 나라'가 가까이 왔음을 유대 광야에서 외치고 외쳤다.
성경은 이를 통해 '하나님 나라'야말로 우리 생애에 가장 중요하게 붙잡고 가야 할 토대요 기본임을 알려준다. 우리에게 조금이라도 신앙이 있다면 결국 우리가 추구하고 바라야 할 것은 '하나님 나라'이다. 우리 삶 가운데 하나님 나라가 도래하기를 꿈꾸는 것이 삶의 토대가 되어야 한다.
그러나 우리는 보통 '하나님 나라'라는 말을 어렵게만 생각한다.

이것을 아브라함 카이퍼식으로 표현하자면 '영역주권'이다. 즉 하나님 나라를 꿈꾼다는 것은 내 삶의 모든 영역마다 신앙적 연호인 주후를 쓰는 가운데 주님의 연대표 아래 들어가 사는 인생이 되는 것을 뜻한다. 하나님께로 돌아오려면 마땅히 '하나님 나라가 임하는 것'이 우리 마음의 소원이 되어야 한다는 얘기다.

이것은 엄청난 일이다. 그래서 어떤 이들은 우리같이 부족한 인생이 어떻게 그런 원대한 사명과 포부를 가질 수 있냐고 반문하기도 한다. 물론 쉬운 일은 아니다. 그러나 예수 믿는 모든 사람은 주님이 가르쳐 주셨던 기도대로 "하나님의 나라가 임하게 하시며, 하나님의 뜻이 이루어지게 하소서"라는 기도를 드려야 한다. 우리는 모두 하나님 나라의 권속이요 가족으로 부름을 받은 존재들이기 때문이다. 그러므로 하나님 나라가 우리 가운데 임하는 것, 즉 '하나님 나라의 도래'라는 하나님의 관심은 우리 모두의 관심이 되어야 한다.

그런데 성경은 하나님 나라가 도래하려면 하나님께로 돌아가야 함을 강력하게 증거한다. 이것을 조금 어려운 말로 이렇게 정리해 봤다.

"만군의 여호와께 돌아오라는 말씀은 강력하고도 예리한 요청으로, 인간의 책임인 동시에 하나님의 주권적인 역사이다. 우리의 돌아감과 하나님 나라의 도래는 서로 떼려야 뗄 수 없는 관계이다. 돌아감과 하나님의 통치는 달라 보이지만 사실 같은 방식이다."

얼핏 이해하기 어려운 표현일지 모르겠다. 그러나 "하나님 나라가 내게 도래한다"는 것과 "내가 주님께로 돌아간다"는 것은 말 자체가 다를 뿐, 사실 같은 방식이고 같은 내용이다. 우리가 하나님께로 돌아가 하나님 나라가 우리 삶에 도래하기를 기도하며 집중할 때, 우리 삶에는 그야말로 대반전이 일어난다. 인생이 뒤집히는 역사가 나타난다.

믿기지 않는가? 하나님 나라를 꿈꾸고 소망한다고 정말로 인생이 뒤집히겠냐고 되묻고 싶은가? 아니다. 이와 같은 진리를 제대로 깨닫고 성령의 영감과 조명과 계시에 의해 "여호와께 돌아오라"는 말씀이 내게 확보되는 순간, 인생은 정말로 뒤집힌다. 하나님 나라가 우리의 기도제목이 되고 그것이 우리의 사명이 되는 순간, 우리 인생에는 대반전이 일어난다.

하나님의 약속 아래 사는 사람

그렇다면 구체적으로 삶의 토대인 하나님 나라가 우리 안에 이루어진다는 건 무슨 뜻일까?

이를 알기 위해 성경에 나오는 몇몇 신앙의 인물들을 살펴보자. 아무리 신앙의 초보자라고 해도 에서와 야곱이라는 인물을 어느 정도는 알고 있을 것이다. 에서는 장자의 축복권을 판 어리석은 사람으로, 야곱은 약삭빠르게 장자의 축복을 가로챔으로써 하나님의 선택을 받은 사람으로 알고 있다. 그러다 보니 "당신은 야곱이 되고 싶은가 아니면 에서가 되고 싶은가?"라고 물으면 거의 모두가 야곱이라고 대답한다. 그러나 그 질문을 실제적인 삶과 연결하여 이렇게 바꿔 묻는다면 어떻게 대답할까?

"아무 걱정 없이 사는 에서, 평생 부와 권세를 누린 에서, 하루하루 세상적인 즐거움을 누리는 에서와 같은 인생이 되고 싶은가? 아니면 좌절하는 야곱, 마음이 무거운 야곱, 삶의 굴곡이 많은 야곱과 같은 인생이 되고 싶은가?"

성경을 살펴보면, 에서는 부와 권세를 누렸고 장래에 대한 걱정 없이 현재를 즐기며 산 사람으로 보인다. 반면 야곱은 온갖 시련과 고통의 골짜기를 오르내리는 일생을 살았다. 그래서인지 실제로 많은 그리스도인이 야곱의 길보다 에서의 길을 선택해 살아간다. 이에 관해 A. W. 토저(Aiden Wilson Tozer) 목사님은 세상과 신앙 사이를 줄타기하는 오늘날의 그리스도인들을 향해 이렇게 말했다.

"마음 편하게 세상을 즐기는 에서가 되기보다는 시달리는 야곱, 뒤숭숭한 야곱, 좌절하는 야곱, 마음이 무거운 야곱을 선택하라. 야곱은 비뚤어지고 죄가 많고 악할지라도 복음의 부름에 응답하는 속성이 그의 안에 있다."

결국 누가 예수님의 풍성한 사랑을 입는다는 말인가? 겉으로 편안하게 사는 에서가 아니다. 삶의 질곡이 있을지라도 예수님을 사랑하여 예수님을 간절히 찾는 야곱과 같은 사람들이 그분의 사랑을 입는다. 그러므로 지금도 세상과 신앙의 경계선에서 주저하는 이가 있다면, 복음의 부름에 다시 응답할 수 있기를 바란다. 다행히 신앙 안에 조금 더 머물러 있다면, 주님의 부르심에 더 크게 반응하고 더 가까이 나아감으로 "나를 사랑하는 자들이 나의 사랑을 입으며 나를 간절히 찾는 자가 나를 만날 것이니라"(잠 8:17)는 말씀을 경험하게 되기를 바란다.

예레미야 3장을 보라. 하나님은 그분을 떠난 이스라엘에 대해 "돌아오라, 돌아오라"며 애끓는 호소를 하신다. 12절에서도 "여호와께서 이르시되 배역한 이스라엘아 돌아오라"고 말씀하셨고, 14절에서도 "여호와의 말씀이니라 배역한 자식들아 돌아오라", 22절에서도 "배역한 자식들아 돌아오라 내가 너희의 배역함을 고치리라"고 말씀하신다. 여기서 돌아오라고 외치시는 하나님의 음성은 이방인을 향한 외침이 아니었다. 선택 받은 민족, 하나님의 자녀들을 향한 외침이었다. 믿지 않는 사람에게가 아니라 이미 하나님을 믿는 하나님의 자녀에게 '돌아오라'고 하시는 이 절규와 같은 외침은 무엇을 의미하는가?

우리 중에는 한때 예수님을 믿고 가슴이 뜨거웠으나 현재는 어느덧 식어버린 마음을 안고 사는 이들이 있다. 그런 이들이라면 처음 예수님께 나아왔을 때 예수님의 사랑에 놀라 감사의 눈물을 흘렸던 일을 기억해 보라. 예수님의 사랑 안에서 다른 성도들과 함께 마냥 행복에 젖었던 그때를 떠올려 보라. 말씀의 가르침을 서로 주고받으며 신앙인으로서의 참된 즐거움을 누리며 살던 그때야말로 영혼의 진정한 즐거움을 누리던 때가 아니었던가. 그런데 조금씩 어긋난 길로 가다보니 슬프게도 죄를 범하게 되고 주님을 점점 멀리하게 되었을 것이다.

하나님께서는 예레미야를 통하여 그러한 하나님의 자녀들에게 목자의 심정, 아비의 마음으로 '돌아오라'고 말씀하신다. 왜 그런 말씀을 하시는가. 하나님이 우리의 아버지가 되시기 때문이다(렘 3:19). 아버지 되시는 하나님은 자녀를 기다리신다. 자녀에게 잘못이 있다면 언제든 바로잡아 회복시켜 주실 것을 약속하신다. 회개하면 고쳐 주기까지 하신다(렘 3:22). 죄에서 돌이키는 것이 우리의 몫이라면, 우리 속에서 죄를 제거하시는 것은 하나님의 몫임을 알려주신다.

그러므로 우리는 더 이상 '에서'나 '변화된 이스마엘'의 인생에 만족하며 살아가려 해선 안 된다. 우리는 이제 하나님의 약속 아래 태어난 '이삭'과 같은 존재들이기 때문이다. 이스마엘은 아브라함의 후처였던 하갈의 아들이다. 적자(嫡子)가 없던 아브라함은 이스마엘을 통해 그의 기업을 잇기를 원했다. 그러나 하나님께서는 약속의 아들 이삭을 주시며 이삭을 통해 유업을 잇게 하셨다.

오늘날 성도들 가운데에도 세상을 적당히 누리면서 윤리적으로나 도덕적으로 보통보다 조금 나은 수준의 삶을 사는 것에 만족해하는 사람들이 있다. 이것은 마치 세상에서 나름의 존중을 받고 적당한 즐거움을 누리며 사는 '변화된 이스마엘'처럼 사는 것이다. 그러나 하나님께서는 우리가 세상 사람들보다 약간 나은 삶을 사는 이스마엘이 아니라, 철저하게 약속의 말씀을 따라 사는 하나님의 자녀 이삭으로 살기를 원하신다. 왜냐하면 하나님의 모든 풍성한 축복은 이삭에게만 주어지기 때문이다. 태생, 즉 하나님의 자녀인가 아닌가에 따라 주어지는 축복은 완전히 다른 것이다. 그러므로 우리는 변화된 이스마엘의 인생을 바라지 말고 하나님의 약속 아래 태어난 이삭의 인생으로 살길 소망해야 한다.

그러려면 우리는 먼저 하나님께로 돌아와야 한다. 변화된 이스마엘로 살 것인가? 약속으로 태어난 이삭으로 살 것인가? 스스로에게 묻고 답해보길 바란다.

기도가 응답되지 않고 신원의 날이 이루어지지 않을 때

'유다 나라'는 아람어로 '예후드'(*Yehud*)라 불렸다. 예후드, 즉 유다 땅은 조그마한 땅이었다. 세계적인 큰 제국들의 조그마한 한 귀퉁이 정도로 보였다. 본문 4장 10절 앞부분에 나와 있는 말씀은 그와 같은 맥락 속에 표현된 구절이다.

작은 일의 날이라고 멸시하는 자가 누구냐(슥 4:10a).

유대 민족이 여호와께로 돌아오는 일, 그것이 누군가에게는 작은 일일지 모르지만 하나님께서는 그것이 결코 작은 일이 아니라고 하신다. 하나님 나라의 도래를 위해 한 민족이 여호와께로 돌아오는 일은 엄청나고도 놀라운 사건이다. 여호와께로 온전히 돌아오는 일이 확신이 되고 사명이 되며 기도제목이 되면, 그 삶에는 드라마틱한 대반전이 일어나기 때문이다. 학개서에서도 그것이 작은 일이 아님을 밝히고 있다.

> 만군의 여호와가 이같이 말하노라 조금 있으면 내가 하늘과 땅과 바다와 육지를 진동시킬 것이요(학 2:6).

학개, 스가랴는 소위 '공시예언서'다. 공시, 즉 같은 눈(관점)을 가지고 기록된 책이라는 뜻이다. 신약성경에서는 마태, 마가, 누가복음을 '공관복음'이라 말한다. '공통적인 안목으로 쓰인 복음서'라는 뜻이다. 그래서 공관복음과 공시예언서의 말씀들은 서로 깊이 연계된다. 스가랴서와 학개서의 말씀이 연결되는 것은 그 때문이다.

위의 학개 2장 6절 말씀도 스가랴 4장 10절 전반부 말씀과 연계해 해석할 수 있다. 여호와께로 돌아오는 일이 결코 작은 일이 아니라 대단히 큰 일임을, "만군의 여호와가 장차 하늘과 땅과 바다와 육지를 진동시킬 것"이라는 학개서의 말씀으로 뒷받침해주고 있다.

사자성어 중에 경천동지(驚天動地)라는 말이 있지 않은가. 학개서는 우리가 여호와께 돌아가는 일이 경천동지할 사건이라고 말씀한다. 성경 해석학자들은 이에 대해, 하나님은 '예후드'라는 겉으로 보기에 작은 지역에서 일어나는 작은 사건을 통해 '하나님 나라 전체 무대'를 준비하셔서 새창조를 이루신다고 입을 모은다. 이것이야말로 경탄할 만한 일로, 하나님 나라가 우리 공동체와 세상에 침투해 들어오는 드라마틱한 사건이라는 것이다.

그러므로 여호와께로 돌아오기를 소망하는 분들이라면 오늘 이후에 어떤 일이 일어날지 기대하기를 바란다. 하나님께서는 그분이 하실 일을 소망하며 살아가는 이들에게 신적 개입의 역사를 통해 대반전의 역사를 불러일으키신다.

믿기지 않는가. 아직도 '설마 나한테 그런 일이 일어나겠어?'라고 생각하는 분이 있는가. 구글이나 페이스북 같은 기업이 판치는 어마어마한 정보전체주의 시대에 어떻게 나 한 사람이 하나님께 돌아간다고 대반전의 역사가 펼쳐지겠냐고 반문하고 싶은가.

성경이 기록되던 당시 사람들 중에도 그와 같이 반문하는 이들이 적지 않았다. 어느 시대를 막론하고 주님이 말씀하시면 그걸 그대로 받는 이가 있는가 하면, 그렇지 못하는 이들도 많았다. 본문 말씀을 받았던 유대 공동체, 소위 예후드 공동체도 그와 같았다. 그들은 포로 귀환 이후에 스룹바벨 성전을 재건해 보려고 애썼지만, 사마리아 사람들을 비롯한 많은 훼방자의 온갖 방해에 부딪혀 무려 16년 동안이나 성전 건축을 중단해야 했다. 그러자 유다 백성들은 좌절하고 절망하다가 깊은 나락에 떨어지고 만다. 하나님의 말씀을 받아 열심히 기도했음에도 불구하고 주어지는 결과가 없다는 사실 앞에 실망감을 감추지 못했다. 하나님께서는 애통하고 통절하고 슬퍼하는 그분의 백성들의 마음을 다 갚아주시는 신원의 날을 약속하셨는데, 왜 현실적으로는 그날이 오지 않냐며 절망했다.

우리도 이와 다르지 않다. 우리는 북한이 남북공동연락사무소를 폭파시키는 장면을 보았다. 지난 수십 년간 피 흘림이 없는 복음적 평화통일을 꿈꾸며 북한을 위해 기도해 오던 나도 그 장면을 보자 속에서 열불이 났다. 나의 어린 시절에 할아버지로부터 늘 들었던 "하나님 아버지, 휴전선 155마일과 해안선 850마일을 지켜주옵소서"라는 기도 소리가 떠올라 가슴이 찢어지는 듯했다. 하나님께서 우리 민족에게 신원의 날을 주신다고 하셨는데 이게 무슨 일인가 싶었다.

아마 본문에 나오는 이스라엘 백성들의 마음도 그와 다르지 않았을 것이다. 그들은 그동안 포로생활 중에도 신앙을 지키며 남은 자들로 돌아와 성전 재건의 사명을 감당해 왔다. 그런데 현실은 마치 주님이 이스라엘을 박대하시는 것처럼 보였다. 믿지 않는 이방인들, 페르시아 사람들은 잘나가는데 왜 하나님을 믿는 백성들은 이토록 초라할 수밖에 없는가 하는 의문이 꼬리에 꼬리를 물고 이어졌다. 하나님 나라가 도래하지 않을 것처럼, 기도 응답이 더딘 것처럼 보였다. 그러다 보니 예후드 공동체는 무기력과 좌절에 빠지기 시작했다. 나중에 그들은 더 이상 하나님 나라에 대한 그림을 그리지 않게 되었다. 하나님 나라의 도래로 말미암은 진정한 회복에 대해 꿈꾸기를 포기하고 현실에 안주해버리고 말았다.

그 결과, 그들은 집이나 좀 꾸미고 살자 식의 삶을 이어갔다. 집 꾸미는 일이 나쁘다는 뜻이 아니다. 사명을 포기한 대신 집을 꾸미는 일에 몰두했다는 게 문제다. 이것이 하나님께서 보시기에 얼마나 가슴 아프셨던지, 학개서에는 "너희가 이때에 판벽한 집에 거주하는 것이 옳으냐"(학 1:4)라고까지 하신다.

이것을 우리 식으로 표현하면 이런 것이다. 복음적 평화통일을 바라며 오랫동안 기도해 오던 사람들이 통일될 기미는 안 보이고 오히려 남북문제가 더 커지자 속이 상한 나머지 '자동차나 바꾸자'라며 그것에 온통 몰두해버리는 모습이다. 기도하며 소망하던 일에 더 이상 관심을 두지 않고 현실생활에만 모든 관심을 집중한 채 거기서 삶의 위로와 의미를 찾으려는 것이다.

실제로 요즘은 그런 삶에 만족하며 사는 이들이 적지 않다. '소확행'(작지만 확실한 행복)이라는 말이 대체적으로 좋은 의미로 쓰이는 시대지만, 그리스도인들에게 사명을 잃어버린 소확행의 삶은 결코 바람직하지 않다. 소확행, 그 자체가 나쁜 건 아니지만 거기에만 매여 사명을 잃어버린다면 큰 문제가 될 수밖에 없다. 물론 이런 사람들이 무신론자가 된다거나 하나님을 반역한다거나 우상숭배자가 된다는 말이 아니다. 그들은 그들 나름대로 신앙을 지키며 살아간다. 다만 하나님의 확실하고도 신속한 회복, 하나님 나라의 큰 비전이 이루어지지 않을 것 같아 그냥 제풀에 지쳐 현실에 안주하며 살아가는 건 또 다른 함정에 빠지는 것과 같은 일임을 잊어서는 안 된다.

본문에서도 바로 그런 이들을 향해 만군의 여호와 하나님, 하늘의 권세자이자 모든 천군천사의 큰 왕께서 첫 일성으로 외치신다.

"너희는 돌아오라. 다시 사명을 회복하라. 하나님 나라의 도래를 회복하라. 돌아오면 하나님 나라가 도래할 것이다."

홀로 남겨져 있는 시간

그렇다면 본문에서 '내게로 돌아오라'는 하나님의 초청을 받는 사람들은 어떤 이들일까? 여리고성을 무너뜨리며 승승장구하던, 사기충천한 순종의 세대 같은 사람들일까, 아니면 다윗과 솔로몬 시대의 사람들처럼 '은'을 돌처럼 여길 정도로 부유한 사람들일까.

그 누구도 아니다. 만군의 여호와의 초청장을 받은 사람들은 겉으로 보기에 너무나 초라한 사람들이었다. 버젓한 나라도 없고 왕도 없으며, 돈도 없고 예배드릴 성전도 없는, 보잘것없는 사람들을 주님이 초청하셨다. 그러므로 우리 중에도 그 초청장을 받은 이가 있다면 부끄럽더라도 있는 모습 그대로 주님께 나아가야 한다. 있는 모습 그대로 나아갈 때, 만군의 여호와의 능력이 우리에게 임하기 때문이다. 그럴 때 우리는 이전의 우리가 아니라 그전과는 전혀 다른 우리가 된다. 하나님께 나아가 그분과 연합할 때 온 우주와 만물을 다스리시는 창조주 하나님, 만군의 여호와가 우리의 하나님 되심을 경험한다. 하나님은 우리가 낙담하고 답답하고 욱여쌈을 당한 것 같은 그때, 우리를 부르셔서 새롭게 하시는 분이기 때문이다.

그러므로 깊은 소외감이나 고독, 상실감이 찾아와 괴롭다면 이때가 바로 '돌아오라'는 하나님의 음성을 들을 때임을 다시 한번 기억해야 한다. 이제 내게는 아무것도 남지 않았다고 생각되는 그때가 하나님께서 우리에게 돌아오라고 부르시는 때다. 그때가 바로 주님의 연대표 아래로, 주님의 영역주권으로, 주님의 은혜의 플랫폼으로 돌아가는 시간이요, 여호와의 말씀이 임하는 때다.

특별히 지금 당신 손에 아무것도 없는가? 지금 홀로 있는 소외감과 고독으로 불안한가? 그렇다면 이때가 바로 '돌아오라'는 하나님의 음성을 들을 때임을 믿어야 한다. 소외감, 외로움, 고독감, 상실감의 공통된 특징은 '홀로 있다는 것'이다. 홀로 있다는 것, 즉 혼자만 남은 것같은 경험은 성경의 인물들에게서도 나타난다. 열왕기상 19장 14절을 보라.

그가 대답하되 내가 만군의 하나님 여호와께 열심이 유별하오니 이는 이스라엘 자손이 주의 언약을 버리고 주의 제단을 헐며 칼로 주의 선지자들을 죽였음이오며 오직 나만 남았거늘 그들이 내 생명을 찾아 빼앗으려 하나이다.

엘리야는 "오직 나만 남았거늘"이라고 말하며 홀로 있는 자신에 대한 불안과 두려움의 정서를 고백한다. 이처럼 홀로 있다는 것은 신앙의 거인에게조차도 상처고 고통이었다. 바울 사도 역시 디모데후서 4장 16절에서 "내가 처음 변명할 때에 나와 함께 한 자가 하나도 없고 다 나를 버렸으나 그들에게 허물을 돌리지 않기를 원하노라"라고 말하며 마음 깊은 쓸쓸함을 드러낸다.

그럼에도 우리는 성경을 통해 인생 중 어느 때에 하나님의 음성이 들려오는지를 깨달음으로 홀로 있는 것이 축복임을 알아야 한다. 엘리야는 홀로 있을 때 "네가 어찌하여 여기 있느냐"라는 하나님의 음성을 들었다(왕상 19:13). 바울도 홀로 있을 때 오히려 주님이 자신의 곁에서 힘 주심을 깨달았다(딤후 4:17).

이처럼 그리스도인에게는 혼자 있는 시간, 고독의 시간이 하나님의 음성을 듣는 시간이다. 왜 그런가. 토마스 아 켐피스(Thomas à Kempis)가《그리스도를 본받아》라는 책에서 고백한 다음의 말에서 그 답을 찾을 수 있다. "홀로 있는 시간은 세상의 소음으로부터 멀어지는 시간이다. 우리의 영혼은 세상의 소란으로부터 멀어질수록 창조주와 더욱 친밀해진다."

사람들은 혼자 있는 것에 대한 깊은 두려움을 갖고 산다. 이것은 인간이 창조될 때부터 지닌 본성 중 하나다. 그래서 하나님께서는 사람이 혼자 사는 것이 좋지 않아 배필을 주셨다. 아담이 죄를 짓고 하나님의 눈을 피하면서부터 사람의 피 속에는 혼자 있는 것에 대한 두려움이 흐르게 되었다. 사람들이 고독을 견디지 못해 사람을 찾거나 술이나 약물, 쾌락에 빠지는 이유도 그 때문이다. 물론 그리스도인에게도 이러한 고독이나 외로움, 상실감이 찾아들 수 있다. 다윗 역시 시편 88편 18절에서 그 고독감을 이렇게 표현했다.

주는 내게서 사랑하는 자와 친구를 멀리 떠나게 하시며 내가 아는 자를 흑암에 두셨나이다.

이 시에서 다윗은 마치 캄캄한 흑암에 던져진 사람처럼 깊은 고독과 외로움 속에 놓여 있다. 그러나 그리스도인은 그와 같은 고독의 시간은 하나님과 만나는 최적의 때이다. 왜냐하면 고독으로 인해 우리 영혼은 세상의 방해를 받지 않고 하나님께로 온전히 향할 수 있기 때문이다. 시편 130편을 보라.

여호와여 내가 깊은 곳에서 주께 부르짖었나이다 주여 내 소리를 들으시며 나의 부르짖는 소리에 귀를 기울이소서(시 130:1-2).

시인은 깊은 곳, 즉 고독의 심연 속에서 하나님께 부르짖는다. 다윗의 고백은 세상에서는 목소리 큰 사람이 이길지 몰라도 영적 세계에서는 하나님의 음성을 크게 듣는 사람이 이긴다는 것을 알려준다. 세상에서는 입이 큰 사람이 통할지 몰라도 하나님 나라에서는 귀가 큰 사람이 개인과 교회를 세우는 것이다.

이처럼 믿음의 사람이 홀로 있을 때 하나님께서 임재하신다는 증거는 다음 구절에서도 알 수 있다.

해가 져서 어두울 때에 연기 나는 화로가 보이며 타는 횃불이 쪼갠 고기 사이로 지나니라 그날에 여호와께서 아브람과 더불어 언약을 세워 이르시되(창 15:17-18a).

여기에 대해 토저 목사님은 "이 얼마나 아름답고 엄숙한 시간인가! 혼자 있는 중에, 어둠이 임하여 심히 두려워할 때 아브라함은 하나님의 음성을 듣게 되었으며 자신이 하나님의 은혜를 입은 사람이라는 사실을 알게 되었다"고 말했다.

창세기 15장 12절에서는 "해 질 때에 아브라함에게 깊은 잠이 임하고 큰 흑암과 두려움이 임하였더니"라고 기록되었다. 그리고 18절 서두에서는 "그날에…언약을 세워"라고 마무리 짓는다. 아브라함은 깊은 고독 속에서 하나님의 임재를 경험했고 마침내 하나님과 언약의 관계를 맺었다. 창세기 15장은 인생에서 가장 고독한 순간, 즉 큰 흑암과 두려움이 찾아드는 바로 그때가 하나님의 음성을 듣고 하나님과 언약을 맺는 놀라운 때임을 보여주고 있다.

은혜의 때는 이렇게 임한다. 우리 인생에 해가 져서 어두울 때, 홀로 남겨진 고독의 순간에 하나님의 임재를 경험하고 하나님의 음성을 들으며 인생의 새로운 지평이 열린다. 홀로 있어 고독할 때, 그때가 바로 하나님의 은혜가 임하는 때다.

소망의 포로, 그 거룩한 역설

그럼에도 불구하고 우리는 여전히 우리가 처한 상황에 몰입하여 '과연 내 삶에 하나님 나라가 도래할까?'라는 의문을 품는다. 그런 분들을 향해 본문 9장 12절은 다음과 같이 말씀한다.

갇혀 있으나 소망을 품은 자들아 너희는 요새로 돌아올지니라 내가 오늘도 이르노라 내가 네게 갑절이나 갚을 것이라.

유대 백성들은 마치 포로 시절처럼 마음이 갇힌 채 살고 있었다. 기도해도 해결되지 않고 신원의 날도 없는 것 같으며, 하나님께서 약속하신 어떤 것도 이루어지지 않은 것 같아 보이는 세월을 살고 있었다. 그 세월 속에서 백성들의 마음은 낙담과 포기의 감옥에 갇혀버렸다. 그래서 본문 9장 12절에서는 "갇혀 있으나 소망을 품은 자들아"라고 말한다. 이를 두고 《새번역》에서는 "사로잡혔어도 희망을 잃지 않은 사람들아"라고 번역했다. 《현대인의성경》에서는 "희망을 가진 포로들아"라고 말씀한다. 따라서 이 "갇혀 있으나 소망을 품은 자들아"를 한 마디로 말하면 "소망의 포로들아"라고 말할 수 있을 것이다.

어떻게 보면 '소망'이라는 말과 '포로'라는 말은 서로 안 맞는 것 같다. 그러나 앞 장에서 우리는 '주후', 즉 하나님의 연대표 아래에서 하나님의 영역주권을 인정하는 거룩한 포로가 되면 하나님께서 주신 사명과 소명을 일궈 나갈 수 있다는 사실을 확인했다. 그러니 '소망의 포로'라는 말은 서로 맞지 않는 두 단어의 조합임에도 불구하고 역설적으로 더 강력한 진리를 선포한다.

우리는 모두 주님 안에서 소망의 포로된 자들이다. 우리는 모두 주님께 붙잡힌 사랑의 포로가 되었다. 그런데도 사랑의 포로가 된다는 것에 대해 여전히 거부감이 드는가?

사실 잘 생각해보면 우리는 결혼으로써 사랑의 포로가 되는 것에 대한 긍정적 경험을 한 사람들이다. 나 역시 사랑의 포로가 되고 보니 상대방 앞에서 숨도 못 쉴 정도가 되었다. 하지만 그것이 기분 나쁘다고 생각해 본 적은 없다. 오히려 수준 있는 사랑을 한다고 여겼다. 사랑의 포로가 됨으로 참된 행복과 기쁨이 무엇인지를 경험했기 때문이다.

이처럼 '포로'라는 말과 '소망'이란 말, '사랑'이란 말과 '포로'라는 말은 서로 맞지 않는 듯하지만 두 단어의 역설적 조합을 통해 성경의 진리가 무엇인지 보여준다. 이를 이해하기 위해 스가랴 9장 말씀을 보자.

> 시온의 딸아 크게 기뻐할지어다 예루살렘의 딸아 즐거이 부를지어다 보라 네 왕이 네게 임하시나니 그는 공의로우시며 구원을 베푸시며 겸손하여서 나귀를 타시나니 나귀의 작은 것 곧 나귀 새끼니라(슥 9:9).

여기에 나오는 왕이 누구인가? 예수 그리스도, 그분이시다. 이 말씀에서 예언한 대로 주님은 나귀 새끼를 타고 예루살렘성에 입성하셨다. 따라서 우리가 소망의 포로가 되었다는 것은 예수님의 포로가 되었다는 뜻과도 상통한다. 이어지는 10절 말씀은 우리가 예수님의 포로, 소망의 포로가 되면 일어날 일을 알려준다.

> 내가 에브라임의 병거와 예루살렘의 말을 끊겠고 전쟁하는 활도 끊으리니 그가 이방 사람에게 화평을 전할 것이요 그의 통치는 바다에서 바다까지 이르고 유브라데 강에서 땅 끝까지 이르리라.

이 말씀은 우리가 탄식할 만한 일에 둘러싸여 있어도 하나님께로 돌아가 소망의 포로가 될 때, 세상이 어떻게 달라지는지 알려준다.

우리가 소망의 포로가 되면 왕 중의 왕이신 주님의 통치가 바다에서 바다까지 이르고 강에서 땅끝까지 이르는, 우리가 생각하지 못하고 상상하지 못했던 놀라운 일이 일어난다는 것이다.

그러면 여기서 몇 가지 질문을 던져보겠다. 당신은 코로나에 사로잡힌 사람인가, 소망의 포로인가? 코로나에 걸릴까봐 겁에 질린 나머지 예배조차 외면하는 사람은 아닌가? 당신은 혹 남북한 정세로 인한 문제에 사로잡혔는가 아니면 소망의 포로인가? 혹 정치 진영 논리에 사로잡혀 있지는 않은가?

우리는 오직 소망의 포로들이다. 코로나에도, 진영논리에도, 북한의 협박에도 사로잡힐 수 없는 오직 소망의 포로된 자로서 피 흘림이 없는 복음적 평화통일을 꿈꾸며 기도하는 사람이 바로 우리들이다. 본문에서도 그런 우리의 정체성을 일깨우며 우리를 향한 하나님의 뜻을 계속해서 전하고 있다.

> 갇혀 있으나 소망을 품은 자들아 너희는 요새로 돌아올지니라 내가 오늘도 이르노라 내가 네게 갑절이나 갚을 것이라(슥 9:12).

여기서 '요새'는 예루살렘(시온)과 성으로 둘러싸인 곳을 뜻하지만, 궁극적으로는 하나님 당신을 가리킨다. 즉 요새로 돌아오라는 것은 하나님께로 돌아오라, 예수님께로 돌아오라는 뜻이다. 그렇게 할 때, 하나님께서는 우리에게 갑절이나 갚아주시겠다고 약속하신다.

나는 이 말씀이 너무 좋다. 여기서 '갚다'와 스가랴 1장 3절에 나온 '돌아오라'는 단어의 히브리어 원어는 모두 '슈브'(שׁוּב)를 사용한다. 돌아오면 하나님께서 갚아주시는데 갑절이나 갚아주신다고 하셨다. 갑절이란 단어는 히브리어로 '미쉬네'(מִשְׁנֶה)다. 그러니까 우리가 주님 앞에 돌아가 소망의 포로가 될 때, 주님은 '미쉬네로 슈브해 주신다'고 하신다. 미쉬네와 슈브, 이 두 단어 속에 담긴 하나님의 크신 은혜가 가슴 가득히 다가오지 않는가.

이와 같은 말씀은 이사야서에서도 반복되어 선포된다.

> 너희가 수치 대신에 보상을 배나 얻으며 능욕 대신에 몫으로 말미암아 즐거워할 것이라 그리하여 그들의 땅에서 갑절이나 얻고 영원한 기쁨이 있으리라(사 61:7).

무슨 뜻인가. 우리가 수치와 부끄러움을 당할 만한 상황이라 해도 주님 앞에 돌아가면, 주님이 우리의 모든 수치와 부끄러움을 즐거움과 영광으로 바꿔주신다는 뜻이다. '소망의 포로'로 사는 것이 우리의 사명임을 알고 그 사명에 집중하며 사는 인생들에게 하나님께서는 결코 수치와 부끄러움을 당하지 않게 하시고 오히려 갑절의 영광과 즐거움을 주시며, 그 삶을 대반전시켜 주신다는 뜻이다. 이것이 바로 스가랴서의 축복이다. 하나님의 사명자에게 주시는 대반전의 역사!

이어서 본문 12절 바로 뒤에 나오는 13절에서는 대반전의 역사가 무엇인지를 구체적으로 알려준다.

> 내가 유다를 당긴 활로 삼고 에브라임을 끼운 화살로 삼았으니 시온아 내가 네 자식들을 일으켜 헬라 자식들을 치게 하며 너를 용사의 칼과 같게 하리라.

미쉬네와 슈브의 은혜가 임하면 무슨 일이 벌어지는가? 우리 자신이 '당긴 활'이 되고 '끼운 화살'이 된다. 우리 자신이 우리 앞에 있는 모든 장벽을 확실하게 뚫어버릴 활과 타깃을 맞힘으로 난관을 극복할 만한 화살이 된다고 한다. 더구나 주님은 우리 자식들을 일으켜 헬라의 자식들을 치게 하시겠다고 약속하신다. 이후에 일어나는 일이지만, 헬라는 세계 최고의 문명이자 제국이었다. 그 제국에서는 알렉산더라는 우상과 같은 통치자가 나타나 세계를 제패했다. 그러나 제아무리 큰 제국과의 싸움이라 할지라도 하나님께서는 하나님을 의지하는 유다 땅, 예후드에 결국 승리를 안겨주겠다고 약속하신다.

이 말씀 앞에 가슴이 뛰지 않는가. 우리 역시 하나님 나라의 영적 이스라엘, 영적인 예후드, 영적인 유다 지파이기에 "소망의 포로가 되라"는 하나님의 사명을 감당할 때 "너희 자식들은 헬라 제국을 치게 하리라"는 말씀의 약속이 실현되리라 믿는다. 우리 한 사람, 우리 한 민족이 주님께로 돌아간다면 하나님께서는 많은 4차 산업혁명 시대의 헬라 제국을 이기게 하시며 슈브와 미쉬네의 축복을 주신다는 것이다.

이 약속의 말씀이 믿어지는가? 영성 신학자 유진 피터슨(Eugene H. Peterson)은 "현대 크리스천들의 제일 큰 문제 중의 하나는 상상력 부족이다"라고 말했다. 매일의 삶을 그냥저냥 살다 보니 하나님 나라 전체에 대한 꿈도 잃어버리고 거룩한 상상력도 사라져 버린 현대 그리스도인들의 문제를 지적하는 말이다.

우리는 이러한 때에 우리가 누구이고 우리 교회가 어떤 공동체인가를 확실히 할 필요가 있다. 이 질문 앞에 정직하게 답하며 하나님 나라의 도래를 준비하고 기대하며 소망의 포로들이 되어야 한다.

이를 위해 본문 말씀을 다시 한번 정리해보자. 당시 만군의 하나님 여호와께서 '소망의 포로들'로 부르신 대상은 모두 엄청나고 영광스러운 말씀을 받을 만한 형편의 사람들이 아니었다. 그들은 정치적으로 페르시아의 통치를 받는 불안한 상태에 놓인 식민지 사람들이었다. 또한 경제적으로는 궁핍한 이민자들이었다. 사회적으로는 포로로 끌려가지 않고 본토에 남아있던 사람들, 특히 사마리아인들의 내부적 핍박 때문에 심신이 지친 사람들이었다. 무엇보다 신앙적으로는 16년간 성전 건축 중단이 이어지면서 초심이 흔들리고 영적으로 메말라가던 상황이었다. 그런 가운데 주님은 "소망의 포로들아"라며 초청장을 내미셨다.

우리 중에도 이와 같은 상황에 처한 이들이 있는가? '내가 지금 뭘 꿈꿀 수나 있겠나? 아직 신원의 날도 회복이 안 됐는데?'라며 낙심한 이들이 있는가? 그렇다면 마음 문을 열어 이 약속의 말씀을 있는 그대로 받으시기 바란다. 그러면 하나님께서 모든 것을 이루실 것이다. 자녀들이 헬라제국을 극복할 수 있게 그분께서 친히 이끄실 것이다. 미쉬나와 슈브의 은혜를 베푸실 것이다.

언제 이런 일이 시작될까? 바로 오늘이다. 주님께로 돌아오라는 이 초청장에 응하며 당신이 주님께로 돌아가는 때에, 하나님께서는 우리를 위해 경천동지(驚天動地)의 부흥을 시작하실 것이다.

질투하시는 하나님

"다리오 왕 제이년 열한째 달 곧 스밧월 이십사일에 잇도의 손자 베레갸의 아들 선지자 스가랴에게 여호와의 말씀이 임하니라 내가 밤에 보니 한 사람이 붉은 말을 타고 골짜기 속 화석류나무 사이에 섰고 그 뒤에는 붉은 말과 자줏빛 말과 백마가 있기로 내가 말하되 내 주여 이들이 무엇이니이까 하니 내게 말하는 천사가 내게 이르되 이들이 무엇인지 내가 네게 보이리라 하니 화석류나무 사이에 선 자가 대답하여 이르되 이는 여호와께서 땅에 두루 다니라고 보내신 자들이니라 그들이 화석류나무 사이에 선 여호와의 천사에게 말하되 우리가 땅에 두루 다녀 보니 온 땅이 평안하고 조용하더이다 하더라 여호와의 천사가 대답하여 이르되 만군의 여호와여 여호와께서 언제까지 예루살렘과 유다 성읍들을 불쌍히 여기지 아니하시려 하나이까 이를 노하신 지 칠십 년이 되었나이다 하매 여호와께서 내게 말하는 천사에게 선한 말씀, 위로하는 말씀으로 대답하시더라 내게 말하는 천사가 내게 이르되 너는 외쳐 이르기를 만군의 여호와의 말씀에 내가 예루살렘을 위하며 시온을 위하여 크게 질투하며 안일한 여러 나라들 때문에 심히 진노하나니 나는 조금 노하였거늘 그들은 힘을 내어 고난을 더하였음이라 그러므로 여호와가 이처럼 말하노라 내가 불쌍히 여기므로 예루살렘에 돌아왔은즉 내 집이 그 가운데에 건축되리니 예루살렘 위에 먹줄이 쳐지리라 만군의 여호와의 말이니라 그가 다시 외쳐 이르기를 만군의 여호와의 말씀에 나의 성읍들이 넘치도록 다시 풍부할 것이라 여호와가 다시 시온을 위로하며 다시 예루살렘을 택하리라 하라 하니라"(슥 1:7-17)

지난 2007년은 평양대부흥운동 100주
년이 되던 해였다. 그해 우리는 평양대부흥의 은혜가 재현되게 해달
라는 사모함의 기도를 참 많이 드렸다. 지난 2015년에도 마찬가지
였다. 그해는 해방 70주년이 되던 때로, 포로생활을 하던 이스라엘
백성들이 70년 만에 본국으로 돌아갔듯이, 이 나라 분단 문제도 그
해를 기점으로 획기적으로 해결되도록 간절히 기도했다.

그러나 오늘날까지도 그에 대한 뚜렷한 응답이 없다. 그렇기에 우
리는 기도해야 한다. 응답이 없다면 더욱 엎드려 나라를 위한 기도
를 이어가야 한다.

나는 스가랴서 세 번째 강해를 시작하며 나라를 위한 새로운 기도
제목 하나를 간절히 붙잡게 되었다. 스가랴의 첫 번째 환상을 접목
한 기도제목으로 나라를 위한 기도에 집중함으로써, 본문 가운데 역
사하신 하나님의 은혜가 이 나라에 재현되게 해달라는 기도다. 우리
모두 합심하여 그와 같은 기도를 드림으로, 한 사람의 기도가 세상을
바꾸고 한 교회의 사명이 이 땅을 새롭게 함을 보게 되길 소망한다.

사명 자각

먼저 이 장의 요절과 같은 본문 12절을 살펴보자.

여호와의 천사가 대답하여 이르되 만군의 여호와여 여호와께서 언제까지 예루살렘과 유다 성읍들을 불쌍히 여기지 아니하시려 하나이까 이를 노하신 지 칠십 년이 되었나이다 하매.

여호와께서 유다 이스라엘을 향해 노하신 지 70년이 되었다고 한다. 바벨론에 의해 멸망한 남유다 백성들이 포로로 잡혀간 지 70년이 되었다는 뜻이다. 여기서 우리는 6·25전쟁이 발발한 지 70주년이 지난 이 나라의 상황을 자연스레 떠올리게 된다. 그런데 본문은 단지 어떤 상황만을 설명하지 않는다. 멸망 70년이 된 것을 '기도'와 연결시켜 고백하고 있다. 누군가가 만군의 하나님 여호와께 그와 같은 민족의 처지를 올려드리며 중보기도를 드리는 모습이다.

그렇다면 만군의 여호와를 향해 중보기도를 드리는 '여호와의 천사'는 누구인가? 한글로만 봤을 때는 이 천사가 누구인지 명확히 알 수 없다. 그러나 영어성경을 보면 여호와의 천사 앞에 정관사 'the'가 붙었음을 알 수 있다. 정확하게 번역하면 그냥 여호와의 천사가 아니라 '그 여호와의 천사'(the angel of the LORD)가 된다. 구약에서 정관사가 붙는 '그 여호와의 천사'란 바로 구약에 나타난 성자 하나님, 예수 그리스도시다. 우리의 유일한 중보자 예수 그리스도께서 유대민족을 하나님께 올려드리며 기도하고 계신 것이다.

참고로 13절과 14절에서도 연이어 천사가 등장하는데, 이 천사가 각각 누구인지 알 필요가 있다.

여호와께서 내게 말하는 천사에게 선한 말씀, 위로하는 말씀으로 대답하시더라 내게 말하는 천사가 내게 이르되 너는 외쳐 이르기를 만군의 여호와의 말씀에 내가 예루살렘을 위하며 시온을 위하여 크게 질투하며(슥 1:13-14).

13절과 14절에 나오는 천사는 '내게 말하는 천사'다. 즉, 12절에 소개된 '여호와의 천사'와 13-14절에 등장하는 '내게 말하는 천사'는 구별된 존재다. '내게 말하는 천사'가 무언가를 물을 때 대답해주는 '해석 천사'라면, 12절에 나타난 '여호와의 천사'란 구약에 현현하신 예수 그리스도이시다. 이는 외로움과 소외감의 포로가 된 모세가 불타는 떨기나무 가운데에서 여호와의 천사를 봤던 출애굽기 3장을 떠올리게 한다.

구약에 나타난 '그 여호와의 천사'는 신약시대에 성육신하신 예수 그리스도를 뜻한다. 그리고 예수님이 우리 가운데 오셔서 하시는 중요한 사역 가운데 하나가 중보기도다. 요한복음 17장에 예수님의 대제사장적 중보기도가 소개된다. 주님이 눈을 들어 하늘을 우러르시며 드리는 기도를 보라. "저들을 진리로 거룩하게 하여 주옵소서. 저들로 하여금 하나가 되게 하여 주옵소서. 저들로 하여금 하나님의 영광을 위해 살아가게 하옵소서." 예수님은 우리를 위한 중보기도를 끝없이 이어가셨다.

본문에서 70년 동안 고통당하며 포로생활을 했던 유대민족을 향해 주님이 간절히 중보하셨듯이, 우리 민족을 위해서도 간절히 중보기도를 하셨다. 왜 그러셨을까? 여기서 질문을 하나 던져보자. 6·25전쟁 이후 분단 70년이 지나는 동안 이 민족을 보시며 가장 가슴 아파하신 분이 누구겠는가? 물론 우리 선조들이야말로 많은 고통을 겪으며 가슴 아파했던 장본인들이다. 그런데 그 모든 걸 지켜보시는 주님의 마음이야말로 그 누구보다 아프셨다. 주님은 이 나라 이 민족, 우리 선조들을 너무도 사랑하시는 분이기 때문이다. 그래서 주님은 스가랴서에 나타난 대로 우리를 향해 "돌아오면 회복된다"는 말씀을 지속적으로 외치시며 이 민족을 위해 중보기도를 이어가셨다. 그러므로 스가랴서를 듣고 묵상하는 동안 이 민족을 향한 주님의 가슴앓이가 무엇인지 알고, 어떻게 해야 돌아오면 회복될 수 있는지 깨닫는 은혜가 우리 모두에게 임하기를 바란다.

고(故) 함석헌 선생은 한국의 역사를 고난의 역사라고 정의했다. "한국 역사의 바닥에 숨어 흐르는 가닥은 고난이다"라고 말할 정도다. 이 고난이야말로 한국이 세계의 역사를 뒤집어 이끌 수 있는 가시면류관이요 자산이라는 얘기다. 함석헌 선생은 민족의 고난을 수치로 여겼던 동시대에, 오히려 한국 역사의 고난을 세계 역사의 자산으로 여기는 통찰을 보여줬다. 그렇다고 모든 고난이 의미를 가진다고 말하지는 않는다. 고난 속에서 사명을 자각하는 자만이 민족의 역사를 상승으로 이끌 수 있다고 단언했다. 사명의 자각이야말로 재생의 원동력이다.

이것은 오늘날 한국교회의 회복과 비상에 대한 건강한 통찰을 준다. 이 땅에 복음이 들어와 소래교회가 세워진 1883년을 시작으로, 이제 어느덧 한국교회가 세워진 지 140여 년이란 시간이 흘렀다. 지난 시간 동안 한국교회는 고난과 부흥의 역사를 쓰며 세계선교를 주도하는 나라가 되었다. 그러나 2000년대가 시작되면서 우리 사회에는 반기독교 정서가 깊어졌고, 코로나 팬데믹 속에서는 예배마저 마음껏 드릴 수 없는 상황을 겪었다. 아마도 오늘날의 한국교회는 그 어느 때보다 무신론적 사조와 이념, 반기독교적인 문화로 인한 고난의 시기를 지나고 있다고 해도 과언이 아닐 것이다.

이와 같은 때에 한국교회가 다시 회복하고 비상하여 빛과 소금으로서의 선한 영향력을 끼치며 세계선교를 감당할 수 있는 동력은 무엇일까? 본문 스가랴서에 나타난 환상과 계시의 말씀을 통해 교회와 성도들에게 주시려는 사명을 자각하는 데에서 그 답을 찾아야 하지 않을까.

나는 단지 회복만을 꿈꾸며 스가랴서 강해를 시작한 게 아니다. 성도 한 사람 한 사람이 하나님께서 주신 사명을 자각함으로, 자신은 물론이고 가정과 교회와 사회의 모든 영역에서 하나님의 통치하심을 인정하고 경험하는 데에 이 강해의 목적을 뒀다. 참으로 살아 펄펄 뛰는 사명의 심장을 우리의 가슴에 이식하여 하나님께서 원하시는 여호와의 날(슥 14:1)이 속히 이 땅 가운데 임하기를 소망하며 스가랴서를 펼쳤다.

삶의 골짜기마다 서 계신 그리스도

다시 본문 7-8절에 나타난 첫 번째 환상에 주목해 보자.

다리오 왕 제이년 열한째 달 곧 스밧월 이십사일에 잇도의 손자 베레갸의 아들 선지자 스가랴에게 여호와의 말씀이 임하니라 내가 밤에 보니 한 사람이 붉은 말을 타고 골짜기 속 화석류나무 사이에 섰고 그 뒤에는 붉은 말과 자줏빛 말과 백마가 있기로.

성경에서 환상이 신약보다 구약에서 많이 나온다. 이유는 여러 가지가 있겠지만, 오늘 이 시대에는 성령의 영감과 조명을 통해 계시의 말씀을 깨달음으로써 구약에서 환상을 본 것과 같은 실제적인 은혜가 주어지기 때문이라 할 수 있다.

그렇다면 성경에서 말하는 '환상'이란 무엇인가? 첫째, 환상이란 밤에 꿈을 꾸는 것과는 다르다. 꿈이 무의식 속에서 꾸는 것이라면 환상은 의식이 있는 가운데 보고 깨닫는 것이다. 둘째, 환상은 우리의 지각을 뛰어넘는 현실에 대한 통찰력이라고도 할 수 있다. 우리의 감각도 뛰어넘고 예측도 뛰어넘고 지각까지 초월하여 하나님께서 보여주시는 특별한 계시가 환상이다.

이와 같은 환상은 누가 보게 될까? 가만히 있으면 누구에게나 보일까? 본문 스가랴서를 통해 이에 대한 답을 얻을 수 있다. 스가랴는 민족과 시대에 대한 아픔을 가지고 진액을 쏟을 정도의 애통함으로 납작 엎드려 기도하다가 이와 같은 환상을 보았다. 우리도 스가랴와 같은 심정으로 말씀 앞에 엎드려 기도할 때, 구약시대처럼 직접적인 환상은 아닐지언정 성령님을 통한 말씀의 조명과 영감을 얻고 영적 세계의 실체를 확인할 수 있을 것이다.

이 마음으로 스가랴가 본 첫 번째 환상에 다시 주목해 보자. 본문 8절은 한 사람이 붉은 말을 타고 골짜기에 있는 화석류나무 사이에 섰다고 한다. 붉은 말을 탄 분이 화석류나무 사이에 서 있다는 것이다. 이분이 누구신가?

본문 11절에 "그들이 화석류나무 사이에 선 여호와의 천사에게 말하되"라는 구절에 답이 나와 있다. 붉은 말을 타고 서신 분은 '그 여호와의 천사', 즉 구약에 현현하신 성자 하나님, 예수 그리스도이시다. 예수 그리스도께서 붉은 말을 타시고 골짜기 가운데 놓인 화석류나무 사이에 서 계신 모습이 스가랴가 본 첫 번째 환상의 전체적인 그림이다.

이 그림이 상징하는 바는 무엇일까? 우선 '말'(horse)에 대해 알아보자. 구약에서 말은 '전쟁'을 상징했다. "그들을 전쟁의 준마와 같게 하리니"(슥 10:3)라는 말씀에서도 이를 확인할 수 있다. 게다가 '붉다'는 것은 주로 '심판과 복수'를 상징한다. 따라서 붉은 말을 타신 예수님은 영적 전쟁 가운데 우리를 위해 친히 심판과 복수를 행하시는 예수님을 뜻한다고 할 수 있다.

두 번째로, 스가랴가 본 환상에서 '골짜기'가 뜻하는 바는 무엇일까? 골짜기는 성경에서 치욕과 고통, 초라함과 어려움을 상징한다. 우리가 보통 고난의 시기를 말할 때도 '인생의 골짜기'를 지난다고 표현하지 않는가. 본문에서 이스라엘 백성들이 처한 상황이 딱 골짜기였다. 그들은 극심한 치욕과 고통, 초라함과 어려움에 처해 있었다. 전쟁에서 질 수밖에 없는 상황이었다. 하지만 성경에는 적들에 비해 초라하기 그지없는 이스라엘이 숫자와 힘에서 월등한 족속의 땅을 차지하는 장면이 소개되곤 한다. 여호수아 12장 8절에서도 하나님께서 이스라엘보다 군사 수도 많고 힘이 센 일곱 족속을 쫓아내시고 이스라엘에게 기업을 주시는 장면이 나온다. 이를 오늘날의 환경에 적용해 보라. 오늘날 우리도 종종 이스라엘 백성들 앞에서 진 치고 있던 힘세고 강한 세력들에 둘러싸일 때가 있지 않은가. 그럴 때 우리가 그들을 이길 수 있는 길은 무엇이겠는가? 단 하나밖에 없다. '전쟁에서 승리하시는 하나님'과 함께하는 것이다. 성경은 골짜기 사이에 서 계신 그 여호와의 천사와 함께하는 것만이 승리의 비결임을 우리에게 알려준다.

그렇다면 골짜기 가운데 있는 '화석류나무'는 무엇을 뜻할까? 이화석류라는 나무 이름은 본래 히브리어로 '하다스'(הֲדַס)이다. 어딘지 낯설지 않게 다가오는 이 하다스는, 그 유명한 에스더의 히브리식 하닷사와 히브리어 자음이 동일하다. 이를 통해 우리는 유대 사람들이 하다스라는 화석류나무를 매우 좋아했다는 걸 짐작할 수 있다. 실제로 하다스는 잎도 풍성했고 향기도 좋은 나무였다. 특히 잎을 짓이길 때 나오는 진한 향은 좋은 향수를 만들기에 충분했다. 여러 면에서 화석류나무는 지금으로 치면 천리향이나 석류나무와 같은 나무라고 볼 수 있다. 결론적으로 이 화석류나무는 풍요로움, 즉 여호와의 회복과 우주적 통치를 뜻한다고 봐도 무리가 없을 것이다.

따라서 스가랴가 본 이 첫 번째 환상은, 골짜기를 지나는 수많은 사람이 붉은 말을 타신 예수 그리스도로 인해 화석류나무의 풍요로움으로 다시 한번 회복되는 그림이라 볼 수 있다. 그런데 그 여호와의 천사는 골짜기 속 화석류나무 사이에 '서 있다'고 한다. 이로써 우리는 하나님의 역사가 하나님께서 서 계신 '그 자리'에서부터 출발한다는 사실을 상기하게 된다. 승리는 여호와께서 서 계신 그 자리에서 시작되고, 하나님 나라도 여호와께서 임하신 바로 그곳에서 시작된다는 것이다. 그러므로 골짜기 속 화석류나무 사이에 예수 그리스도께서 붉은 말을 타고 서 계신다는 이 구절이야말로 본문 이해의 핵심 구절이라 할 수 있다.

하박국서에도 이와 비슷한 구절이 나온다.

그가 서신즉 땅이 진동하며 그가 보신즉 여러 나라가 전율하며
(합 3:6a).

땅이 진동한다는 것이 무슨 뜻이겠는가? 그것은 곧 하나님의 역사가 시작된다는 말이다. 하나님께서 서 계시기만 하면 그 어떤 제

국이나 나라도 하나님의 통치 아래 엎어지고 무너질 수밖에 없다는 것이다. 그렇다. 하나님께서 서 계시면 역사 속 진정한 승리는 그리스도의 것이 된다. 하나님께서 서 계시면 우리로 하여금 4차 산업혁명 시대의 정보전쟁과 같은 상황도 극복할 수 있게 하신다. 6·25 전쟁이 실제 대포와 총의 전쟁이었다면, 21세기 4차 산업혁명 시대의 전쟁은 '정보'라는 대포와 총의 전쟁이라 할 수 있다.

따라서 오늘날의 교회가 비록 골짜기처럼 고난과 초라함과 치욕에 처해 있다 할지라도 회복과 갱신을 의미하는 화석류나무 사이에서 계신 예수 그리스도를 본다면, 하나님의 영역주권은 반드시 회복될 것이다.

그러므로 우리가 꿈꾸며 소망해야 할 것은 다른 게 아니다. 우리 삶의 모든 영역이 붉은 말을 타고 오시는 예수 그리스도께서 서 계시는 장소가 되게 하는 것이다. 예수 그리스도께서 삶의 전 영역에서 계실 때, 주님은 우리에게 진정한 승리를 안겨주실 것이기 때문이다.

이에 대해 요한계시록에서는 예수 그리스도께서 흰 말을 타고 오신다고 기록했다. 흰 말은 '승리'를 상징한다. 로마제국의 장군들도 전쟁에서 이겨 개선행진을 할 때, 자랑스레 흰 말을 타곤 했다.

> 또 내가 하늘이 열린 것을 보니 보라 백마와 그것을 탄 자가 있으니 그 이름은 충신과 진실이라(계 19:11).

오늘 우리에게도 모든 삶의 자리에 서 계신 주님으로 인해 이와 같은 승리가 허락되기를 바란다.

성전 회복이 나의 회복이다

우리는 지금 코로나 팬데믹을 지나며 단합과 일치로 어려움을 극복하려기보다는, 각자의 유익만 따지며 무슨 일이든 일치되는 경우가 없이 분열된 혼란과 혼돈의 시간을 살고 있다. 이러한 상황에서 우리의 소망은 골짜기와 같은 이 현실에서 화석류나무 사이에 서 계신 예수 그리스도이시다. 본문 17절은 예수 그리스도께서 서 계신 것을 전심을 다해 소원할 때, 장차 예루살렘 성읍에 어떤 일이 일어나는지를 보여준다.

> 그가 다시 외쳐 이르기를 만군의 여호와의 말씀에 나의 성읍들이 넘치도록 다시 풍부할 것이라 여호와가 다시 시온을 위로하며 다시 예루살렘을 택하리라 하라 하니라.

여기서 반복되어 나오는 시온과 예루살렘은 같은 의미로 봐도 무방하다. 그리고 이것은 신약시대의 교회를 뜻한다. 이 말씀은 '화석류나무 사이에 서 계신 예수님', 즉 주님의 오심을 초청하는 교회(사람)마다 하나님의 성전이 재건되고 예루살렘 성읍과 시온이 회복되는 것과 같은 역사가 시작됨을 알려준다.

성 어거스틴(St. Augustine)은 이를 깨닫고 하나님의 통치가 있는 그곳에 하나님의 도시가 재건된다는 내용의 《신국》(City of God)을 썼고, 아브라함 카이퍼는 그 유명한 예수 그리스도의 '영역주권'을 펼치게 되었다.

현실을 둘러보면 우리가 사는 세상은 디지털 정보 회사들이 세상의 모든 정보를 손에 넣고 세상을 움직이는 것 같은 상황에 놓여 있다. 세계의 모든 정보를 '클라우드'라는 구름 위에 띄워놓는다. 우리 역시 현대사회를 살아가기에 '디지털 클라우드'(Digital Cloud)를 쓰고 있긴 하지만, 그러한 중에도 우리는 화석류나무 사이에 붉은 말을 타고 서 계신 예수 그리스도를 소망해야 한다. 디지털 클라우드가 하나님의 신적 개입이 머문 '디바인 클라우드'(Divine Cloud)가 되게 해 달라는 기도를 드려야 한다는 것이다. 이를 위해 우리는 스가랴처럼 수치와 혼란, 초라함과 고통의 골짜기에서 우리 대신 복수하시며, 전쟁을 승리로 이끌기 위해 붉은 말을 타고 서 계신 예수 그리스도를 볼 수 있어야 한다.

이를 소망하며 본문 10절 말씀을 다시 보자.

화석류나무 사이에 선 자가 대답하여 이르되 이는 여호와께서 땅에 두루 다니라고 보내신 자들이니라.

하나님께서 정찰병들을 보내셨다고 하신다. 당시 페르시아 제국을 통치하고 장악하기 위해 기마대와 같은 강력한 정찰병들을 보내셨다는 뜻이다. 11절에는 이 정찰대들이 보고하는 장면이 소개된다.

그들이 화석류나무 사이에 선 여호와의 천사에게 말하되 우리가 땅에 두루 다녀 보니 온 땅이 평안하고 조용하더이다 하더라.

정찰대들이 붉은 말을 타고 서 계신 예수 그리스도께 와서 보고하기를, 온 땅이 평안하고 조용하다고 한다. 이것은 바벨론이나 페르시아 같은 이방 나라들이 아무 문제없이 잘나가고 있다는 뜻이다. 앞선 12절에 예수님의 중보기도에서 본 것처럼, 하나님의 백성들은 압제와 수치의 고통 속에서 지낸 지 70년이 되어 가는데 이방 나라들은 너무나 평안하다는 것이다.

이에 대한 하나님의 말씀은 무엇인가. 이어지는 16-17절 말씀을 살펴보자.

> 그러므로 여호와가 이처럼 말하노라 내가 불쌍히 여기므로 예루살렘에 돌아왔은즉 내 집이 그 가운데에 건축되리니 예루살렘 위에 먹줄이 쳐지리라 만군의 여호와의 말이니라 그가 다시 외쳐 이르기를 만군의 여호와의 말씀에 나의 성읍들이 넘치도록 다시 풍부할 것이라(슥1:16-17a).

16절과 17절에는 네 가지 회복이 나온다. 첫 번째 회복은 하나님께서 예루살렘에 돌아오신 일이다. 주님의 영광스런 귀환을 뜻한다. 그렇게 하나님께서 귀환하시면 두 번째로 성전이 완공될 것이라 말씀하신다. 하나님의 쉐키나의 영광이 회복되는 것이다. 실제로 이 예언이 있은 지 4년 후에 하나님의 성전이 회복되는 역사가 임했다. 세 번째 회복은 "예루살렘 위에 먹줄이 쳐지리라"는 것이다. 여기서 먹줄을 친다는 말은 측량하고 조사해서 다시 회복시킨다는 뜻이다. 즉 예루살렘이 건축되는데 제대로 건축된다는 뜻으로 해석할 수 있다. 마지막 네 번째 회복은 17절에 나타난 대로 여호와의 성읍이 넘치도록 풍부하게 되는 일이다.

우리는 여기서 한 가지를 주목해 봐야 한다. 하나님의 성읍이 회복된다는 말씀이 이루어지기 위해서는 제일 먼저 예루살렘 성전이 재건되어야 한다는 점이다. 또한 예루살렘 성전이 재건되려면 예루살렘 성읍 자체가 회복되어야 한다. 이는 예루살렘 성전이 회복될 때, 유대 민족 전체의 회복이 시작됨을 알려준다. 예루살렘 성전의 회복, 즉 예루살렘 자체의 회복이 없이는 유다 민족이 회복되지 않는다는 말이다.

이것이 오늘 우리에게 무엇을 말하는가? 예루살렘 성전이나 시온은 오늘날로 말하면 교회를 가리킨다. 따라서 이 말씀은 하나님의 교회가 회복되어야 그 지역이 회복되며, 한국교회가 회복되어야 이 민족이 회복됨을 알려준다.

지난 100년의 역사가 이 사실을 뒷받침한다. 한국교회가 제대로 사명을 감당할 때, 이 민족이 세계 역사 앞에 놀라운 역할을 감당할 수 있었다. 그래서 우리는 예루살렘 성전을 회복하시어 유대 민족 전체를 회복시키신 하나님께서 오늘날 보이지 않는 무형교회인 그리스도인들 한 사람 한 사람을 회복시켜 주시기를 기도해야 한다. 우리가 회복되어야 서울이 회복되고, 서울이 회복되어야 한국이 회복되기 때문이다.

그러므로 우리는 이 시대에 스가랴서 환상을 적용해 기도할 수 있어야 한다. 붉은 말을 타고 골짜기 속 화석류나무 사이에 서 계신 예수님께 "먼저 우리를 회복시켜 주옵소서"라며 긍휼을 구하는 기도를 올려드릴 수 있어야 한다. 우리가 이 믿음으로 올바른 기도의 제목을 주님 앞에 올려드릴 때, 하나님께서는 우리가 서 있는 그 자리를 예루살렘과 시온이 회복되는 자리처럼 만들어 주실 것이다.

하나님의 질투가 소망이다

그렇다면 이 회복은 어떻게 주어질까? 회복에 대해 많은 말을 하지만 말만으로는 진정한 회복을 이룰 수 없다. 하나님께서 주시는 영적 능력과 에너지가 있어야 우리가 꿈꾸는 회복이 실제가 된다.

> 내게 말하는 천사가 내게 이르되 너는 외쳐 이르기를 만군의 여호와의 말씀에 내가 예루살렘을 위하며 시온을 위하여 크게 질투하며 (슥 1:14).

본문 14절은 하나님에 대해 "예루살렘과 시온을 위하여 크게 질투하시는 분"이라 말씀하고 있다. 이 말은 곧 우리가 하나님을 크게 질투하시는 분으로 깨달을 때, 우리가 선 자리에 회복이 임한다는 뜻으로 해석이 가능하다. 하나님이 어떤 분인지 제대로 아는 것이 우리가 회복으로 가는 영적인 능력이라는 얘기다.

이 '질투'라는 말은 히브리어 원어로 '카나'(קָנָא)이다. 사실 우리 인간 사회에서는 이 카나를 부정적 의미로만 여기는 경향이 있다. 그러나 이 질투라는 용어가 하나님께로 갔을 때는 조금 다른 의미가 된다. 질투 그 자체를 말하기보다는 질투하실 정도로 우리를 사랑하시는 하나님이심을 보여주실 때 이 단어를 쓰기 때문이다. 그래서 《새번역》은 같은 본문을 이렇게 번역했다.

> 내게 말하는 천사가 내게 일러주었다. "너는 외쳐라. 만군의 주님께서 이렇게 말씀하신다. '나는 예루살렘과 시온을 몹시 사랑한다'" (슥 1:14, 새번역).

이 번역에서 보여주듯 '질투'가 하나님께 쓰일 때는 정서적이고 심리적인 언어라기보다 어떤 행동 양식이 된다. 하나님이 질투하신다는 표현은 우리를 몹시도 사랑하시는 하나님을 행동화 하여 보여주고 있다는 것이다. 우리를 몹시도 사랑하시는 하나님의 행동 양식. 이 하나님의 행동에 대해 열왕기하 19장 31절 하반부에서는 이렇게 말씀한다.

여호와의 열심이 이 일을 이루리라 하셨나이다 하니라.

따라서 하나님의 질투는 하나님의 결단과 열성, 열심과 관계되어 나타난다고 할 수 있다. 즉 하나님께서 질투하시면 하나님의 열심과 결단, 행동이 뒤따른다는 것이다. 이것은 무슨 뜻인가. 결국 우리를 향하신 하나님의 거룩한 '질투'로 인한 하나님의 '행동'이 하나님의 일을 '이룬다'는 뜻이다.

여기서 한 가지 중요하게 묻고 답해야 할 부분이 있다. "하나님은 왜 우리를 질투하실까?"에 대한 질문과 답이다. 어떤 이들은 창조주 하나님께서 피조물인 인생을 질투하신다는 것을 이해하기 어려워한다. '위대하고 전능하신 하나님께서 그 자녀들이 잠시 허튼 것에 마음을 빼앗긴다고 해서 그토록 신경 쓸 필요가 뭐가 있을까?'라고 생각하기도 한다. 그러나 이것은 우리를 향한 하나님의 사랑을 과소평가했기 때문이다. 무엇보다 하나님과 우리의 관계가 어떠한지 정확히 모르기 때문이다.

하나님과 우리는 예수 그리스도의 피에 근거한, 그 피로 맺어진 언약적 관계다. 한 마디로 하나님과 우리는 너무나 독점적인 사랑의 관계로 맺어졌다. 이러한 관계이기에 우리가 하나님 외에 다른 것을 우선순위로 사랑하면 하나님과 우리의 독점적 사랑의 관계가 파괴되기 시작한다. 하나님께서는 그걸 견디지 못하신다. 그 관계가 훼

손될 때 우리가 너무 어려워지기에, 하나님께서는 거룩한 질투를 통한 하나님의 열심으로 우리를 고쳐주기 원하신다는 것이다. 이에 대해 R. T. 켄달(Robert Tillman Kendall)은 다음과 같이 설명한다.

"하나님의 질투는 우리의 삶에서 가장 좋은 것을 놓치지 않게 하며, 스스로를 망치지 않도록 도와주는 안전장치와 같다."

본문 14절에서의 외침이 이와 같다. 하나님의 거룩한 질투야말로 우리를 향한 안전장치라는 말이다. 그래서 해석천사는 '적당히'가 아니라 '크게' 외치라고 말한다. 하나님이 예루살렘과 시온을 향해 질투하시는 분임을 외치라고 말한다.

이스라엘의 지도자 모세 역시 '하나님의 질투'에 대해 깨닫고 신명기 4장 24절에서 이렇게 말했다.

네 하나님 여호와는 소멸하는 불이시요 질투하시는 하나님이시니라.

앞서 말한 대로 하나님의 질투는 하나님의 행동과 연계되어 나타난다. 여기서도 하나님은 질투하시기에 소멸하는 불이 되신다. 소멸하는 불, 이것은 결코 부정적인 의미가 아니다. 하나님께서 우리를 모두 불태워 재로 만드시려는 게 아니다. 하나님께서는 우리가 죄와 섞이는 것을 너무도 싫어하신 나머지, 소멸하는 불로 우리 죄를 태워 우리를 깨끗하게 하시고 정화시키며, 우리를 보호하신다는 뜻이다.

그런 면에서 이스라엘의 소망은 하나님의 '카나'에 달려있다고 할 수 있다. 우리에게 소망이 있느냐 없느냐는 결국 하나님의 질투에 달렸다.

앞 장에서 우리는 "돌아가면 회복된다"라고 말했다. 그런데 이 장에서는 회복의 진짜 원동력 중 하나가 바로 하나님의 거룩한 질투에 있음을 알려준다. 얼마나 역설적인가. 하나님은 우리가 하나님이 아닌 다른 어떤 것에 넋을 잃고 바라보며 욕망할 때, 그것을 질투하신다. 질투하심으로써 소멸하는 불이 되시어 우리를 정화시켜 주신다. 그 소멸하는 불로서의 과정이 바로 이스라엘의 70년 바벨론 포로 시절이었다.

최종 판결자 앞에 다시 일어서라

계속해서 본문 15절을 보자.

> 안일한 여러 나라들 때문에 심히 진노하나니 나는 조금 노하였거늘 그들은 힘을 내어 고난을 더하였음이라(슥 1:15).

무슨 뜻인가. 앞 절에서 본 대로 하나님은 이스라엘을 위해 정찰대를 보내셔서 페르시아나 바벨론 제국을 살펴보게 하셨다. 그런데 이스라엘 백성들은 아직도 고난 가운데 있고 포로 생활 속에 놓여 있는데 비해, 이스라엘을 괴롭혔던 제국들은 평안하고 안일하게 잘나가고 있었다. 15절에서는 바로 이와 같은 나라들에 대해 진노하시는 하나님을 보여준다. 왜 그런가. 바벨론은 범죄한 이스라엘을 징계하기 위한 하나님의 도구였을 뿐이다. 이스라엘이 하나님께로 돌아오게 하려고 잠시 하나님의 방망이가 되고 매가 되어야 했던 나라들이다. 그런데 도구가 되어야 할 제국들이 스스로 하나님이라도 된 양 자만하며 이스라엘을 비롯한 주변국들을 억압하고 짓밟고 짓이겼다. 한 대만 때렸어도 될 일인데 열 대, 백 대를 치며 기고 만장해진 것이다.

하나님께서는 그에 대해 노하신다. 하나님의 백성들이 징계를 당할 때 세상에 속한 사람들이 잘나갈 뿐 아니라 자신들의 배를 두들겨가며 하나님의 백성들을 비난하고 억압하며, 더 나아가 무시하고 짓밟는 것을 하나님께서는 그냥 두지 않으신다.

물론 하나님의 교회가 부족하고 연약할 때가 많다. 심지어 우리가 공격을 당할 만도 하다, 싶은 순간들도 있다. 그럴 때 우리는 징계를 감사히 받으며 겸비하여 하나님께로 돌이켜야 한다. 그런데 그것을 바라보는 주변 제국들이 마치 자신이 심판자인 양 고난에 처한 사람들을 우습게 알고 짓밟으며, 모욕하고 수치를 주는 일을 우리의 아버지이신 하나님께서는 분히 여기신다. 하나님의 백성을 대적하는 그들을 가만히 두지 않으신다.

본문 15절의 내용이 그와 같다. 스가랴서 첫 번째 환상의 핵심이 이것이다. 붉은 말을 타고 오신 예수 그리스도, 골짜기 속 화석류나무 사이에 서 계신 예수 그리스도께서 질투하시며 행동하실 때, 하나님께서 친히 이스라엘(교회)의 회복을 이루실 것이다. 그래서 우리는 그 주님을 찬양하며 하나님께서 내 삶뿐 아니라 이 나라 전 영역의 주인이 되시도록 사모해야 한다.

17절에서는 이 사실을 한 번 더 강조하고 있다.

그가 다시 외쳐 이르기를 만군의 여호와의 말씀에 나의 성읍들이 넘치도록 다시 풍부할 것이라 여호와가 다시 시온을 위로하며 다시 예루살렘을 택하리라 하라 하니라.

짧은 한 절 속에 '다시'라는 말이 네 번이나 나온다. 이 말씀을 들고 보는 모든 이가 '다시'라고 외치시는 하나님의 열심 앞에 뜨겁게 결단할 수 있기를 바란다. '나는 안 돼'라고 하며 주저앉았던 자리에서 '다시' 일어나 시작하는 능력을 받을 수 있기를 바란다.

앞서 성 어거스틴의 《신국》과 아브라함 카이퍼의 '영역주권'에 대해 소개하며 내가 강조하고 싶었던 것은 "모든 상황에서 그리스도가 왕이 되게 하는 것" 즉, "삶의 모든 영역에서 그리스도가 왕이 되게 하는 것"(Let Christ be King)이었다. 우리 평생에 사모하고 사모해야 할 일은 이것이다. 질투하시는 하나님, 질투하실 정도로 우리를 사랑하셔서 여호와의 불로 죄를 소멸하시는 하나님! 그 하나님을 사모할 때, 우리 삶의 전 영역에 붉은 말을 타고 오시어 화석류나무 사이에 서 계신 그분을 볼 수 있을 것이다. 주님이 우리의 왕이 되시면 우리는 최고의 순간, 최고의 수준을 경험하게 된다. 인생 최고의 거룩한 절정을 경험하게 된다. 그렇게 될 때, 우리는 최고의 품격과 수준과 목표를 이룰 수 있다.

이를 부부 관계로 예를 들어 설명해도 좋을 것이다. 부부 사이에 아내가 왕이 되거나 남편이 왕이 되면 최고의 부부 관계가 이루어질까? 아니다. 남편이나 아내, 누구 한 사람이 왕이 되는 게 아니라 남편과 아내 사이에 계신 예수 그리스도께서 왕이 되실 때, 그 부부 관계는 최상의 관계가 된다. 최고로 아름다운 관계를 누리게 된다. 이는 비단 부부 사이만이 아니다. 가정도 교회도, 이 시대도 마찬가지다.

그러므로 이제 개인과 사회와 이 민족의 전 영역에서 그리스도가 왕이 되도록 기도하자. 붉은 말을 타고 오신 예수 그리스도께서 우리 가정과 지역, 나라 전체에 왕이 되실 때 개인과 가정, 나라 전체에 절정의 아름다움과 풍요로움을 이룰 것이라고 확신한다.

숙련된 대장장이의 계보(系譜)

"내가 눈을 들어 본즉 네 개의 뿔이 보이기로 이에 내게 말하는 천사에게 묻되 이들이 무엇이니이까 하니 내게 대답하되 이들은 유다와 이스라엘과 예루살렘을 흩뜨린 뿔이니라 그 때에 여호와께서 대장장이 네 명을 내게 보이시기로 내가 말하되 그들이 무엇하러 왔나이까 하니 대답하여 이르시되 그 뿔들이 유다를 흩뜨려서 사람들이 능히 머리를 들지 못하게 하니 이 대장장이들이 와서 그것들을 두렵게 하고 이전의 뿔들을 들어 유다 땅을 흩뜨린 여러 나라의 뿔들을 떨어뜨리려 하느니라 하시더라"(슥 1:18-21)

이 장에서는 스가랴서에 나타난 두 번째 환상에 대해 살펴보려 한다. 주님이 우리와 함께하셔서 주님의 음성을 들려주실 때, 우리의 고난과 치욕의 골짜기는 사라질 것이다. 우리 모두 그와 같은 말씀의 은혜에 흠뻑 젖음으로 은혜의 가도 위에 들어서길 바라며, 스가랴가 본 둘째 환상, 대장장이의 계보에 대해 살펴보자.

네가 무엇을 보느냐

본문 18절은 이렇게 시작된다.

내가 눈을 들어 본즉 네 개의 뿔이 보이기로.

스가랴가 눈을 들어 봤더니 네 개의 뿔이 보였다고 한다. 여기서 "눈을 들어 본즉"이라는 표현 방식은 스가랴서에 자주 나타나는 독특한 반응과 태도다. 1장에서뿐만 아니라 이어지는 2장에서도 "내가 또 눈을 들어 본즉"이 나오고 5장 1절에는 "내가 다시 눈을 들어 본즉"이 나오며, 5장 5절에는 "너는 눈을 들어"가 나오고 6장 1절에는 "내가 또 눈을 들어 본즉"이란 표현이 반복되어 나타난다.

우리는 여기서 먼저 주눅 들만한 환경에 함몰되지 않으려면 눈을 들어 무언가를 봐야 함을 알게 된다. 눈을 들어 무언가를 본다는 것은 좋은 시작이요 필요한 첫걸음이다. 그런데 더 중요한 것은 눈을 들어 '무엇을 봐야 하는가?'이다. 주변이 어떠한지 살피기 위해 그냥 눈을 드는 거라면 고개를 숙여 아무것도 보지 않았을 때보다 오히려 더 주눅 들 수 있다. 우리가 눈을 들어 주변만 살피다보면 더 위험한 상황, 더 곤란한 상황만 눈에 들어오기 때문이다.

따라서 나를 욱여싼 환경으로부터 '눈을 들라' 하실 때는 하나님께서 나를 위해 하신 일을 보라는 영적인 뜻으로 해석해야 한다. 이를테면 가뭄의 마른하늘에 떠오르는 기도의 조각구름이거나(왕상 18:44 이하) 하나님이 우리에게 약속하신 것(신 32:49), 하나님의 날이 임하기를 바라는 것이거나(벧후 3:12), 어떤 상황 속에서도 우리를 온전케 하시는 예수님(히 12:2)을 바라보는 것이다. 이 말은 곧, 삶을 자연인의 시각으로가 아니라 하나님의 약속의 말씀 위에서 바라봐야 한다는 뜻이다. 그래서 하나님께서는 선지자들에게 종종 다음과 같은 질문을 던지셨다. 바로 "네가 무엇을 보느냐?"(렘 1:11, 암 7:8, 슥 5:2)이다. 하나님께서는 선지자들에게 계시의 말씀을 주시기 위해 이 질문을 자주 던지셨다. 오늘을 사는 우리에게도 하나님의 뜻을 보이시기 위해 이 질문을 종종 던지신다.

본문에서도 마찬가지다. 18절에서 "눈을 들어 본즉"이란 표현은 현재 스가랴가 처한 땅 위의 환경과 처지가 꿈을 꾸고 환상을 보며, 하나님의 심정을 깨달을 만한 상황이 아님을 역설적으로 알려준다. 실제로 당시 상황은 너무도 암담하고 어려웠다. 성전 건축은 중단되었고 백성들을 보호해야 할 성벽은 지어지지 않았으며, 예루살렘은 황폐한 성읍 그 자체였다. 가시적으로 보이는 것에는 기대할 것이 아무것도 없어 보였다. 그와 같은 상황에서 "눈을 들어 보라"고 하시는 것은 무슨 뜻이었을까. 환경 그 자체를 쳐다보지 말고 환경에 주눅 들지도 말라는 것이다.

우리가 상황만 주목해 본다면 세상에는 주눅 들 수밖에 없는 일들이 너무나 많다. 예수님이 십자가에서 못 박히실 때 제자들의 모습을 보라. 그토록 열성적이었던 베드로마저 예수님이 체포되시자 가야바 대제사장의 집 여종의 한마디에 주눅이 들어 예수님을 저주하며 그 자리를 피해버렸다.

구약에서도 이런 일들은 적지 않았다. 이스라엘의 출애굽 후 가나안 땅을 정탐했던 열두 명의 정탐꾼은 본래 각 지파의 엘리트들이었다. 그런 그들이 가나안 땅에 들어가 정탐할 때 겉으로 드러나는 상황만 보고는 그 땅 아낙 자손들 앞에서 자신들은 마치 메뚜기와 같다고 고백한다. 이런 일은 집단적으로 이루어지기도 했다. 이스라엘 사람들이 골리앗과 싸울 때, 그들은 골리앗을 보고 두려움에 사로잡혀 집단적인 패닉에 빠지고 말았다. 왜 그랬겠는가. 눈에 보이는 환경에만 집중했기 때문이다.

우리는 지금도 그렇게 살 때가 많다. 아내가 겉모습만으로 자기 남편을 옆집 남자와 비교할 때, 남편은 주눅 들 수 있다. 부모가 자식들을 '엄친아'와 비교할 때도 아이들은 주눅 든다. 이렇듯 사람들은 아무리 애를 써도 나아지지 않는 환경 앞에서 비교를 당하고 주눅 든 채 살아간다. 상위 2퍼센트에 속한 사람들은 상위 1퍼센트에 속한 사람들에게 주눅 들고, 상위 1퍼센트에 속하는 사람들은 상위 0.1퍼센트의 사람들에게 주눅든다.

오늘날 기독교인들은 어떤가. 세상의 위협과 반기독교적인 문화를 만날 때 주눅이 든다. 더욱이 코로나 팬데믹으로 인해 교회 사역이 움츠러들면서 많은 교인도 주눅이 들었다. 이럴 때 우리는 그리스도인들에게 태생적으로 주눅 들지 않는 영적 DNA가 주어졌음을 깨달아야 한다. 사도행전 5장을 보라. 당시 예수 믿는 제자들은 완전히 주눅 들 수밖에 없는 상황이었다. 그리스도인들을 무조건 잡아다가 옥에 가두고 채찍질하며 핍박하는 가운데 움츠러들지 않을 사람은 아무도 없었다. 목숨을 부지하기 위해서라도 집안에 꼭꼭 틀어박혀 숨도 쉬지 않고 있어야 할 상황이었다. 그러나 그때에도 제자들은 우리의 예상을 빗나가는 모습을 보여준다.

> 베드로와 사도들이 대답하여 이르되 사람보다 하나님께 순종하는 것이 마땅하니라(행 5:29).

무슨 뜻인가? 그리스도인이라면 자신을 핍박하는 환경에 굴복하거나 주눅 들지 말고 하나님을 바라보는 것이 마땅하다는 뜻이다. 예수님은 누가복음 6장 29절에서 "너의 이 뺨을 치는 자에게 저 뺨도 돌려대며, 네 겉옷을 빼앗는 자에게 속옷도 거절하지 말라" 하셨다. 물론 이 구절은 원수를 사랑하고 축복하라는 의도로 말씀하신 것이지만, 다른 한편으로는 뺨을 맞았다고 주저앉지 말고 다른 뺨까지 돌려댈 만큼 거룩한 용기를 가지고 맞서라는 의미도 담고 있다.

오른뺨을 때리는 자를 만날 때 주눅 들기보다 왼뺨까지 돌려댄다면, 오히려 때린 사람이 주눅 들지도 모른다.

우리는 세상을 살면서 끊임없이 돈 많고 공부 많이 하고 잘생긴 사람 앞에서 주눅 들어 살아간다. 그러다 보면 자신을 낮게 평가하고 좌절감과 열등감에 사로잡히곤 한다. 그러나 세상의 위세에 주눅 드는 것은 하나님께서 원하시는 바가 아니다. 스가랴서 본문에 "눈을 들어 보라"고 하신 것도 보이는 환경만을 보며 주눅 들지 말고, 우리의 영적인 눈을 들어 하나님의 환상을 보라는 뜻이다. 그것을 볼 때라야 환경을 이겨낼 무언가가 나오기 때문이다.

찢기고 삼키고 짓밟힌 하나님의 백성들에게

18절을 다시 보자.

내가 눈을 들어 본즉 네 개의 뿔이 보이기로.

스가랴가 눈을 들어 본 것이 무엇인가? '네 개의 뿔'이다. 어떤 현실의 상황이 아닌 동물의 뿔, 그것도 네 개나 되는 뿔이었다. 동물의 뿔은 하나의 서열을 관장할 정도로 권력의 상징으로 쓰인다. 또, '네 개의 뿔'이라 함은 동서남북에 편재한 모든 뿔을 가리킨다. 즉 '네 개의 뿔'은 이스라엘을 괴롭히고 방해하는 사방의 대적을 의미한다. 이어지는 구절에서 이에 대해 더 구체적으로 말한다.

이에 내게 말하는 천사에게 묻되 이들이 무엇이니이까 하니 내게

대답하되 이들은 유다와 이스라엘과 예루살렘을 흩뜨린 뿔이니라
(슥 1:19).

여기서 '흩뜨렸다'는 말은 히브리어로 '제루'(זרה)로, 완료형 시제를 사용했다. 그 뿔들이 과거에 이스라엘을 한 번만 흩뜨리고 만 게 아니라 현재는 물론 미래까지 흩뜨려 놓을 수 있다는 의미다. 그 잔혹한 네 개의 뿔은 이스라엘 백성들을 들이박고 유다 사람들을 찢어놓으며, 예루살렘 성을 공포에 떨게 하는 가운데 온 백성들을 갈기갈기 흩어놓고 있다는 것이다.

그렇다면 '네 개의 뿔'이 의미하는 바는 구체적으로 무엇일까? 이에 대해서는 여러 해석이 나올 수 있지만, 우리는 다니엘서에서 그에 대한 자연스런 해석을 찾을 수 있다. 다니엘서에서도 나오는 네 뿔 중 첫째 뿔은 바벨론이고 둘째 뿔은 메데-페르시아 제국, 셋째 뿔은 헬라와 알렉산더 제국이고 마지막 넷째 뿔은 로마 제국이다. 그런데 스가랴서가 쓰인 B.C. 500년경에는 아직 알렉산더의 헬라 제국은 물론이고 로마 제국이 등장하지 않은 때였다. 당시 이스라엘은 바벨론의 압제 하에 있다가 메데-페르시아로부터 억압받고 있는 상태이다.

이에 대해 다니엘서 7장에서는 네 짐승의 환상을 가지고 설명한다. 첫째는 사자인데 이는 바벨론을 상징한다. 지금도 바벨론의 후예라는 중동의 이라크에 가보면 그들의 엠블럼인 날개 달린 사자를 어렵지 않게 볼 수 있다. 이어 둘째 짐승인 곰은 메데-페르시아 제국, 셋째 짐승인 표범은 재빠르고 사나운 알렉산더의 헬라 제국, 넷째 이빨을 가진 짐승은 로마 제국을 상징한다. 즉 사자는 예루살렘과 유대와 이스라엘을 잡아먹은 것을, 곰은 이스라엘을 부숴버린 것

을, 표범은 이스라엘을 덮쳐버릴 것을, 철 이빨을 가진 짐승은 무엇이든지 잘근잘근 씹어버릴 것을 나타낸다. 결국 이 환상은 네 제국으로 인해 이스라엘 백성들이 얼마나 고통과 치욕을 겪었고, 또 겪게 될지를 알려주는 환상이라 하겠다.

열왕기하에는 이에 대한 구체적 내용이 소개된다.

> 그들이 시드기야의 아들들을 그의 눈 앞에서 죽이고 시드기야의 두 눈을 빼고 놋 사슬로 그를 결박하여 바벨론으로 끌고 갔더라(왕하 25:7).

나는 어릴 때 이 말씀을 읽으며 몸서리가 쳐졌다. 하나님의 백성들이 왜 이렇게 치욕과 수치와 모욕을 당해야 하는지 의문이 들었다. 왕 앞에서 그 아들들인 왕자들을 죽이는 것은 물론, 왕의 두 눈을 빼버리고 놋 사슬로 그를 결박하다니. 이후 구약과 신약의 중간기에 안티오코스 에피파네스라는 헬라 군주는 유대인들의 유일신 사상을 짓밟기 위해, 스룹바벨 성전에서 부정한 짐승으로 간주되는 돼지 피를 흩뿌리는 등의 일도 서슴지 않고 행했다. 바벨론과 페르시아는 물론이고 알렉산더의 헬라 제국과 로마 제국 시대를 사는 동안 유다와 이스라엘과 예루살렘은 그토록 잔인하게 약탈당하고 파괴당했다.

그렇다면 이런 내용들이 오늘날의 우리와 무슨 상관이 있을까? 오늘날 한국사의 70년 분단 상황과 역사를 곰곰이 되짚어 보라. 이는 사실 러시아와 중국의 잔인한 이빨 속에서 깨어진 역사라 할 수 있다. 그들의 뿔 속에서 우리가 처참하게 당한 역사가 분단 70년의 역사다. 70년 동안 이 민족이 당한 억울한 고통은 말로 다 할 수 없다. 6·25전쟁 때만 해도 우리 스스로 문제를 해결해 보려고 평양

압록강까지 올라갔지만, 러시아는 북한을 사주했고 중국은 50만 대군을 보냄으로 그 잔인한 이빨을 드러냈다.

이와 같은 일들은 한 나라의 역사에서만 나타나는 게 아니다. 마귀는 지금도 성도 한 사람 한 사람을 우는 사자와 같이 찾아 삼키려 든다(벧전 5:8). 마귀가 우는 사자와 같이 덤벼들어 그 삶을 찢어놓는 바람에 너무도 많은 사람이 너덜너덜해진 상처를 안은 채 살고 있다. 이와 같은 상황에서 우리는 어떻게 해야 될까.

이스라엘 민족도 그런 의문을 가졌을 것이다. 그들은 분명 바벨론 70년 포로 생활을 극복하고 돌아왔다. 그런데도 무너진 성벽은 복구되지 못한 채 그대로다. 성벽이 무엇인가. 그들의 안전을 지켜주는 장치다. 그런데 안전을 보장할 성벽은 무너진 상태 그대로다. 더구나 그들은 매일 하나님께 예배를 드려야 살 수 있는데 예배 드릴 성전도 제대로 다 지어지지 못했다. 나라의 정체성이 모두 사라지고 소셜 인프라조차 없는 상태다. 인간의 기본권인 의식주조차도 해결이 안 되는 상황이다. 그래서 그들은 의문을 가졌을 것이다. '언제쯤이면 이 상황이 해결될까?'

스가랴 1장 11절을 보면 이방 제국들은 모두 평안하고 안일하게 잘나가고 있었다. 그들은 항상 "평안하다, 좋다"라고 말하며 배를 두드리고 있었다. 그러나 그럴 때 하나님께서는 앞 장에서 본 대로 이방 제국들을 가만히 두지 않겠다고 하시며 그들을 향한 진노의 약속을 들려주셨다. 이 장에서 보는 두 번째 환상이 그에 대한 분명한 증거였다.

네 대장장이를 일으켜 징벌하시는 하나님

하나님께서는 그와 같은 처절한 상황에서 두 번째 환상을 통해 해결책을 보여주신다. 동서남북에 흩어진 네 뿔, 힘과 권력의 상징인 네 뿔을 처리하기 위해 네 명의 대장장이를 보여주신다.

> 그 때에 여호와께서 대장장이 네 명을 내게 보이시기로(슥 1:20).

네 뿔이 나온 뒤에 네 명의 대장장이가 나오자, 스가랴는 이게 무슨 뜻이냐고 묻지 않을 수 없었다.

> 내가 말하되 그들이 무엇하러 왔나이까 하니 대답하여 이르시되 그 뿔들이 유다를 흩뜨려서 사람들이 능히 머리를 들지 못하게 하니 이 대장장이들이 와서 그것들을 두렵게 하고 이전의 뿔들을 들어 유다 땅을 흩뜨린 여러 나라의 뿔들을 떨어뜨리려 하느니라 하시더라(슥 1:21).

무슨 뜻인가? 그간 유다 땅과 예루살렘을 흩뜨린 그 모든 나라의 뿔을 네 대장장이를 통해 정리하시겠다는 것이다. 이는 마치 다니엘서에 나타난 손대지 아니한 돌, 즉 동정녀를 통해 탄생하신 예수 그리스도라는 돌이 앞서 봤던 네 제국의 신상들을 깨뜨리는 모습을 연상케 한다.

그렇다면 스가랴서에 나타난 '네 대장장이'는 누구를 뜻할까. 대장장이라는 독특하고도 흥미로운 단어 속에서 우리는 무엇을 봐야 할까.

성경에 기록된 '대장장이'라는 말은 히브리어로 '하라쉬'(חָרָשׁ)이다. 하라쉬는 이사야서에 나와 있는 대로 나무를 솜씨 있게 다루는 목공을 뜻하기도 하고, 출애굽기나 사무엘서에 나와 있는 대로 돌을 잘 다듬는 석공을 뜻하기도 한다. 오늘날로 보자면 '장인', '기술자', '숙련공'을 일컫는 말이다.

출애굽기 36장에는 이와 같이 숙련된 대장장이 두 명이 소개된다. 성막을 지을 때 쓰임 받았던 브살렐과 오홀리압이다. 이와 같은 실제적인 예를 통해 하나님께서는 브살렐과 오홀리압처럼 자신을 연마하고 다듬어 내어드린 사람들을 사용하심을 보여주신다. 하나님께서 민족을 위기에서 구하실 때 통치자나 권력자, 대단한 학자나 서기관을 통해서가 아니라 겸손하게 자신을 연마한 소박한 숙련공 같은 사람들을 사용하신다는 것이다. 대표적으로 개혁 왕 요시야 시대에 성전 수리를 맡았던 직공들이나 솔로몬 시대의 석공이나 목수들이 바로 그와 같은 사람들이었다.

다소 충격적이지 않은가. 나 역시 스가랴가 본 두 번째 환상을 해석하고 준비하면서 새로운 관점을 갖게 되었다. 하나님께서 이스라엘을 짓밟고 무너뜨린 엄청난 권력의 뿔을 해결하실 때, 더 크고 위협적인 권력이 아니라 당신이 예비하신 소박하고도 숙련된 대장장이들을 통해 처리하신다니 우리로선 쉽게 이해되지 않을 수 있다.

그러나 이와 같은 실례는 이미 성경 곳곳에 나와 있다. 먼저 노아가 방주를 짓던 상황으로 가보자. 당시 사람들은 홍수에 대비해 배를 짓는 노아를 보며 비웃기를 그치지 않았다. 홍수가 일어나기 전까지만 해도 비가 쏟아지는 일은 거의 없었기 때문이다. 그저 아침마다 이슬이 내리는 정도라서 그들은 완벽한 온도와 습도 속에 살고 있었다. 덕분에 모든 나무는 푸르렀고 몸집이 큰 동물들도 살 수 있었다. 포도알 같은 과일이나 곡식의 씨알들도 지금보다 훨씬 컸다. 지구 환경이 최적화되다 보니 사람들의 수명도 9백 살 가까이 되었다. 노아가 배를 짓던 때는 그런 시대였다. 그런데 노아가 홍수를 대비해 배를 짓고 있으니 사람들의 조롱이 클 수밖에 없었다. 그러나 노아는 겸손하고도 순전하게 배 짓는 일에 계속 전념했다. 히브리서 말씀을 보자.

> 믿음으로 노아는 아직 보이지 않는 일에 경고하심을 받아 경외함으로 방주를 준비하여(히 11:7a).

노아는 눈을 들어 하나님을 경외함으로, 숙련공으로서 방주를 준비하는 일에 자신을 드렸다. 그러나 그런 노아를 향한 사람들의 반응은 '조롱' 그 자체였다. 요새 말로 하자면 악성댓글 수만 개가 노아에게 따라붙었다. 그로 인해 노아는 우스운 사람이 되고 말았다. 그럼에도 노아는 어떻게 했는가. 눈을 들어 하나님을 바라봄으로 그저 순전하고도 소박하게 방주 만드는 일을 계속해 나갔다.

우리는 예수님에게서도 이와 같은 숙련됨과 소박함을 찾아볼 수 있다. 실제로 예수님은 소박한 목수였고 숙련공이셨다. 겉으로 볼 때 누구보다 초라했던 숙련공이 바로 예수님이셨다.

오늘날 가장 위대한 사도라 칭함 받는 사도 바울의 곁에도 그와 같은 숙련공이 있었다. 눈이 좋지 않았던 사도 바울을 대신하여 그의 구술을 받아 필사한 더디오가 바로 초대교회의 숙련공이다. 그런 사람들을 통해 오늘날 신약성경이 탄생할 수 있었음을 돌아볼 때, 하나님의 역사는 그처럼 순박하고도 성실한 대장장이를 통해 이어짐을 확인하게 된다.

하나님께서는 이 세상 제국을 멸망시키실 때도 그와 같은 대장장이들을 통해 일하실 것이다. 순박하고도 소박한 숙련공들을 통해 세상의 제국은 무너질 것이다. 구글과 같은 정보전체주의나 이슬람, 러시아나 중국과 같은 제국주의를 보라. 겉으로 볼 때 그들은 힘 그 자체다. 그와 같은 거대한 힘 앞에서 우리가 무엇을 할 수 있겠는가. 그들의 대단한 권력, 대단한 힘에 비하면 우리는 너무도 초라해 보일 뿐이다.

그러나 하나님께서는 그와 같은 시대에 알려주신다. 엄청난 힘을 무너뜨리는 진정한 힘은 그보다 더 큰 힘과 권력에서 나오는 것이 아니라 하나님만 바라보며 묵묵히 숙련공의 역할을 담당하는 사람들에게서 나온다고 하신다. 바로 아브라함 카이퍼가 말한 '영역주권'을 실천하는 사람들이다. 따라서 이 말씀 앞에 우리는 모두 이 시대의 네 대장장이가 되어 복음의 순수성을 지키는 하나님의 신실한 종이 되기를 힘써야 한다. 그리하여 노아의 계보를 이어가고 가정총무 요셉의 계보를 이어가며, 이름 없이 말씀을 필사했던 더디오의 계보를 이어가야 한다. 우리가 일상에서 영역주권을 실천할 때, 주님이 그 삶에 왕으로 서심으로 인하여 네 뿔이 처리되는 은혜가 임하게 될 것이다.

숙련된 대장장이가 되어

그렇다면 대장장이로 부름 받은 우리는 대적들을 어떻게 물리칠 수 있을까? 어떻게 해야 사악한 뿔을 제거하는 대장장이의 역할을 감당할 수 있을까?

성경은 하나님께서 친히 우리의 원수를 갚으시고 우리의 적들을 대적하신다고 말씀하신다. 그러나 이것은 결코 하나님께서 일하시니 우리는 방관자적 입장에 서도 된다는 뜻이 아니다. 하나님께서 앞서 우리의 대적들을 제거하실 때, 성도인 우리 역시 해야 하는 일들이 있다. 그것이 무엇인가?

첫째는 하나님의 지혜를 구하는 기도를 드리는 일이다. "나는 사랑하나 그들은 도리어 나를 대적하니 나는 기도할 뿐이라"(시 109:4)는 시편 말씀과 "내가 너희의 모든 대적이 능히 대항하거나 변박할 수 없는 구변과 지혜를 너희에게 주리라"(눅 21:15)는 말씀을 기억하면서, 우리는 기도로 영적 전쟁에 임해야 한다.

둘째는 대적을 두려워하지 않는 일이다. "무슨 일에든지 대적하는 자들 때문에 두려워하지 아니하는 이 일을 듣고자 함이라 이것이 그들에게는 멸망의 증거요 너희에게는 구원의 증거니 이는 하나님께로부터 난 것이라"(빌 1:28)는 말씀을 기억하며 두려움을 떠나보내야 한다.

셋째는 하나님의 심판을 기억하며 그분이 하실 일을 기대하는 일이다. "오직 무서운 마음으로 심판을 기다리는 것과 대적하는 자를 태울 맹렬한 불만 있으리라"(히 10:27)는 말씀을 묵상하며 하나님께서 하실 일을 기대하며 살도록 하자.

넷째는 선행으로 대적자를 부끄럽게 하는 일이다. "범사에 네 자신이 선한 일의 본을 보이며 교훈에 부패하지 아니함과 단정함과 책망할 것이 없는 바른 말을 하게 하라 이는 대적하는 자로 하여금 부끄러워 우리를 악하다 할 것이 없게 하려 함이라"(딛 2:7-8)는 말씀 그대로다.

다섯째는 다투기를 삼가고 온유함으로 대하며 인내하는 일이다.

"주의 종은 마땅히 다투지 아니하고 모든 사람에 대하여 온유하며 가르치기를 잘하며 참으며"(딤후 2:24)라는 말씀을 근거로 이를 행해야 한다.

이와 같은 다섯 가지가 21세기의 네 대장장이가 해야 할 기본적인 삶의 자세라고 할 수 있다.

그런데 본문에서는 진정한 대장장이가 되려면 이 다섯 가지를 기초로 무엇보다 숙련성, 전문성을 가져야 함을 강조한다. 숙련되지 않은 대장장이, 전문성 없는 대장장이는 대장장이로서의 역할을 감당할 수 없기 때문이다.

성경의 인물 중 다윗은 이 문제에 관한 한 합격이었다. 우리가 종종 나누었던 시편 말씀을 살펴보자.

> 이에 그가 그들을 자기 마음의 완전함으로 기르고 그의 손의 능숙함으로 그들을 지도하였도다(시 78:72).

다윗이 하나님께 쓰임 받은 이유는 그의 마음이 간절했기 때문이다. 그에게는 양을 지키려는 목자의 심정이 있었다. 동시에 손의 능숙함이 있었다. 나는 이 말씀에 근거해 40년 전부터 하나님의 사람들에게는 'Heart' 'Vision' 'Skill', 이 세 가지가 필요하다고 외쳤다. 우리는 모두 하나님의 사람들로 다듬어져야 하는데, 그러려면 첫째는 목자의 심정(Heart)을 가져야 하고 둘째는 사명(Vision)이 있어야 하며 셋째는 기술(Skill), 즉 숙련됨이 필요하다.

본문에서는 그중에서도 거룩한 숙련공이 될 것을 강조한다. 기술이 왜 이토록 중요한가. 생각해 보라. 신앙 인품도 좋고 사명도 있는데 숙련됨이 없다면 위기의 시대에 사명을 감당하기 어렵다.

그리스도인 의사를 예로 들면 보다 쉽게 이해할 수 있다. 그가 신앙과 인품이 좋아서 아침마다 직원조회 시간에 말씀을 선포하고 환자들을 위해 기도해 준다면 이는 참 바람직한 일이다. 그런데 의사로서의 실력은 없어서 사람들이 그 병원에 가도 낫지 않고 의료사고까지 빈번하다면, 하나님께서 그 병원을 통해 하시려는 일들이 전해질 수 있을까. 의사의 예를 단적으로 들었지만 여기에는 그리스도인 교사나 약사, 미용사나 농부, 기업가나 판매원, 영업주도 모두 포함될 수 있다. 미용사의 경우를 한 번 더 생각해 보자. 그 미용실에 갔더니 성경책과 기독서적이 놓여 있고 "네 시작은 미약하였으나 네 나중은 창대하리라"는 성경 구절 액자까지 걸려 있다. 그런데 믿고 맡긴 머리가 폭탄 머리가 돼버린다면, 미용실에 방문한 사람의 마음속에 무엇이 남을까.

우리가 무엇을 하든 숙련됨은 이토록 중요하다. 특히 직업 현장에서의 숙련됨은 복음을 전하는 데에 곧바로 영향력을 끼친다. 초대교회 성도들은 이 사실을 잘 알았다. 그들은 자신의 직업 현장이 전도 현장임을 알았기에 자신의 직업을 복음 전도의 수단으로 삼았다(고전 9:6, 고후 11:10, 12, 12:11, 13). 복음 전도자 바울은 열정적으로 복음을 전하기도 했지만, 생업인 텐트를 만드는 일에도 누구보다 더 성심을 다했을 것이다. 바울의 서신에 "부끄러울 것이 없는 일꾼이 되라"(딤후 2:15), 일하기 싫어하거든 먹지도 말게 하라"(살후 3:10)고 권면한 내용에서 이를 짐작할 수 있다.

성도가 직장에서 숙련된 일꾼이 되어야 하는 이유는 존 스토트(John Stott)의 '만인제사장론'에 대한 언급에서도 찾을 수 있다. 그는 "우리가 지금도 '만인제사장론'을 제대로 가르치고 삶에서 적용한다면 오늘의 교회는 제2의 종교개혁을 경험할 수 있다"라고 주장했다. 그는 그만큼 기독교 신앙의 중요한 자리에 만인제사장론을 두었다. 왜 그런가. 그는 만인제사장론을 신학적으로만 적용하지 않고 성도의 중요한 삶의 자리, 즉 일터에서까지 적용했기 때문이다. 그는 만인제사장론에 대해, 제사장직을 가진 성도들이 일터에서 어떻게 일해야 하는지를 실제적으로 보여주는 내용이라고 주장했다. 성도라면 누구나 가정과 일터에서 자신의 일을 통해 자신을 제물로 올려드릴 수 있어야 한다는 것이다. 구약에서 하나님께 드리는 제물은 어떤 제물이어야 했는가. 정결해야 하고(창 8:20) 흠이 없는 것(출 12:5), 가장 좋은 것(출 23:19)이어야 했다. 따라서 제사장직을 가진 성도라면 직장에서 일할 때 최고의 능력으로, 최선의 마음으로, 최고의 자질을 가지고 일해야 한다. 그렇게 자신을 드려 일함으로써 하나님께서 받으시는 제물이 되는 것이 21세기 만인제사장론의 핵심이라는 것이다. 우리는 만인제사장론 속에도 역시나 이 숙련됨이 내포되어 있음을 확인한다.

잠언에서도 같은 내용이 언급된다.

> 네가 자기의 일에 능숙한 사람을 보았느냐 이러한 사람은 왕 앞에 설 것이요 천한 자 앞에 서지 아니하리라(잠 22:29).

숙련된 사람은 왕 앞에 선다고 한다. 존귀하게 된다고 한다. 숙련된 사람은 결국 그 삶의 수준이 매우 높아진다는 뜻이다.

그러면 은퇴하신 분들은 "나는 뭐 이 나이에 더 배울 것도 없으니 실력을 연마할 기회고 뭐고 없겠어"라고 말씀하실지도 모른다. 부디 그렇게 생각하시지 않길 바란다. 오히려 우리는 나이가 들수록 언어의 숙련공이 되기에 힘써야 한다. 언어의 직공, 언어의 대장장이가 되어야 한다. 지금까지 생각나는 대로 함부로 말했다면 이제부터는 덕스럽게, 은혜롭게 말을 하는 언어의 대장장이가 되어야 한다. 그것이 점점 나이가 들어가는 우리에게 주어진 책무이다. 우리는 오히려 나이가 들수록 "말을 항상 은혜 가운데서 소금으로 맛을 냄과 같이 하는"(골 4:6) 언어의 숙련공이 되도록 힘써야 한다. 이것이 너무 어렵다면 하다못해 표정이라도 잘 지어서 표정의 대장장이가 되기에 힘쓰기를 권한다. 옛날에는 인상을 팍팍 쓰며 인상만으로 분위기를 흐리는 사람이었다면, 이제는 밝고 환한 표정의 숙련공이 되어서 만나는 사람을 살리고 가정을 살리며 공동체를 살리는 사람이 되어야 한다.

이 시대의 우상에 불복하라

요즘 들어 세상의 거대한 뿔과 관련하여 고민하는 내용들이 있다. 그중 하나가 '포괄적 차별금지법'에 관한 것이다.

어떻게 보면 이것 역시 하나의 거대한 뿔이다. 이 법은 이미 우리 힘으로는 쉽게 제지할 수 없을 만큼 거대한 뿔이 되어버렸다. 이 법을 만든 사람들은 기가 막힌 언어의 프레임으로 접근했다. '포괄'이란 말도 그렇고 '차별금지'라는 말도 얼마나 좋은 말인가. 그들은 겉으로는 좋은 말을 내세우지만 결국은 동성애, 동성결혼을 인정하도록 요구하는 것이다. 이 법이 제정되면 무슨 일이 벌어지는가. 목사들은 진정한 복음 설교를 할 수 없다. "예수 그리스도가 유일성을 갖고 계시기 때문에 우리는 예수 그리스도만 믿어야 한다"라고 설교하면 포괄적 차별금지법을 어기는 게 된다. 성경의 절대적 권위를 얘기하거나 하나님의 절대성을 얘기해도 차별이라는 프레임에 걸리고 만다.

유럽은 이미 그런 세상이 되어버렸다. 강단에서조차 예수 그리스도의 유일성과 성경의 절대적 권위를 말하지 못하는 세상이 되어버렸다. 그 결과, 유럽교회의 문은 닫히고 말았다. 교회가 문을 닫으니 주일학교도 없다. 주일학교가 없으니 이 세대의 아이들이 예수님을 믿을 길이 없다. 영적 플랫폼이 없는데 어떻게 예수님을 알겠는가. 보통 난감한 상황이 아니다. 보통 위기가 아니다. 그래서 2009년에 미국에서는 척 콜슨(Charles W. Colson) 같은 분을 중심으로하여 맨해튼 선언(Manhattan Declaration)이 나왔다. 이 선언은 기독교계가 인간 생명의 신성함, 전통적 결혼의 존엄성, 양심과 종교 자유에 관한 권리를 지키기 위해 시민불복종도 감수하겠다는 의지를 담고 있다.

우리는 이미 19세기부터 20세기 초반에 걸쳐 하나님 나라의 대장장이로 쓰임 받은 아브라함 카이퍼와 같은 분의 사상을 배운 바 있다. 아브라함 카이퍼, 그는 자신의 삶에서 만군의 하나님 여호와의 영역주권을 인정함으로 20세기 대장장이의 역할을 제대로 해낸 인물이다. 물론 그도 한때는 자유주의 신학에 빠져 성경과 하나님에 대해 회의감에 젖었다고 한다. 그러나 그가 장로교의 존 칼빈(John Calvin)을 연구하면서 하나님의 주권에 대해 눈이 열렸고, 그때부터 그는 숙련된 대장장이로 자신을 연마하였고, 자신과 함께했던 학생들과 정치가들, 경제인들을 그 시대의 숙련공이 되도록 이끌었다.

그는 먼저 당시의 썩어가는 당파정치에서 거룩하신 하나님의 신적 개입이 있기를 소망하며 정치에 입문했고, 나중에는 네덜란드 수상까지 된다. 언론 영역에서도 16,800여 개의 글을 쓰며 언론 가운데 하나님의 영역주권이 선포되는 데에 힘썼다. 교육 영역에서는 암스테르담에 자유대학을 설립하여 그곳에서 조직신학 교수로 섬기며 하나님의 숙련된 네 대장장이를 키우는 일에 자신을 드렸다. 그는 신앙적으로도 하나님의 영역주권을 선포했다. 독일처럼 교회가 국가의 통제를 받는 국가교회여서는 안 된다는 신념 아래, 국가로부터 독립된 자유교회 교단을 만들었다. 심지어 예술 영역에서도 빛의 화가 렘브란트 전문가가 되어, 그와 그의 작품을 조명하는 일에 힘썼다. 하나님께서는 그 시대 네덜란드의 권력과 뿔들을 정리하는 데에 아브라함 카이퍼를 숙련된 대장장이로 사용하신 것이다.

아브라함 카이퍼가 이렇게까지 쓰임 받을 수 있었던 이유는 무엇일까? 여러 이유가 있겠지만 우리가 주목해 봐야 할 부분은 프랑스 대혁명에 대한 그의 시각, 즉 세계관이다. 사람들은 1789년에 일어난 프랑스 대혁명에 대해 높게만 평가한다. 겉으로 드러나는 자유, 평등, 박애 사상이 매우 좋아 보이기 때문이다. 그러나 자세히 살펴보면 자유와 평등과 박애로 포장된 철저한 인본주의 혁명이라 할 수 있다. 하나님이 없는 사상, 하나님을 대적하고 부정하는 사상이 프랑스 혁명의 중심 사상이었다. 그래서 당시 시민들은 무수한 사람들을 단두대에 올려 인민재판을 했고, 여론몰이를 통해 사람들의 피를 강처럼 흐르게 했다. 이것이 아브라함 카이퍼가 새롭게 해석한 프랑스 대혁명이다. '자유, 평등, 박애'라는 껍데기를 내세워 휴머니즘을 신으로 삼은 것이 프랑스 대혁명이었던 것이다.

아브라함 카이퍼는 "내 삶의 모든 영역에 하나님이 주인이 되고 왕이 되는 일이 가장 중요하다"(Let Christ be King)고 주장하며 프랑스 대혁명 정신에 반대하는 반혁명당(反革命黨)이라는 기독교 정당을 만들어 당수가 된다. 그러고는 하나님의 대장장이로서 잘못된 정치 영역을 부서뜨리고 새롭게 하는 역할을 감당했다.

전 세계는 소위 '포괄적 차별금지법'이라는 뿔 아래 놓여 있다. 이 법으로 인해 유럽은 초토화되었고 미국도 같은 길을 밟기 시작했다. 어찌 보면 대한민국이 전 세계에 마지막으로 남은 보루인 셈이다. 이러한 때에 우리는 어떻게 해야 할까. 우리가 이미 알고 있듯이 우리나라는 러시아보다 국토 면적이 작다. 중국보다 인구가 비할 데 없이 적다. 일본보다 경제적으로 뒤처져 있다. 그러나 우리나라가 러시아나 중국, 일본보다 한 가지 나은 게 있다. 그것은 '교회'다. 기도하는 한국교회, 그것만이 우리가 이 난국을 타계할 힘이다. 악한 마귀는 교회를 무너뜨리려 온갖 잔악한 수법을 쓰겠지만, 교회가 하나님의 손에 들릴 때 이 시대의 대장장이로서 세상의 뿔들을 무너뜨릴 수 있을 것이다.

지금 전 세계 글로벌 사회를 이끄는 중심 사상은 '인본주의'다. 무신론에 기초한 인본주의는 표면적으로 사람을 위한다고 포장하지만, 사실은 하나님을 대적하고 하나님을 부정하는 사상이다. 그런 면에서 하나님이 없다고 주장하는 사회주의와 공산주의 역시 인본주의 사상과 맥을 같이 한다고 볼 수 있다. 그러다 보니 우리는 눈만 뜨면 인본주의를 전제로 한 세상과 마주하게 된다. 우리의 눈과 귀가 인본주의를 전제로 한 뉴스와 광고, 유행가에 세뇌되고 있다. 불가지론자 작가 유발 하라리(Yuval Noah Harari) 같은 사람에게 찬사를 보내는 동안 많은 사람이 그의 사상에 세뇌된다.

이 시대의 네 개의 뿔은 결국 인본주의다. 인본주의 언론, 인본주의 예술, 인본주의 광고, 인본주의 정치…. 이 모든 영역에는 하나님이 없다는 사상이 전제된다. 우리 아이들이 하나님이 없다는 사상을 토대로 한 게임과 SNS에 빠져 허우적거리고 있다.

우리는 눈을 들어 환상을 봐야 한다. 우리의 눈을 들어 다시 한번 반혁명당이 되어야 한다. '포괄적 차별금지법'이라는 미명 아래 자행되는 악한 일들을 분별하여 분명한 반대의 목소리를 내야 한다. 방어해야 한다. 마지막 보루와 같은 한국교회가 여기에 넘어가면 세계교회가 넘어간다는 각오로 싸워야 한다.

물론 우리는 그리스도인으로서 동성애자 한 사람 한 사람의 인격을 소중히 여겨야 한다. 그러나 동성애 자체는 분명한 죄다. 왜 죄가 되는가. 동성애로 인해 무슨 일이 벌어지는지 보라. 생명의 역사가 사라진다. 동성애를 통해 어떻게 아이들이 태어날 수 있겠는가. 동성애는 아름다운 가정의 전통을 파괴시킨다. 전통적인 복음의 자유도 사라지게 만든다. 하나님의 절대적인 진리와 예수 그리스도의 유일성을 설교하지 못하게 한다.

이 시대는 포괄적 차별금지법의 뿔들 앞에 이토록 심각한 상태에 놓여 있다. 그래서 우리는 교회로 모인 한 사람 한 사람이 21세기 아브라함 카이퍼가 되고 21세기 노아가 되며 21세기 더디오, 21세기 요셉이 되기를 간절히 소망해야 한다. 교회로 부름 받은 우리 한 사람 한 사람이 스가랴가 본 숙련된 대장장이의 계보를 이어가는 것이 이 시대의 유일한 소망이요 희망이기 때문이다.

대장장이로 살고 있는가

'일터산업국제연합'이라는 단체가 있다. ICWM(International Coalition of Workplace Ministries)이란 단체로, 오스 힐먼(Os Hillman)이라는 분이 창설한 곳이다. 그는 오랫동안 광고업계에서 일하며 신앙으로 일터를 변화시키는 그리스도인들을 관찰했다. 한 마디로 신앙도 좋고 세상도 변화시키는 사람들의 특성에 대해 살펴본 것이다. 그는 세상을 변화시키는 그리스도인들의 특징, 21세기의 대장장이 역할을 감당할 사람들의 특징을 네 가지로 정리했다.

첫째는 탁월한 업무능력이다. 다니엘처럼 그 마음이 민첩해서 사람들에게 허물을 받을 틈을 보이지 않는 능력을 말한다. 둘째는 순전하고 순수한 인격이다. 셋째는 세상의 기준을 뛰어넘는 사랑과 섬김이다. 마지막 넷째는 하나님이 함께하시는 표적이다. 이것이 매우 중요하다. 사람들이 볼 때 '당신은 뭔가 다르다. 나도 예수 믿으면 당신처럼 될 수 있을까?'라는 생각을 하게 만드는 사람이란 뜻이다.

물론 이 네 가지는 우리의 한계 밖의 일이다. 우리에게 어떻게 타고난 능력이나 순전한 인격이 있겠으며, 특출한 사랑과 섬김의 본이 따르겠는가. 어떻게 하나님이 우리와 함께하시는 표적을 내보일 수 있겠는가. 모두 우리가 스스로 해낼 수 없는 기준들이다.

그러나 한 가지 분명한 사실은 하나님이 함께하시면 된다는 것이다. 하나님이 함께하실 때, 하나님께서 친히 그 모든 일을 작은 자를 통해 이루신다는 것이다.

그러므로 우리는 스가랴서에 나오는 네 대장장이처럼 하나님께 쓰임 받기 원한다는 사명 아래, 눈을 들어 하나님을 바라봄으로써 그분이 베푸시는 은혜를 받을 수 있기 바란다. 같은 일을 하더라도 소명으로 바라보고 하나님의 뜻이 이뤄지기를 바라며 일하는 것과, 주어진 일이기에 필요에 따라 하는 것은 같을 수 없다.

그렇다면 지금 내가 소명으로 일하는지 그렇지 않은지를 어떻게 구분할 수 있을까. 프레드릭 뷰크너(Frederick Buechner)는 "소명이란 성도의 진정한 기쁨과 세상의 궁극적인 필요가 만나는 자리다"라고 말했다. 일 속에서 성도의 기쁨이 있다면 소명으로 일한다고 볼 수 있다는 얘기다. 그 점에서 소명은 일의 성격을 바꾸는 거룩한 연금술이라고 할 수 있다. 아무리 하찮은 일이라도 그곳에 하나님 나라가 임하기를 기도하며 소명으로 일하는 순간, 그 일은 고귀하게 변한다.

이 장을 마치며 나는 한 가지 기도를 하나님께 올려드린다. 스가랴서 말씀을 듣고 읽는 성도들 모두가 21세기 하나님의 숙련된 대장장이가 되어 각 교회가 대장장이들의 집합소가 되는 것이다. 인본주의의 뿌리가 전 세계를 뒤덮는 이때에 하나님께서는 우리 한 사람 한 사람을 부르신다. 그 뿌리들을 제거할 숙련된 대장장이들로 우리를 부르신다. 한국교회가 그 일들을 감당하길 바라시기 때문이다. 하나님께서는 바로 당신이 숙련된 대장장이가 되기를 바라신다.

성곽 없는 성읍으로 돌아가다

"내가 또 눈을 들어 본즉 한 사람이 측량줄을 그의 손에 잡았기로 네가 어디로 가느냐 물은즉 그가 내게 대답하되 예루살렘을 측량하여 그 너비와 길이를 보고자 하노라 하고 말할 때에 내게 말하는 천사가 나가고 다른 천사가 나와서 그를 맞으며 이르되 너는 달려가서 그 소년에게 말하여 이르기를 예루살렘은 그 가운데 사람과 가축이 많으므로 성곽 없는 성읍이 될 것이라 하라 여호와의 말씀에 내가 불로 둘러싼 성곽이 되며 그 가운데에서 영광이 되리라"(스가랴 2:1-5)

하나님께서는 스가랴서를 통해 우리에게 기쁨과 기대를 더하게 하셨다. 그래서 나는 오늘도 '하나님께서 무슨 말씀을 주실까?'라고 생각하며 기대감을 주시는 우리 하나님을 찬양한다. 여러분은 말씀을 대하는 마음이 하나님을 향한 기대와 소망으로 가득 차 있는가? 부디 이 말씀을 읽고 묵상하는 모든 이가 말씀의 깊고도 풍성한 은혜를 받음을 통해, 받은 은혜를 가지고 메마른 영혼들에게 말씀을 전하는 은혜의 저수지, 은혜의 채널이 될 수 있기를 바란다.

측량사가 그려낸 새 예루살렘의 비전

앞 장에서 스가랴가 제2환상을 통해 본 것은 무엇인가? 스가랴 1장 15절을 다시 보자.

안일한 여러 나라들 때문에 심히 진노하나니 나는 조금 노하였거늘 그들은 힘을 내어 고난을 더하였음이라.

안일한 여러 나라 때문에 진노하신 하나님께서는 이제 이스라엘을 짓밟는 네 뿔을 부서뜨릴 네 대장장이를 보내겠다고 하신다. 이것이 앞 장에서 살핀 두 번째 환상이었다. 15절에 이어 16절에서는 "예루살렘 위에 먹줄이 쳐지리라"는 말씀이 소개되고 측량사가 측량줄을 가지고 예루살렘을 측량하는 내용이 본문 제3환상의 핵심이다.

내가 또 눈을 들어 본즉 한 사람이 측량줄을 그의 손에 잡았기로 (슥 2:1).

스가랴가 또 눈을 들어 보았다고 한다. 이는 앞서 말한 대로 환경의 열악함에도 불구하고 환경에 주눅 들지 않고 눈을 들어 하나님께서 주시는 환상을 본다는 뜻이다. 이 말씀을 대하는 우리 역시 다시 한번 눈을 들어 우리 주변의 어수선한 정치, 경제, 사회의 모든 상황을 뛰어넘는 하나님의 초월적 시각을 가져야 할 때임을 상기해야 한다. 지금이야말로 육체의 한계와 부족함과 안목을 뛰어넘는 초월적 신앙, 초월적 시각을 가질 때이다.

스가랴도 눈을 들어 보니 한 사람이 측량줄을 잡았다고 한다. 여기서 측량줄이란 건축할 때 사용하는 줄을 말한다. 16절에서 "예루살렘 위에 먹줄이 쳐지리라"고 소개했던 대로 예루살렘의 사방을 재는 역할을 하는 것이 바로 측량줄이다.

그렇다면 여기서 '측량줄을 든 사람' 즉 '측량사'는 누구일까? 이를 알려면 스가랴가 본 첫 번째 환상을 떠올릴 필요가 있다. 첫 번째 환상에 나타난 '붉은 말을 탄 여호와의 천사'는 구약에 나타난 예수 그리스도시다. 따라서 본문에 나오는 '측량사' 역시 예수님이라고 봐도 무방하다. 에스겔서를 보면 이에 동의할 수 있다.

> 나를 데리시고 거기에 이르시니 모양이 놋 같이 빛난 사람 하나가 삼줄과 측량하는 장대를 가지고 문에 서 있더니(겔 40:3).

에스겔서에서 삼줄과 측량하는 장대를 가지고 문에 서 있는 분이 예수 그리스도라는 것에는 이견의 여지가 없다. 그러므로 본문에 나오는 측량사 역시 예수 그리스도라고 볼 수 있다. 폐허가 된 예루살렘 성을 재건하실 분은 결국 예수 그리스도밖에 없다는 뜻으로 해석할 수 있기 때문이다. 이어지는 말씀을 보자.

> 네가 어디로 가느냐 물은즉 그가 내게 대답하되 예루살렘을 측량하여 그 너비와 길이를 보고자 하노라 하고 말할 때에(슥 2:2).

측량사에게 어디로 가는지 묻자, 그는 "예루살렘의 너비와 길이를 측량하러 간다"고 말한다. 여기서 우리는 한 가지 의문을 갖게 된다. 이미 예루살렘 성 건축은 중지되었고 훼손되었는데 대체 측량할 것이 무엇이겠느냐는 질문이다. 그 옛날 다윗 왕궁의 영광도 사라지고 솔로몬 성전의 아름다운 성벽도 없어져 완전히 폐허가 되어 버린 때에 대체 무엇을 측량하겠다는 것인지 알 수 없다. 더구나 이스라엘 민족은 타민족에 비해 작고 보잘것없는 소수민족이다. 적의 위협을 받을 때 스스로 보호할 수 있을지도 불투명하다. 객관적으로 보기에 이제 이스라엘은 절벽 끝에 도달했으니 두려움과 절망 속에 웅크려 있어야 마땅한 듯 보인다. 측량할 만한 게 아무것도 없어 보인다는 것이다.

하나님께서는 그런 상황에서 스가랴에게 이 환상을 보여주신다. 그것은 곧 이 말씀이야말로 당시 바벨론의 포로였다가 돌아온 남은 자들(Remnant)뿐 아니라 앞으로 오고 오는 모든 세대, 하나님의 백성들을 향한 놀라운 비전의 메시지라는 뜻이기도 하다.

그렇다면 본문에서 측량사가 예루살렘을 측량하여 그 너비와 길이를 보고자 한다는 말씀은 무슨 뜻인가. 세 번째 환상에 등장하는 측량사가 측량하려는 예루살렘의 실체는 무엇인가. 그것은 지금의 황폐한 예루살렘이 아니라 미래의 예루살렘, 소위 궁극의 예루살렘인 하나님 나라를 뜻한다. 그렇게 보면 이 말씀은 당시 바벨론의 포로였다가 돌아온 자들에게 임한 환상일 뿐 아니라 미래를 향해 나아가는 이 시대, 우리 모두에게 주시는 비전의 메시지로 받을 수 있다.

성곽이 없어도 안전한 성읍

4절을 보며 이에 대해 좀 더 깊이 살펴보자.

> 이르되 너는 달려가서 그 소년에게 말하여 이르기를 예루살렘은 그
> 가운데 사람과 가축이 많으므로 성곽 없는 성읍이 될 것이라 하라
> (슥 2:4).

본문에서 우리가 주목해야 할 표현은 '성곽 없는 성읍'이다. 이전

성경(개역한글)에서는 이를 '성곽 없는 촌락'이라고 번역했다. 말하자면 예루살렘이 성곽 없는 성읍, 성곽 없는 촌락이 된다는 것이다. 의아하지 않은가. 성곽 없는 촌락, 즉 성벽이 무너진 촌락이라면 예루살렘은 더더욱 측량할 필요가 없다. 성벽도 없는 성읍에서 무엇을 어떻게 측량한단 말인가?

그럼에도 불구하고 성경은 우리에게 예수 그리스도께서 이 성읍을 측량하신다고 말씀한다. 이는 장차 다가올 새 예루살렘, 측량사가 측량할 새 예루살렘이 너무나도 독특한 구조의 성읍임을 알려준다. 측량할 필요가 없는데도 측량사가 측량하는 것은 장차 다가올 하나님의 신국이 결코 성벽으로 둘러싸인 성읍이 아닌, 새로운 형태의 성읍임을 알려주는 것이다.

특히 '성곽 없는 성읍'이라고 번역된 히브리어 '페라자'(פְּרָזוֹת)는 넓게 트인 지역 혹은 열린 지역(open region)을 뜻하는 단어다. 구약성경에서 종종 언급되었던 성벽의 문이나 빗장이 있는 요새와는 대조적으로 쓰이는 단어이기도 하다. 에스겔서에서도 이처럼 성곽 없는 성읍의 그림을 보여준다.

> 말하기를 내가 평원의 고을들로 올라 가리라 성벽도 없고 문이나 빗장이 없어도 염려 없이 다 평안히 거주하는 백성에게 나아가서 (겔 38:11).

놀랍지 않은가. 성벽이 없고 문이나 빗장이 없어도 평안히 거주하는 곳이 있다. 바로 평원의 고을들이다. 이는 성곽 없는 성읍이라 쓰인 히브리어 단어와도 같은 단어다. 성곽 없는 성읍이란 바로 평원의 고을들이라는 뜻이다.

그렇다면 왜 장차 다가올 새 예루살렘은 요새화 된 성이 아니라 성벽 없는 들판의 여러 고을, 성벽 없는 평원의 고을들일까? 왜 측량사가 측량하는 예루살렘은 성곽 없는 성읍이 되어야만 할까?

그 이유는 본문 4절 "예루살렘은 그 가운데 사람과 가축이 많으므로"에서 찾을 수 있다. 그곳에는 사람이 수없이 많고 가축이 너무 번성하다 보니 성곽으로는 그것을 다 감당할 수 없어 한계를 정할 수 없다는 것이다. 성벽으로는 다 담아낼 수 없을 정도로 고을의 번성함과 풍성함이 크다는 뜻이다. '성곽 없는 성읍'을 통해 드러나는 미래의 예루살렘, 궁극의 예루살렘이야말로 우리가 바라는 회복의 모습을 보여준다.

이를 우리 삶에 적용해 보자. 우리 삶에 하나님의 놀라운 비전과 은혜가 가득차면, 그 삶은 결코 세상의 틀로 잴 수 없고 세상의 틀 안에 담을 수 없다. 부디 우리 삶이 스펀지에 물이 스며들듯 이 말씀을 마음속에 잘 접목해 받음으로 성곽 없는 성읍이 되기를 바란다. 이를 더 구체적으로 보여주는 구절이 에스겔 36장 11절 말씀이다.

내가 너희 위에 사람과 짐승을 많게 하되 그들의 수가 많고 번성하게 할 것이라 너희 전 지위대로 사람이 거주하게 하여 너희를 처음보다 낫게 대우하리니 내가 여호와인 줄을 너희가 알리라.

오늘날 대부분의 사람은 세상이라는 성벽을 요새라 믿으며 살지만, 교회만큼은 그리고 우리만큼은 그 성벽에서 빠져나와 오직 하나님께서 주시는 은혜의 풍성함 속에 살아가기를 바란다.

이를 위해 실제적인 질문을 하나 던져보자. 하나님께서는 성곽 없는 성읍, 성벽 없는 성읍에 대한 놀라운 환상과 비전을 주셨다. 그

렇다면 당시 고대 근동 이스라엘 사회에서는 정말 성벽도 문빗장
도 없이 살아가는 일이 가능했을까? 현재 우리 식으로 말하자면, 말
씀의 은혜가 풍성하다는 것만으로 열악한 환경 속에서 살아가는 게
과연 가능한 일일까? 이 말씀이 의도하는 바, 소위 비전과 사명과
꿈만 가지고 살아갈 수 있는 것일까?

이에 대한 답을 찾으려면 예루살렘을 '성곽 없는 성읍'이라고 말
씀하신 하나님의 마음을 먼저 읽을 수 있어야 한다. 하나님께서 새
예루살렘을 이렇게 디자인하신 이유는 하나님의 자신감 때문이다.
성곽이 없어도 되는 성읍에 대한 하나님의 자신감 말이다. 이에 대
해서는 나도 종종 말한 바 있다. 하나님께서 바울에 대해 얼마나 자
신 있으셨으면 복음을 전하는 바울을 감옥에 넣어 그리도 고생시키
셨겠는가. 하나님의 신실한 종들에 대해 얼마나 자신 있으시기에 오
늘날 하나님의 종들이 그리도 고난당하는 것을 놔두시는 것인가.

마치 하나님께서는 본문을 통해 우리에게 이렇게 말씀하시는 듯
하다.

"너희는 지금 눈에 보이는 가시적인 성벽을 의지하지만 내가 너
희에게 주려는 성읍은 그런 가시적인 성벽과 비교할 수 없는 고도
의 보호 수단이 있는 성읍이란다."

눈에 보이는 가시적인 성벽과 비교할 수 없는 고도의 보호 수단
이 하나님께 있다는 말씀이다.

그렇다면 하나님께서 우리를 보호하신다는 것은 구체적으로 어
떤 의미일까? 성경에서는 이에 대해 하나님이 악한 자로부터(살후
3:3), 시험으로부터(고전 10:13), 원수로부터(사 59:18-19), 위험으로부
터(시 91:3-7) 우리를 지키시고 보호하신다는 것을 알려준다. 또한
보호하시되 끊임없이 보호하시고(시 121:3-8) 확실히 보호하심을(사

41:10) 알려준다. 그렇기에 성경은 하나님이 우리의 피난처요 산성이시며(시 19:16), 방패와 요새(시 18:2)이시고 피할 반석(삼하 22:3)이심을 곳곳에서 증거 한다.

하나님의 보호하심에 대한 이와 같은 말씀을 통해, 우리는 한 가지 사실을 중요하게 기억해야 한다. 우리는 그저 하나님께로부터 '보호 받는 것'을 넘어 '하나님의 권위 아래' 놓인 존재라는 사실이다. 예를 들어 하나님께서 우리를 보호하신다는 것은 폭풍우가 칠 때 단지 집안에 안전하게 머물러 있는 정도의 보호 아래 있다는 게 아니다. 우리의 존재가 살아계신 하나님의 권위 아래서 보호받는다는 뜻이다. 집은 폭풍우가 몰아칠 때 그저 수동적으로 존재할 뿐이다. 집 자체에는 어떤 권세도 권위도 있을 수 없다. 그러나 우리가 하나님의 보호하심 아래 있으면, 우리는 하나님의 권위와 권세 아래 있게 된다. 그렇게 되면 폭풍우가 몰려올 때 잠시 폭풍우를 피하는 정도의 보호가 아니라, 그 폭풍우를 없애기도 하시고 잠잠케도 하시는 하나님의 놀라운 권세의 보호 아래 머물게 된다.

이를 잘 보여주는 말씀이 마가복음 4장이다. 예수님은 가버나움에서 온종일 복음을 전하시고 가난하고 병든 자를 돌보신 후, 동편 동네인 거라사 지방으로 가기 위해 갈릴리 호수에서 배를 타셨다. 그런데 가던 도중 그만 광풍이 일어났다. 광풍으로 인해 물결이 배에 부딪혀 배 안에 물이 가득 차올랐고, 제자들은 죽겠다고 아우성치며 주무시던 예수님을 흔들어 깨웠다. 그때 예수님이 어떻게 하셨는가? 바람을 꾸짖으시며 바다를 향해 잠잠하라고 하셨다. 그러자 바람은 그 말씀에 순종하여 잠잠해졌다.

우리가 하나님의 보호하심 아래, 즉 권세 아래 있다는 것은 이런 것이다. 우리의 보호 근원은 그저 폭풍우를 잠시 피할 안전한 집이

나 배가 아니라, 폭풍우를 잠잠케 하시는 하나님의 권위와 권세라는 것이다.

그런 면에서 아담과 하와의 비극은 그들의 불순종으로 인해 하나님의 보호하심에서 벗어난 데에 있었다. 우리는 "이에 그들의 눈이 밝아져 자기들이 벗은 줄을 알고 무화과나무 잎을 엮어 치마로 삼았더라"(창 3:7)는 말씀을 그저 아담과 하와가 범죄한 후에 자신들의 부끄러움을 가리는 상황이라고만 이해한다. 그러나 이 구절은 하나님의 보호하심, 즉 전능자의 덮음에서 벗어난 자의 비극을 보여주는 말씀이다. 하나님의 보호하심 아래 있을 때는 모든 것이 안전했으나, 하나님을 벗어난 후에는 그저 무화과나무 잎에 의존하는 인간의 초라한 모습을 보여주고 있다. 내일이면 시들어버릴 무화과나무 잎과 같은 것들에 의존해 사는 세상 사람들의 모습이 바로 이와 같은 모습이다.

그러나 우리는 시편 91편 1절의 말씀처럼 '전능자의 그늘 아래 거하는 사람들'이다. 전능자의 그늘 아래 있는 자의 축복에 대해 표현한 아가서 말씀을 보라.

그 그늘에 앉아서 심히 기뻐하였고 그 열매는 내 입에 달았도다

(아 2:3b).

이처럼 하나님의 보호하심 아래 있는 자는 하나님께서 주시는 기쁨과 풍성함을 누리며 산다. 부디 우리가 모두 그와 같은 하나님의 권위 아래 머무름으로 진정한 보호 아래서 기쁨을 누리는 풍성한 인생이기를 축복한다.

하나님의 진정한 보호장치

앞서 말한 대로 고대 근동 사회에서 성곽 없이 산다는 것은 아무런 보호 장비나 장치 없이 사는 일과 같았다. 그런데도 하나님께서는 이 성읍에 대해 자신 있게 말씀하신다. 본문 5절을 보라.

> 여호와의 말씀에 내가 불로 둘러싼 성곽이 되며 그 가운데에서 영광이 되리라.

하나님께서 마련하신 진정한 보호장치가 무엇인가? 하나님께서 친히 불 성곽이 되어주신다는 것이다. 물리적인 성벽 대신 하나님께서 친히 예루살렘 성을 불로 둘러싸 주시겠다는 뜻이다.

이것이 바로 스가랴가 본 세 번째 환상을 통해, 하나님께서 우리에게 정말 알려주고 싶어 하시는 내용이다. 인간이 만든 성과 보호막이 아무리 대단해도 만군의 하나님 여호와께서 만드신 불 성곽에 비하면 아무것도 아니다. 아무리 세상이 우리를 거세게 위협해도 하나님께서 불 성곽이 되어주시면 세상은 아무것도 아니다.

그렇다면 여기서 또 하나의 질문을 던져보자. 하나님께서 우리의 불 성곽이 되어주신다는 것은 과연 어떤 의미일까?

성경에서 말씀하는 불 성곽이란 불 담, 불 벽, 불기둥이 된다는 뜻이다. 이스라엘 백성들이 광야생활을 하는 동안 하나님께서 막막한 광야에 있는 그들을 불기둥으로 보호하신 것이 하나의 예다. 이스라엘은 광야에서 아무 보호 성곽도 없이 진을 치고 살았다. 그들에게는 아무런 보호 성벽과 요새, 문과 빗장이 없었다. 그저 진열의 중앙에 성막이 하나 있을 뿐이었다. 그런데도 하나님께서는 그 광야 길에서 이스라엘 백성들을 보호하셔서, 적들로부터 털끝 하나도 상하지 않게 하셨다. 이것이 놀라운 진리다. 본문 4-5절을 통해 하나님께서 우리에게 알려주시는 진리가 바로 이와 같다. 우리의 광야생활에서 하나님만이 우리의 외적인 불 성곽이 되어주신다는 것이다. 그렇게 되면 "너희에게 영광이 되리라"는 5절 후반부의 말씀처럼, 내적으로 하나님이 우리에게 영광이 되어주신다. 실제로 하나님께서는 출애굽하는 이스라엘 백성들에게 그렇게 하셨다. 사실 이스라엘 백성의 진 중앙에 있는 성막은 그냥 텐트일 뿐이었다. 그런데 거기에 하나님의 쉐키나의 영광이 임하자, 외적으로 불 성곽이 되어주신 하나님께서 내적으로 그들에게 하나님의 영광을 체험하도록 이끄셨다.

여기서 중요한 진리는 우리가 다른 어떤 성벽을 쌓지 않고 하나님께서 친히 불 성곽이 되어주셔야만 우리가 내적으로도 하나님의 영광을 체험할 수 있다는 것이다. 우리는 사실, 하나님 말고도 의지하는 것들이 너무나 많다. 우리가 안전하다고 여기고 의지하는 성곽들이 세상에 쌓이고 쌓였다. 많은 날을 사회적 위치와 물질, 우리자신의 능력을 안전한 성곽으로 삼고 살아간다. 우리의 작은 지식을 문빗장으로 삼기도 한다. 그런데 그 모든 것을 갖추다 보면 절대로 체험할 수 없고 누리지 못하는 것이 있다. 바로 하나님의 영광이다. 하나님께서 불 성곽이 되어 주셨을 때만 우리는 하나님의 영광을 체험할 수 있다. 하나님께서는 낮의 땡볕 속에서는 구름 기둥으로, 추운 냉기 속에서는 불 기둥으로, 또한 영광의 덮개로 그의 백성들을 보호해 주신다고 약속하셨다. 그리고 그와 같은 하나님의 불성곽이 우리를 둘러쌀 때, 우리 가운데는 하나님의 영광스런 임재가머문다.

이는 육신의 눈으로는 결코 확인할 수 없다. 우리 육신의 눈에는 우리를 공격하는 것들, 핍박자들만 보일 뿐이다. 그래서 우리는 눈을 들어 하나님께서 주신 환상을 봐야 한다. 다음의 말씀을 보자.

기도하여 이르되 여호와여 원하건대 그의 눈을 열어서 보게 하옵소서 하니 여호와께서 그 청년의 눈을 여시매 그가 보니 불말과 불병거가 산에 가득하여 엘리사를 둘렀더라(왕하 6:17).

그 옛날 이스라엘에는 엘리사를 죽이기 위해 아람 군대가 쳐들어온 적이 있다. 얼마나 많이 쳐들어왔는지 수많은 군대와 말과 병거가 엘리사가 머무는 성을 둘러쌌다. 이를 본 엘리사의 사환 게하시가 엘리사에게 다급히 상황을 알리며 벌벌 떨었다.

"이를 어떡하면 좋습니까? 군대가 우리를 포위했습니다."

그 말을 들은 엘리사는 도망칠 생각을 하거나 두려움에 떨지 않았다. 오히려 "하나님, 제발 이 청년이 눈을 떠 보게 해주소서"라고 기도했다. 하나님께서 사환 게하시의 눈을 열어 주셨고 게하시는 성을 둘러싸고 있는 아람 군대보다 훨씬 더 많고 강력한 천군천사는 물론, 불 말과 불 병거가 그 성을 에워싸고 있는 영적 현실을 보게 되었다. 하나님께서 영광의 덮개로 그 성을 덮고 있는 모습이 바로 그것이다. 그때 비로소 게하시를 엄습했던 모든 두려움이 온데간데없이 다 사라져 버렸다.

하나님께서는 본문 말씀을 통해 바로 이와 같은 일들을 보여주기 원하신다. 우리의 눈이 열려서 하늘의 불 병거와 불 말과 천군천사로 보호하시는 하나님의 불 성곽을 볼 수 있기를 바라신다. 그것을 보려면 하나님의 불이 우리에게 떨어져야 한다. 그럴 때 우리에게 찾아왔던 모든 두려움이 다 사라져 버린다.

다시 한번 기억하자. 위기의 시대를 사는 우리에게는 인간이 만든 견고해 보이는 요새나 문빗장, 성곽이 필요한 것이 아니다. 그것들은 결코 우리의 두려움을 없애지 못한다. 우리에게는 오직 하나님의 불 성곽이 필요하다. 하나님의 불 성곽만이 우리를 모든 두려움에서 해방시킬 수 있다. 그러므로 지금이야말로 우리의 눈을 들어 하나님을 볼 때다. 하나님의 환상을 보며 주님만이 나의 불 성곽이심을 고백하고, 하늘의 불 병거와 천군천사로 우리를 지키시기를 간구할 때이다.

때때로 광야 들판에 가야만 하는 이유

이사야도 이를 깨닫고는 그의 시적 은사로 다음과 같이 고백했다.

> 여호와께서 거하시는 온 시온 산과 모든 집회 위에 낮이면 구름과 연기, 밤이면 화염의 빛을 만드시고 그 모든 영광 위에 덮개를 두시며(사 4:5).

감격스럽지 않은가. 나는 이 말씀이 한국교회에 임하기를 바라며 소망한다. 낮에는 구름과 연기로 밤에는 화염의 빛과 불 병거로 지켜주셔서, 하나님의 영광의 덮개가 교회 위에 머무는 것을 세상이 똑똑히 볼 수 있기를 바라고 기도한다. 그럴 때 교회는 진정한 능력을 발하게 될 것이다.

그러므로 교회인 우리는 세상적으로 의지할 성벽이 없고 문도 없으며 빗장이 없더라도 괜찮다고 고백하는 믿음이 있어야 한다. 하나님께서 우리의 불 성곽이 되어 주시면 아무것도 두려울 게 없기 때문이다. 교회로 부름 받은 그리스도인들은 이 말씀에 순전하게 "아멘"으로 화답할 수 있어야 한다. 이 말씀 앞에서 진지하게 "하나님, 교회와 우리 공동체와 우리 가정과 우리 시대를 하나님의 불 성곽과 불 병거와 불 담으로 지켜주옵소서"라고 기도할 수 있어야 한다.

나 역시 지난 수십 년 동안 목회하면서 성도들을 위해 그렇게 기도하곤 했다. 우리 성도 중 한 명도 은혜의 테두리에서 벗어나는 일이 없게 하시고, 한 사람 한 사람을 하나님의 불 성곽으로 지켜주시기를 기도하며 살았다.

그런데 광야를 지나는 동안 우리가 반드시 주의해야 할 것이 있다. 말씀을 통해 하나님만이 우리의 불 성곽이 되어주심을 깨닫고 안다고 해도, 삶의 기나긴 여정 속에서 여러 가지 고난을 당하다보면 우리는 어느덧 걱정과 염려에 파묻혀 말씀에 대한 확신이 흐려지기 시작한다는 것이다. 눈에 보이는 삶의 어려움이 눈에 보이지 않는 하나님의 불 성곽에 대한 확신을 자꾸만 지워버린다. 그러다 보면 우리는 점점 하나님의 불 성곽 대신 은행 잔고라는 성벽을 의지하게 된다. 인맥이라는 성벽을 의지하고 우리를 안전하게 지켜줄 보험 성벽을 추구한다. 그렇다고 해서 물질이나 인맥, 보험을 드는 것 자체가 나쁘다는 뜻은 아니다. 그 모든 것보다 하나님의 불 성곽을 우선순위에 두어야 하는데 그것이 뒤바뀌는 게 문제라는 말이다.

세상의 성벽은 아무리 높이 쌓고 쌓아도 우리에게 불안만 안겨준다. 돈이나 명예, 권력이나 사람으로 성벽을 쌓다 보면 반드시 그 성벽이 허물어지는 순간을 맞이하기 때문이다. 세상의 성벽이 우리에게 불안의 문제를 해결해 주지 못하는 이유가 이것이다. 하나님 아닌 다른 것을 숭배할 때, 결국은 그것이 우리를 삼켜버린다는 게 삶의 확고한 진실이다.

물론 우리에게는 삶의 매순간 성벽과 같은 안전망이 필요하다. 그러다 보니 마음속으로 자주 '내게 안전장치가 필요한데…'라고 중얼거리며 산다. 그럴 때 하나님의 불 성곽은 잊어버린 채 세상의 안전망으로만 성벽을 삼으려 한다면, 우리는 헛된 것을 의지하는 꼴이 되고 만다. 그래서 하나님께서는 우리를 자주 광야와 들판, 성곽 없는 곳으로 내모신다. 우리가 의지했던 요새나 문빗장이 없는 곳으로 쫓아내신다. 그리고 아무것도 없는 그곳에서 눈을 들어 불 성곽 되신 하나님만을 집중해 바라보도록 이끄신다.

어떤 분은 하나님에 대해 오해할지도 모르겠다. 하나님이 무슨 에고이스트(egoist)도 아니고 왜 우리를 그렇게 만들어서 애꿎은 고생을 시키느냐고 말할지도 모른다. 마치 우리를 고생시키는 걸 취미로 삼으시는 고약한 분으로 여길 수도 있다.

그러나 아니다. 하나님은 결코 그런 분이 아니시다. 하나님께서 우리를 들판으로 내모시는 이유는 우리를 향한 하나님의 지극한 사랑 때문이다. 하나님께서 우리를 들판으로 내보내시지 않으면 우리는 본질상 하나님의 영광을 체험할 수 없는 존재들이다. 우리가 누릴 수 있는 가장 좋은 것은 하나님의 영광이 아닌가. 그리고 우리가 성곽 없는 성읍이 되는 것이야말로 우리가 받을 수 있는 축복 중의 축복이다. 하나님께서는 그 축복을 우리에게 주시려고 우리를 들판으로 쫓아내신다. 물론 들판에서의 삶은 겉으로 볼 때 고통스럽다. 힘들고 어렵다. 그러나 그런 가운데 눈을 들어 하나님의 불 병거와 불 말을 보며 하나님의 불 성곽을 의지할 때, 우리는 영광의 덮개로 덮으시는 하나님의 임재 안으로 들어간다. 그와 같은 삶을 살며 "세상과 나는 간 곳 없고 구속한 주님만을 보며" 간증하게 된다. 세상의 가치로는 다 담을 수 없고 표현할 수 없는 참된 영광의 삶이 우리의 인생 가운데 펼쳐지는 것이다.

이것이 스가랴서를 통해 당시 포로로 귀환한 자들, 소위 남은 자들에게 주시는 하나님의 새로운 사명이었다. 자신만의 요새를 의지하지 말고 하나님의 백성답게 불 성곽 되시는 하나님만을 순수하게 믿으며 살라는 사명 말이다. 오늘날로 치면 강대국의 위세가 아무리 크더라도 세상의 성벽이나 문빗장을 너무 의지하지 말고, 친히 불 성곽이 되어주심으로 이 땅을 평원의 고을로 바꾸어 가실 하나님을 의지하며 살라는 뜻이다.

이처럼 하나님께서 스가랴서를 통해 우리를 '성곽 없는 성읍'으로 초대하시는 것은, 하나님의 무한한 자원에 참여하는 길을 열어주시는 그분의 크신 은혜다. 은혜의 준마를 타고 아무리 달리고 달려도 끝이 없는 하나님의 풍요로운 자원에 참여할 수 있도록 하나님께서 친히 길을 열어놓으신 것이다. 그러므로 우리에게 당장 눈에 보이는 성곽이나 문빗장이 없다고 할지라도, 하나님께서 불 성곽이 되어주심을 깨닫고 실오라기 하나라도 하나님 앞에 맡기고 나아가는 결단이 필요하다.

그럴 때 하나님께서는 우리에게 친히 불 성곽이 되어주실 뿐 아니라 그분의 무한한 자원을 공급하시며, 하나님 나라 백성으로서의 사명을 완수하도록 만드실 것이다. 심지어 하나님께서는 이 일을 예루살렘뿐 아니라 온 유대와 사마리아와 땅끝까지 행하심으로 모든 열방 가운데서 찬양을 받으실 것이다. 또한 각 개인에게도 친히 불 성곽이 되어주심으로 아브라함 카이퍼가 말하는 '삶의 모든 영역'을 성곽 없는 성읍으로 만들어 가실 것이다.

네가 의존하는 성벽은 무엇이냐

우리나라는 어떤 나라였는가? 이를 위해 특별히 조선시대 말기의
상황을 들여다보자. 당시 우리나라는 '조선'이라는 이름도 없어져버
린 폐허의 나라였다. 다른 나라들과 비교해 보면 요새나 문빗장이
라곤 찾아볼 수 없는 나라였다. 그런데 하나님께서는 그런 나라에
1907년 평양대부흥을 일으키심으로 불 성곽이 되어주셨다. 이후
치욕스러운 일제강점기도 견뎌내게 하셨다.

 1950년에 일어난 6·25전쟁도 생각해 보자. 우리나라는 6·25전
쟁으로 인해 부산과 몇 도시를 제외한 모든 곳이 폐허가 되어버렸
다. 특별히 서울은 폐허 그 자체였다. 그런데 하나님께서는 교회들
을 통해 그 성읍을 일으키셨다. 황폐한 성읍을 하나님의 '성곽 없는
성읍'으로 만들어 주셨다.

 그렇다면 지금 우리나라의 상황은 어떤가? 무엇보다 반기독교 정
서가 사회 전반에 깊숙이 들어와 교회는 거기에 주눅 들어 기도할
힘마저 잃어버렸다. 그러나 이런 시대에도 몇몇이 모여 기도의 불을
지피고 수천, 수만 명이 새벽기도로 모여 하나님께 부르짖는다면,
그것이야말로 이 나라에 하나님께서 불 성곽이 되어주신다는 증거
가 될 것이다. 성도들이 모인 그곳에 불 성곽이 되어주시는 하나님
의 가장 강력한 능력이 임하기 때문이다.

 60대 후반의 안수집사님 한 분의 이야기다. 이분은 어릴 때부터
밥 한 그릇 제대로 먹지 못할 정도로 가난하게 자랐다. 초등학교 시
절에는 학교에 기성회비를 못 냈다는 이유로 선생님께 매를 맞고
쫓겨나기를 반복했다. 자연히 학교 가기가 싫을 수밖에 없었다. 어
릴 때부터 돈이 되는 일이 뭐가 있을까 살피며 극장 포스터도 붙여

보고 흙 벽돌도 만들어보고 구두닦이도 했다. 이 외에도 방직공장에 다니거나 아이스께끼 장사를 하는 등 안 해본 일이 없을 정도였다.

열세 살쯤이었다. 처음으로 교회에 갔다가 이전과는 전혀 다른 세상이 있음을 알게 되었다. 그간 칭찬 한 번 못 받는 천덕꾸러기로 살았는데, 교회 주일학교 선생님의 애정 어린 격려도 듣고 말씀의 은혜를 받기 시작하면서 천국도 이런 천국이 없다고 느꼈다. 그때부터 그 은혜가 너무 좋아서 십리 길도 마다하지 않고 매일 새벽기도를 다닌 것은 물론이고, 수요예배와 철야기도에 빠지는 법도 없었다. 특히나 말씀의 은혜를 받는 게 너무 좋아서 교회에 앉아 말씀을 듣다 보면 밥을 안 먹어도 배가 고프지 않았다.

하나님께서 이분에게 베푸신 은혜는 가족들에게도 확장되었다. 9남매였던 형제들과 어머니까지 모두가 예수님을 믿는 일이 벌어진 것이다. 그런데 문제는 딱 한 사람, 아버지였다. 아버지를 제외한 가족 열 명이 예수님을 믿고 그리스도인이 되다보니, 이들은 집에서 아버지의 눈을 피해 가정예배를 드리곤 했다. 가정예배를 드린 사실이 발각되면 온 가족이 아버지에게 매를 맞아야 했다. 결국 가족들은 아버지가 집에 안 계실 때만 몰래 예배드리기로 결정했다.

그러던 어느 날이었다. 가족들은 아버지가 안 계신 틈을 타서 가정예배를 드리고 있었다. 타이밍이 잘못되었는지, 하필이면 가정예배를 한참 드리고 있을 때 아버지가 잔뜩 술에 취해 집에 들어왔다. 대문에 들어서며 이 사실을 알게 된 아버지는 '요것들 봐라, 나 없는 틈을 이용해 예배를 드려? 내 가만두지 않겠어!'라며 가족들에게 달려들 기세를 취했다. 그런데 이게 웬일인가. 가족들에게 달려들려고 하는 그 순간, 아버지의 가슴에 무언가가 팍 하고 내리치는 느낌이 들면서 그 자리에 고꾸라졌다. 그와 동시에 아버지의 마음속에 '내가 예수 믿는 가족들을 핍박해서 그런가?'라는 생각이 찾아들었다.

잠시 후 아버지는 생각을 가다듬고 온 가족이 모여 있는 방문을 확 열어젖혔다. 아버지가 집안에 들어선 줄도 모르고 예배드리던 가족들은 너무 놀라, 몇몇은 집 밖으로 도망칠 자세를 취했다. 아버지는 그런 가족들을 향해 말했다.

"앉아라, 예수 신이 있긴 있는가 보다. 나도 믿어보겠다. 나도 예배를 드려보자."

예수 믿는다고 가족들을 때리고 욕하던 아버지가 갑자기 예배를 드리겠다고 하니 가족들은 어떻게 해야 할지 몰라 당황했다. 그러다 옆집에 살던 예수 잘 믿는 집사님을 모셔 와서 예배를 드렸다. 그 후 아버지의 다음 질문이 이어졌다.

"교회엔 언제 가서 예배드리냐?"

주일에 가서 드리면 된다고 하자, 아버지는 그 전에는 예배드릴 수 없냐고 물었다.

"그러면 수요일에 수요예배에 가면 됩니다."

이 대답에 아버지는 또다시 물었다.

"그 전에는 예배드릴 수 없냐?"

결국 아버지는 다음날부터 새벽예배에 참여하기 시작했고, 그때로부터 세상을 떠나시는 날까지 하루도 빠지지 않고 새벽예배를 드렸다고 한다. 예수쟁이를 핍박하는 사람으로 온 동네에 소문났던 아버지가 그리스도인이 되시니, 교회는 물론 동네 사람들도 깜짝 놀랄 수밖에 없었다.

우리는 이 가정의 이야기를 통해 무엇을 알게 되는가. 가족들이 숨죽여 예배드릴 때, 하나님께서 친히 가족의 불 성곽이 되어주셨음을 깨닫게 되지 않는가.

불 성곽의 은혜로 가정을 이끄신 일은 비단 이 집사님만의 이야기가 아닐 것이다. 우리의 눈을 들어 하나님께서 행하시는 일을 볼 수 있다면 풍파 많은 세상, 우수사려(憂愁思慮)가 많은 세상에서 오늘날 우리가 이 자리까지 올 수 있었던 것은 전적으로 하나님께서 불 성곽이 되어 주셨기 때문임을 고백하지 않을 수 없다. 하나님께서는 그와 같은 불 성곽의 은혜로 우리의 과거는 물론 현재를 지키시며, 미래도 지켜주실 것이다. 우리 삶이 험난하고 어려울수록 하나님의 보호하시고 지키시는 은혜는 더욱 클 것이다.

그러므로 우리는 고통이 크고 환난이 큰 때일수록 눈에 보이는 성벽과 요새와 빗장이 아니라, 눈을 들어 하나님의 불 병거와 불 말과 불 성곽을 볼 수 있어야 한다. 그것만이 우리를 지켜준다는 진리를 되새겨야 한다.

어리석은 부자에 대한 이야기가 나오는 누가복음 말씀을 보자.

또 비유로 그들에게 말하여 이르시되 한 부자가 그 밭에 소출이 풍성하매 심중에 생각하여 이르되 내가 곡식 쌓아 둘 곳이 없으니 어찌할까 하고 또 이르되 내가 이렇게 하리라 내 곳간을 헐고 더 크게 짓고 내 모든 곡식과 물건을 거기 쌓아 두리라 또 내가 내 영혼에게 이르되 영혼아 여러 해 쓸 물건을 많이 쌓아 두었으니 평안히 쉬고 먹고 마시고 즐거워하자 하리라 하되 하나님은 이르시되 어리석은 자여 오늘 밤에 네 영혼을 도로 찾으리니 그러면 네 준비한 것이 누구의 것이 되겠느냐 하셨으니(눅 12:16-20).

하나님께서 어리석은 부자를 향해 "어리석은 자여 오늘 밤에 네 영혼을 도로 찾으리니 그러면 네 준비한 것이 누구의 것이 되겠느

냐?"라고 말씀하신다. 이 말씀은 곧 "네가 의존하는 성벽이 무엇이
냐?"라는 뜻이다.

우리가 의존하는 성벽, 그것은 반드시 하나님의 불 성곽이어야 한
다. 하나님만이 우리 영혼을 지켜주실 유일한 분이기 때문이다. 부
디 그 하나님만 의지하고 의뢰함으로 하나님 앞에 우리 모두의 마
음이 힘껏 달려 나갈 수 있기를 바란다.

눈동자 같이 지키시는 하나님

"오호라 너희는 북방 땅에서 도피할지어다 여호와의 말씀이니라 이는 내가 너희를 하늘 사방에 바람 같이 흩어지게 하였음이니라 여호와의 말씀이니라 바벨론 성에 거주하는 시온아 이제 너는 피할지니라 만군의 여호와께서 이같이 말씀하시되 영광을 위하여 나를 너희를 노략한 여러 나라로 보내셨나니 너희를 범하는 자는 그의 눈동자를 범하는 것이라 내가 손을 그들 위에 움직인즉 그들이 자기를 섬기던 자들에게 노략거리가 되리라 하셨나니 너희가 만군의 여호와께서 나를 보내신 줄 알리라 여호와의 말씀에 시온의 딸아 노래하고 기뻐하라 이는 내가 와서 네 가운데에 머물 것임이라 그 날에 많은 나라가 여호와께 속하여 내 백성이 될 것이요 나는 네 가운데에 머물리라 네가 만군의 여호와께서 나를 네게 보내신 줄 알리라 여호와께서 장차 유다를 거룩한 땅에서 자기 소유를 삼으시고 다시 예루살렘을 택하시리니 모든 육체가 여호와 앞에서 잠잠할 것은 여호와께서 그의 거룩한 처소에서 일어나심이니라 하라 하더라"(스가랴 2:6-13)

옛날 어르신들은 종종 이런 기도를 드리
곤 했다. "비가 오나 눈이 오나 어떤 환경에서도 주님 앞에 예배하
는 자로 살게 하소서."

이는 상록수 신앙, 한결 같은 신앙을 위한 기도로서 신앙의 요체
가 전천후 신앙이란 것을 알려주는 기도이다. 선조들의 기도를 기억
하며, 어떤 상황에서 예배를 드리든 한결같이 주님을 바라봄으로 은
혜에 젖어 들 수 있기를 바란다.

우리 존재의 가치를 매길 수 있다면

본문은 앞장에서 본 스가랴서 환상의 두 번째 내용이다. 하나님께서
새 예루살렘의 불 성곽이 되어주시면 세상의 어떤 성벽보다 고도의
보호장치가 되어주신다는 앞 장의 핵심내용을 기억하면서 이 말씀

을 함께 보도록 하자. 먼저 8절을 살펴보자.

너희를 범하는 자는 그의 눈동자를 범하는 것이라.

만군의 여호와께서 말씀하시길, 너희를 범하는 자는 만군의 여호와 하나님의 눈동자를 범하는 것이라고 하신다. 《새번역》에는 이렇게 나와 있다.

너희에게 손대는 자는 곧 주님의 눈동자를 건드리는 자다.

여기에서 '범한다'는 말은 히브리어로 '나가'(נָגַע)이며 공격하고 해치고 때리는 것을 가리킨다. 즉 너희를 범하는 자는 주님의 눈동자를 공격하고 해치고 때리는 것과 같다는 것이다.

사람들은 대개 눈동자를 신체에서 가장 연약하고 민감하며 부드럽고 중요한 부위로 여긴다. 실제로 우리 눈은 작은 알갱이만 들어와도 눈물을 줄줄 흘려보낼 정도로 민감하다. 그래서 누군가 눈동자를 다쳤다는 소식을 들으면 매우 치명적이고 심각한 일로 여긴다. 눈은 생명과 연관될 만큼 중요한 지체로 받아들여진다. 사람의 눈이 이토록 연약하기 때문에 하나님께서는 눈꺼풀과 속눈썹과 각막을 만드셔서 눈을 보호하게 하셨다. 그렇기에 "너희를 범하는 자는 주님의 눈동자를 범하는 것이라"는 말씀 속에 얼마나 크고 놀라운 하나님의 사랑의 신비가 담겨있는지 짐작할 수 있다. 하나님의 백성은 하나님의 눈동자이기에, 하나님의 백성을 범하는 것은 하나님의 눈동자를 때리고 공격하는 것과 같다는 것이다. 하나님께서 그분의 백성들을 매우 예민하고 소중하게 여기심을 확인할 수 있다. 참으로 신비한 일이다. 우리가 대체 무엇이기에 하나님께서 당신의 눈동자로 여기실까.

창세기부터 말라기까지 구약 전체를 살펴보면, 하나님께서 그분의 백성들을 얼마나 아끼시는지 발견할 수 있다. 특별히 구약의 이스라엘 백성들이 가장 힘들고 처참해서 마음 씀이 많았던 시기는 출애굽 후 광야 사십 년의 시기다. 그 시절, 그들이 지나야 했던 광야가 어떤 광야였던가. 신명기에 보면 그 광야는 곧 불뱀과 전갈이 있고 물이 없는 간조하고 척박한 땅이었다(신 8:15). 물도 없고 나무도 없을뿐더러 낮에는 뜨거운 열기가, 밤에는 몸서리쳐지는 냉기가 서려 있어 생존의 위협을 받는 극한의 지역이기도 했다. 그곳에선 곡식도 거둘 수 없었다. 단지 짐승의 울음만이 스산하게 들리는 두렵고 낯선 땅이었다. 하나님께서는 그런 광야에서 백성들을 어떻게 여기셨는가.

여호와께서 그를 황무지에서, 짐승이 부르짖는 광야에서 만나시고 호위하시며 보호하시며 자기의 눈동자 같이 지키셨도다(신 32:10).

이 얼마나 놀라운 말씀인가. 우리도 광야 길을 걷는 동안 이 말씀을 통해 우리를 자기 눈동자같이 여기시는 하나님을 마음 깊이 찬송할 수 있기를 바란다. 이 말씀은 당시 이스라엘뿐 아니라 오늘을 사는 우리에게 들려주시는 하나님의 음성이다.

하나님의 사람인 다윗도 이 사실을 알고, 당신의 눈동자로 여기시는 그 사랑에 대해 시편에서 다음처럼 고백했다.

주께 피하는 자들을 그 일어나 치는 자들에게서 오른손으로 구원하시는 주여 주의 기이한 사랑을 나타내소서 나를 눈동자같이 지키시고 주의 날개 그늘 아래에 감추사(시 17:7-8).

다윗은 자신을 눈동자처럼 지키시는 주님의 사랑에 대해 '기이하다'라는 표현을 썼다. 하나님의 그 사랑이 너무도 신묘막측하다는 것이다.

인간인 우리가 어떤 존재인지 알면 다윗의 고백에 우리 모두 동의할 것이다. 우리는 어떤 존재인가. 한 줌 흙에 지나지 않는 연약한 질그릇 같은 인생들이다. 이스라엘 백성들처럼 틈만 나면 하나님을 배신하고 반역하며 하나님의 사랑을 잊어버리는 존재이다. 그렇게 부족한 존재인데 하나님께서 우리를 눈동자같이 지켜주신다니, 기가 막히는 놀라운 일이 아닐 수 없다. 하나님의 '기이한 사랑'이 아니고서는 결코 설명이 안 되는 부분이다.

야생의 세계에서 짐승들이 제일 포악해질 때가 언제인지 아는가. 어미가 새끼를 빼앗길 때, 그 짐승은 가장 사나워진다. 마찬가지이다. 하나님께서도 누군가 그분의 자녀를 해칠 때, 가장 심하게 진노하신다. 자식을 해치는 일은 곧 아이의 어머니를 해치는 것과 동일한 일이기 때문이다. 그래서 사도 바울이 그리스도인이 되기 전 그리스도인들을 잡아 죽이는 일에 앞장섰을 때, 하나님께서 사울에게 나타나 이렇게 말씀하셨다.

사울아 사울아 네가 어찌하여 나를 박해하느냐(행 9:4).

사울은 예수님을 직접 박해한 적이 없었다. 다만 예수님을 믿는 그리스도인들을 핍박했을 뿐이다. 그런데 예수님은 그것을 곧 예수님 자신을 핍박한 것으로 간주하셨다. 하나님의 백성을 당신의 눈동자로 보시고 주님과 그의 자녀를 동일시하여 말씀하신 것이다.

주님의 사랑이 이와 같다. 그 사랑이 너무 크고 놀라워서 우리의 작은 머리로는 이해되지 않는다. 그저 신묘막측할 뿐이다. 그 사랑을 헤아리다 보면 눈물이 난다. '이렇게도 부족한 내가 하나님께는 그토록 소중한 존재이던가?', '내가 무엇이기에 하나님께서 나를 이렇게 대하시는가?'

이런 질문을 드리면 드릴수록, 하나님께서는 우리 마음에 찾아와 일하신다. 이와 같은 질문은 곧 나를 눈동자같이 지키시는 하나님의 사랑에 대한 묵상으로 이어지기 때문이다. 그와 같은 묵상 속에서 우리가 하나님의 사랑을 알고 느끼고 확신할 때, 우리 생애에는 그 전에 없던 일종의 품격이 주어진다. 우리에게 없었던 거룩한 품격, 영적인 기품이 부여된다. 비록 본질상 부족하고 연약하고 반역하는 우리이지만, 우리를 눈동자같이 지키시고 사랑하시는 하나님의 사랑을 손으로 만지고 경험하고 체험하는 시간을 통해 그와 같은 품격의 사람들로 변모되어간다. 그렇게 되면 하나님의 영광의 빛, 거룩한 아우라가 우리 가운데 머무를 수밖에 없다.

주님의 눈동자를 마주하여

계속해서 본문을 보자.

> 내가 손을 그들 위에 움직인즉 그들이 자기를 섬기던 자들에게 노략거리가 되리라 하셨나니(슥 2:9a).

9절에서 대반전이 일어난다. 앞에 나온 네 개의 뿔로 상징되는 네 제국이 자신을 섬기던 피식민지에게 오히려 노략거리가 된다는 것이다. 이는 대반전의 역사이다. 강력한 힘으로 이스라엘을 압제했던 세상 제국들이 오히려 그들에게 억압당하던 이스라엘의 노략거리가 되다니. 이는 하나님께서 이스라엘을 대신해 원수를 갚아주시는 모습이다.

우리도 살다 보면 이와 같은 일을 겪을 때가 있다. 우리를 대신해 친히 원수를 갚아주시는 하나님의 놀라운 사랑을 만날 때, 우리는 그저 하나님을 찬양하며 묻게 된다. "제가 하나님께 이렇게나 소중한 존재인가요?" 그에 대한 명확한 답을 말씀을 통해 찾게 되면서, 이전과는 달리 당당한 사람으로 변화된다. 그때부터는 어떤 상황 앞에서도 염려 대신 담대함을 발휘하며 살아간다.

이어지는 본문에서는 그와 같이 변화된 담대함과 당당함을 가지고 하나님을 찬양하라고 말씀한다.

여호와의 말씀에 시온의 딸아 노래하고 기뻐하라(슥 2:10a).

'시온의 딸'은 하나님을 믿는 우리 모두를 가리킨다. 예수님을 믿는 사람들은 어떤 경우에도 자신을 향한 하나님의 사랑을 믿으며, 그 사랑의 눈동자와 마주할 수 있어야 한다는 것이다. 우리를 향한 주님의 사랑을 확신하며 다음과 같이 고백하라는 뜻이기도 하다.

"우리는 주님의 눈동자입니다. 우리는 주님의 사랑의 눈동자입니다."

가능하다면 우리가 만나는 분들, 혹은 지금 옆에 있는 분들과 이 고백을 할 수 있기를 바란다. 배우자와 자녀들에게 "당신은 주님의 눈동자입니다"라고 자주 말해주기를 바란다. 우리가 이것을 기억하고 믿을 때, 눈동자처럼 보호하시는 하나님의 사랑이 우리 평생에 떠나지 않을 것이다.

고(故) 김준곤 목사님은 50여 년 전 CCC 여름 대학생 수양회에서 이런 이야기를 하셨다.

"사람이 처음 만나 악수하기 전에, 말을 건네기 전에 눈과 눈이 먼저 만난다."

맞는 말씀이다. 우리는 남녀가 사랑을 할 때도 '눈이 맞았다'고 말하지 않는가. 눈은 그 사람 마음의 창문이요 개성이다. 그래서 우리는 슬픔을 느낄 때 눈이 먼저 젖는다. 연인과의 운명이 결정되는 최초의 지점도 눈동자인 경우가 많다. 심지어 자식들이 방탕하게 살다가도 어머니의 사랑의 눈동자를 기억하면 다시 그 품으로 돌아오는 일이 일어난다.

성경에서도 이와 같은 일들이 얼마나 많이 소개되는지 모른다. 예수님을 세 번 부인했던 베드로가 부활하신 예수님을 만나 "네가 나를 사랑하느냐"라는 물음을 듣고 주님의 사랑의 눈동자와 부딪쳤을 때 어떤 일이 벌어졌는가. 베드로에게 남아 있던 저간의 모든 비겁함과 연약함이 사라지고 백절불굴(百折不屈)의 사명의 사람으로 변화되었다. 이것이 바로 우리를 지키시는 사랑의 눈동자와 마주할 때 생겨나는 진정한 능력이다. 또한 주님이 말씀을 통해 사랑의 눈동자로 일하실 때, 베다니의 마리아에게 어떤 일이 벌어졌는가. 마리아는 주님의 황홀한 눈동자와 마주하자 그 앞에 납작 엎드려 하늘의 신령한 능력을 체험하게 되었다.

나는 우리가 이러한 주님의 귀한 사랑을 체험하게 되길 바란다. 그 사랑의 눈동자에 귀가 열린 사람에게는 우주에 충만한 사랑의

교향곡이 들릴 것이다. 그 사랑의 눈동자에 마음이 열린 사람에게는 우리 인생의 주권자 되시는 하나님의 일하심이 깊이 깨달아지는 은혜가 임할 것이다. 그렇게 되면 2차적으로 그 사람의 인격이 말할 수 없이 깊어지고 넓어지며, 높아지게 된다. 단순한 모노타입의 인생이 아니라 폭발하는 스테레오 타입의 영광스런 인생, 은혜의 파도를 경험하는 삶이 허락되는 것이다. 이것이 의식되는 순간, 우리는 10절 말씀처럼 우리도 모르게 하나님을 노래하고 기뻐하게 된다.

바벨론에서 나오라

이와 같은 하나님의 사랑의 눈동자를 깊이 체험하려면 우리가 반드시 적용하고 따라야 하는 일들이 있다. 본문 6-7절에 그 내용이 소개된다.

> 오호라 너희는 북방 땅에서 도피할지어다(슥 2:6a).

이 말씀을 조금 더 구체적으로 설명한 구절이 7절이다.

> 바벨론 성에 거주하는 시온아 이제 너는 피할지어다(슥 2:7).

여기서 '시온'은 하나님의 백성들을 대신하는 표현이라고 보면 된다. 그리고 '바벨론 성'은 거대한 제국을 나타내는 단어로, 모든 것이 풍요롭고 대단한 곳이지만 하나님의 백성들이 머무르면 안 되는 곳을 뜻한다. 즉 하나님의 백성인 시온은 반드시 거기서 나와야 한다고 말하는 것이다.

왜 이 말씀이 언급되고 있을까. 당시에 바벨론에 붙잡혔던 이스라엘 포로들이 이제 막 이스라엘로 귀환하던 때였다. 그러나 귀환이 허락되었어도 이스라엘로 귀환한 포로들의 숫자는 5만 명이 채 되지 않았다. 대부분의 이스라엘 백성들이 바벨론에 그대로 남아 있었다는 얘기다. 그들은 왜 바벨론에 남아 있었을까. 한 마디로 불신앙 때문이었다. 마치 상자에 있는 썩은 사과 하나가 모든 사과를 썩게 만들듯, 몇몇에 의해 이스라엘 전체가 오염되어 대다수가 이스라엘로 돌아가지 않는 쪽을 택했다. 어떤 사람은 조국의 암울하고도 황폐한 상황을 염려해 돌아가지 않았고, 또 어떤 사람은 오랜 이국 생활로 인해 조국에 대한 애착심을 상실해서 돌아가지 않았다. 또 어떤 부류의 사람들은 바벨론이나 페르시아에서 나름대로 성공하여 안정과 번영을 누리고 있다는 안주함 때문에 돌아가지 않았다.

그런 상황에서 본문은 매우 긴박하게 진행된다. 그냥 '나오라'가 아니라 '도피하라', '피하라'라는 긴박한 단어를 사용하여 거기서 나오는 일이 적당한 권면 정도가 아니라 엄중한 명령임을 알려주고 있다.

이것은 곧, 하나님의 사랑의 눈동자를 마주하며 살기 위해서는 하나님께서 우리에게 엄중히 요구하시는 것이 있음을 일깨워준다. "너희는 북방 땅에서 도피할지어다"라는 말씀을 통해, 우리가 하나님만 아시는 우리만의 어떤 은밀한 곳에서부터 나올 것을 강력히 촉구하신다는 것이다. 거기서부터 하루 빨리 도망쳐 나와야만 살 수 있다고 하신다.

우리는 본문을 통해 창세기 19장의 뉘앙스를 읽는다. 하나님의 천사가 소돔 성의 멸망을 예언할 때, 롯을 향해 뭐라고 하시는가.

"너는 더 이상 소돔 성에 머물지 말고 도망쳐라. 도망쳐야 생명을 보존할 수 있다"고 하셨다. 도망치지 않으면 죽을 수밖에 없음을 강조하셨다.

물론 인간의 눈으로 보면 번성한 바벨론이 더 좋아 보이고, 더 안정되어 보일 수 있다. 그러나 영적인 눈을 들어 바라보면 바벨론은 곧 망할 곳이다. 장차 망할 장망성이다. 실제로 그 뒤 얼마 안 되어 그토록 화려하고 굳건해 보였던 바벨론은 완전히 망하고 말았다. 세계적으로 위세를 떨쳤던 페르시아 제국도 완전히 무너졌다. 로마도 망하고 그리스마저 망했다. 그러나 성경은 말씀한다. 하나님의 도성, 하나님의 나라, 하나님의 교회는 영원하리라!

본문 말씀은 우리에게 강력히 외치고 있다. 하나님의 백성인 시온의 아들딸들은 더 이상 장망성인 바벨론에 살면 안 된다고 말이다. 하나님의 사랑의 눈동자인 시온이 어떻게 바벨론에 눌러 살 수 있겠냐며 빨리 도망쳐 나오라는 일촉즉발의 긴박한 음성으로 말씀하신다.

그런 면에서 하나님께 내어 쫓기는 일은 결국 내쫓김의 축복을 받는 일이라고 말할 수 있다. 도망치는 것, 축출당하는 것이 어쩌면 축복이 된다는 것이다. 우리가 머물고자 했던 안일한 자리에서 내쫓김을 당할 때, 어느덧 우리는 하나님과 나만 아는 바벨론의 속박으로부터 벗어날 수 있다. 너무 익숙해져서 완고해진 우리 마음속 죄악의 바벨론이 부서지는 축복이 임하기 때문이다.

어떤 기혼자가 불륜에 빠지는 과정을 보라. 처음에는 그저 배우자가 아닌 다른 누군가에게 눈길을 줬을 뿐이다. 그래서 그는 '이 정도는 괜찮겠지?'라며 어떤 경계심도 갖지 않는다. 그러다 조금 더 마음이 깊어지면 상대와의 데이트를 이어간다. 그때는 제삼자가 "너

그러면 안 될 것 같은데"라고 충고해도 자신을 방어하며 이렇게 말한다. "문제없어. 아직은 별일이 없어." 그 마음이 죄에 대해 점점 무뎌져서 스스로 괜찮다고 다독거리면, 결국 불륜의 단계에 들어서는 건 시간문제다. 그러다 보니 치명적인 실수를 저지르고 "어떻게 그럴 수 있냐?"는 항의를 받아도 이렇게 답하곤 한다. "나만 그런 게 아니잖아. 안 그러는 사람이 몇이나 되겠어?"

우리는 바벨론에서부터 나와야 한다. 거기서 도망쳐 하나님께로 달려가야만 하나님의 사랑의 눈동자를 더 깊이 마주하며 기뻐 춤추는 삶을 살 수 있다.

성경도 이에 대해 여러 예를 들어 알려준다. 특히나 하나님의 자녀들이 어떤 것에 직면하거나 부딪힐 때, 때로는 직진하기보다 즉각적으로 돌아서서 도망쳐야 한다는 것을 여러 경로를 통해 들려준다.

그 첫째가 앞서 말했던 창세기 19장에 나오는 소돔 성의 예다. 자신이 아무리 의롭게 산다고 해도 우리가 사는 소돔 성이 멸망하면 우리도 함께 멸망할 수밖에 없다. 그래서 소돔 성과 같은 죄악의 환경을 만나면 우리는 일단 도망쳐야 한다.

창세기 39장에 나오는 요셉을 유혹하는 여인에 대한 이야기도 같은 메시지를 전한다. 요셉은 그녀에게 교훈을 주려 하거나 설득하려 들지 않았다. 즉각적으로 도망쳤다. 우리는 어떤가. 오늘날 수많은 형태의 우상과 더러운 것들이 마치 유혹하는 여인처럼 달려드는 이 세상에서, 우리는 그것들에 대해 어떤 태도를 취하며 살아야 할까. 요셉처럼 즉각적으로 도망치는 모습을 보이고 있는가. 아직도 너무나 많은 사람이 눈이 어둡고 세상의 즐거움에 빠져서, 그것이 유혹하는 여인인 줄도 모르고 세상에 끌려 다니는 삶을 살고 있다.

우리는 죄악 가운데 있거나 죄악을 만났을 때, 거기서부터 힘껏 도망쳐야 한다. 성경은 그 이유에 대해서도 두 가지를 알려주는데, 첫 번째는 우리가 하나님의 눈으로부터 도망칠 수 없는 존재이기 때문이다. 욥기에서는 이에 대해 "그는 사람의 길을 주목하시며 사람의 모든 걸음을 감찰하시나니 행악자는 숨을 만한 흑암이나 사망의 그늘이 없느니라"(욥 34:21-22)라고 말씀한다.

우리가 죄악으로부터 도망쳐야 하는 두 번째 근본적인 이유도 있다. 죄는 우리의 영혼을 고사시킬 때까지 자라기 때문이다. 그래서 우리는 죄악이 발견될 때 그 자리에서 있는 힘껏 도망쳐야 한다. 떠나야만 한다.

그러나 현실은 어떤가. 악마로부터 도망치기보다는 이 땅에서의 젊음과 즐거움을 위해서라면 악마 메피스토텔레스에게 자신의 영혼을 파는 걸 주저하지 않았던 21세기의 파우스트들로 살아간다. 어떤 이들은 자신이 죄악을 통제할 수 있다고 여기고 아예 죄의 울타리 안에서 살아간다. 이 정도의 유혹, 이 정도의 작은 죄들은 자기 의지와 능력으로 충분히 이길 수 있다고 자신하는 것이다. 여기서 우리는 중세의 청교도 신학자인 존 오웬(John Owen)의 말에 귀 기울일 필요가 있다.

"죄는 항상 최고를 목표로 한다. 죄는 처음에 그 움직임이 유순하고 권유하는 방식을 취한다. 그러나 초기 동작들을 통해서 일단 사람의 마음에 발 뻗을 틈을 얻기만 하면, 부단하게 자기 터를 일구는 일을 계속하여 같은 방향으로 정도를 약간씩 더 높여간다. 죄가 이렇게 새로운 활동과 전진을 위한 행보를 하게 되면, 불신앙적 생각이 머리까지 커져서 무신론으로까지 발전하게 된다."

우리는 다시 한번 기억해야 한다. 죄악이 발견될 때 우리가 사력을 다해 거기서부터 도망쳐야 하는 이유는 죄의 속성이 무섭기 때문이다. 죄는 우리의 영혼을 고사시킬 때까지 결코 성장을 멈추는 법이 없다. 처음에 풀잎처럼 무력해 보이는 죄라 하더라도 나중에는 억세게 자라서 우리의 심령을 완악하게 만들고 결국은 우리를 파멸시켜 버린다(히 3:13).

하나님의 백성들이 기뻐하고 노래해야 할 이유들

우리가 바벨론 성에서 도망쳐 예루살렘으로 돌아갈 때, 하나님께서는 우리에게 불멸의 기쁨을 주시고 환호하게 하신다. 그것이 본문 10-13절까지의 내용이다. 죄의 북방에서부터 빠져나올 때 하나님의 백성들은 우리를 당신의 눈동자로 여기시는 하나님의 사랑을 깨닫고 그 사랑에 깊이 환호하며 하나님을 찬양하게 된다.

북방에서 빠져나온 하나님의 백성들이 그토록 기뻐하는 이유에 대해 말씀을 하나씩 살펴보자.

이는 내가 와서 네 가운데에 머물 것임이라(슥 2:10b).

하나님의 백성인 우리가 기뻐할 수 있는 첫 번째 이유는 무엇인가? 10절 말씀처럼 하나님의 임재로 인해 기뻐한다. 이것은 평소 내가 늘 외치던 내용이기도 하다. 예수 믿고 구원받은 백성에게 주어지는 가장 큰 영광은 하나님이 우리와 함께하시는 것이다. 예수 믿고 구원받고도 하나님의 임재를 깊이 느끼지 못한 채 사는 것은 너무나 안타까운 일이다. 아니, 심령이 무뎌져 하나님께서 나와 함께하심을 느끼지 못한다는 건 저주와도 같다. 예수 믿고 구원받은 사람들에게 하나님의 임재는 그토록 소중하다. 우리 기쁨의 근원은 예수님이 우리와 함께하시는 데에 있다. 임재와 기쁨은 같이 가는 것이다.

그간 바벨론에서 포로 생활을 하던 이스라엘 백성들은 슬픔의 노래를 부를 수밖에 없었다. 그러나 이제는 하나님께서 약속하신 구원의 날이 가까웠기에 마음껏 기쁨의 노래를 부를 수 있다. 이는 마치 이스라엘 조상들이 출애굽 할 때 해방의 기쁨을 노래했던 것과 같다. 따라서 우리도 구원받은 성도의 대열에 들어갔다면 마땅히 감사와 기쁨의 찬양을 하나님께 올려드려야 한다. 하나님의 백성들은 출애굽 때처럼 집에 돌아오는 일을 경험한 사람들이기 때문이다. 그래서 우리는 날마다 기쁨의 노래를 부를 수 있어야 한다(사 49:13). "이날은 여호와께서 정하신 것이라 이 날에 우리가 즐거워하고 기뻐하리로다"(시 118:24)라는 고백을 올려드릴 수 있어야 한다.

누가복음에서는 이와 관련하여 이렇게 말씀한다.

보라 내가 온 백성에게 미칠 큰 기쁨의 좋은 소식을 너희에게 전하노라(눅 2:10b).

예수님이 성육신하여 이 땅에 오신 것 자체가 큰 기쁨의 좋은 소식이라고 한다. 이처럼 주님이 우리에게 오시는 것은 기쁨과 연결되어 있다. 그래서 우리는 "주님 나와 동행을 하면서 나를 친구 삼으셨네. 우리 서로 받은 그 기쁨은 알 사람이 없도다"라고 찬송으로 고백한다.

이와 같은 기쁨을 안다면 우리는 자신도 모르게 담대해진다. '주님이 나와 함께하시는데 두려울 게 뭐가 있겠어? 내가 하나님의 사랑의 눈동자인데 무얼 두려워하겠어?'라는 생각이 들기 때문이다.

내가 아는 어떤 분은 이런 얘길 한 적이 있다. 무엇이든 5분 이상 생각해도 해결되지 않는 문제는 하나님께 다 맡겨버린다고 한다. 그 말을 들은 나는 고개를 끄덕였다. '그렇겠구나. 내 능력으로 해결할 수 없는 문제들을 하나님께 맡기면 세상 두려울 게 없겠구나'라는 생각이 들었다. 그렇게 되면 기쁨도 저절로 뒤따를 수밖에 없다. 그래서 그분에게 이렇게 말했다. 5분 이상 생각하지 말고 아예 처음부터 맡겨버리는 건 어떻겠냐고 말이다.

우리는 이 이야기를 귀담아들을 필요가 있다. 자기 능력에 부치는 일로 너무 고민하거나 염려하며 살기보다 우리와 함께하시는 주님께 그 문제를 통째로 넘겨버리는 것이다. 주님께 모든 걸 이양하고 나면 우리에겐 두려움이나 염려가 남아 있을 수 없다. 우리는 그저 우리 가운데 머무시는 주님으로 인해 기뻐하며 살아가면 될 일이다.

11절에는 우리가 기뻐할 수 있는 두 번째 이유가 소개된다.

그 날에 많은 나라가 여호와께 속하여 내 백성이 될 것이요(슥 2:11a).

무슨 뜻인가. 온 세계 열방이 주님께로 돌아올 것이니 기뻐하라는 뜻이다. 그러나 스가랴는 그 말을 듣고 기뻐할 여유가 없어 보인다. 오랜 포로 생활 끝에 겨우 1차 귀환 소식을 들었을 뿐이고, 조국 이스라엘은 황폐화되었다. 그런 상황에서 하나님께서는 "그날에 많은 나라가 여호와께 속하여 내 백성이 될 것"이라고 말씀하신다. 전 세계적인 구원이 있을 것이니 기뻐하라는 것이다. 어쩌면 당시 어려움을 겪던 이스라엘 백성들은 이 말씀 앞에 "이게 무슨 소리지?"라고 했을지도 모른다.

이렇게 생각해 봐도 좋을 듯하다. 코로나 팬데믹 이후 우리는 실제적으로 많은 어려움을 겪고 있다. 삶이 황폐해져 쉽게 해결할 수 없는 문제들이 우리를 둘러쌌다. 그러나 그런 와중에도 교회에서 이루어진 대각성전도집회나 새생명축제를 통해 예수님을 몰랐던 영혼들이 예수님을 믿고 구원받는 일들이 일어난다면 우리는 이에 대해 기뻐하지 않을 수 없다. 자기 삶의 환경은 비록 황폐한 자리에 놓여 있지만, 구원받는 영혼들이 많아진다면 이런 가운데서도 하나님 나라의 확장으로 인한 기쁨이 우리 속에 커지는 것이다.

이어지는 12절 말씀에선 우리가 기뻐해야 할 세 번째 이유가 소개된다.

여호와께서 장차 유다를 거룩한 땅에서 자기 소유를 삼으시고 다시 예루살렘을 택하시리니(슥 2:12).

우리가 하나님의 임재로 인해 기뻐하고 하나님의 놀라우신 구원으로 인해 기뻐했다면, 이제 이 말씀에선 '하나님의 소유됨으로 인해' 기뻐하라고 하신다. 무슨 뜻인가. 이 말씀을 이해하려면 우리가 평소 하던 고백과 반대 개념으로 접근해야 한다. 우리는 평소 "하나님이 나의 기업입니다", "하나님이 나의 비전입니다"(Be thou my vision)라고 고백해왔다. 그런데 여기서는 하나님의 백성들인 우리가 하나님의 기업이 된다고 하신다. 있을 수 없는 일이다. 하나님께서 뭐가 부족하셔서 우리 같은 사람들이 하나님의 기업이 된다는 것인가. 이건 정말 눈물 나는 이야기가 아닐 수 없다.

그러나 하나님은 분명 우리가 하나님의 기업이라고 하신다. 납득할 수 없는 이 말씀 앞에 우리는 가슴 벅찬 기쁨을 느낀다. 우리 같이 미천한 인생들이 어떻게 하나님의 기업이 될 수 있단 말인가. 하나님의 선하신 인도하심과 그의 놀라운 은혜로 인하여 우리는 하나님의 기업이 되었다. 그리고 하나님의 기업이 되는 순간, 우리에겐 특별한 신분이 부여된다. 미천했던 우리의 신분이 사랑의 눈동자라는 신분으로 변모되는 것이다. 스바냐는 이 사실을 알았기에 "그가 너로 말미암아 기쁨을 이기지 못하시며"(습 3:17)라고 고백했다. 하나님께서 기쁨을 이기지 못하실 정도로, 우리가 하나님이 아끼고 사랑하시는 기업이 되었다는 의미이다.

본문 12절 말씀에서도 하나님은 유다를 "거룩한 땅에서 자기 소유"로 삼으신다고 하셨다. 구약 전체에서 유다를 거룩한 땅이라고 표현하신 것은 여기가 유일하다. 우리가 하나님의 기업이 될 때, 우리가 속한 삶의 각 영역이 거룩한 땅(Holy land)이 됨을 알려주는 말씀이다.

하나님이 일어나시니

하나님의 백성인 우리는 하나님이 우리 가운데 임하심으로 기뻐하고 하나님이 행하시는 크신 구원으로 인해 기뻐한다. 그리고 우리를 하나님의 기업으로 삼으신 그 신비한 사랑으로 인해 기뻐한다. 이것이 스가랴가 본 세 번째 환상을 통해 우리에게 전해주는 메시지이다. 13절에는 거기에 더하여 우리가 기뻐해야 할 마지막 네 번째 이유가 나온다.

모든 육체가 여호와 앞에서 잠잠할 것은 여호와께서 그의 거룩한 처소에서 일어나심이니라 하라 하더라(슥 2:13).

이는 스가랴가 본 신비한 환상이다. 스가랴는 여호와께서 그의 거룩한 처소에서 일어나심에 대해 말씀하고 있다. 여호와께서 일어나신다는 것이 무슨 뜻일까. 그것은 곧 여호와의 권능이 선포됨을 의미한다. 여호와께서 일어나시면 하나님의 능력이 뿜어져 나오기 때문이다. 마치 왕 중의 왕인 사자가 가만히 있다가 기지개를 펴며 포효하는 순간, 수많은 동물이 벌벌 떠는 것과 같다. 여호와께서 일어나시면 하나님의 권능의 손길이 온 세계에 펼쳐진다. 그래서 우리는 여호와께서 일어나실 때 기뻐할 수 있다.

하나님이 일어나신다는 건, 곧 모든 삶의 이야기 속에서 하나님이 주권자가 되셔서 우리 삶에 적극적으로 개입하시고 살피시며, 친히 책임지시고 인도하시기 때문이다. 시편 59편 4절의 고백처럼, 하나님께서 깨어 우리를 도우시고 살피시는 것이 바로 여호와의 일어나심이다.

하나님은 그런 분이다. 결코 저 멀리에 계셔서 무심하게 방관하시거나 바라만 보는 분이 아니다. 하나님은 개인과 가정, 이 교회와 대한민국 역사에 친히 개입하시는 분이다. 그러므로 하나님의 백성들이 하나님을 바라보며 이를 위해 집중적으로 기도할 때, 하나님께서는 일어나셔서 하나님의 역사를 일으키실 것이다.

그렇다면 하나님은 언제 일어나실까? 이에 대해 성경은 크게 두 가지로 말씀한다. 첫째로 우리가 공격당할 때 벌떡 일어나셔서 우리를 도우신다. 이에 대해서는 앞선 동물의 비유에서 설명한 바 있다. 둘째로 우리가 기뻐 찬양할 때도 주님은 벌떡 일어나 그 찬양을 받으신다. 쉬운 예로, 태어난 지 갓 1년 된 손주가 "할아버지 좋아"

하면 누워있던 할아버지가 가만있겠는가. 벌떡 일어나 "더 말해봐라" 하며 기쁘게 손주에게 달려온다. 우리가 찬양할 때 하나님도 이와 같으시다. 부족한 입술을 열어 하나님을 찬양할 때, 하나님께서는 기뻐하시고 자리에서 벌떡 일어나신다. 특히나 우리가 여기저기서 얻어맞고 상처받았음에도 불구하고 하나님을 찾으며 그분을 찬양할 때, 하나님께서는 그 거룩한 처소에서 일어나 우리를 위해 능력을 베푸신다.

그러니 우리는 세상의 권력 앞에서 더 이상 주눅 들 필요가 없다. 우리 능력으로 해결되지 않는 문제 앞에서 더 이상 걱정하지 않아도 된다. 하나님을 소망하며 그분을 찬양할 때, 하나님께서 일어나셔서 역사를 주관하신다.

특별히 13절의 '일어나신다'를 뜻하는 히브리어 단어는 '깨다, 분발하다, 일으키다, 각성하다'라는 뜻으로, 하나님을 주어로 취하는 사역형의 용법으로만 쓰인다. 따라서 이 단어 자체만으로도 하나님은 역사 속에서 적극적으로 개입하시는 분임을 알 수 있다.

여기서 우리는 '일어나심'에 대한 보다 적극적인 표현으로 "그의 거룩한 처소에서 일어서심이라"는 표현을 쓴 것에 주목해야 한다. 일어나시되 앉았던 자리에서 일어나셨음을 알림으로써 그의 백성들을 보호하시고 대적들을 심판하시려는 하나님의 적극적인 의도와 목적을 알리고 있기 때문이다.

성경에서는 창조주 하나님께서 '말씀하시기 위해'(신 33:2) 혹은 '대적을 흩으시기 위해'(민 10:35), '세상을 심판하시기 위해'(사 14:22, 시 82:8) 일어나신다고 기록한다. 시편 76편 9절은 '그의 백성을 구원하시고 악인을 심판하시기 위해' 일어나신다고 한다.

그렇다면 하나님께서 일어나시면 어떻게 될까. 이에 대해 시편

68편 1절은 다음과 같이 말씀한다.

> 하나님이 일어나시니 원수들은 흩어지며 주를 미워하는 자들은 주 앞에서 도망하리이다.

가슴 벅찬 말씀이다. 이 말씀과 더불어 다음의 말씀도 함께 읽어 보자.

> 주의 권능의 날에 주의 백성이 거룩한 옷을 입고 즐거이 헌신하니 새벽 이슬 같은 주의 청년들이 주께 나오는도다(시 110:3).

이 말씀처럼 하나님이 일어서시는 그날은 곧 주의 권능의 날이다. 그와 같은 권능의 날에 주의 백성들은 거룩한 옷을 입고 즐거이 헌신하게 될 것이다. 그러면 하나님께서 주님 앞에 달려 나오는 하나님의 백성들을 향해 기뻐하시며 일어나 그들을 맞이하실 것이다.

우리는 스가랴서 말씀을 통해, 우리가 무엇을 해야 하는지 자명해졌다. 먼저 우리 자신이 하나님의 거룩한 눈동자라는 정체성을 가지고 바벨론과 북방에서부터 빠져나와야 한다. 그리고 주님의 임재와 구원을 기뻐하며 하나님의 기업이 되었음에 대해, 또한 하나님께서 우리를 위해 일어나심으로 인해 기뻐하고 찬양하며 살아가야 한다. 그러면 우리 삶의 자리에는 하나님께서 주시는 회복이 시작될 것이다. 가정이 회복되고 자녀들이 공부하는 학교 현장이 회복되며, 우리가 일하는 직장이 회복되고 이 나라 정치가 회복될 것이다.

이처럼 삶의 영역이 하나둘 회복되어 가는 모습을 보여준 사람이 있다. 바로 아브라함 카이퍼이다. 사람들은 그런 아브라함 카이퍼의 삶을 바라보며 그에게 "평범한 사람들을 위한 종지기가 되었다"(The bell-ringer for the common people.)라고 했다. 무슨 뜻인가. 우리가 속한 곳이 오염되어 문제가 보이면 경고의 종소리를 발하게 되듯이, 우리가 밟는 땅에 진리가 회복되어 거룩한 처소가 되면 축하의 종소리, 기쁨의 종소리가 울린다는 뜻이다. 말하자면 아브라함 카이퍼는 각 삶의 영역마다 회복됨으로 기쁨의 종소리가 뎅그렁뎅그렁 울리는 모습을 실제로 보여줬다는 것이다.

우리도 그와 같은 종지기가 되기를 바란다. 이 시대를 향한 사명의 종지기가 되어 삶이 모든 영역에 진리의 종소리가 울려 퍼지게 되길 바란다. 우리가 그 사명을 감당할 수 있는 길은 단 하나다. 우리가 바로 주님의 사랑의 눈동자가 되는 것이다. 그럴 때 우리는 사명을 감당할 수 있다.

성결을 불어넣으시다

"대제사장 여호수아는 여호와의 천사 앞에 섰고 사탄은 그의 오른쪽에 서서 그를 대적하는 것을 여호와께서 내게 보이시니라 여호와께서 사탄에게 이르시되 사탄아 여호와께서 너를 책망하노라 예루살렘을 택한 여호와께서 너를 책망하노라 이는 불에서 꺼낸 그슬린 나무가 아니냐 하실 때에 여호수아가 더러운 옷을 입고 천사 앞에 서 있는지라 여호와께서 자기 앞에 선 자들에게 명령하사 그 더러운 옷을 벗기라 하시고 또 여호수아에게 이르시되 내가 네 죄악을 제거하여 버렸으니 네게 아름다운 옷을 입히리라 하시기로 내가 말하되 정결한 관을 그의 머리에 씌우소서 하매 곧 정결한 관을 그 머리에 씌우며 옷을 입히고 여호와의 천사는 곁에 섰더라"(스가랴 3:1-5)

우리는 "하나님이 우리를 사랑의 눈동자로 지켜주실 때 사랑의 종지기가 될 수 있다"는 내용을 배웠다. 우리가 사랑의 종지기로서의 사명을 감당할 때, 우리 삶은 물론이고 정치, 경제, 문화, 사회, 교육 분야 등 모든 영역에서 불균형 문제가 재조정될 수 있음을 확인했다. 우리가 그런 마음으로 재조정(reset)의 단추를 누르며 기도하는 동안, 우리 가슴이 얼마나 뜨거워졌는지 모른다. 계속되는 스가랴서 말씀을 통해, 우리 삶과 사회에 헝클어졌던 모든 것이 재조정되는 은혜가 임하기를 소망하며 스가랴 3장 말씀을 살펴보자.

그분의 손에 다듬어진 사람

그렇다면 어떻게 해야 이 사회가 바르게 재조정(reset)될 수 있을까?

어떻게 하면 우리가 사회를 재조정할 수 있을까?

그 답을 한 단어로 말하면 '하나님의 사람'이다. 성경을 보라. 예수님은 베드로, 야고보, 요한이라는 세 제자와 열두 제자, 칠십인 전도대와 백이십문도의 기도, 예수님의 부활을 목격한 5백여 형제를 통해 이 세상을 재조정하셨고 온세상을 대개조하셨다. 그래서 나는 모든 성도가 이런 사람들로 무장되기를 꿈꾼다. 그러면 어떤 분들은 속으로 이렇게 말할지도 모른다.

"아이고 목사님, 세상을 재조정하라니요? 코로나 시국에 가뜩이나 움츠려서 아무것도 못 하는데, 제가 무얼 할 수 있겠습니까?"

다시 한번 강조하지만, 그런 반응은 옳지 않다. 하나님께서는 보리떡 같은 인생을 들어 오병이어의 역사를 나타내시는 분이다. 하나님은 숨겨진 사람들, 아무것도 할 수 없는 사람들을 들어 쓰시는 데에 최고의 전문가이다.

사람들은 종종 하나님께서 쓰시는 사람에 대해 오해하곤 한다. 그 이유는 우리의 상식이 세상에 갇혀 있거나 세상에 기초하고 있기 때문이다. 세상에서는 천재적인 사람에게 환호하고 능력이 뛰어난 사람을 주목한다. 그러다 보니 우리는 하나님도 그런 사람을 귀하게 쓰실 거라 여긴다. 물론 그 말이 아주 틀렸다는 건 아니다. 하나님께서는 숙련된 대장장이를 사용하신다. 그 영역에서 뛰어나고 탁월한 사람을 사용하신다. 그러나 그보다 더 중요한 핵심이 있다. 하나님께서 사용하시는 사람은 반드시 '하나님의 손에 다듬어진 사람'이라는 사실이다. 아무리 능력이 있어도 자신의 에고(ego)가 살아 있는 사람, 자기 의에 사로잡힌 사람은 하나님께 쓰임 받지 못한다.

한번은 기업을 이룬 어떤 분의 간증을 들은 적이 있다. 그 간증의 요지는 이것이었다. 하나님께서는 이분이 호떡 장사 일을 할 때부터 다듬으셨는데 "오백 원짜리 호떡 하나도 하나님께서 허락하지 않으시면 팔리지 않는다"는 사실을 깨달았다고 한다. 이 얼마나 놀라운 깨달음인가. 하나님께서 이분에게 자기가 파는 호떡 하나도 하나님이 허락하셔야 팔린다는 '하나님의 주권'을 깨닫게 하신 뒤에야 기업을 이루게 하셨다고 한다. 이처럼 하나님께서는 다듬고 다듬으신 후에 그 사람을 쓰시는 분이다.

우리는 신약성경을 통해 하나님께 쓰임 받은 대표적인 세 사람을 찾을 수 있다. 교회의 터를 닦은 베드로와 이방 선교의 문을 열었던 바울, 그리고 하나님의 사랑과 계시를 통해 기독교의 본질을 보여준 사도 요한이다. 그런데 이들은 모두 우리가 아는 대로 인간적인 약점과 허물을 가지고 있었다. 하나님께서는 그런 자들을 부르시고 다듬으셔서 사용하셨다.

구약성경에서도 하나님이 어떤 사람을 불러 사용하시는지를 알 수 있다. 하나님께서는 결코 준비된 영웅을 부르시지 않는다. 대신 그들을 불러서 준비시키신다. 이것이 성경에 나타난 하나님께서 쓰시는 사람들의 가장 공통된 특징이다. 그중 대표적인 사람이 기드온이다. 성경을 읽다 보면 내용이 어려워서가 아니라 인간의 상식으로 이해하기 어려워서 고개를 갸우뚱거릴 때가 있는데 기드온이 그중 하나다. 기드온은 하나님의 부르심 앞에 자신은 적임자가 아니라고 말하며 거부했다. 미디안 사람들의 횡포에 겁에 질린 나머지, 포도주 틀에 숨어서 밀을 타작했던 심약한 사람이다. 하나님께서는 능력 있고 영웅적인 사람은 외면하시고 그토록 평범하고 비겁하기까지 한 기드온을 통해 이스라엘을 구원하셨다. 왜 그러신 걸까. 왜 하나님은 기드온 같은 사람을 찾아 사용하셨을까.

나는 나이가 들고 나서야 하나님께서 겁 많고 나약한 기드온을 부르신 것이 얼마나 감사한 일인지, 그것이 우리처럼 부족한 인생들에 얼마나 큰 소망이 되는지를 알게 되었다. 그런 면에서 우리는 우리와 별반 다를 바 없는 기드온의 생애를 영적인 시각으로 깊이 바라봐야 한다.

기드온은 어려서부터 선조의 입에서 전해 내려오는 출애굽 이야기를 들으며 자랐다. 이스라엘이 진퇴양난(進退兩難)의 어려움에 처했을 때, 하나님께서 어떻게 개입하셔서 홍해를 가르셨고 광야에서 반역하는 조상들에게 어떻게 불기둥과 구름기둥을 보내 인도하셨는지를 들었다. 그렇기에 기드온은 어쩌면 더 불안했을지도 모른다. 당시 이스라엘은 민족적 재난으로 희망이 모두 사라져버렸고 차가운 현실만 눈앞에 있었기 때문이다. 즉 머릿속에 하나님에 대한 지식은 많았지만, 실제 삶에서 하나님의 직접적인 개입은 경험하지 못했기에 기드온의 혼란이 더 컸을 것이다.

어쩌면 이것은 우리의 모습일 수도 있다. 하나님에 대한 지식은 많으나 하나님의 개입은 경험하지 못하는 차가운 현실 앞에서, 기드온처럼 겁먹고 떨며 여기저기 숨을 곳을 찾아 몸을 숨기는 모습 말이다. 때때로 마음속에서 하나님의 미세한 음성을 듣고는 있지만, 인간적으로 허물투성이인 자기 모습 때문에 감히 나서지 못하고 있을지도 모른다.

그러나 두려움으로 몸을 숨긴 기드온에게 찾아와 부르신 하나님으로 인해, 기드온은 마침내 어둡고 축축한 포도주 틀에서 나와 하나님께 쓰임 받았다. 그리고 이 사건은 하나님께서 기드온처럼 약한 자를 들어 사용하시는 분임을 우리에게 알려준다.

따라서 지금 우리가 하나님께 쓰임 받지 못하는 가장 큰 이유는 우리의 무능력 때문이 아니다. 세상의 거대한 현실 앞에서 두려워

떠는 모습 때문도 아니다. 참으로 우리가 하나님께 쓰임 받지 못하는 진짜 이유는, 기드온처럼 하나님의 부르심을 피해 도망치는 우리의 완고한 태도, 우리의 못된 습성 때문이라 할 수 있다.

하나님께서는 스가랴서를 통해 포도주 틀에 숨어버린 우리를 일깨우신다. 우리 자신의 허물과 연약함에도 불구하고, 그 연약함을 들어 기꺼이 사용하시려는 하나님의 부르심에 우리가 감히 반응하기를 바라신다. 평범하고 소시민적으로 혹은 인생의 패배자처럼 살아왔다고 할지라도, 그 모습에 스스로 실망하여 숨기보다 하나님의 다루심 앞에 기꺼이 자신을 내어드리고 하나님의 뜻을 이루어가기를 원하신다.

우리가 우리 자신을 내어 맡길 때, 하나님께서는 우리를 쓰시기 위해 우리를 다듬으신다. 어떻게 다듬으시는가? 한 마디로 말하면 '깨끗한 그릇'으로 다듬으신다. 주님은 자기부인을 통해 깨끗해진 그릇을 쓰시는 분이기 때문이다. 본문에 나타난 스가랴의 네 번째 환상은 이를 우리에게 확실히 알려준다.

우리의 민낯과 마주하라

우리는 지금까지 스가랴의 제1, 2, 3환상(붉은 말을 탄 여호와의 천사, 숙련된 대장장이, 측량줄을 든 측량사)에 대해 살펴보았다. 그리고 이번 장은 스가랴가 본 여덟 가지 환상 중 네 번째 환상에 대한 내용이다.

스가랴가 봤던 제1환상에서 제3환상까지는 성전 재건과 관련된, 외부적이고 물리적인 공동체 전체의 회복에 관한 내용이다. 그리고 제4환상과 제5환상은 공동체를 위해 준비된 두 지도자에 대한 내용을 보여준다. 제4환상에서는 종교 지도자인 대제사장 여호수아에 관하여, 제5환상에서는 당시 이스라엘의 정치지도자인 총독 스룹바벨에 관하여 조명한다. 하나님께서는 이 두 환상을 통하여 이스라엘이 진정한 신국(神國), 새 예루살렘이 되기 위해서 공동체를 이끌고 수행하는 지도자가 얼마나 중요한지에 대해 초점을 맞추신다. 그런 후에야 그 다음 이어지는 세 개의 환상을 통해 또 다시 이스라엘 공동체로 초점을 옮겨 말씀하신다. 따라서 여덟 가지 환상 중 본문에 나타난 제4환상은 전체 메시지를 연결하는 데 있어 매주 중요한 부분이다. 대제사장 여호수아에 대한 환상은 우리 각자에게 주시는 구체적이고도 개인적인 환상이라고 봐도 무리가 없다.

먼저 본문에 등장하는 여호수아가 어떤 인물인지 살펴보자. 우리는 여호수아라는 이름을 들으면 가나안 땅을 정복하고 여리고 성을 공략한 여호수아를 떠올리기 쉽지만, 본문에 나타난 인물은 그가 아닌 대제사장 여호수아를 가리킨다. 여호수아의 집안은 대제사장 가문으로 할아버지 스라야 대에 바벨론 포로로 끌려갔고, 그는 아버지 여호사닥이 뒤를 이어 대제사장의 직무를 감당하였다. 그러니까 여호수아는 이방 땅 바벨론에서 태어나 살다가 포로 귀환 시절에 아버지와 함께 예루살렘으로 돌아온 스가랴 시대의 대표적인 대제사장이라 할 수 있다. 본문 1절은 바로 그 대제사장 여호수아에 대해 말씀한다.

대제사장 여호수아는 여호와의 천사 앞에 섰고 사탄은 그의 오른쪽에 서서 그를 대적하는 것을 여호와께서 내게 보이시니라.

소위 천상 법정, 하늘나라 법정이 소개된다. 이 장면에는 네 인물이 등장한다. 먼저 여호수아가 나오고 그 곁에는 여호와의 천사가 서 있으며, 여호수아의 오른쪽에는 그를 참소하는 사탄이 대적하고 있다. 스가랴는 이 모든 모습을 보고 있다. 이와 같은 상황에서 본문 3절은 매우 안타까운 상황을 전한다.

> 여호수아가 더러운 옷을 입고 천사 앞에 서 있는지라.

안타깝다 못해 너무 가슴 아프다. 이 긴박한 상황에서 여호수아가 '더러운 옷'을 입고 있다니. 여기서 '더러운'이란 뜻의 히브리어 '초'(צוֹא)는 배설물을 뒤집어 쓴 상태를 가리킨다. 즉 '더러운 옷을 입었다'는 것은 오물과 배설물이 잔뜩 묻은 옷을 입었다는 뜻이다.

말이 안 된다. 아름답고 품위 있고 고결한 의복을 입어야 할 대제사장이 온갖 더러운 오물을 뒤집어쓴 것 같이 냄새나는 옷을 입고 서 있다는 건 기가 찬 노릇이 아닐 수 없다. 사탄은 이를 포착하고 악한 고발자처럼 여호수아를 참소한다. "하나님, 보시라고요. 깨끗하고 정결하고 고결한 옷을 입고 서 있어야 할 대제사장이란 사람이 오물을 뒤집어쓰고 있어요. 처단해야 하지 않겠습니까?" 여호수아가 입은 더러운 옷을 빌미로 여호수아 자체를 궁지로 몰아넣고 있는 모습이다.

어떻게 보면 우리도 이와 비슷한 상황에 처할 때가 있다. 뭘 좀 해보려 하면 오물을 뒤집어쓴 것 같이, 피투성이가 된 것 같이, 때로는 소망이 다 끊어진 것 같이 비참한 상태에 처하고 만다. 본문에서 대제사장 여호수아가 딱 그런 처지다. 본래 대제사장이 입고 있어야 할 고결한 옷과 현재 여호수아가 입은 더러운 옷 사이의 간극이 너무 커서, 사탄으로부터 참소를 받으니 무엇으로도 스스로를 방어할 수 없었다. 사탄이 그를 향해 "저자는 저기에 서 있을 자격이 없습니다. 저자는 완전히 죽어 나가야 합니다"라고 말하는 상황에서 그의 영혼은 시체처럼 널브러질 수밖에 없었을 것이다.

사람을 의미하는 영어 단어 '퍼슨'(person)은 그리스어로 가면을 뜻하는 '페르소나'(persona)에서 나왔다. 사람은 누구나 연극배우처럼 가면을 쓰고 있다는 뜻이다. 이것은 모든 사람이 아무리 멋지고 아름다워 보여도 겉모습인 페르소나는 인간 본연의 모습이 아니며, 반드시 가면을 벗어야만 그 본래 모습을 볼 수 있다는 것을 의미한다.

그렇다면 가면을 벗은 인간의 본모습은 어떠할까? 성경이 말하는 타락한 인간의 본 모습은 본성적으로는 유혹의 욕심을 따라 썩어져 가는 존재(엡 4:22)이다. 이를 더 구체적으로 알려주는 말씀이 갈라디아서 5장 19-20절이다. 사람은 곧, 음행과 더러운 것과 호색과 우상숭배와 주술과 원수 맺는 것과 분쟁과 시기와 분냄과 당 짓는 것과 분열함과 이단과 투기와 술취함과 방탕함으로 하나님의 나라를 유업으로 받지 못하는 존재라는 것이다. 또한 사람은 궁극적으로 우리 육체의 욕심을 따라 지내며 본질상 진노의 자녀에 불과한 존재이다(엡 2:3). 로마서 3장 12절 이하에서는 인간을 가리켜 선을 행하지 못하는 존재, 속이고 거짓말하는 존재, 저주와 악독이 가득한 존재, 그래서 결국 파멸하는 존재라고 표현한다. 어디 이뿐인가. 물리적으로 접근하면 인간은 흙으로 지음 받은 존재요 풀처럼 메말라 사라질 허무한 존재(벧전 1:24)일 뿐이다. 이 모든 것을 한마디로 정리하면, 인간은 아무리 화려하고 아름답고 능력이 있어 보여도 결국은 '어리석은 부자'(눅 12:20)처럼 결코 자신을 스스로 구원할 수 없는 부패하고 무능한 존재에 불과하다.

본문에 나오는 대제사장 여호수아는 사탄의 참소를 받는 동안 인간의 본질적 실상을 대면했을 것이다. 그러니 그 비참함과 수치와 괴로움의 고통은 말로 다할 수 없었으리라.

그슬린 나무에게 주시는 하나님의 대반전

그러나 바로 그때 하나님께서 뭐라고 말씀하시는가. 이것이 중요하다. 우리는 하나님의 말씀 앞에 눈이 번쩍 뜨여야 한다. 2절 전반부를 보라.

> 여호와께서 사탄에게 이르시되 사탄아 여호와께서 너를 책망하노라 예루살렘을 택한 여호와께서 너를 책망하노라.

자기 백성을 사랑하시는 하나님께서 사탄을 향해 "너는 악한 고발자다"라고 책망하신다. 여호수아를 참소하는 사탄의 말에 대해 하나님께서 꾸짖으시는 것이다. 사탄이 여호수아에 대해 참소하는 내용을 히브리어 원어로 보면, 마치 대제사장 여호수아를 극악무도한 사람처럼 몰아넣고 있다. 사탄은 바로 이런 일의 전문가다. 하늘 법정에서 사람의 겉과 속을 탈탈 턴다. 겉으로 내세우는 논리도 그럴 듯하다. "하나님처럼 선하신 분이 이 더럽고 냄새나는 여호수아와 함께하면 되겠습니까? 여호수아를 내쳐야 하지 않겠습니까?"라고 말한다.

이로 인해 우리는 앞의 제1, 2, 3환상에 나타난 '붉은 말을 탄 여호와의 천사'와 '네 대장장이', '측량사'를 통해 갖게 된 긍정적이고 아름답고 영광스러운 소망을 잃어버릴 위기에 처한다. 갑자기 교착 상태에 빠지는 것만 같다. 그러나 그럴 때도 하나님께서는 우리에게 놀라운 반전을 주신다. 바른 소리를 하는 듯 의기양양해진 사탄을 향해 오히려 직격탄을 날리시고는 우리를 새롭게 하신다.

이것은 남 얘기가 아니다. 예수 그리스도를 믿는 우리의 이야기다. 나의 이야기이고 당신의 이야기다. 하나님으로 인해 일어나는 반전의 이야기다. 하나님께서는 사탄을 향해 "여호수아가 내 백성이기 때문에 나는 내 백성의 말을 듣지, 네 말을 듣지 않는다. 그렇기에 나는 너를 책망한다"라고 하신다. 아무리 사탄이 여호수아를 가리키며 부정한 땅 바벨론에서 태어나 부정한 옷을 입은 자, 거룩하신 하나님께는 당치도 않은 백성이라 참소해도 하나님은 오히려 여호수아 편에 서 주신다는 것이다. 뒤에 이어지는 말씀을 보라.

이는 불에서 꺼낸 그슬린 나무가 아니냐(슥 3:2b).

하나님은 더러운 옷을 입은 여호수아를 향해 '불에서 꺼낸 그슬린 나무'라고 말씀하신다. 너무나 놀랍지 않은가. 《새번역》은 이 말씀을 "불에서 꺼낸 타다 남은 나무토막"이라 했고, 《현대인의성경》은 "불에서 끄집어낸 타다 남은 나무 막대기"라고 했다.

하나님께서 사탄을 책망하시는 이유가 여기에 나와 있다. 대제사장 여호수아는 '불에서 꺼낸 그슬린 나무'인데 왜 참소하느냐는 것이다. '불에서 꺼낸 그슬린 나무'가 무슨 뜻인가. 이에 대해 아모스 4장 11절에서는 "불붙는 가운데서 빼낸 나무 조각"이라 말씀한다. 하나님은 무슨 뜻으로 여호수아를 '불붙는 가운데서 빼낸 나무 조각'이라 하시는가.

이것은 첫째, 불의 시험을 통과하고도 그가 살아남았다는 말이다.

불의 시험 중에도 살아남았다는 건 테스트를 통과했다는 말이다. 그러니 둘째, 그의 옷은 더러울 수밖에 없었다는 말이다. 그동안 불 가운데에 있었으니 화기와 연기 속에서 나오는 온갖 잿더미로 인해 그의 옷이 더러울 수밖에 없었음을 하나님께서 아신다는 뜻이다. 이 말씀이 우리의 가슴을 뛰게 하지 않는가. 사탄은 여호수아가 더러운 옷을 입고 있다는 자체로 참소하지만, 하나님께서는 불같은 시험을 통과해 살아남은 여호수아를 아시고 오히려 그를 귀히 보신다. 여호수아가 불에서 꺼낸 그슬린 나무이기 때문에 더 소중하다고 하시는 하나님의 시각이 너무나 보배롭다. 자녀 편에서 자녀의 수치를 품으시는 아버지의 모습이다.

놀랍지 않은가. 우리 역시 큰 화재 속에서 살아남은 '불에서 꺼낸 그슬린 나무'와 같은 인생들이다. 이 불 속에서 어떤 이는 심한 화상을 입기도 했지만, 어쨌든 그는 불 연단 속에서 살아남은 하나님의 백성이 되었다. 이와 같은 시각으로 우리의 생애를 돌아보자. 지나간 80년, 70년, 60년, 50년, 40년을 돌아보면 우리는 마치 불 시험과 같은 시기를 보내온 바 있다. 그 시간 동안 우리는 마치 불에서 꺼낸 그슬린 나무와 같이 속이 시꺼멓게 타버렸다. 이 사실을 알게 되면, 비록 온갖 연기로 우리 옷에 재가 묻었어도 그 속에서 살아남게 하신 하나님을 찬양하지 않을 수 없다.

그것은 비단 개인뿐 아니라 우리 민족의 이야기이기도 하다. 우리 나라의 근현대사를 보면 마치 불에서 꺼낸 그슬린 나무와 같다. 일제강점기의 참혹한 시간은 물론 6·25 동란의 처참했던 일들을 떠올려 보라. 이 나라, 이 민족이 마치 활활 타는 불 속에 놓인 것처럼 느껴지지 않는가. 그런데 하나님께서는 이 나라에 '불에서 꺼낸 그슬린 나무'의 은혜를 주셔서 불을 통과하게 하시고, 숱한 시련을 이겨내게 하셨다. 이와 같은 하나님의 복음의 역사 앞에 우리는 부복하며 주님을 찬양하지 않을 수 없다.

이스라엘 백성들도 마찬가지였다. 그들은 마치 불에서 꺼낸 그슬린 나무와 같았다. 고센 땅에서 고생하며 노예살이하던 백성들이 출애굽을 했다는 것부터가 '불에서 꺼낸 그슬린 나무'와 같다. 또한 바벨론에 끌려가 70년 동안 대를 이어 시험당하고 고통당하다가 하나님의 은혜로 포로 귀환을 했다는 것이 '불에서 꺼낸 그슬린 나무'와 같다. 그렇기에 우리는 기억해야 한다. 우리가 하나님의 손 안에 있다면, 비록 우리가 불에서 꺼낸 그슬린 나무라 해도 하나님께서 쓰시는 사람이 될 수 있다는 사실을 말이다.

스가랴 3장을 해석할 때 한 번씩 인용되는 사람이 있다. 감리교 창시자인 요한 웨슬리(John Wesley)이다. 요한 웨슬리는 평생에 걸쳐 수만 번의 설교를 하면서 수많은 사람에게 복음을 전했는데, 그에게는 본문과 관련하여 따라다니는 유명한 일화가 하나 있다. 요한 웨슬리가 여섯 살 때의 일이다. 목사인 아버지와 기도하는 어머니 수산나가 살던 집에 큰 불이 났다. 어린 웨슬리는 불이 난 줄도 모르고 2층에 있다가 연기가 자욱해지고 나서야 2층 창문에 매달려 살려달라고 소리쳤다. 불길이 얼마나 심했는지 지붕이 거의 내려앉을 지경이었다. 화재로 다 타버리든지 아니면 아래로 떨어져 죽을 수밖에 없는 상황이었다. 다행히도 웨슬리는 위험한 상황에서 극적으로 구조되었고, 구조된 직후 집은 완전히 불타서 무너져 내렸다. 오죽했으면 이 일을 함께 겪은 그의 어머니 수산나가 요한 웨슬리를 안고는 "나중에 이 아이가 수많은 사람을 구하는 은혜의 불쏘시개가 되게 해주소서"라고 기도했을까. 그때 불에서 극적으로 건짐 받은 웨슬리는 훗날 자신을 소개할 때마다 스가랴 3장 2절 말씀을 인용하여 "나는 불에서 꺼낸 그슬린 나무입니다"라고 했다고 한다.

이 사건의 여파는 거기서 그치지 않았다. 이 모든 일을 함께 겪고 들은 그의 동생 찰스 웨슬리(Charles Wesley)도, 만 개의 입이 있다면 우리 죄의 결박을 풀어 정케 하신 주님의 보혈을 그 입으로 찬송하겠다는 내용의 찬송가 23장 가사를 썼다.

우리가 비록 불에서 꺼낸 그슬린 나무처럼 그슬려 있다 해도 하나님께서 붙잡아 정결케 하시면, 하나님의 정결의 역사를 써내려가는 하나님의 사람이 될 수 있다.

사탄은 나름대로 자기 논리를 가지고 여호수아를 닦달하며 참소하고 고소한다. 그러나 하나님께서는 오히려 사탄을 책망하시며 그 뒤에 놀라운 반전을 펼치신다. 그 내용이 바로 본문 4절이다.

여호와께서 자기 앞에 선 자들에게 명령하사 그 더러운 옷을 벗기라 하시고 또 여호수아에게 이르시되 내가 네 죄악을 제거하여 버렸으니 네게 아름다운 옷을 입히리라 하시기로.

여호와께서는 천사들에게 명하셔서 여호수아의 더러운 옷을 벗기게 하신다. 그리고 여호수아를 향해 "내가 네 죄악을 제거하여 버렸다"라고 하신다. 더 중요한 것은 그 다음이다. 하나님께서는 죄악이 사해진 여호수아에게 아름다운 옷을 입혀주신다. 놀랍지 않은가. 첫째 더러운 옷을 벗겨버리신 것, 둘째 하나님께서 친히 여호수아의 죄악을 제거해 버리시는 것, 셋째 여호수아에게 아름다운 옷을 입혀주시는 것. 이 세 가지가 절묘하게 균형을 이뤄 잘 짜인 틀처럼 말씀하시는 하나님의 역사가 너무도 감사하다.

이 놀라운 역사를 위해 여호수아는 무슨 일을 했는가? 아무것도 안 했다. 본문을 통해 보듯 여호수아는 시종 아무 말도 안 한다. 즉 이와 같은 하나님의 놀라운 역사 속에는 하나님의 강력한 주도권이 들어있다는 뜻이다. 더러운 옷을 벗기시는 일도 하나님께서 하셨고 죄악을 제거하시는 일도 하나님께서 하셨으며, 아름다운 옷을 입히시는 일도 하나님께서 하셨다.

여기서 우리는 신앙이 무엇인지 깨닫는다. 이와 같은 사실, 즉 하나님이 하시는 일을 믿는 것이 신앙이다. 이게 믿어지는 것이 하나님의 은혜이다.

그런데 많은 사람이 인간의 주도권을 가지고 자기가 해보겠다고 나선다. 그것은 하나님의 은혜가 무엇인지 잘 모르는 태도다. 하나님께서 하신다. 하나님께서 주도권을 가지시고 모든 것을 행하신다. 그래서 우리가 할 수 있는 일은 한 가지밖에 없다. 온 마음을 다해 예배드리면서 우리의 더러운 옷을 벗겨주신 주님을 찬양하고 우리의 죄악을 제거해주신 주님을 찬양하며, 아름답고 정결한 옷을 입게 하신 주님을 찬양하는 일이다.

본문은 계속해서 하나님의 반전의 역사를 소개한다. 사탄의 참소에도 불구하고 하나님께서 친히 여호수아의 죄악을 사하셔서 아름다운 옷을 입혀주시는 모습에 너무나 감동이 되어 관전자 입장에서 바라보던 스가랴가 하나님께 한 가지 청을 올려드리는 부분이다.

내가 말하되 정결한 관을 그의 머리에 씌우소서 하매 곧 정결한 관을 그 머리에 씌우며 옷을 입히고 여호와의 천사는 곁에 섰더라(슥 3:5).

스가랴는 하나님께 청하고 있다. "하나님, 여호수아에게 아름다운 예복뿐만 아니라 아름다운 관을 씌워 주소서." 결국 하나님께서 그의 청을 받아주시고 여호수아에게 정결한 관을 씌워주신다.

이로써 하나님께서는 여호수아를 위해 두 가지를 행하셨다. 불에서 꺼낸 그슬린 나무와 같이 오염되고 부족한 여호수아에게 아름다운 제사장의 예복을 입히시고 머리에 정결의 관을 씌워주셨다. 즉, 의관을 정제시키셨다. 이는 하나님께서 여호수아에게 아름다운 옷을 입혀주심으로써 그의 품위를 회복시켜 주신 것이다. 또한 정결의 관을 씌워주심으로써 그의 권위와 영광을 회복시켜 주신 것이다. 하나님께서는 마귀에게 참소당하여 고통당하던 여호수아에게 고결함을 회복시켜 주셨다.

구약의 대제사장 예복은 매우 아름답다. 순결을 상징하는 하얀 린넨인 기본 세마포 위에 푸른색 원단으로 만든 겉옷을 입는데, 겉옷 가장자리에는 석류 모양의 술과 금방울이 달려있다. 겉옷 위에는 에봇을 입었는데, 에봇은 금실, 청색실, 자색실, 홍색실과 가늘게 꼰 베실로 짜서 만들었다. 양쪽 어깨 받이에는 이스라엘 열두 지파의 이름이 나이 순서에 따라 여섯 형제씩 새긴 호마노가 부착되어있고, 가슴에는 흉패를 달았다. 이 흉패는 열 두 개의 보석으로 열두 지파의 이름이 새겨져 있다. 머리에는 관을 쓰는데, 관 앞에는 '여호와께 성결'이라 쓰인 금패가 달려있다. 이와 같은 대제사장의 의복을 통해, 불에서 꺼낸 그슬린 나무와 같은 인생에게 아름다운 예복을 입히시고 순결함과 고결함과 영광스러움을 회복시켜 주시는 우리 주님의 능력을 발견할 수 있다.

신앙이란 이것을 믿는 것이다. 그렇기에 21세기의 제사장으로 부름을 받았음에도 사탄의 참소 앞에서 어찌할 바 모르고 주눅 들어 있다면 이 말씀을 하나님의 음성으로 받을 수 있기를 바란다. 우리의 더러움을 씻어주시고 새 예복을 입히시며 아름다운 화관을 씌워

주시는 하나님을 믿고 소망할 때, 하나님께서는 아름다운 예복과 정결에 관해 주도권을 잡아 주실 것이다.

이 장의 앞부분에서 말씀드린 대로 하나님은 결코 기성품 영웅을 불러 쓰지 않으신다. 그분은 오히려 연약하고 흠 많은 사람들을 불러, 그들을 깨끗한 그릇으로 만드시고 하나님의 일에 사용하신다. 하나님께서 친히 더러운 옷을 벗기시고 죄악을 제거하시며 아름다운 옷을 입히시어 그들을 사용하신다.

부디 이와 같은 일이 우리 각 개인에게뿐 아니라 우리 민족에게 임하기를 기도한다. 하나님께서 불에서 꺼낸 그슬린 나무와 같은 우리 민족에게 정결의 관을 씌워 주심으로 하나님께서 사용하시는 이 나라, 이 민족이 되기를 소망한다.

하나님이 주신 왕관의 무게

아브라함 카이퍼 시대의 네덜란드는 신앙적인 면에서 완전히 쇠퇴한 상태였다. 냉랭하다 못해 신앙이 거의 형식화되어버린 시대였다. 국가에도 생명력이 없었다. 바로 그와 같은 때 아브라함 카이퍼는 1880년에 암스테르담 자유대학을 세우고, 20년 동안 성경을 바탕으로 모든 영역주권 가운데 인간을 새롭게 하는 역사가 쓰일 수 있도록 불굴의 노력을 쏟아냈다. 이로 인해 그는 네덜란드 교회 역사와 정치 역사에 중요한 영향을 끼쳤다. 시대의 모래밭에 지워지지 않을 족적을 남겼다. 마침내 네덜란드는 1907년에 아브라함 카이퍼의 생일을 국가 기념일로 삼았다. 네덜란드 역사가들이 "네덜란드의 교회, 국가와 사회, 언론과 학교와 학문의 역사 매순간은 아브라함 카이퍼의 이름을 언급하지 않고서는 기록될 수가 없다"라고 입을 모아 말할 정도였다. 하나님께서는 아브라함 카이퍼와 같은 사람을 통해, 불에서 꺼낸 그슬린 나무와 같은 네덜란드에 정결의 관을 씌워주셨던 것이다. 아브라함 카이퍼 역시 하나님께서 정결의 관을 씌워주셨기에 그와 같은 사명을 완수할 수 있었으리라.

이는 비단 네덜란드 역사만이 아니다. 우리나라에도 이와 같은 역사가 흐른다. 하나님께서는 불에서 꺼낸 그슬린 나무와 같은 이 나라에 정결의 관을 씌워주셨다. 제헌국회를 기도로 시작하게 하셨고 군목 제도를 성공하게 하셨으며, 미국에서 들여온 경목(Police Chaplain)은 물론, 기독교 사학들이 제대로 역할을 감당하게 하셨다. 하나님께서 우리나라에 정결의 관을 씌워주셨기 때문이다. 새벽마다 기도했던 백범 김구, 도산 안창호, 남강 이승훈, 월남 이상재와 같은 분들을 통해 하나님께서는 이 나라에 정결의 관을 씌우셨다. 그래서 우리는 그 하나님을 찬양하지 않을 수가 없다.

수많은 역경을 지나오는 동안, 우리와 우리 공동체는 불에서 꺼낸 그슬린 나무처럼 되었다. 오물이 묻은 것처럼 냄새나는 더러운 옷을 입게 되었다. 그러나 하나님께서는 그런 우리를 위해 더러운 옷을 제거하시고 아름다운 예복을 입혀주시며 정결의 관을 씌워주시는 분이다. 그리고 우리 머리에 정결의 관을 씌우시며 금패에다 '여호와께 성결'이라 쓰게 하신다. 이 사실을 믿을 때, 이와 같은 하나님의 주도적 일하심을 믿을 때 하나님께서는 우리를 통해 하나님 나라의 일을 이루실 것이다.

지금 혹시 더러운 옷을 입고 있어서 초라한 모습으로 사탄에게 고소당하는 분이 있는가? 불같은 시험을 당해 낙망하는 분이 있는가? 주님이 단번에 우리에게 정결의 관을 씌워주실 것이다. 오늘날 정결의 관이 무엇인가? 우리가 단번에 죄 사함 받게 하시는 예수 그리스도의 보혈의 능력이 바로 정결의 관이다.

그렇다면 하나님께서는 왜 그와 같은 정결의 관을 우리에게 수여하셨을까? 우리에게 대관식은 물론 수여식을 치르게 하시는 이유가 무엇인가?

첫째, '거룩함을 위해서'다. 하나님께서는 우리를 거룩하게 하시기 위해 우리에게 아름다운 옷을 입히시고 정결의 관을 씌워 주셨다. 히브리서 말씀을 찬찬히 보라.

> 그러므로 예수도 자기 피로써 백성을 거룩하게 하려고 성문 밖에서 고난을 받으셨느니라(히 13:12).

주님이 우리를 거룩하게 하시려고 자신의 피로써 정결의 관을 씌워주셨다는 말씀이다. 주님은 우리의 거룩함을 이루기 위해 성문 밖에서 고난을 당하셨다.

둘째, 우리로 하여금 하나님의 선한 일에 쓰임 받게 하시려고 대관식과 수여식을 치르게 하셨다. 디모데후서 말씀은 이를 우리에게 알려준다.

> 그러므로 누구든지 이런 것에서 자기를 깨끗하게 하면 귀히 쓰는 그릇이 되어 거룩하고 주인의 쓰심에 합당하며 모든 선한 일에 준비함이 되리라(딤후 2:21).

셋째, 우리를 거룩하게 하심으로써 우리와 '더 친밀히 교제하려고' 정결의 관을 씌워주신다.

이제는 전에 멀리 있던 너희가 그리스도 예수 안에서 그리스도의
피로 가까워졌느니라(엡 2:13).

넷째, 우리를 가까이 하셔서 '복을 주시려고' 아름다운 의복과 정
결의 관을 씌워주신다. 하나님께서 우리에게 참된 복을 주시려고 대
관식을 수여하신다는 것이다. 하나님께서는 우리가 모두 정결의 관
을 쓰고 주의 집을 사모함으로 주님이 예비하신 참된 복을 누리기
를 원하신다.

주께서 택하시고 가까이 오게 하사 주의 뜰에 살게 하신 사람은 복
이 있나이다 우리가 주의 집 곧 주의 성전의 아름다움으로 만족하
리이다(시 65:4).

이제 본문을 정리해 보자. 하나님께서는 스가랴의 제4환상을 통
해 귀한 음성을 들려주셨다. 여호수아는 이것을 깨닫고 아무 말도
하지 않았다. 본문을 보면 여호수아가 제4환상의 기간에 아무 말도
하지 않았다는 것이 드러난다. 그는 왜 아무 말도 하지 않았을까. 여
호수아가 이제 더는 자신을 변명하거나 변호하지 않아도 되었기 때
문이다. 더 이상 가면을 쓰지 않아도 될 정도로, 하나님께서 자신을
정결케 하셨음이 믿어졌기 때문이다. 우리에게도 이와 같은 은혜가
임하길 바란다. 하나님께서 친히 씌워주시는 정결의 관으로 인해,
다시 한번 신앙의 영광과 은혜를 회복할 수 있기를 바란다.

십수 년 전 특별새벽부흥회에 은혜를 달라고 기도하는 가운데 문
득 떠올리게 하셨던 찬송가가 있다. 지금은 새찬송가 33장으로 바
뀐, '영광스런 주를 보라'라는 곡으로, 보좌 위에 계신 주님께 왕관

을 내어드리자는 내용의 찬송가다. 오늘 본문과 관련하여 생각해 볼 때, 하나님께로부터 정결의 예복, 정결의 관을 받은 사람은 그 품격과 능력과 은혜 속에서 신앙생활의 주도권을 하나님께 내어드릴 수 있다는 것이다. 그야말로 주님 앞에 왕관을 내어드리는 신앙생활을 할 수 있다는 것이다. 우리가 이제 그 길을 걸어가야 할 때다. 우리가 그 길을 뚜벅뚜벅 걸어갈 때, 우리 신앙의 여정은 참으로 영광스러운 여정이 될 것이다.

우리는 예표의 사람들

"여호와의 천사가 여호수아에게 증언하여 이르되 만군의 여호와의 말씀에 네가 만일 내 도를 행하며 내 규례를 지키면 네가 내 집을 다스릴 것이요 내 뜰을 지킬 것이며 내가 또 너로 여기 섰는 자들 가운데에 왕래하게 하리라 대제사장 여호수아야 너와 네 앞에 앉은 네 동료들은 내 말을 들을 것이니라 이들은 예표의 사람들이라 내가 내 종 싹을 나게 하리라 만군의 여호와가 말하노라 내가 너 여호수아 앞에 세운 돌을 보라 한 돌에 일곱 눈이 있느니라 내가 거기에 새길 것을 새기며 이 땅의 죄악을 하루에 제거하리라 만군의 여호와가 말하노라 그 날에 너희가 각각 포도나무와 무화과나무 아래로 서로 초대하리라 하셨느니라"(스가랴 3:6-10)

코로나 팬데믹의 영향 가운데서도 사랑
의교회는 전교우 여름특별수양회를 진행했다. 첫째 날은 금요기도
회로, 둘째 날은 토요비전새벽예배로, 셋째 날은 '내 영혼의 풀워십'
주일예배로 진행되었다. 물론 모든 방역 지침을 지키느라 제약도 많
았지만, 온라인과 오프라인을 초월하여 영으로 하나 되게 하시는 하
나님의 은혜가 머무는 시간이었다.

특별히 나는 셋째 날에 선포된 스가랴서 말씀을 통해, 이날에 왜
'내 영혼의 풀워십'과 같은 영혼의 잔치를 벌일 수 있는지에 대한 근
거를 모두가 발견하기를 소망했다. 오늘을 사는 우리는 이날에 무슨
근거로 잔치를 벌일 수 있는가. 그것은 앞 장에서 살핀 것처럼 스가
랴가 본 제4환상 말씀 때문이다.

여호와께서 자기 앞에 선 자들에게 명령하사 그 더러운 옷을 벗기
라 하시고 또 여호수아에게 이르시되 내가 네 죄악을 제거하여 버
렸으니 네게 아름다운 옷을 입히리라 하시기로(슥 3:4).

여호와께서 우리의 더러운 옷을 벗기시고 아름다운 옷을 입혀주셨기에, 우리는 이제 당당히 축제의 의상을 입고 잔치를 벌일 수 있는 사람들이 되었다. 이 사실을 믿음으로 받고 기뻐하며 찬양할 때, 우리는 계속해서 주시는 하나님의 말씀에 진정한 "아멘"의 화답을 할 수 있을 것이다.

우리 존재에 일어난 변화

앞 장에서 살펴본 대로, 하나님께서는 스가랴의 환상을 통해 이스라엘 백성들을 '불에서 꺼낸 그슬린 나무'라고 하셨다. 이 표현대로 우리는 본래 무서운 불길 속에서 건짐 받은 사람들이다. 불길이 얼마나 험악했던지 그 속에 조금만 더 지체되었더라면 완전히 타서 없어졌을지도 모른다. 그러다 보니 우리의 모습은 마른 나뭇가지처럼 바짝 말라비틀어졌을 뿐 아니라, 온몸에 그을음이 생겨 버렸다. 뿐만 아니라 그때의 트라우마가 너무 커서, 때로는 불씨만 봐도 가슴이 쓰려 소화가 안 되고 비슷한 상처를 겪는 사람들의 얘기만 들어도 마음이 아파서 잠을 뒤척인다. 이처럼 우리는 처리되지 않은 상처들이 남아 있는 사람들이다.

'불에서 꺼낸 그슬린 나무'와 같은 우리를 향해 하나님께서 다시 새로운 말씀을 들려주신다. 이 장의 본문인 8절 말씀이다.

대제사장 여호수아야 너와 네 앞에 앉은 네 동료들은 내 말을 들을 것이니라 이들은 예표의 사람들이라(슥 3:8a).

하나님께서 이스라엘을 '예표의 사람들'이라고 하신다. 이를 통해 우리는 불에서 꺼낸 그슬린 사람들을 하나님께서 예표의 사람들로 승격시켜 주셨음을 확인한다. 이스라엘에 새로운 대반전이 이루어진 것이다.

여기서 '예표의 사람들'이란 앞으로 하나님께서 행하실 일을 상징적으로 미리 보여 주는 사람들을 말한다. 예루살렘의 회복의 꿈을 안고 고국으로 돌아왔지만, 성전 건축도 중단되고 자신은 타다 남은 나무토막 같은 존재라고 낙심하는 사람들에게 예표의 사람들이라고 말씀하시는 것이다.

이에 대해 다시 한번 하나님께 감사와 영광을 돌리지 않을 수 없다. 우리 역시 이스라엘처럼 예표의 사람들로 부름 받았기 때문이다. 그렇다. 우리는 어떤 경우에도 미래에 대한 하나님 나라 소망을 잃어버리면 안 된다. 우리는 현재만 사는 사람이 아니라, 미래에 일어날 일에 대한 '예표'로 살아가는 사람이기 때문이다. 우리는 '발생할 미래'를 보여주는 예표의 사람들이다. 이 장에서는 그와 같은 밑그림을 그리는 가운데 두 가지를 살펴보려 한다. 첫째는 '하나님의 조건적 약속'이고, 두 번째는 '하나님의 무조건적인 약속'이다.

여호와의 도를 행하는 자에게 주시는 조건적 약속

본문 6-7절에는 하나님의 백성들을 향한 그분의 조건적 약속이 나타나 있다.

여호와의 천사가 여호수아에게 증언하여 이르되 만군의 여호와의 말씀에 네가 만일 내 도를 행하며 내 규례를 지키면 네가 내 집을 다스릴 것이요 내 뜰을 지킬 것이며 내가 또 너로 여기 섰는 자들 가운데에 왕래하게 하리라.

6-7절 말씀은 크게 네 문장으로 나누어 읽어도 무리가 없다. 첫째 '내 도를 행하고 규례를 지키면', 둘째 '하나님의 집을 다스리고', 셋째 '하나님의 뜰을 지킬 것이며', 넷째 '여기 섰는 자들 가운데 왕래하게 되리라'는 말씀이다.

무슨 뜻인가. 한 마디로 하나님의 말씀을 듣고 그 말씀대로 따르면, 하나님께서 그들에게 "여기 섰는 자들 가운데 왕래하는" 복을 주신다는 것이다. '여기 섰는 자들'이란 '천군 천사들'을 뜻한다. 하나님의 보좌 앞에서 하나님을 섬기는 천군천사들이다. 즉 우리가 하나님의 도를 따라 살고 하나님께서 맡기신 사명을 잘 감당하면, 천군천사들과 함께 왕래하는 놀라운 은혜를 받는다는 말씀이다. 요약하면 영원한 천국, 영생의 소망을 확증해 주신다는 말씀으로, 하나님께서 우리에게 영원한 생명을 허락해 주신다는 뜻으로 해석할 수 있다.

너무나 엄청난 말씀이다. 우리가 누구인가. 우리는 타다 남은 나무 작대기와 같은 사람들이다. 배설물을 뒤집어쓴 것처럼 냄새나는 옷을 입은 보잘것없는 사람들이 바로 우리이다. 하나님께서는 그런 우리에게 말씀에 순종하는 삶을 살아내면 하나님과 함께 천상 회의에 참여하는 은혜, 영적 특권을 주신다는 것이다. 놀라운 은혜가 아닐 수 없다. 우리가 어떻게 하나님의 어전 회의에 참여할 수 있는 참여권을 받는단 말인가.

오늘날 이 시대의 비극 중 하나는 은혜가 무엇인지 모른다는 점이다. 그 대표적인 사람들이 바로 바리새인들이다. 바리새인들은 스스로 하나님을 잘 믿는다고 말하며 하나님의 뜻에 대해서도 잘 안다고 자신했다. 그러나 하나님의 뜻을 잘 안다는 그들이 예수님을 십자가에 못 박아 죽였다. 이것이야말로 그들이 예수님을 모르고 하나님의 은혜가 무엇인지를 몰랐다는 뜻이다. 안다고 하지만 실상은 모르는 자들, 그들이 바리새인들이었다.

우리는 '하나님의 은혜'를 진정 알고 있는지 돌아봐야 한다. 이 은혜를 깨닫고 나누어주는 사람이 되어야 한다. 은혜를 알고 맛보게 되면 우리 입에서 나오는 고백은 '어떻게 나 같은 사람이…'가 된다. "어떻게 나같이 더러운 옷을 입은 사람에게 하나님께서 천상의 은혜를 누리게 하시는가"라는 고백이 터져 나온다. 본문 6-7절도 그와 같은 하나님의 은혜를 전하고 있다. 자격 없는 자에게 천상 회의의 참여권을 주시는 하나님의 은혜를 우리에게 알려준다.

선지자 이사야도 그런 은혜를 받은 사람이다. 그는 자신이 얼마나 오염된 존재인지, 그래서 죄 사함의 은혜가 얼마나 큰지를 깨닫고는 "저는 죄인이지만 저를 하나님의 사명자로 사용해 달라"고 겸손하게 기도한다.

> 그것을 내 입술에 대며 이르되 보라 이것이 네 입에 닿았으니 네 악이 제하여졌고 네 죄가 사하여졌느니라 하더라 내가 또 주의 목소리를 들으니 주께서 이르시되 내가 누구를 보내며 누가 우리를 위하여 갈꼬 하시니 그 때에 내가 이르되 내가 여기 있나이다 나를 보내소서 하였더니(사 6:7-8).

이와 같은 고백은 '추악하고 부족한 나'와 그런 나의 죄를 사해주시는 '거룩하신 하나님의 은혜'를 깨달은 사람만이 할 수 있다. 죄 사함 받은 자가 천상 회의에 참여하는 은혜를 받을 때, 이와 같은 고백이 터져 나온다.

열왕기상 22장에서 미가야 선지자도 그와 같은 하나님의 은혜로 천상 회의에 참여하고 보니 아합 왕의 장래가 어떻게 될지 깨닫고 본 그대로를 말할 수밖에 없었다. 이 같은 고백은 예레미야 23장에서도 나타난다.

> 누가 여호와의 회의에 참여하여 그 말을 알아들었으며 누가 귀를 기울여 그 말을 들었느냐(렘 23:18).

본문 6-7절은 우리도 하나님의 말씀을 믿고 따를 때 이사야, 미가야, 예레미야처럼 여호와의 천상 회의에 접근하는 은혜를 누릴 수 있다고 말씀한다.

이러한 말씀은 신약에 이르러 더욱 강력히 선포되었다. 특히나 신약성경은 예수 그리스도의 피로 사함 받은 사람이라면 누구나 은혜의 보좌 앞으로 담대히 나갈 수 있다는 사실을 시종 강조한다. 이에 대한 히브리서 말씀을 보라.

> …때를 따라 돕는 은혜를 얻기 위하여 은혜의 보좌 앞에 담대히 나아갈 것이니라(히 4:16).

우리는 그리스도의 보혈을 힘입은 자들로서 은혜의 보좌 앞에 담대히 나아갈 수 있게 되었다. 그리스도의 보혈로 인해 우리에게 천상 회의에 참여할 수 있는 길이 열린 것이다. 즉 하나님 앞에 천상의 은혜를 받아 누리기를 소원하며 하나님의 말씀에 집중하면, 우리는 모두 때를 따라 돕는 은혜로 날마다 천국의 기쁨과 소망 속에 살게 된다는 것이다.

이것이 여호와의 말씀에 순종하고 충실히 행하는 자에게 주시는 하나님의 축복이다. 하나님의 도를 행하고 규례를 지키면 이 복을 주시겠다는 하나님의 조건적 약속이다.

하나님의 백성들에게 주시는 무조건적인 약속

하나님의 약속은 우리 마음을 뜨겁게 한다. 하나님의 도를 따라 행하는 자에게 주시겠다는 조건적 약속을 받을 때, 우리는 '우리가 무엇이관데?'라는 고백과 함께 주님을 찬양하지 않을 수 없다. 그런데 본문에서는 여기에 더해 하나님의 무조건적인 약속의 말씀 (Unconditional Covenant)을 우리에게 주신다. 나는 이 약속을 새기며 또한 번 '우리가 무엇이관데'라는 고백을 할 수밖에 없었다. 이 약속이야말로 우리를 향하신 하나님의 무한하시고 무조건적인 은혜를 보여주기 때문이다.

본문에 나타나는 하나님의 무조건적인 약속은 세 가지다. 첫 번째는 이 장의 앞부분에서 말한 이스라엘이 '예표의 사람들'이 된다는 것이고 두 번째는 '장차 오실 내 종 새싹, 새순'에 관한 약속이며, 세 번째는 '일곱 눈'에 대한 약속이다. 너무나 강력하고 장엄하게 선포되는 이 세 가지 약속은 각각 무엇을 의미할까?

'예표의 사람들'은 앞서 언급한 대로 장차 여호와께서 역사하실 사역을 상징적으로 예표하는 사람들이라는 뜻이다.

'예표'란 히브리어로 '모펫'(מוֹפֵת)이라는 단어이며 주로 기사와 기적, 이적을 가리키는 명사로 쓰인다. 구약에서는 출애굽 사건과 열재앙 장면을 묘사할 때 처음으로 쓰였고 신명기에서는 물과 만나, 메추라기와 불기둥 등 기적 같은 공급과 치유의 의미로 이 단어가 쓰였다.

이에 대해서는 이사야 8장 18절에서도 언급되었다.

보라 나와 및 여호와께서 내게 주신 자녀들이 이스라엘 중에 징조와 예표가 되었나니 이는 시온 산에 계신 만군의 여호와께로 말미암은 것이니라.

이사야는 여호와께서 자신에게 주신 자녀들이 이스라엘 중에 '징조와 예표'가 되었다고 고백하며 모펫이란 단어를 쓴다. 이 말씀을 받는 우리도 평생 우리 자신이 은총의 표징임을 기억할 수 있어야 한다.

앞에서 계속 강조한 대로 이스라엘 백성들은 본래 예표가 될 수 없는 상황에 처해 있다. 이제 막 바벨론 포로 시절을 마치고 예루살렘으로 귀환했을 뿐, 손에 잡히는 것이 하나도 없었다. 그야말로 그들은 불에서 타다 남은 나무 토막과 같았다. 그런 그들을 향해 주님은 "너희는 예표의 사람들이다"라고 하신다. 이것이 이스라엘 백성을 향한 주님의 무조건적인 약속이다. 하나님께서 그들을 예표의 사람들로 쓰시겠다는 것이다.

이어서 하나님의 무조건적인 약속 두 번째의 내용이 소개된다.

내가 내 종 싹을 나게 하리라(슥 3:8b).

《새번역》은 이 말씀을 다음과 같이 번역했다.

내가 이제 새싹이라고 부르는 나의 종을 보내겠다.

여기서 '새싹'이란 단어는 다윗의 혈통에서 나올 미래의 메시아를 상징하는 특수 용어다. 즉 이스라엘을 위해 아무 조건 없이 구원자 예수 그리스도를 보내시겠다는 뜻이다. 이처럼 성경에서는 메시아를 자주 '가지', '순', '싹'이라고 표현한다.

여호와의 말씀이니라 보라 때가 이르리니 내가 다윗에게 한 의로운 가지를 일으킬 것이라(렘 23:5a).

하나님께서 다윗을 통해 일으키시는 한 의로운 가지가 누구인가. 바로 예수 그리스도이시다. 이 가지로부터 생명의 싹이 나온다는 말씀이다.

이 생명의 '싹'을 《개역한글》은 '순'이라고 번역했다. 그리고 그와 같은 순이나 싹의 특징은 '자란다'는 데 있다. 또한 새롭게 자라 생명이 된다는 구원의 의미도 담겨 있다. 사랑의교회에서 다락방을 섬기는 다락방장을 가리켜 '순장'이라 하는 이유도 이 때문이다. 순장은 본문에 나오는 순, 즉 새싹이란 말에서 유래했다. 다른 히브리어에서는 새싹이란 말을 '봄'이라는 말로도 번역했다. 새싹이란 단어 하나에 봄처럼 새로워지고 봄처럼 생명의 역사를 나타낸다는 의미가 다양하게 포함되어 있는 것이다.

나는 교회를 위해 기도할 때면 다음의 세 가지를 놓고 기도하곤 한다. 첫째는 온 성도들이 새싹 되신 예수 그리스도를 섬김으로 봄처럼 새로워지는 은혜가 모두에게 임하기를 구한다. 둘째는 사랑의 교회 순장님들을 통해 이루어지는 사역이 항상 새순과 새싹이신 그리스도를 중심으로 한 사역이기를 기도한다. 셋째는 순이 성장과 번성을 의미하기에, 순장님들의 섬김을 통해 수많은 사람이 영적으로 성장하고 자랄 수 있기를 바라며 기도한다. 그리하여 사랑의교회 온 성도들이 영혼의 봄동산을 경험할 수 있기를 날마다 소망한다.

본문에서는 이스라엘에 하나님의 새싹 되신 예수 그리스도를 보내주신다는 두 번째 약속에 이어, 하나님의 무조건적인 약속 세 번째 내용이 장엄하게 선포된다. 스가랴 3장 9절 말씀이 그것이다.

> 만군의 여호와가 말하노라 내가 너 여호수아 앞에 세운 돌을 보라 한 돌에 일곱 눈이 있느니라 내가 거기에 새길 것을 새기며 이 땅의 죄악을 하루에 제거하리라.

여호와께서 말씀하시길, 여호수아 앞에 한 돌을 세우는데 거기에는 일곱 눈이 있다고 하신다. 그리고 거기에 새길 것을 새기며 이 땅의 죄악을 하루에 제거하겠다고 하신다. 이스라엘을 향한 하나님의 무조건적인 약속이다. 여기서 이 땅의 죄악을 하루에 제거하겠다는 말씀은 단번에 죄악을 제거하겠다는 뜻으로 볼 수 있다.

그렇다면 '한 돌에 일곱 눈'은 무엇을 뜻할까? 이는 예수 그리스도를 상징한다. 뒤에 나오는 스가랴 4장 10절이 이를 알려준다.

> 이 일곱은 온 세상에 두루 다니는 여호와의 눈이라 하니라(슥 4:10b).

성경에서는 7이라는 완전수와 예수 그리스도를 연결 짓는 말씀이 자주 등장한다. 요한계시록 5장 6절도 그중 한 구절이다.

> …한 어린양이 서 있는데 일찍이 죽임을 당한 것 같더라 그에게 일
> 곱 뿔과 일곱 눈이 있으니 이 눈들은 온 땅에 보내심을 받은 하나님
> 의 일곱 영이더라.

한 돌에 일곱 눈이 있다는 구약의 표현은 한 어린양을 통해 온 땅
에 보내심을 받은 하나님의 일곱 영을 가리킨다. 우리 하나님은 완
전한 일곱 눈을 가지고 온 땅을 감찰하시는 분이라는 뜻이다.

나는 어린 날에 이와 같은 하나님의 눈을 두려워했다. 하나님께서
나를 감찰하신다는 얘기를 듣고는, 거룩하신 하나님 앞에 꼼짝도 못
하겠다는 생각이 들었다. 그런데 살아계신 하나님을 만나 오랫동안
동행하고 보니, 하나님께서 일곱 눈을 가지고 온 세상을 감찰하신다
는 것은 우리의 죄를 지적하신다는 뜻만이 아니라 우리를 살펴주시
고 보호해 주신다는 더 큰 의미임을 알게 되었다. 하나님의 눈은 그
저 감시의 눈 정도가 아니라, 한 걸음 더 나아가 우리를 도와주시고
살펴주시는 눈이라는 것이다.

물론 우리의 생애를 돌아보면 볼수록 그 죄악은 말로 다 할 수 없
이 크고 많다. 그렇기에 한 돌에 일곱 눈이 있는 예수 그리스도께서
우리 죄를 감찰하시고 수많은 죄악을 단 하루 만에 제거해 주신다
는 말씀이 얼마나 놀라운 은혜의 말씀인지 모른다.

> 내가 거기에 새길 것을 새기며 이 땅의 죄악을 하루에 제거하리라
> (슥 3:9b).

전능하신 하나님께서는 단박에 죄를 정결하게 하실 예수 그리스도를 우리에게 약속하셨다. 이것이 무조건적인 약속이기에 더욱 감사하고 감격하지 않을 수 없다. 하나님은 예수님을 우리에게 아무 조건 없이 보내주신다는 것이다. 하나님께서는 불에서 꺼낸 그슬린 나무와 같은 우리를 예표의 사람이 되게 하시고 새싹이 되시는 예수 그리스도를 보내주심으로 그분을 따르는 우리도 그와 같이 새롭게 되는 은혜를 누리게 하시며, 또한 한 돌의 일곱 눈이신 예수 그리스도를 통해 단박에 죄를 사해주신다고 약속하신다. 이 약속을 주시는 하나님은 그야말로 전능하신 하나님이시다.

다시 한번 기억하자. 하나님은 무조건적인 약속을 주셔서 우리를 예표의 사람, 기적의 표징이 되게 하신다. 또한 우리에게 하나님의 종 예수 그리스도를 통한 새싹과 새순의 은혜를 부어주셔서 우리 인생의 봄날을 이끌어 가신다. 그리고 하나님은 온 땅을 두루 감찰하사 우리의 아픔과 슬픔과 모든 상처를 보시고, 그 위에 정결케 하는 예수 그리스도의 보혈을 덮어주신다.

포도나무와 무화과나무 아래에 앉아 누리는 평안의 축복

이제 본문 말씀의 핵심 구절이 남았다. 나는 이 말씀을 준비하며 10절 말씀이 온 성도들의 평생에 임하기를 간절히 소망했다.

> 만군의 여호와가 말하노라 그날에 너희가 각각 포도나무와 무화과나무 아래로 서로 초대하리라 하셨느니라.

만군의 여호와, 역사의 주관자이시고 천군 천사와 뭇별들의 하나님이신 그분께서 우리에게 말씀하신다. "그날에 너희가 각각 포도나무와 무화과나무 아래로 서로 초대하리라."

어떠한가. 너무도 가슴 벅찬 말씀이 아닌가. 우리가 포도나무와 무화과나무 아래로 초대받았다는 것이 어떤 의미인지 알고 이 말씀을 대할 때, 우리의 삶에 틀림없이 새로운 승격, 새로운 대반전이 일어나리라 믿는다.

본래 포도나무와 무화과나무는 팔레스타인과 고대 근동 사회의 대표적인 유실수였다. 출애굽한 이스라엘 백성들 중 열두 정탐꾼이 가나안 땅을 정탐했을 때 손에 들고 온 것도 포도송이가 달린 가지였다. 그들의 손에는 무화과나무 열매와 석류도 들려 있었다. 당시에도 가나안 땅의 대표적인 유실수가 포도나무와 무화과나무임을 알려주는 부분이다.

그렇다면 본문에서 이스라엘이 포도나무와 무화과나무 아래로 서로 초대한다는 것은 어떤 뜻인가?

한 마디로 이제는 모든 전쟁이 없어진다는 뜻이다. 이스라엘은 그간 강대국들 간의 전쟁으로 폐허가 되어버렸다. 전쟁으로 인해 이스라엘의 포도나무 밭과 무화과나무 밭도 완전히 불타버렸다. 그런데 만군의 여호와 하나님께서 그날에 포도나무와 무화과나무 아래로 서로를 초대하리라고 말씀하신다. 전쟁이 사라지고 평안과 평화의 시대가 온다는 뜻이요, 기쁨과 즐거움이 생긴다는 뜻으로 해석할 수 있다.

그렇다면 포도나무와 무화과나무 아래로 초대받을 때 이스라엘에는 어떤 일이 벌어질까? 이에 대해서는 미가 선지자가 깨달은 진리를 통해 답을 찾을 수 있다.

각 사람이 자기 포도나무 아래와 자기 무화과나무 아래에 앉을 것
이라 그들을 두렵게 할 자가 없으리니 이는 만군의 여호와의 입이
이같이 말씀하셨음이라(미 4:4).

포도나무와 무화과나무 아래로 초대받을 때 그들을 두렵게 할 자
가 없다고 한다. 마귀의 참소와 세상의 어떤 음흉한 계략도 포도나
무 아래와 무화과나무 아래에 초대된 사람들을 휘두르지 못할 정도
로 하나님께서 보호하신다는 뜻이다.

우리는 하나님을 예배할 때 이와 같은 하나님의 초대 아래 놓인
다. 우리가 하나님의 뜰로 달려 나와 하나님을 예배하는 순간만큼은
마귀의 어떤 계략이나 독화살도 주님이 막아주신다. 우리가 주님의
완벽한 보호 안에 들어가 있기 때문이다. 그러므로 하나님을 사랑하
여 그분을 예배하는 하나님의 백성들은 날마다 하나님을 예배함으
로 포도나무와 무화과나무 아래에서 평안을 누리기를 바란다.

본래 이스라엘 사람들에게 포도나무는 번성과 축복의 상징이었
다. 내 어린 시절에 주일학교에서도 아이들에게 상을 주기 위하여
늘 게시판에 포도나무 그림을 그렸다. 어떤 반이 무언가를 잘할 때
마다 포도송이를 칠하거나 스티커를 붙여서 나중에 상을 베풀기 위
함이었다. 이렇듯 포도는 축복의 상징으로 쓰이는 열매였다. 시편에
서도 이를 보여주는 말씀이 나온다.

제 집 안방에 있는 네 아내는 결실한 포도나무 같으며 네 식탁에 둘
러앉은 자식들은 어린 감람나무 같으리로다(시 128:3).

여기서 '결실한 포도나무'란 축복과 번성을 상징한다. 경건한 자

의 아내가 받는 축복이 이와 같다는 것이다. 경건한 자의 자녀들은 감람나무, 즉 무화과나무와 같다고 했다. 성경에서 무화과나무는 우리의 수치를 가려주는 의미로 많이 쓰였다. 아담과 하와가 잘못했을 때, 그들은 무화과나무 잎으로 자신들의 부끄러운 부분을 가리지 않았던가. 그렇기에 경건한 자가 받는 축복에 대한 말씀은 그 자식들이 마치 무화과나무 같아서 그들의 수치와 부끄러움을 가려준다는 의미로 해석할 수 있다.

결론적으로 포도나무와 무화과나무 아래로 서로 초대한다는 것은 하나님께서 악한 마귀의 공격과 계략으로부터, 세상의 전쟁으로부터 온 성도들을 보호하심으로써 그들에게 평안과 안정, 결실과 번영의 축복을 주신다는 뜻이다.

어릴 적 부친께서 개척하신 자그마한 교회의 앞마당에는 무화과나무가 있었다. 그 나무에 열매가 맺히면 우리 사 형제는 열매를 따 먹으며 즐거운 시간을 가졌다. 그러다 보면 어르신들은 우리를 놀리느라 그랬는지 "무화과 열매 많이 먹으면 혀가 갈라진다"고 했다. 그래도 그때의 추억 때문인지 나는 지금도 무화과나무 열매를 참 좋아한다. 성경에 나타난 무화과나무의 의미도 더 은혜롭게 다가온다.

본문 말씀을 보면서도 무화과나무 아래 앉아 하나님의 평안과 축복을 누리는 온 성도들의 모습이 한눈에 그려지는 듯하다. 그리고 정말 하나님께서 우리 모두를 그 나무 아래로 초대하시길 간절히 기도하게 된다. 우리의 삶이 그러한 현장이 되기를 꿈꾸며 소망하게 된다.

그런 면에서 열왕기상 4장 25절은 너무나 가슴 벅차게 다가온다.

솔로몬이 사는 동안에 유다와 이스라엘이 단에서부터 브엘세바에 이르기까지 각기 포도나무 아래와 무화과나무 아래에서 평안히 살았더라.

'단에서 브엘세바까지'라는 말은 이스라엘의 북쪽 끝에서 남쪽 끝까지, 이스라엘 전체를 뜻하는 표현이다. 어느 곳 하나 예외 됨이 없이, 사각지대 없이 하나님의 백성들이라면 모두가 포도나무 아래와 무화과나무 아래에서의 평안을 누리며 살았다는 것이다.

나는 이와 같은 축복이 우리 교회에 아니, 한국교회 전체에 임하기를 기도한다. 이 땅 이 민족 가운데 이와 같은 평안과 축복이 임하기를 소원한다.

물론 우리가 사는 동안 어떻게 고난이 없겠는가. 어떻게 우여곡절이 없겠는가. 우리 인생의 이야기는 환난과 고통의 이야기라 해도 과언이 아니다. 그러나 그런 인생일지언정 우리는 근본적으로 우리 인생의 단에서부터 브엘세바까지 포도나무와 무화과나무 아래에서의 평안이 임하기를 소망할 수 있다. 그와 같은 평안을 누릴 때, 우리는 환난과 핍박 중에도 성도의 신앙을 지킬 수 있기 때문이다.

기억하자. 우리 삶에는 언제나 고통과 슬픔, 환난이 따른다. 그런 것이 아예 없기를 바라자는 게 아니다. 겉으로 드러나는 인생의 형편이 처음부터 끝까지 가시밭길이라 해도, 근본적으로는 처음부터 끝까지 하나님의 포도나무, 하나님의 무화과나무 아래에 앉아 하나님께서 주시는 평강을 누리는 생애가 되자는 것이다.

그런 생애 속에 임하는 여호와 샬롬이 결국은 하나님의 진정한 능력을 나타내도록 할 것이다. 그 여호와 샬롬이 우리 생애를 치유하며 우리 생애를 가장 복되게 이끌 것이다.

순금 등잔대파의 자리로 돌아가다

"내게 말하던 천사가 다시 와서 나를 깨우니 마치 자는 사람이 잠에서 깨어난 것 같더라 그가 내게 묻되 네가 무엇을 보느냐 내가 대답하되 내가 보니 순금 등잔대가 있는데 그 위에는 기름 그릇이 있고 또 그 기름 그릇 위에 일곱 등잔이 있으며 그 기름 그릇 위에 있는 등잔을 위해서 일곱 관이 있고 그 등잔대 곁에 두 감람나무가 있는데 하나는 그 기름 그릇 오른쪽에 있고 하나는 그 왼쪽에 있나이다 하고 내게 말하는 천사에게 물어 이르되 내 주여 이것들이 무엇이니이까 하니 내게 말하는 천사가 대답하여 이르되 네가 이것들이 무엇인지 알지 못하느냐 하므로 내가 대답하되 내 주여 내가 알지 못하나이다 하니 그가 내게 대답하여 이르되 여호와께서 스룹바벨에게 하신 말씀이 이러하니라 만군의 여호와께서 말씀하시되 이는 힘으로 되지 아니하며 능력으로 되지 아니하고 오직 나의 영으로 되느니라"(스가랴 4:1-6)

목회자로서 교회를 섬기며 감사한 일 중 하나는, 말씀을 사랑하고 사모하는 성도들의 간절함이 날로 더해간 다는 점이다. 이는 우리 교회뿐 아니라 한국교회 전체로 퍼져가는 모습이기에 감사하지 않을 수 없다. 사슴이 시냇물을 찾기에 갈급함 같이 성도들이 말씀을 사랑하고 사모한다는 것은 교회를 교회되게 하는 첫걸음이기 때문이다.

대표적으로 예레미야 선지자가 그런 사람이었다. 그가 얼마나 말 씀을 사랑했는지에 대해서는 "내가 주의 말씀을 얻어 먹었사오니 주의 말씀은 내게 기쁨과 내 마음의 즐거움이다"(렘 15:16)라는 기록 에서도 찾아볼 수 있다. 우리도 예레미야처럼 하나님의 말씀을 사모 하여 먹음으로, 고난과 환란 속에서도 슬픈 마음이 위로를 얻고 괴 로운 마음이 기쁨과 즐거움으로 회복되는 은혜를 누릴 수 있기를 바란다.

두 가지 사항을 점검한 후에

주님께서 주신 인생 사명을 온전히 감당하기 위해서는 먼저 두 가지 태도가 필요하다. 첫째는 하나님 말씀에 대한 우리의 시각이 더 새로워지고 더 깊어졌으면 한다.

언젠가 중고시장에서 우연히 산 3달러짜리 도자기가 미국 경매장에서 222만 5천 달러에 낙찰됐다는 소식을 들은 적이 있다. 3달러에 사서 222만 5천 달러에 팔았으니 무려 70만 배의 가치가 형성된 셈이다. 어떻게 이런 일이 가능할까? 3달러에 산 그릇에 금 도배를 한 것도 아니고 그 사이 그릇에 어떤 질적, 화학적 변화가 일어난 것도 아닌데, 어떻게 값의 차이가 이토록 크게 난 걸까? 무엇이 달라진 걸까? 달라진 게 있다면 딱 하나 있다. 3달러에 그릇을 산 이후 그 그릇을 보는 눈이 깊어짐으로 그릇의 가치를 발견한 것이다. 알고 보니 그 그릇은 무려 천 년 전 중국 송나라 시대 때 만들어진 귀한 도자기였던 것이다.

이런 얘기를 들으면 많은 사람은 그 그릇을 3달러에 팔아버린 사람에 대해 안타까움을 느낀다. 어떻게 귀한 그릇의 가치를 못 알아보고 고작 3달러에 팔아버렸느냐고 생각한다. 그러나 우리 역시 하나님께서 주신 몇십억, 몇백억에 달하는 가치를 고작 3천 원에 팔아버릴 때가 많다는 사실을 자각하는 사람은 얼마 없는 것 같다.

무슨 뜻인가. 하나님의 말씀, 즉 우리에게 주신 성경은 지금도 살아계신 창조주 하나님의 너무도 귀한 말씀인데 그 가치를 제대로 아는 사람은 매우 적다는 뜻이다. 사실 우리가 성경을 책으로 구입한다면 몇만 원으로 쉽게 살 수 있다. 그러나 그 말씀의 가치는 감히 값으로 매길 수 없다. 그런데도 우리가 말씀의 가치를 누릴 생각을 안 하고 산다면, 우리는 하루에도 수십억, 수백억, 아니 수천억의 가치를 허공에 날리며 사는 셈이다. 이에 대해 요한복음 말씀을 보자.

태초에 말씀이 계시니라 이 말씀이 하나님과 함께 계셨으니 이 말씀은 곧 하나님이시니라(요 1:1).

말씀으로 천지가 창조되었다고 한다. 그리고 우리가 감히 만져볼 수도 없고 쳐다볼 수도 없으며 어떤 박물관에도 담을 수 없는 엄청나게 귀한 보석과 같은 말씀이 성경 66권에 담겨 우리 앞에 놓여 있다. 그러나 우리는 수십억짜리 도자기의 가치를 몰라 고작 3달러에 팔아버린 사람처럼, 돈으로 계산할 수 없는 생명의 말씀을 등한시한 채 살아가고 있다. 이 사실 앞에 두려움을 느껴야 한다.

나는 그와 같은 두려움으로 온 성도들이 말씀을 사모하여 암송하고 가슴에 새겨 적용하기를 바란다. 그렇게 되면 우리에게는 어마어마한 변화들이 일어날 것이다. 간단하게 말하면 다음과 같다.

첫째, 말씀이 우리를 치유할 것이다(시 107:20). 둘째, 말씀이 우리를 자유하게 할 것이다(요 8:32). 셋째, 말씀이 우리를 원수보다 더 지혜롭게 할 것이다(시 119:98). 넷째, 말씀이 우리의 심령을 즐겁게 할 것이다(렘 15:16). 다섯째, 말씀이 우리 영혼을 소생케 할 것이다(고후 3:6). 여섯째, 말씀이 우리에게 평안을 줄 것이다(시 119:165). 일곱째, 말씀이 우리에게 거룩함을 선사할 것이다(요 17:17). 여덟째, 말씀이 우리를 위로할 것이다(시 119:50). 아홉째, 말씀이 우리를 든든히 세워줄 것이다(행 20:32). 열째, 말씀이 우리에게 날마다 영혼의 양식, 생명의 양식을 줄 것이다(렘 15:16).

어떠한가. 말씀의 능력과 위력이 이토록 크다는 사실 앞에, 모든 사역에 앞서 말씀을 보는 우리의 안목부터 깊어져야 한다는 사실에 동의가 되는가? 부디 우리 모두 신비한 보석과 같은 말씀을 더 가까이하게 되길 바란다. 말씀에 대한 안목이 깊어져 말씀의 능력으로 살 때, 우리는 비로소 건강의 문제와 상처의 문제, 혹독한 경제적인 문제와 같은 실제적 문제 앞에서도 승리를 거머쥘 수 있다.

사역을 앞두고 성도들에게 당부드리고 싶은 두 번째 사항은 "나는 누구인가?", "나는 무엇을 해야 하는가?"에 대한 정체성의 문제를 확고히 하라는 점이다. 하나님께서는 구약시대에 이스라엘이라는 민족을 선택하셔서 하나님의 심정을 만방 중에 선포하는 소통의 도구로 삼으셨다. 수많은 민족 중 이스라엘을 제사장 나라로 삼으시며 역할 모델이 되게 하신 것이다. 이에 대해 바울 사도는 이렇게 말한다.

> 그들은 이스라엘 사람이라 그들에게는 양자됨과 영광과 언약들과 율법을 세우신 것과 예배와 약속들이 있고(롬 9:4).

하나님은 이스라엘을 도구로 삼으시고 그 민족에게 영광과 언약, 율법과 예배, 약속들을 주셨다. 이스라엘의 정체성이 바로 여기에 있다. 그들에게는 하나님의 양자됨, 영광, 언약과 율법을 받은 자로서의 정체성이 주어졌다.

그 후 신약시대에 이르러 예수님은 새로운 소통의 도구를 만드신다. 과거 육적 이스라엘을 도구로 삼으셨던 주님이, 이제는 새로운 영적 이스라엘을 택하여 도구로 삼으신 것이다. 그 영적 이스라엘이 누구인가? '교회'다. 한국교회 공동체, 사랑의교회 공동체와 같이 교회라는 전 세계 새로운 유무형의 공동체가 하나님께서 택하신 영적 이스라엘이 되었다!

그런데 이것은 교회에 어떤 자격이 있어서 주어진 게 아니다. 그저 하나님께서 만세 전에 우리를 택하셔서 우리로 하여금 영적 이스라엘이 되게 하셨다고 말할 수밖에 없다. 하나님께서는 오직 그분의 은혜로 우리를 나라와 제사장으로 삼으셨다(계 1:6). 하나님께서는 교회로 부름 받은 우리에게 하나님의 그와 같은 언약을 깨닫고 언약을 통해 삶의 변화를 갖게 하시며, 변화된 삶의 방식으로 말씀 선포를 통해 하나님의 심정을 전하게 하셨다. 우리가 하나님의 영적 이스라엘이 된 것은 결코 우리가 쟁취한 것이 아니라 하나님의 전적인 은전과 호의에 의해 이루어졌다는 것이다. 이 은혜를 알 때 우리는 "우리가 누구인가?", "우리가 무엇을 해야 하는 존재인가?"에 대한 영적 정체성을 더욱 확고히 다질 수 있다.

우리의 정체성을 발견하게 되면, 우리는 어떤 시대에 살든지 하나님을 더욱 신뢰하며 하나님의 은혜에 대한 감격 속에서 주어진 모든 사역을 감당해 나갈 수 있다.

순금 등잔대의 환상 1. 성령으로 충만하라

본문 4장은 이를 우리에게 알려준다. 첫 구절을 보자.

내게 말하던 천사가 다시 와서 나를 깨우니 마치 자는 사람이 잠에서 깨어난 것 같더라(슥 4:1).

본문의 천사가 스가랴에게 예수 그리스도를 말해주고 하나님의 뜻을 이해시켜준다는 점에서, 나는 이 천사를 '해석 천사'라 칭했다. 그런데 본문에서는 다소 예상하지 못한 방법으로 해석 천사를 등장시키며 스가랴의 다섯 번째 환상을 연다. 스가랴가 본 여덟 가지 환상 중 해석 천사가 스가랴를 깨우는 식으로 등장하는 장면은 여기가 유일하다. 스가랴는 천사의 등장에 마치 잠을 자다가 화들짝 깨어나는 것과 같았다고 말한다. 그래서 나는 다섯 번째 환상에 대해, 영적으로 깨어 그 의미를 발견하라는 뜻으로 받아들였다. 또한 '코로나블루'와 같이 울적하고 무겁고 무기력한 상태에 접어든 대한민국에도 이 해석 천사가 와서 깨워주기를 소망했다. 말씀이 우리의 눈을 열어서 우리 가슴이 뜨거워지기를 소망했다.

스가랴는 본문에서 '순금 등잔대의 특별 환상'을 소개한다. 이 내용이 어려울 수 있어서 좀 더 쉽게 설명한《현대인의성경》으로 이를 살펴보자.

> 내가 보니 순금 등대가 있고 그 꼭대기에는 주발 하나가 있으며 또 그 등대에는 일곱 등잔이 있고 등대 꼭대기에서 일곱 개의 관이 각 등잔으로 연결되어 있으며 그 등대 곁에는 두 감람나무가 있는데 하나는 주발 오른편에 있고 하나는 그 왼편에 있습니다(슥 4:2-3, 현대인의성경).

말씀만 읽으면 무슨 내용인지 이해하기 어려울 수 있다. 쉽게 말하면, 두 감람나무가 오른쪽과 왼쪽에 한 그루씩 놓여 있는데 그 나무의 열매가 으깨져 기름 같은 것이 양쪽 나무에 연결된 관을 통해 큰 주발(기름 그릇)에 모이고, 그 기름이 다시 일곱 개의 관을 통해 흘러내리면서 순금 등잔대로 연결된다는 말씀이다. 특별히 이 순금 등잔대는 옛날에 이스라엘이 성막과 성전에서 쓰던 '메노라'라는 일곱 촛대의 순금 등잔대를 가리킨다. 정리해보면, 감람나무 두 그루가 양쪽에 있고 그 사이에 스가랴가 본 순금 등잔대가 놓여 있으며, 감람나무 끝 쪽으로는 파이프가 놓여 있음을 알려준다. 그리고 그 파이프를 통해 순금 등잔대 꼭대기에 있는 주발로 기름이 모이는데 기름 주발은 일곱 개의 관을 통해 일곱 등잔대에 연결되어 있다고 한다.

여기서 주발과 각 등잔에 연결된 '관'의 개수에 대해서는 해석이 분분하다. 꼭대기 주발에서 각 등잔에 관이 1개씩 연결되었다고 보기도 하고, 닥터 파인버그(Dr. Feinberg) 같은 분은 히브리어 원문상 '일곱, 그리고 일곱의 관들'이라고 되어 있기 때문에 각 등잔에 7개의 관이 연결되어 있다고 주장하기도 한다. *NASB*에서도 "seven spouts belonging to each of the lamps"라고 번역했다. 꼭대기의 주발과 각 하나의 등잔에 연결된 관의 수를 모두 합치면 총 49개가 된다는 얘기다. 연결관이 7개이든 49개이든, 모두 7이라는 완전수를 사용했다는 점에서 그만큼 충만한 기름 부음이 있다는 뜻으로 해석하면 무리가 없을 것이다.

따라서 우리는 다음과 같은 장면을 떠올리면 된다. 감람나무로부터 기름이 흘러 큰 주발에 들어가고, 기름 주발에서 7개의 파이프라인을 통해 혹은 49개의 파이프라인을 통해 일곱 등잔대로 기름이 흘러가는 그림이다. 또한 각 관을 통해 기름이 끊기거나 막히지 않고 원활하게 흘러가는 모습을 연상하는 게 중요하다.

그렇다면 이 기름이 의미하는 바는 무엇일까? 두말할 것도 없이 '성령님'을 뜻한다. 기름은 곧 성령님이시다. 성령님의 권능으로 인해 기름이 7개의 등잔으로 무한정 흘러 들어감을 보여주고 있다. 따라서 이 환상은 당시로선 아니, 지금도 우리에게 너무나 소중하고 가슴 벅찬 환상이라 할 수 있다. 스가랴가 환상을 보던 시기는 지금의 우리가 코로나 팬데믹과 세계경제 위기를 겪는 것과는 비교할 수 없이 훨씬 열악하고 어려웠다. 그 어려움을 해결하는 방도가 오직 성령님의 기름 부으심임을 알려주고 있으니 너무도 귀한 환상이 아닐 수 없다. 스가랴가 이 환상을 보며 시대를 돌파하는 하나님의 은혜를 발견했듯이, 이 환상을 대하는 우리도 성령님을 소망함으로 어떤 고난과 환난의 문제도 성령께서 이기게 하심을 볼 수 있기를 바란다.

이를 위해 성령께서 하시는 일에 대해 짚고 넘어갔으면 한다. 성령께서 우리를 위해 하시는 일은 무엇인가? 성령께서는 하나님의 자녀들을 위해 다음과 같은 세 가지 사역을 하신다.

첫째는 구원 사역이다. 성령님의 인도하심 없이는 구원받을 수 없다. 요한복음 3장 5절 하반부에서 "사람이 물과 성령으로 나지 아니하면 하나님의 나라에 들어갈 수 없느니라"라는 말씀에서 이를 확인한다.

둘째는 성화 사역이다. 우리는 예수님을 믿은 후 우리 속에 거하시는 보혜사 성령님과 동행함으로 매일 예수님을 닮아가며 세상과 구별되는 거룩한 삶을 살아갈 수 있다. "너희는 너희가 하나님의 성전인 것과 하나님의 성령이 너희 안에 계시는 것을 알지 못하느냐"(고전 3:16)는 말씀과 "하나님의 성전은 거룩하니 너희도 그러하니라"(고전 3:17b)라는 말씀이 이를 우리에게 알려준다.

셋째는 기름 부으심 사역이다. 그리스도인은 이 땅에서 죄와 싸우는 가운데 세상을 변화시키며 살아가야 한다. 그런데 그렇게 하려면 성령님의 기름 부으심이 있는 삶, 성령의 능력으로 사는 삶이어야 한다. "오직 그의 기름부음이 모든 것을 너희에게 가르치며"(요일 2:27b)와 "너희는 위로부터 능력으로 입혀질 때까지 이 성에 머물라 하시니라"(눅 24:49b)라는 말씀을 묵상해보자.

다시 정리하면, 성령의 사역은 하나님의 자녀가 되게 하는 것이고 하나님의 자녀로서 거룩하게 살아가게 하는 것이며, 하나님의 자녀가 세상을 변화시키는 능력자로서 세상을 이기며 살게 하는 것이라 말할 수 있다. 종합해 보면 성령이 아니고서는 우리가 아무것도 할 수 없음을 알게 된다.

문제는 교회를 오래 다닌 분들 중에도 성령의 충만을 받는다는 것에 대해 잘 모르는 분이 많은 것 같다. 어떤 분은 "저희가 다 성령의 충만함을 받고"(행 2:4)라는 성경을 예로 들며, "성령이 이미 우리 안에 와 계시는데 왜 성령의 충만을 다시 받으라고 하시나요?"라고 질문하기도 한다. 이미 성령을 받았는데 거기에 더해 성령의 충만함을 받는다는 것의 의미를 모르겠다는 말이다. 이것은 성령의 임재와 성령의 충만에 대한 이해 부족에서 나온 의문이라 할 수 있다.

이렇게 정리하면 어떨까. 귀한 손님이 집에 찾아와서 손님을 거실에 모셨다고 치자. 손님은 분명 집 안으로 들어왔고 우리가 준비한 차를 마시며 이야기를 나누고 있다. 이것은 성령께서 우리 속에 들어오시고 우리와 함께 계시는 임재를 의미한다. 그런데 손님이 집에 오실 때 귀하디 귀한 선물을 손에 가득 들고 오셨다면 우리는 어떻게 해야 할까? 만약 손님이 가져온 선물들을 풀어보지도 않고 그대로 둔다면 우리는 그 선물로 인한 진짜 즐거움을 경험하지 못할 것이다. 반면에 손님이 가져온 귀한 선물들을 하나씩 풀어 그것의 쓰임새대로 잘 사용한다면 우리의 삶은 이전보다 훨씬 편하고 풍요로워질 것이다.

성령의 충만을 받는다는 것은 이와 비슷하다. 즉 성령의 충만이란, 성령께서 우리에게 주시는 선물들을 적극적으로 사용함으로 이전과는 비교할 수 없을 정도로 깊고 풍성한 삶을 사는 것을 말한다.

이와 달리, 성령님을 자기 안에 모시긴 했지만 그냥 내버려둔 채 사는 사람들도 있다. 마치 손님을 거실에 모셨지만 자기 일 때문에 바빠서 손님과 대화도 하지 않는 사람처럼 말이다. 이런 사람은 성령을 받았지만 성령의 충만과는 거리가 먼 신앙생활을 하는 사람이라 할 수 있다.

당신은 어떤 사람인가? 성령님을 집에 모셨지만 성령님이 주시는 선물들을 풀지 않고 내버려 두는 사람인가? 그렇다면 결코 성령께서 주시는 삶의 풍성함을 누릴 수 없다. 메마른 신앙생활을 할 수밖에 없다.

순금 등잔대의 환상 2. 빛을 발하라

본문에 나오는 순금 등잔대 환상은 어떤 면에서 참 독특하다. 본래 일곱 등잔의 순금 등잔대는 성막과 성전에 있던 것들이다. 그리고 순금 등잔대에 불이 꺼지지 않도록 애써야 하는 이들은 제사장 아론과 그의 후손들이었다. 이에 대해 출애굽기에서는 다음과 같이 소개한다.

> 아론과 그의 아들들로 회막 안 증거궤 앞 휘장 밖에서 저녁부터 아침까지 항상 여호와 앞에 그 등불을 보살피게 하라 이는 이스라엘 자손이 대대로 지킬 규례이니라(출 27: 21).

제사장 가문으로 부름 받은 아론과 그의 아들들의 사명은 성막에 놓인 순금 등잔대의 불을 꺼뜨리지 않는 것이었다. 인간 제사장들은 이 불을 꺼뜨리지 않으려고 죽을 둥 살 둥 등잔대를 간수하며 기름 넣는 일을 책임져야 했다. 그런데 스가랴가 본 등잔대에선 인간이 수동으로 기름을 공급할 필요가 없었다. 두 감람나무를 통해 공중 자동 급유가 이루어지고 있기 때문이다. 이 순금 등잔은 오늘날로 치면 "일곱 촛대는 일곱 교회니라"(계 1:20)라는 말씀대로 전 세계 모든 교회를 뜻한다. 결국 이 환상은 전 세계 주님의 교회들에 성령의 기름 부으심이 임하는 모습이라 할 수 있다. 그것도 과거 성막과 성전 시대의 제사장들이 날마다 수동으로 기름을 공급해야 했던 때와 달리, 성령께로부터 자동 급유를 받고 있는 모습을 보여준다.

그렇다면 일곱 개의 순금 등잔대에 불이 꺼지지 않는 건 왜 그렇게 중요했을까. 과거 이스라엘의 성막과 성전에는 창문이 없었다. 그러다 보니 그 안에는 빛이 전혀 들어오지 않았다. 순금 등잔대의 불이 밝혀져야만 어두웠던 곳이 비로소 환해졌다. 어두운 곳이 순금 등잔대의 빛으로 인해 소위 Bright Living Quarter, 즉 살아있는 구역이 되었던 것이다.

이는 이 시대 모든 교회의 사명이 무엇인지 알려준다. 순금 등잔대가 그러하듯, 교회의 사명은 어두운 세상을 밝혀 살아있는 구역이 되게 하는 데에 있다. 한국교회는 하나님의 살아있는 빛을 비추는 사명을 감당해야 한다는 것이다.

그러므로 우리는 먼저 가슴에 이 사명을 새겨야 한다. 순장으로 섬기는 그 자리가, 각 가정에서 가족들을 섬기는 그 자리가 우리로 인해 밝고 살아있는 구역이 되게 해달라는 소망을 품어야 한다. 이를 위해서는 우리가 가는 곳마다 성령께서 친히 기름을 부어주셔야 한다. 말씀의 능력 없이, 성령의 역사 없이는 아무도 이와 같은 사명을 감당할 수 없기 때문이다. 그래서 우리는 모든 사역에 앞서 말씀 앞에 엎드리며 성령의 기름 부으심을 소망해야 한다.

코로나 팬데믹으로 인해 교회에 대한 오해가 많음에도 불구하고, 교회가 사람들에게 소망의 빛이 되는 이유가 무엇일까? 세속의 광풍이 몰아치는 세상에서 교회만이 은혜가 있는 유일한 곳이기 때문이다. 사람들을 진정으로 위로하고 상처를 치유하는 곳은 예수님의 보혈이 흐르는 교회 밖에 없다. 그러나 오늘날 기독교에 대해 적대적인 사회에서는 교회를 향한 이런 저런 비난의 목소리를 드높인다. 그들이 교회를 비난하는 이유는 어떤 면에서 교회를 그저 마음의 위로를 얻는 장소로 혹은 봉사기관으로만 이해하기 때문이다. 그래서 그들은 교회가 자신들의 개인적 바람을 채워주지 못한다며 쉽게 비난을 이어간다. 물론 교회는 상처 난 마음이 위로받는 곳이다. 어려운 이웃을 돌아봐야 하는 곳이기도 하다. 그러나 교회의 진짜 사명은 죄에 붙잡힌 영혼을 피 묻은 십자가의 복음으로 구원하는 데 있다. 세상 어디에 가 봐도 십자가의 복음으로 생명을 구하는 곳은 교회밖에 없다. 그래서 우리는 세상의 이런저런 소리에도 불구하고 묵묵히 복음을 들고 나감으로써 한 영혼에게 진정한 소망, 진정한 위로를 줄 수 있어야 한다.

또한 교회가 세상의 빛이요 소망인 이유는 오직 교회만이 미혹케 하는 온갖 난리와 소요의 소문을 물리칠 진리의 나팔을 불 수 있기 때문이다. 무신론적 이념이 세상 풍조를 이끄는 지금 이때에 참 진리의 빛을 비출 수 있는 곳은 교회 밖에 없다.

철저한 개인주의와 이기주의로 SNS만이 사람 사이에 연결고리가 되어버린 이 시대에 참된 사랑으로써 사회를 연결할 공동체도 교회

밖에 없다. 그렇기에 설령 세상이 교회에 희망을 두지 않을 때도 교회는 주님의 몸 된 교회로서 세상의 빛으로서의 사명을 다해야 한다. 교회의 사명은 곧 순금 등잔대의 사명임을 잊지 말아야 한다.

사실 진정한 순금 등잔대는 예수님이시다. 주님은 "나는 세상의 빛이다"(요 8:12) 하시며 주님만이 순금 등잔대이심을 친히 밝히셨다. 더군다나 주님은 이 말씀을 처절한 생의 한복판에서 전하셨다. 간음한 여인이 수많은 사람 앞에서 모욕거리가 되어 거의 죽을 지경이 되었을 때, 주님은 인간사의 어두움과 수치와 혼란과 고통이 섞여 있던 그곳에서 "나는 세상의 빛이라" 말씀하셨다.

그뿐만 아니라 그 유명한 산상수훈에서도 우리에게 "너희는 세상의 빛이라" 말씀하셨다(마 5:14). 그래서인지 주님의 산상수훈에 익숙해진 어떤 이들은 "너희는 세상의 빛이라"는 말씀에 대해 별다른 감흥을 느끼지 못하기도 한다. 그러나 이 말씀은 결코 쉽게 듣고 쉽게 넘겨버릴 말씀이 아니다. 앞서 말한 대로 예수님만이 이 세상의 빛이시기에 본래 그 누구에게도 '빛'이란 단어를 붙일 수 없었음을 기억해야 한다. 성경 기자는 여인이 낳은 자 중에 가장 큰 자였던 세례요한에 대해서도 그가 빛이 아니라 빛을 증언하러 온 자라고 표현했다(요 1:8). 빛이라는 말은 빛의 원천이신 하나님께만 붙일 수 있는 말씀이기 때문이다. 그런데 예수님은 산상수훈에서 자신에 대해 하신 그 말씀을 우리에게 붙이셨다.

너희는 세상의 빛이라(마 5:14).

죄성에 물들어 있는 인간은 감히 이 말을 들을 자격이 없다. 그럼에도 불구하고 하나님께서는 그의 자녀들을 향해 "너희는 세상의 빛이라” 선언하신다. 우리 중에 이 말을 들을 자격이 되는 사람이 과연 몇이나 될까. 한 사람 한 사람의 마음속을 정직하게 들여다보면, 어느 한 사람도 빛이라고 부를 만한 구석이 없다는 게 맞는 말이다. 그런데 예수님은 하나님의 백성을 향해 세상의 빛이라 하셨다. 세상이 우리를 향해 뭐라고 말해도 예수님이 우리를 그렇게 부르신 이상 우리는 세상의 빛이다!

그렇다면 예수님은 왜 우리를 세상의 빛이라고 선언하신 것일까? 빛의 가장 큰 특징은 어둠을 밝히고 길을 인도한다는 것이다. 따라서 우리를 세상의 빛이라고 하셨다는 건 하나님의 자녀인 우리에게 악으로 물든 이 세상의 어둠을 밝히며 사람들을 구원의 길로 인도하라고 하심이다. 즉 우리의 사명을 일깨워주고 계신 것이다.

오늘날 세상은 밤이 사라졌다 할 정도로 빛의 공해에 시달리고 있다. 그러나 밤을 밝히는 많은 빛 중에 사람들을 구원으로 이끄는 진정한 빛은 쉽게 찾을 수 없다. 우리는 수많은 가짜 빛 속에 둘러싸여 살고 있다. 그중 하나가 클럽의 사이키 조명이다. 그 조명은 사람들을 광란으로, 쾌락으로, 또 죄악으로 끌고 갈 뿐이다. 가짜 조명이 많은 사람을 생명이 아닌 죽음으로 몰고 가고 있다.

이런 세상에서 예수님은 우리에게 “너희는 세상의 빛이라” 말씀하신 후에 조건적인 명령을 주셨다. “너희 빛이 사람 앞에 비치게 하여 그들로 너희 착한 행실을 보고 하늘에 계신 너희 아버지께 영광을 돌리게 하라”(마 5:16)는 말씀이 그것이다. 이는 소금이 맛을 잃을 수 있는 것처럼, 빛도 자칫 빛을 잃어 어둠이 될 수 있음을 동시에 알려준다. 빛으로 부름 받은 우리가 어둠이 되면 어떻게 될지 너무도 자명하다. 따라서 우리는 “너희는 세상의 빛이라”는 말씀 앞에, 빛(예수님)을 잃어버린 채 어둠(쾌락)을 찾아 들어가지 말라는 하나님의 조건적 명령을 결코 잊어서는 안 된다.

우리가 세상의 빛이 되려면 빛의 원천이신 예수님께 늘 접속하여 충전해야 한다는 사실도 잊어서는 안 된다. 아무리 비싸고 좋은 휴대폰이라 해도 배터리가 소진되어 켜지지 않으면 무슨 소용이 있겠는가. 그런 휴대폰은 심지어 못 박는 데도 사용할 수 없다. 그러므로 "너희는 세상의 빛이라"는 말씀을 따라 진짜 빛으로서의 사명을 감당할 유일한 길은 예수님께 접속하여 충전되는 일임을 언제나 기억해야 한다. 또한 충전 정도가 늘 10퍼센트, 5퍼센트처럼 아슬아슬한 상태는 아닌지, 혹은 완전히 방전되어 세상 사람들과 조금도 차이가 없는 것은 아닌지에 대해서도 돌아보기를 바란다. 우리는 예수님으로 가득 채워질 때, 오직 성령의 기름이 부어질 때라야 '세상의 빛'으로서의 사명을 감당할 수 있는 존재들임을 기억해야 한다.

미국에서 교회를 개척하고 처음 교회를 건축할 때 냉동 창고를 개조했다. 이제 와서 하는 얘기지만 당시 예배당으로 쓸 냉동 창고를 처음 방문했을 때는 답이 나오지 않았다. 온갖 지저분한 것들이 창고에 가득 쌓여 있어서 마치 어둠의 창고처럼 보일 정도였다. 그러나 그곳을 청소하고 개조하여 하나님의 교회를 세우자, 그곳뿐만 아니라 주변 지역도 새로워졌다. 교회가 살아있는 순금 등잔대가 되어 수많은 영혼의 삶을 밝히기 시작하면서, 교회 주변 지역이 살아났고 급기야 그 지역이 급부상하기에 이르렀다. 결국 우리는 교회에 너무 많은 사람이 몰려서 더 넓은 장소로 이전해야 했는데, 이전하면서도 똑같은 일이 일어났다. 새로 이전한 애너하임(Anaheim)이라는 지역은 원래 FBI가 와서 사격 연습을 하는 등 어둡기만 한 지역이었다. 그런데 그곳에 교회가 세워지고 영혼 구원의 변화들이 일어나자 지역 자체가 완전히 살아나게 되었다.

이 얘기를 꺼내는 이유는 교회의 역할을 되새기기 위해서다. 코로나 팬데믹을 지나며 여러 오해로 교회가 숱한 비판을 받았지만, 우리는 주님으로부터 "너희는 살아있는 순금 등잔대, 너희는 세상의 빛이야"라는 사명을 받은 사람들이다. 이것은 우리에게 어떤 자격이 있어서가 아니라 주님이 그렇게 선포해주셨기에 그리 된 것이다. 다시 말해 이런저런 세상의 소리가 들려오더라도 우리는 빛이신 예수 그리스도의 생명의 복음을 묵묵히 선포하며 살아야 한다는 뜻이다. 우리에게는 시대적 소명을 가지고 순금 등잔대의 역할을 감당해야 할 책임이 주어졌기 때문이다. 그러므로 큰 소리로 외쳐 보기를 바란다.

"우리는 한국교회를 지키는 불타는 순금 등잔대파다."

그러면 어떤 이들은 이런 외침에 대해 어리석어 보인다고 말할 수도 있다. 그러나 하나님께서는 전도의 미련한 것으로 믿는 자들을 구원하시기를 기뻐하시는 분이다. 우리 역시 이 원색적인 생명의 능력으로 다시 한번 무장할 때, 하나님께서는 우리에게 순금 등잔대의 사명을 능히 감당할 능력을 부어주실 것이다.

결코 성령님이 아니시면

그렇다면 불타는 순금 등잔대인 교회는 빛으로서의 사명을 구체적으로 어떻게 감당할 수 있을까. 우리는 유명한 구절인 본문 6절에서 답을 찾는다.

만군의 여호와께서 말씀하시되 이는 힘으로 되지 아니하며 능력으로 되지 아니하고 오직 나의 영으로 되느니라(슥 4:6b).

이 구절은 신구약 성경 가운데 가장 위대한 말씀 중 하나라고 해도 과언이 아니다. 우리가 그토록 사랑하는 이 말씀을 읽고 암송하며, 삶에 적용하기 위해서는 먼저 이 말씀의 배경과 뜻을 설명할 필요가 있다. 이를 정확히 알아야 교회인 우리가 빛으로서의 사명을 어떻게 감당할 수 있을지에 대한 답도 정확히 찾을 수 있기 때문이다.

하나님은 이스라엘이 제사장 나라, 거룩한 민족이 되어 세상을 밝히는 역할을 감당하기를 원하셨다. 이 일을 위한 토대(예배)는 성전이기에, 스룹바벨은 중단된 성전 건축을 힘써 진행하려 했다. 그러다 보니 스룹바벨은 여러 힘과 능력을 동원하려고 했을 것이다. 본문은 그런 스룹바벨에게 주시는 하나님의 메시지다. 이스라엘이 세상을 비추는 거룩한 백성, 즉 순금 등잔대의 빛을 비추는 사명을 감당하려면 예배 처소인 성전이 마땅히 지어져야 하지만, 성전을 완성하는 길은 세상의 힘에 있지 않고 오직 성령의 능력에 달려 있음을 알려주고 있는 것이다.

그가 내게 대답하여 이르되 여호와께서 스룹바벨에게 하신 말씀이 이러하니라 만군의 여호와께서 말씀하시되 이는 힘으로 되지 아니하며 능력으로 되지 아니하고 오직 나의 영으로 되느니라(슥 4:6).

순금 등잔대 환상에서 감람나무는 관을 통해 등잔에 기름을 공급해주는 역할을 한다. 또한 순금 등잔대에서 발하는 빛은 거룩한 백성으로서 세상을 밝혀야 할 이스라엘의 사명을 보여준다. 즉 이스라엘의 사명은 스룹바벨이 짓는 성전에서의 예배를 통해 성령의 기름 부으심의 능력을 받아 제사장 나라, 거룩한 백성으로서 세상에 빛을 비추는 역할을 감당하는 것이다.

정리해보면 이스라엘이 제사장 나라, 거룩한 민족으로서 세상에 빛을 비추는 순금 등잔대의 역할을 하기 위해서는 스룹바벨이 짓는 성전에서 예배를 드려야만 한다. 그런데 이 성전은 스룹바벨의 힘과 능으로는 지어질 수 없고, 오직 위로부터 부어지는 성령의 기름 부으심으로만 지어질 수 있다.

그러나 당시 이스라엘의 상태는 성전 등잔대에 놓을 기름이 없어 빛을 잃어버린 상태였다. 이러한 때에 하나님께서는 스가랴의 환상을 통하여, 등잔에 기름을 부어 불을 밝히듯이 이스라엘 민족에게 성령의 기름이 공급됨으로 다시 빛을 밝히실 것을 말씀하신다.

이것은 오늘날 우리에게도 강력한 교훈을 준다. 당시의 이스라엘처럼 사명도 잃어버리고 사명을 실천할 의지도 능력도 없는 사람이 회복되려면 무엇보다 성령의 기름 부으심이 가장 필요함을 알려주고 있다. 오직 성령의 기름 부으심만이 성전을 재건할 수 있는 것처럼, 우리를 사명의 자리로 나아가도록 일으키는 힘은 인간의 어떤 노력이 아니라 오직 성령의 기름 부으심에 달려 있다는 뜻이다.

이를 '아웃 소싱'과 '인소싱'이란 말로 좀 더 쉽게 이해해 보자. 사람은 인소싱의 능력으로 사는 사람이 있고, 아웃소싱의 능력으로 사는 사람이 있다. 소위 자기 머리가 안 되는 사람은 똑똑한 사람의 머리를 빌리면 된다는 말처럼, 우리는 대부분 자기보다 더 나은 사람의 힘을 빌려서 즉 아웃소싱을 통해 살아가곤 한다. 능력이 적든 많든 내 능력에는 한계가 있기 때문이다. 그래서 사람은 모두 자기 내부의 힘을(인소싱)을 사용하거나, 그래도 안 되면 외부의 힘(아웃소싱)을 사용해 스위치를 넣어 인생의 불을 만들곤 한다.

하지만 본문에서는 더 이상 그것이 안 된다고 말씀한다. 힘으로도 안 되고 능으로도 안 된다는 말씀은 그런 뜻이다. 내 힘으로도 외부의 힘으로도 안 되는 게 있다는 것이다. 그러면 어떻게 해야 할까? 그것은 오직 하나님의 영으로라야 된다. 인소싱도 아니고 아웃소싱도 아닌, 윗소싱이어야 불이 지펴진다는 것이다. 교회가 어두운 이 세상에서 불타는 순금 등잔대가 되려면 윗소싱으로부터 기름을 공급받아야만 한다는 하나님의 말씀이다.

그렇다면 그런 후에는 어떻게 해야 할까? 여기서 우리는 '등잔'의 역할에 주의를 기울여야 한다. 등잔은 기름만 받아서는 안 된다. 기름을 받았으면 자기 자신을 태워 불을 밝혀야 한다. 등잔의 역할은 기름을 저장만 하는 게 아니라 기름을 받아 자신을 태운다는 데 있다. 그래야 불타는 등잔이 된다.

성경은 이에 대해 슬기로운 다섯 처녀와 미련한 다섯 처녀의 비유를 들어 설명한다.

슬기 있는 자들은 그릇에 기름을 담아 등과 함께 가져갔더니(마 25:4).

슬기 있는 자들은 그릇에 기름을 담아 등과 함께 가져가서 혼인 예식의 결정적인 순간에 불을 환히 밝힌 사람들이다. 본문의 순금 등잔대 환상은 마태복음 25장에 나오는 지혜로운 다섯 처녀의 삶의 양식과도 연결된다. 두 본문은 모두 기름을 잘 준비하지 않으면 등불을 켤 수 없다는 것과 함께, 기름이 준비되었다면 결정적인 순간에 등불을 환히 밝혀야 함을 알려주고 있다.

결국 하나님의 백성들에게 가장 중요한 것은 위로부터 부어주시는 '윗소싱'이다. 이것을 우리가 공급받지 못하면, 즉 우리가 말씀과 성령을 의지하지 않으면 우리는 어떤 사역도 할 수 없다. 살아있어도 사는 게 아니기에 진정한 삶을 누릴 수도 없다. 그러므로 우리는 매 순간 성령께 의존하고 말씀의 깊이에 눈을 뜸으로, 우리의 삶이 순금 등잔대가 되어 우리가 가는 곳마다 살아있는 구역이 되기를 기도해야 한다.

이제 말씀을 정리하겠다. 우리 앞에는 큰 산들이 놓여 있다. 이 산을 넘으려면 우리의 인소싱과 아웃소싱만으로는 해결할 수 없다. 두 감람나무로부터 부어주시는 윗소싱을 통해서라야 이 문제를 해결할 수 있다. 교회가 순금 등잔대의 사명을 감당할 수 있다.

이를 위해서는 첫째, 우리는 빛을 차단하는 것들을 제거해야 한다. 차단막 제거가 우선이라는 말이다. 차단막 제거란, 빛이신 하나님을 가리는 것들을 제거하는 것을 뜻한다. 아무리 밝은 빛도 가리면 그 빛이 내 삶에서 뻗어나갈 수 없다.

이 빛을 가리는 건 다른 게 아니다. 우리의 죄악이다. 죄악이 빛을 차단하는 차단막이다. 계속 강조하지만, 같은 죄를 반복하면 우리는 결코 빛을 밝히는 사명을 감당할 수 없다. 순금 등잔대 역할을 하지 못한다.

둘째, 우리는 깨어나야 한다. 본문 1절에서 천사가 스가랴를 깨운 것처럼, 우리가 죄악의 잠에 빠져 있다면 먼저 깨어나는 일부터 시작해야 한다. 우리 중에 누군가 어두운 곳에서 죄를 반복하는 이가 있다면 그것은 영적으로 잠든 상태이다. 그런 사람은 먼저 깨어나야 한다. 하나님과의 영적 교제가 끊어진 사람도 잠들어 있는 것과 다를 바 없기에 깨어나야 한다. 교회생활이나 예배에 대해 태만한 자세를 보인다면 그 역시 잠들어 있는 것이기에 깨어나야 한다. 하나님을 생각해도 마음이 답답하고 소망이 없다면 그 또한 잠들어 있는 상태이다. 그래서 우리는 기도해야 한다. 본문에서 해석 천사가 스가랴에게 한 것처럼, 성령께서 잠든 우리를 툭 쳐서 깨워주시기를 간구해야 한다. 나태한 잠에서부터 깨어나고 술 취함에서부터 깨어나고 유혹의 세계로부터 깨어나기를 구해야 한다.

왜 그래야 하는가? 우리는 빛의 사명을 감당해야 하는 사람들이기 때문이다. 빛의 사명을 감당함으로 우리가 가는 곳마다 Bright Living Quarter, 즉 살아있는 구역을 만들어야 할 사명이 우리에게 주어졌기 때문이다.

특별히 이 시대에 우리가 기억해야 할 한 가지 사실이 있다. 주일예배는 교회 공동체가 기름 주발에 심지를 함께 연결하는 시간이라는 사실이다. 다시 말해, 주일예배는 우리가 윗소싱을 하는 핵심적인 시간이다. 그러므로 주일예배를 드릴 때 관람자처럼 눈으로 구경만 해선 안 된다. 실제로 예배에 참여하며 자신을 온전히 드릴 수 있어야 한다. 어쩔 수 없는 상황으로 인해 온라인 예배를 드린다면 미리 준비하고 예를 갖춰서 그 시간에 모니터 앞에 앉아 있어야 한다는 말이다. 교회에 안 가도 되니까 주일에 아무 때나 자투리 시간 내듯 시간을 내어 예배 영상만 틀어놓는 방식으로는 예배의 은혜 안으로 깊이 들어갈 수 없다.

이것 하나만이라도 잘 지켜내는 것이 어느 때보다 필요한 시대다. 그와 같은 자세로 예배에 임함으로써, 모니터를 관통하는 성령의 기름 부으심이 모든 예배자에게 임하기를 바란다.

삶의 조각난 자리에서 돌아가다

"그가 내게 대답하여 이르되 여호와께서 스룹바벨에게 하신 말씀이 이러하니라 만군의 여호와께서 말씀하시되 이는 힘으로 되지 아니하며 능력으로 되지 아니하고 오직 나의 영으로 되느니라 큰 산아 네가 무엇이냐 네가 스룹바벨 앞에서 평지가 되리라 그가 머릿돌을 내놓을 때에 무리가 외치기를 은총, 은총이 그에게 있을지어다 하리라 하셨고 여호와의 말씀이 또 내게 임하여 이르시되 스룹바벨의 손이 이 성전의 기초를 놓았은즉 그의 손이 또한 그 일을 마치리라 하셨나니 만군의 여호와께서 나를 너희에게 보내신 줄을 네가 알리라 하셨느니라 작은 일의 날이라고 멸시하는 자가 누구냐 사람들이 스룹바벨의 손에 다림줄이 있음을 보고 기뻐하리라 이 일곱은 온 세상에 두루 다니는 여호와의 눈이라 하니라 내가 그에게 물어 이르되 등잔대 좌우의 두 감람나무는 무슨 뜻이니이까 하고 다시 그에게 물어 이르되 금 기름을 흘리는 두 금관 옆에 있는 이 감람나무 두 가지는 무슨 뜻이니이까 하니 그가 내게 대답하여 이르되 네가 이것이 무엇인지 알지 못하느냐 하는지라 내가 대답하되 내 주여 알지 못하나이다 하니 이르되 이는 기름 부음 받은 자 둘이니 온 세상의 주 앞에 서 있는 자니라 하더라"(스가랴 4:6-14)

In Christ, We Revive

스가랴서 강해를 이어가면서 나는 새삼 놀랐다. 스가랴가 겪었던 시대 상황과 오늘날 우리가 겪는 시대 상황이 너무나 비슷하기 때문이다. 말씀을 보면 볼수록 기시감마저 느껴졌다. 그래서 나는, 하나님께서 스가랴에게 환상을 주셔서 당시 이스라엘 백성들에게 장애물을 돌파하게 하셨듯이 오늘날 우리에게도 이 말씀을 주심으로 우리 앞에 놓인 시대적 장애물을 극복하게 하려 하심이 아닐까 기대하며 말씀을 받았다.

캄캄한 세상의 별빛 같은 그 말씀

본문의 배경이 되는 이스라엘의 상황부터 살펴보자. 당시 이스라엘은 반세기가 넘도록 바벨론에서 포로생활을 하던 가련하고 불쌍한 처지였다. 하나님의 은혜로 70년 만에 바벨론 포로생활을 끝내고 이스라엘로 돌아왔지만, 황폐해진 예루살렘을 재건하는 일은 너무나 어려웠다. 성전을 재건하는 일이 사마리아 사람들의 악의에 찬 방해공작으로 중단되었고, 그 외에도 여러 정치적, 사회적 악재가 끊이지 않았다. 긴 겨울이 지나고 봄이 오면서 새싹이 돋아나는 듯 했지만, 어렵게 땅을 뚫고 나오던 싹들이 모두 짓밟혀버린 형국이었다. 이로 인해 백성들 사이에 좌절감과 상처, 패배감이 감돌았다. 대제사장 여호수아나 스룹바벨, 스가랴 같은 이스라엘 지도자들에 대한 공격이 거세게 이어졌다는 점도 큰 어려움이었다. 한 마디로 당시 상황은 잔인함 그 자체였다.

그 결과, 사람들의 마음속에는 회의감이 자리했다. 그러지 않겠는가. 하나님의 일을 제대로 해보겠다며 힘을 모으던 때에 하나님께서는 왜 이런 상황으로 몰아가시는지, 백성들은 회의하고 슬퍼할 수밖에 없었다. 오죽하면 본문 7절 전반부에서 다음과 같이 표현했을까.

큰 산아 네가 무엇이냐.

이 말은 큰 산과 같은 장애물들이 이스라엘 앞에 떡하니 놓여 있다는 뜻이다. 산 중에서도 큰 산이라 함은 모든 난제, 즉 역경의 종합세트가 놓여 있다는 것이다. 다른 말로 하면 하나님의 뜻을 이루지 못하게 가로막는 모든 적대세력을 총칭한다.

"이런 상황에서 누가 주저앉은 사람들의 사기를 진작시킬 것인가? 꿈을 상실한 사람들에게 누가 다시 한번 소명의 비전을 심어줄 것인가? 현실에 대해 냉소적인 사람들에게 누가 무관심의 벽을 허물고 다시 회복시켜 줄 것인가? 이제는 아무리 노력해도 소용없다고 자포자기한 사람들을 누가 다시 일으켜 세워줄 것인가?"

요즘은 직장에서도 신앙인의 색채를 띠면 따가운 시선을 받는다.

그런 때에 과연 누가 어떤 방법으로 냉소와 상실, 자포자기와 낙망에 사로잡힌 시대의 문제를 해결할 수 있을지 쉽게 답할 수 없는 시대이다.

스가랴서도 이런 질문 앞에 놓여 있다. 이제 막 귀환하여 사방이 적대적인 환경으로 둘러싸인 연약한 공동체가 어떻게 살아남을 것인지, 누가 이 연약한 공동체를 일으켜 세울 것인지 답할 수 없는 상황이었다. 그러나 이에 대한 답은 앞 장의 말씀과 연계해 볼 때, 이미 명쾌하게 나와 있다.

힘으로 되지 아니하며 능력으로도 되지 아니하고 오직 나의 영으로 되느니라(슥 4:6b).

가끔 청년 시절을 뒤돌아볼 때면, 그때부터 지금까지 참 많은 난관이 찾아왔음을 생각하게 된다. 그러나 또한 그때마다 스가랴서의 이 말씀이 내 삶의 별빛처럼, 방향키처럼 다가왔음도 깨닫는다. 캄캄한 밤하늘에 북극성이 뜨면 북극성을 보다가 동서남북을 하나씩 짚는 것처럼, 이 말씀을 세 구절로 나누어 '힘으로 되지 아니하고', '능으로 되지 아니하고', '오직 나의 신으로 되느니라'고 짚으며 외치곤 했다. 그리고 그런 외침이 결국은 지금까지도 목회 사역의 중요한 슬로건이자 좌표가 되었다.

여기서 "나의 신으로 된다"는 표현은 "나의 영으로 된다"의 옛날식 번역이다. 나의 신으로 된다는 것, 그것은 과연 무슨 뜻일까.

본문에서는 순금 등잔대에 금 기름을 부어주는 두 그루의 감람나무 환상을 통해 이를 설명해준다. 즉 예루살렘 재건은 사람의 힘과 능력으로 이루어지는 것이 아니라 오직 여호와의 영이신 성령으로 이루어짐을 밝히고 있다.

그렇다. 우리가 꿈꾸는 사명을 완수하시는 분은 성령이시다. 우리는 오직 성령의 기름 부으심을 통해서만 하나님께서 주신 사명을 완성할 수 있다.

기독교가 세상의 종교와 다른 이유가 이것이다. 세상의 모든 종교는 "네 안에 있는 것을 분발케 하여 일하라"고 말한다. 그래서 자기 속에 있는 능력을 극대화하기 위해 안간힘을 쓰게 한다. 그러나 기독교는 우리 안에 있는 자아를 깨우거나 잠재력을 신장시키라고 하지 않는다. 우리 속의 자아나 잠재력을 확대하는 것으로는 하나님께로부터 받은 사명을 완수할 수 없다는 게 기독교의 핵심 가르침이기 때문이다.

만일 우리에게 필요한 것이 잠재력의 신장이라면 주님도 이 땅에서 그것을 위해 노력하는 모습을 보이셨을 것이다. 그러나 예수님의 공생애를 살펴보면, 어느 한 순간도 제자들에게 자아나 잠재력의 확대를 위해 살라고 말씀하시거나 훈련시키신 적이 없다. 예수님 은 제자들에게 위로부터 임하는 능력이 필요하다고 말씀하시며 성령을 구하라(눅 11:13), 성령을 받으라(요 20:22) 강조하셨다.

하나님께서는 스가랴서 네 번째 환상을 통해서도 이를 알려주신다. "이는 힘으로 되지 아니하며 능력으로 되지 아니하고 오직 나의 영으로 되느니라"는 말씀은 우리에게 있는 잠재력의 신장으로 사역을 완수하는 게 아니라, 오직 성령의 기름이 부어짐으로 하나님의 일을 완수할 수 있음을 알려준다.

그렇다면 여기서 '기름'은 무엇을 뜻할까. 첫째, 치유를 상징한다. 대표적으로 시편에서는 우리가 사망의 음침한 골짜기에 있을 때 "여호와께서 기름을 내 머리에 부으셨으니"(시 23:5)라는 말씀으로,

치유의 의미를 알려준다. 실제로 이 말씀은 양이 병들었을 때 목자가 양에게 올리브유를 섞은 기름을 부으며 치유해주는 모습을 표현한 것이기도 하다. 누가복음 10장에서도 선한 사마리아 사람이 강도 만난 사람에게 기름을 발라주는 장면이 나온다. 야고보서에도 병든 자가 있다면 "그들은 주의 이름으로 기름을 바르며 그를 위하여 기도할지니"(약 5:14)라고 말씀한다. 이처럼 성령의 기름 부으심이란 무엇보다 우리를 향한 예수님의 치유를 가리킨다.

둘째, '빛을 발하는 것'(시 43:3)을 상징하기도 한다. 이 빛이야말로 스가랴가 본 네 번째 환상의 핵심 개념 중 하나이다. 성령님은 어떤 분인가. 성도들의 가는 길을 환하게 비춰주시는 분이다. 또한 진리의 빛을 비춰주시며 우리를 인도하시는 분이다. 그래서 우리는 어둠 가운데 있는 우리의 마음을 환하게 비춰주시는 진리의 성령님을 찬양하지 않을 수 없다.

셋째, '기쁨'을 상징한다. 실제로 구약시대의 축제 때는 이 기름에 대해 기쁨을 증가시키는 즐거움의 상징이자 근원으로 여겼다. 그래서 성경에서도 "하나님의 나라는…오직 성령 안에 있는 의와 평강과 희락이라"(롬 14:17)고 말씀한다.

그러므로 우리는 이 말씀을 듣는 동안, 감람나무를 통해 금 기름이 공급되듯 성령의 기름 부으심이 우리 모두에게 부어짐으로 치유와 빛과 기쁨의 역사가 일어나길 간절히 소망해야 한다.

삶의 조각들을 모아 작품을 완성하시는 하나님

본문도 성령이 임하시면 어떤 일이 벌어지는지 외치고 있다.

큰 산아 네가 무엇이냐 네가 스룹바벨 앞에서 평지가 되리라 그가 머릿돌을 내놓을 때에 무리가 외치기를 은총, 은총이 그에게 있을지어다 하리라 하셨고(슥 4:7).

성령이 임하시면 아무리 큰 산도 평지가 된다고 한다. 역경의 종합세트와 같은 큰 산의 장벽이 하나님의 권능으로 완전히 무너져 내린다는 말이다. 이 은혜가 얼마나 확실한지, 무리가 이에 대해 "은총, 은총이 그에게 있을지어다"라며 하나님의 은혜를 외치고 있다. 여기서 외친다는 것은 그저 소곤소곤 말하는 정도가 아니라 시끄러울 정도로 큰소리를 내며 감격을 가지고 거룩한 소음을 발휘한다는 뜻이다. 이에 여호와의 말씀이 또 다시 선포된다.

여호와의 말씀이 또 내게 임하여 이르시되 스룹바벨의 손이 이 성전의 기초를 놓았은즉 그의 손이 또한 그 일을 마치리라 하셨나니 (슥 4:8-9a).

이 말씀을 받은 주인공은 스룹바벨이다. 그러나 당시 스룹바벨은 너무도 난감하고 난처한 입장이었다. 조국 이스라엘을 위해 뭔가 좀 하려고만 하면 큰 산이 난관처럼 그의 앞에 버티고 있었기 때문이다. 그런 때에 하나님께서는 스룹바벨을 향해, 모든 난관이 해결되어 성전의 머릿돌을 놓을 수 있을 것이라 말씀하신다. "네가 이 성전의 기초를 놓았으니 마치는 것도 보리라"는 말씀이 그것이다(9절).

머릿돌은 건물이 완공된 다음에 놓는 돌을 말한다. 그렇기에 7절에 "머릿돌을 내놓을 때에"라는 말씀과 9절에 "스룹바벨의 손이 이 성전의 기초를 놓았은즉 그의 손이 또한 그 일을 마치리라"는 말씀은 성전의 기초를 놓은 후 수많은 애환이 있었지만 "이제 하나님께서 완공을 상징하는 머릿돌을 놓아주시겠다"라는 뜻이다. 이스라엘에게 주시는 하나님의 크신 은총이 아닐 수 없다. 특히 스룹바벨은 이 말씀을 받고 십수 년간 쌓였던 체증이 다 씻겨 내려갔을 것이다.

우리는 어떠한가. 우리에게도 숱한 세월 동안 기초만 다지고 산과 같은 난관에 부딪혀 완성하지 못한 문제들이 얼마나 많은가. 본문은 그런 우리를 향해 은총의 말씀을 선포하며 소망을 안겨준다. 성령께서 친히 모든 무형교회의 머릿돌을 완성하심으로써 우리의 모든 체증 역시 말끔히 씻겨주실 것임을 보여준다.

나 역시도 본문을 대하며 21세기 우리의 모습을 스룹바벨에 빗대어 상상해 봤다. 우리는 스룹바벨처럼 산이라는 장벽 앞에 좌절과 슬픔을 느낄 수밖에 없는 존재이다. 우리 인생은 큰 산을 만나면 그 산 앞에서 부딪히고 깨지고 상처받기 때문이다. 어디 큰 산뿐인가. 작은 산을 만나도 우리 인생은 조각조각 깨어지고 부서지고 찢긴다.

이를 묵상하다 보니 내 마음에 이런 생각이 찾아들었다. '인생은 본래 큰 산 작은 산을 만나 조각날 때마다 슬픔과 고통에 몸부림치기도 하지만, 지나고 보면 우리 인생의 주인 되시는 하나님께서 그 부서진 조각을 모아 멋진 작품을 만드시는구나.' 그렇다. 하나님께서는 우리 인생의 조각을 모아 하나님의 명품을 만드는 분이다!

그런 면에서 그리스도인의 삶을 종합적으로 해석하면, 일종의 모자이크와 같다고 할 수 있다. 모자이크가 무엇인가. 여러 색깔의 돌들이나 유리, 금속이나 조개껍데기 같은 다양한 재료를 조각조각 붙여 하나의 작품을 만드는 예술 기법이다. 우리 인생도 순례길을 걷다 보면 수도 없이 큰 산, 작은 산을 만나곤 한다. 때로는 그 여정 속에서 우리가 깨어진 유리 조각이 되기도 하고, 날카로운 금속이나 버려진 조개껍데기가 되기도 한다. 아마 나이가 오십이 넘고 육십이 넘으면 이 말에 더욱 동의할 것이다. 그쯤 되면 살아온 인생길에서 벼랑 끝에 서 보지 않은 분이 없다고 할 정도로 위기의 연속선상을 살아왔을 것이다. 그래서 하나님을 모르는 사람은 그와 같이 조각난 삶에 대해 '불행'이라는 이름의 딱지를 붙이고는 자신의 인생에 대해 탄식하고 한탄한다. 심지어 어떤 이는 그걸 못 견뎌 하며 극단적인 선택을 하기도 한다.

그러나 우리 인생의 마스터이신 하나님의 관점으로 인생을 보면, 조각난 우리 삶에 대해서도 새로운 시선을 가질 수 있다. 마치 남들이 볼 땐 버려진 것 같은 재료일지라도 유명 화가의 손에 들리면 세계적인 명작이 나오듯, 우리 삶의 모든 조각도 예술가이신 하나님의 손 안에서는 멋있는 작품으로 재탄생할 수 있음을 알게 된다.

이것은 모든 것을 합력하여 선을 이루시는(롬 8:28) 하나님의 선하심과 전능하심 때문에 가능하다. 우리에게 아무런 의미도 없고 여기저기 찍혀 있어 흉하게 보이는 어지러운 점들도, 하나님께서는 그 손안에서 선으로 바꾸시고 또 그 선을 면으로 바꾸셔서 아름다운 그림을 그리신다. 아무렇게나 던져져 있는 우리 인생의 조각들이 하나님의 손안에 들리면 너무나 아름다운 그분의 히스토리가 되는 것이다. 이는 마치 한글의 자음과 모음이 좋은 시인을 만나면 시가 되고, 훌륭한 소설가를 만나면 이야기가 되는 것과 같은 이치다.

이처럼 하나님은 우리 인생의 흩어지고 깨어지며, 부서지고 의미없어 보이는 아픔과 상처와 상황들을, 마치 시인이나 소설가처럼 발견하고 조합하여 생명을 불어넣는 분이다. 그래서 우리는 조각난 우리 인생을 보면서도 하나님을 소망할 수 있다. 삶의 모든 영역의 주권자이신 창조주 하나님께서 우리의 모든 조각을 붙여, 우리 눈으로는 상상할 수 없었던 아름답고 멋진 모자이크 작품을 만들어 주시기를 기도할 수 있다. 그럴 때 우리는 어떤 상황에도 흔들리지 않고 순금 등잔대파의 역할을 감당할 수 있고, 웬만한 여론과 시류에도 묵묵히 하나님의 길을 갈 수 있다. 조각난 우리 삶의 상처를 가지고 명품을 만드시는 하나님을 신뢰할 때라야 우리는 이 길을 끝까지 걸어갈 수 있다.

첫째 조각. 작은 일의 날

나는 이 장에서 인생의 깨어진 세 조각을 발견했다. 하나님께서 그세 조각을 잘 이어 붙이실 때, 우리 인생이 흔들림 없이 한결같은 순금 등잔대파가 될 수 있음을 확신했다.

그렇다면 첫째 조각은 무엇일까? 본문 10절에서 그 조각을 찾아보자.

작은 일의 날이라고 멸시하는 자가 누구냐(슥 4:10a).

우리 삶의 조각들 가운데 첫 번째 조각은 10절에 나와 있는 '작은 일의 날'이다. 달리 말하면 '작은 일의 날'이라는 조각을 잘 감당하면 하나님께서 큰 산을 돌파할 수 있는 명품을 만들어 주신다는 뜻이다.

'작다'는 말은 히브리어로 '카탄'(קָטָן)으로, 이 단어는 "가장 작은 지파 베냐민"을 말할 때 쓰였다. 또한 사무엘이 다윗에게 기름 부으러 갔을 때, 이새가 다윗을 지칭해 '막내'라고 말할 때도 이 단어가 쓰였다. 솔로몬이 일천번제를 드리고 난 후 하나님께서 "내가 너에게 뭘 하여 줄까?"라고 물으셨을 때, 솔로몬이 "종은 작은 아이라 출입할 줄 알지 못합니다"라고 답할 때도 이 단어가 사용되었다.

사실 곰곰이 따져보면 본문에 나오는 순금 등잔대 자체도 엄청 큰 것이 아니었다. 겉으로 보면 '저거 하나 가지고 뭐가 되겠나?'라는 생각이 들 만큼 작은 것이었다. 그러나 순금 등잔대에 기름이 부어져 치유와 빛과 기쁨의 은혜가 계속 공급되면 장면이 전환되고 역사가 달라진다. 그 작은 순금 등잔대가 나중에는 신약에서 하나님의 교회가 되어 하나님의 영광을 온 세상에 비추는 역할을 한다. 그래서 본문에 "이 작은 일의 날이라고 멸시하는 자가 누구냐?"라고 말씀하고 있는 것이다.

이 작은 일의 가장 대표적인 사건은 따로 있다. 예수님이 갈보리의 십자가에 돌아가신 모습을 생각해 보라. 그분이 골고다에서 로마 제국의 힘에 의해 깨뜨려진 채 십자가에 달리신 모습을 상상해 보라. 거기에 무슨 큰 것이 있겠는가. 예수님이 십자가에 달리신 모습 속에 흠모할 만한 것이 무엇이겠으며 자랑할 만한 게 무엇이겠는가. 세상의 구세주가 되시는 분이 저주받은 자처럼 나무에 달려 초라하게 죽는 것이야말로 작은 일 중의 작은 일이었다. 그런데 십자가에 달리신 그 작은 날, 초라하고 보잘것없는 그 작은 날이 마침내 온 세상을 구원하는 엄청나게 천둥을 치는 날이 되었다. 그러므로 우리는 작은 일의 날이라고 무시하면 안 된다. 하나님께서 하나님의 마스터 작품을 만드실 때는 '작은 일의 날'이라는 조각난 부분을 가지고 일하시기 때문이다.

돌아보면 사랑의교회도 처음에는 작게 시작했다. 하나님께서 우리를 테스트하실 때도 그분은 항상 작은 것으로부터 시작하신다. 아침에 큐티(QT)하는 것도 남들이 볼 땐 작은 일이다. 이웃에 대해 마음 하나 쓰는 것도 우스운 일처럼 보일 수 있다. 온 마음을 다해 주일예배를 드리는 일도 마찬가지다. 예배는 결코 관람하는 일이 아니다. 옷매무새 하나도 추스르며 다니엘처럼 성전을 향해 기도하는 마음 자세로 하나님께 경배드리는 일이다. 이 사실을 알고 어떻게 해서든 주일예배를 실패하지 않기 위해 몸부림치는 성도의 모습도 남들에게는 작은 일이라 여겨질 수 있다. 그러나 하나님께서는 그 작은 일을 통해 우리에게 큰 역사를 이루신다.

사랑의교회는 코로나 팬데믹이 시작되자마자 정오기도회를 시작하여 지금까지 이어오고 있다. 이 역시 세상이 볼 때는 작은 일의 날이라고 할지 모른다. 그러나 이것은 결코 작은 일이 아니다. 성경에 보면 정오에 일어난 여러 일이 기록되어 있지 않은가. 베드로 사도는 정오에 기도할 때 환상을 보며 이스라엘 전통의 프레임을 벗어나는, 그야말로 말씀의 선포자 역할을 감당할 수 있었다(행 10장). 사울(바울)도 정오에 마상에서 거꾸러지고 난 뒤 목숨을 걸고 이방 선교에 앞장서게 되었다(행 9장). 대인기피증이 있던 수가성 여인도 정오에 예수님을 만남으로 인해 물동이를 버려두고 하나님 나라를 위한 전도자가 되었다(요 4장). 정오에 기도하는 것, 이것은 결코 작은 일이 아니다. 이 작아 보이는 일을 이어갈 때, 하나님께서는 하나님 나라의 큰 역사를 일으키신다. 이에 대해 본문은 다음과 같이 말씀한다.

…사람들이 스룹바벨의 손에 다림줄이 있음을 보고 기뻐하리라…
(슥 4:10).

스룹바벨의 손에 측량줄이 있다는 뜻이다. 그런데 이 측량줄은 작은 것이다. 그러니까 '이게 될까? 이 미약한 힘으로 성전이 건축될 수 있을까?'라는 의심이 만연한 가운데, 하나님께서는 이 환상을 보여주셨다. 측량줄, 그것은 아주 작지만 그것을 붙잡고 인내하며 견딜 때 하나님께서 마침내 성전의 머릿돌을 놓아주실 것을 알려주는 환상이다.

이를 통해 하나님께서는 우리에게 무엇을 말씀하시는가. 온라인으로 예배드려야 하는 상황이 되더라도 주일예배에 실패하지 않기 위해 정성으로 준비하는 것이나, 정오기도회에서 말씀하실 하나님을 바라며 날마다 그 시간에 엎드려 하나님을 구하는 것은 겉보기에는 대단치 않은 것처럼 보일지 모르나 결코 작은 일로 여기지 말라고 하심이 아니겠는가. 하나님께서는 별것 아닌 것 같아 보이는 작은 일들을 온 맘을 다해 감당하며 인내하는 자에게 말씀의 측량줄, 기도의 측량줄을 주시며 우리 생애의 집을 완성할 수 있게 하신다. 하나님은 그 작은 일을 작은 일이라고 무시하지 않고 믿음과 성실함으로 감당하는 이들에게 한결같은 순금 등잔대파로서의 사명을 감당하게 하신다.

둘째 조각. 기름 부음 받은 자

스가랴 4장 6-7절, 9-10절, 14절에 스룹바벨이 등장한다.

본문에는 대제사장 여호수아와 함께, 이 말씀을 받는 총독 스룹바벨이 나오는데, 14절에서는 여호수아와 스룹바벨이 바로 감람나무로부터 '기름 부음 받은 자 둘'임을 명시하고 있다. 당시 여호수아는 대제사장으로서 종교 지도자였고, 스룹바벨은 총독으로서 정치 지도자였다. 이것을 구약의 언약적인 시각으로 해석하여 신약에서 말씀한 구절이 베드로전서 2장 9절이다.

> 그러나 너희는 택하신 족속이요 왕 같은 제사장들이요 거룩한 나라요 그의 소유가 된 백성이니 이는 너희를 어두운 데서 불러내어 그의 기이한 빛에 들어가게 하신 이의 아름다운 덕을 선포하게 하려 하심이라.

예수님은 그분을 믿는 우리에게 '왕 같은 제사장'이 되게 하셨다. 그리고 제사장의 역할은 구약 스가랴서에 나오는 스룹바벨의 총독 역할과 여호수아의 제사장적 역할을 모두 아우르는 일이다. 그렇다면 왕 같은 제사장으로 부름 받은 우리는 이것을 어떻게 감당할 수 있을까?

스가랴서는 '기름 부음 받은 자 둘'이란 말로 답한다. '기름 부음 받은 자 둘'이라는 말씀을 히브리어로 직역하면 '새 기름의 아들들', 즉 'sons of the fresh oil'이 된다. 더 구체적으로 말하면 '새 기름으로 온몸이 절어 있다'는 뜻이다.

이는 기름 부음 받은 체험의 역사야말로 하나님 나라를 위한 순금 등잔대파로서의 사명을 감당하게 하는, 완전한 작품의 한 조각이 된다는 뜻이다. 이는 앞서 나온 "힘으로도 안 되고 능으로도 안 되고 오직 여호와의 영으로 된다"는 말씀 속에서 이미 강조된 사실이다. 즉 우리가 하나님의 새 기름으로 절인 하나님의 자녀가 되는 일이야말로, 왕 같은 제사장으로서 그분의 아름다운 덕을 선포하는 순금 등잔대로서의 사명을 감당하게 하는 결정적 한 수라는 것이다.

그러므로 우리에게 정말 필요한 것은 다른 게 아니다. 성령의 새 기름으로 절여지는 체험의 조각이 가장 필요하다.

여기서 성령으로 절어있다는 말은, 앞서 말한 대로 인간의 최선이나 잠재력을 극대화한다는 뜻이 아니다. 기독교 신앙은 우리의 최선을 다하는 정도로 설명될 수 없다. 우리의 최선에 하나님께서 위로부터 부어주시는 기름 부음이 있을 때, 진정한 역사가 시작된다. 성령으로 절어있어야만 참된 기독교 신앙인으로서의 삶을 살아가게 된다는 것이다.

그래서 우리는 기도해야(PRAY) 한다. 기도를 통해 우리의 눈을 들어 그분을 찬양하고(Praise) 우리 자신을 회개하며(Repent), 주님께 요청하고(Ask) 하나님의 뜻에 나를 양보하는(Yield) 'PRAY 과정'을 거치며 성령께 온전히 절여지기 때문이다. 우리가 성령의 새 기름으로 온 몸이 뒤덮일 때, 성령께서는 우리에게 순금 등잔대파의 사명을 능히 감당케 하신다.

셋째 조각. 하나님의 눈

계속해서 10절 하반절 말씀과 14절 말씀을 보자.

이 일곱은 온 세상에 두루 다니는 여호와의 눈이라 하니라(슥 4:10b).

이르되 이는 기름 부음 받은 자 둘이니 온 세상의 주 앞에 서 있는 자니라 하더라(슥 4:14).

14절에서는 하나님을 '온 세상의 주'라고 통칭했다. 10절에서도 하나님의 눈은 '온 세상에 두루 다니는 눈'이라고 기록했다. 그리고 그 눈은 일곱이시다. 일곱은 우리가 아는 대로 '완전수'이기에 '완전함'을 상징한다. 즉 하나님의 일곱 눈은 온 땅 어디에나 계셔서 모든 것을 감찰하신다는 뜻이다. 이것은 스가랴 1장에 나온 '온 땅을 두루 다니는 말 탄 군사들'과 '천상의 기병들', 또한 6장 1절부터 나오는 '하늘의 병거들'과 연결되어 소위 하나님의 무소부재하심을 가리킨다.

무소부재하신 하나님! 이 의식이 우리 속에 확실히 자리 잡을 때, 우리는 한결같은 순금 등잔대가 될 수 있다. 하나님의 일곱 눈이 온 세상을 감찰하신다는 의식이야말로, 큰 산 앞에 조각나버린 우리 인생이 다시 한번 창조주 하나님의 손에 붙들려 완전한 작품이 되게 하는 세 번째 조각이라는 말이다. 그런데 우리는 보통 '감찰'이라는 말을 위협적인 의미로 여기곤 한다. 실제로 '감찰'이란 단어의 사전적 의미를 찾아보니 "직무에 대한 위법·비위 사실에 대한 조사"를 뜻한다. 그래서인지 "하나님이 나를 감찰하신다"고 하면, 하나님이 우리의 잘못이나 문제를 찾아내서 징벌하시고 조사하신다고 생각하는 것 같다. "하나님이 다 보고 계셔"라고 하면 그에 대해 감사로 받기보다는 하나님께서 심판하시려고 우리의 실수를 기다리시는 것처럼 여기는 것이다.

과연 그럴까. 하나님께서 우리를 감찰하신다는 것이 위협적이고 부정적인 의미를 담고 있는 것일까. "여호와의 눈이 온 땅을 두루 감찰하신다"라는 말씀 안에는 우리의 죄악을 살펴 지적하신다는 뜻만을 담고 있지 않다. 죄악에 대한 지적은 그저 시작일 뿐이고, 사실 더 중요한 하나님의 목표가 담겨 있다. 즉 온 땅을 두루 감찰하심으로써 여호와를 향해 전심을 가진 자들에게 능력을 베푸시려고 한다.

여호와의 눈은 온 땅을 두루 감찰하사 전심으로 자기에게 향하는
자들을 위하여 능력을 베푸시나니(대하 16:9a).

그러므로 이 감찰의 목적은 우리를 좌절시키려 하심이 아니다. 오
히려 하나님은 안타까운 목자의 심정으로 우리를 감찰하신다. 어머
니가 자식을 살피는 이유가 무엇인가. 자식이 잘못하는 걸 발견해서
때리려는 게 아니다. 자식이 잘못하면 빨리 바로잡아서 회복시켜 주
기 위해 살핀다.

하나님의 감찰이 이와 같다. 그렇기에 하나님의 감찰은 우리를 향
한 위협적인 단어가 아니라 우리를 위로하시는 친근하고도 따뜻한
언어에 더 가깝다. 그렇다면 하나님의 눈은 우리의 무엇을 감찰하시
는가.

첫째, 하나님의 눈은 우리의 죄악을 감찰하신다(시 130:3). 우리를
파괴하려 하심이 아니라 다시 회복시켜 주님께로 돌아오도록 하기
위함이다.

둘째, 하나님의 눈은 우리의 고난을 감찰하신다(느 9:9).

셋째, 하나님의 눈은 우리의 수고를 감찰하신다(창 31:42).

넷째, 하나님의 눈은 우리의 원통함을 감찰하신다(삼하 16:12). 시
편 곳곳에는 하나님께서 다윗이 고백한 수많은 원통함과 통절함을
감찰하셨음이 나타나 있다.

다섯째, 하나님의 눈은 우리의 환난을 감찰하신다(시 31:7).

여섯째, 하나님의 눈은 우리 억울함을 감찰하신다(애 3:59).

일곱째, 하나님의 눈은 우리 마음을 감찰하신다(시 7:9).

여덟째, 하나님의 눈은 우리 걸음을 감찰하신다(욥 34:21).

아홉째, 하나님의 눈은 우리 인생을 감찰하신다(시 11:4).

열째, 하나님의 눈은 이 땅을 감찰하신다(시 102:19).

어떠한가. 하나님께서 무엇을 감찰하시는지만 살펴봐도 '하나님의 감찰'은 결코 위협의 언어가 아니라 우리를 위하시는 따뜻한 언어임이 느껴지지 않는가.

정리해보면, 하나님의 감찰은 징벌이 아니다. 우리의 회복을 원하시는 안타까운 어머니의 심정이자 목자의 심정이 담긴 따뜻한 시선이다. 그렇기에 하나님의 감찰은 우리를 회복으로 이끄는 하나님의 소망의 언어라 할 수 있다.

이 사실을 알았던 스룹바벨은 본문의 환상을 통해 여호와께서 자신의 삶과 사역, 현안의 모든 것을 감찰하신다는 것에 큰 위로를 받았을 것이다. 우리도 이와 같은 고백을 할 수 있으면 좋겠다. 살아가다 보면 큰 산 작은 산들이 나타나 마음이 조각난 듯 찢기고 어려워질 수 있지만, 그런 때에도 "주님이 다 아시지", "주께서 다 감찰하시지"라는 고백을 하며 주님의 따뜻한 시선, 따뜻한 위로를 받을 수 있기를 바란다. 그럴 때 우리 인생은 '온 세상을 감찰하시는 여호와의 일곱 눈'에 대한 자각으로 인해 하나님의 손안에서 하나님의 완전한 작품이 될 수 있을 것이다.

여기서 나는 "하나님께서 일곱 눈으로 온 세상을 감찰하신다"는 말에 담긴 또 하나의 뜻을 덧붙여 말하고 싶다. "하나님이 온 세상의 주가 되신다"는 10절과 14절의 말씀 속에는 "세상을 다 품어 넣으시는" 하나님의 크심이 담겨 있다. 온 세상을 두루 다니시는 여호와의 눈은 '성전'에서 '열방'을 향해 무엇이든 다 감찰하신다. 그 하나님께서는 이스라엘을 힘들게 한 바벨론과 세상 왕을 무조건 쳐내시기보다, 성전 재건축을 통해 이스라엘을 세우는 방법을 먼저 택하신다. 그러니 이스라엘은 다른 어떤 것보다 이스라엘로서의 역할만 제대로 하면 되었다. 성전 건축으로 영적 정체성이 회복되면 자동으로 그 영향력이 온 세상에 퍼질 것이기 때문이다. 그렇게 되면 바벨론뿐 아니라, 온 세상 왕국에도 대반전의 영향력을 끼칠 것이기 때문이다.

예수님은 신약시대에 이르러 이를 보여주셨다. 그분은 이 땅에 오셔서 십자가를 지고 죽으셨고 부활하셨으며, 승천하셔서 교회를 세우셨다. 그리고 그 교회가 열방을 품도록 하셨다. 그렇기에 하나님의 자녀인 우리도 '여호와의 눈'을 가지고 우리 마음과 생애를 조각나게 했던 '큰 산'까지도 품어 넣을 수 있기를 바란다. 우리 마음을 간장 종지처럼 작게 만들지 말고, 하나님 나라에 대한 꿈과 소명을 품어서 그 마음이 은혜의 큰 함지박이 되자는 것이다. 예전에는 누구 때문에 잠들지 못하고 가슴 아팠다면, 이제 '온 세상의 주님'을 묵상하고 따라감으로 그 사람마저도 품는 사람이 되길 바란다. 그럴 때 우리 인생은 하나님의 손에 들려 하나님의 완전한 작품으로 만들어질 것이다.

다시 한번 스스로 질문하고 답해 보자. 우리 앞에 지금 무엇이 놓여 있는가. 큰 산인가? 직장에서 혹은 가정에서 큰 산과 같은 문제가 눈앞에 떡하니 버티고 있는가? 내 힘으로는 도저히 무너뜨릴 수 없는 큰 산과 같은 문제가 우리의 시야를 가리고 있는가?

그렇다면 본문 말씀을 통해 주시는 성령의 음성에 마음을 활짝 열어 소망할 수 있기를 바란다. 우리에게 주어진 작은 일의 날들이 큰 산을 극복하게 하실 것을 바라며, 하나님을 소망하자. 또한 실제로 우리 마음이 성령의 새 기름에 절어짐으로 하나님 나라의 새 역사가 일어나길 소망하자. 하나님의 감찰하시는 눈이야말로 우리에게 따뜻한 위로의 언어임을 깨닫고 우리 인생의 조각들이 하나님의 손에 들려 완전해지기를 소망하자.

대부분 우리는 시작은 잘하지만, 끝이 좋지 않아 힘들어할 때가 많은 사람이다. 그러나 그런 우리에게도 성령의 기름 부으심이 임하면, 우리의 끝이 하나님의 손안에서 온전하고 아름다워질 것이다. 그것은 힘으로도 안 되고 능으로도 안 되며, 오직 여호와의 영으로만 된다. 우리가 다시 한번 그 사실을 마음에 새기며 오직 성령님을 소망함으로 우리 앞에 놓인 모든 산을 극복할 수 있기를 바란다.

죄 청산으로 눈 뜨게 하시다

"내가 다시 눈을 들어 본즉 날아가는 두루마리가 있더라 그가 내게 묻되 네가 무엇을 보느냐 하기로 내가 대답하되 날아가는 두루마리를 보나이다 그 길이가 이십 규 빗이요 너비가 십 규빗이니이다 그가 내게 이르되 이는 온 땅 위에 내리는 저주라 도둑질하는 자는 그 이쪽 글대로 끊어지고 맹세하는 자는 그 저쪽 글대로 끊어지리라 하니 만군의 여호와께서 이르시되 내가 이것을 보냈나니 도둑의 집에도 들어가며 내 이름을 가리켜 망령되이 맹세하는 자의 집에도 들어가서 그의 집에 머무르며 그 집을 나무와 돌과 아울러 사르리라 하셨느니라 하니라 내게 말하던 천사가 나아와서 내게 이르되 너는 눈을 들어 나오는 이것이 무엇인가 보라 하기로 내가 묻되 이것이 무엇이니이까 하니 그가 이르되 나오는 이것이 에바이니라 하시고 또 이르되 온 땅에서 그들의 모양이 이러하니라 이 에바 가운데에는 한 여인이 앉았느니라 하니 그 때에 둥근 납 한 조각이 들리더라 그가 이르되 이는 악이라 하고 그 여인을 에바 속으로 던져 넣고 납 조각을 에바 아귀 위에 던져 덮더라 내가 또 눈을 들어 본즉 두 여인이 나오는데 학의 날개 같은 날개가 있고 그 날개에 바람이 있더라 그들이 그 에바를 천지 사이에 들었기로 내가 내게 말하는 천사에게 묻되 그들이 에바를 어디로 옮겨 가나이까 하니 그가 내게 이르되 그들이 시날 땅으로 가서 그것을 위하여 집을 지으려 함이니라 준공되면 그것이 제 처소에 머물게 되리라 하더라"(스가랴 5:1-11)

우리는 스가랴 1-4장을 통해, 우리의 불
성곽이 되어주시고 우리를 눈동자로 여기시는 하나님의 위로의 메
시지를 받았다. 또한 이스라엘의 정치·사회적 지도자인 스룹바벨
과 종교·영적 지도자인 여호수아를 새롭게 하시며 그들을 세우시
는 하나님의 격려도 읽을 수 있었다.

그런데 스가랴 5장에서는 이전과 사뭇 다른 분위기가 전해진다.
앞 장에서 위로와 격려의 말씀을 주시던 것과 달리, 죄의 청산과 악
에 대한 강력한 심판을 말씀하신다. 하나님께서는 왜 갑자기 심판과
저주의 말씀을 하시는 것일까.

나는 이것을 묵상하며 한 가지 사실을 발견했다. 위로와 격려와
소망의 말씀을 주시던 하나님께서 갑자기 죄의 청산에 대해 말씀하
신다고 해서 그분의 백성을 향한 하나님의 마음이 바뀌었다거나 하
나님의 하나님 되심이 바뀐 게 아니라는 것이다. 하나님은 여전히
그분의 백성을 향해 무한한 사랑을 가지신 분이다. 그러므로 우리는

스가랴 5장을 통해서도 우리의 참 목자가 되시고 불 성곽이 되시며, 우리를 눈동자처럼 지키시는 하나님을 만날 수 있다.

하나님께서 사랑하는 백성들에게 이 말씀을 하신 데에는 이유가 있다. 반세기가 넘도록 바벨론의 노예로 있으면서 이방의 문화와 종교, 사고방식에 오염된 이스라엘의 얼룩과 흠을 깨끗이 제거해야만 그들을 눈동자처럼 지키실 수 있었기 때문이다. 실제로 고토(故土)로 돌아온 귀환민들 가운데에는 바벨론에게 멸망당할 수밖에 없었던 조상들의 악행을 그대로 답습하는 이들이 많았다. 거룩하신 하나님께서는 이스라엘에 성전을 재건하여 그곳에 임재하시는 가운데 은총을 베풀려 하셨기에, 먼저 이스라엘의 죄악을 청소하셔야만 했다.

따라서 죄의 청산 혹은 죄악 심판은 동전의 양면처럼 하나님의 또 다른 사랑의 표현임을 반드시 기억해야 한다. 하나님께서 애굽의 종 되었던 이스라엘을 구원하셔서 제사장 나라로 살게 하시기 위해 계명을 주셨던 것처럼, 출바벨론 한 이스라엘 백성들이 이방의 빛으로서 축복의 통로 역할을 감당하게 하시려고 바벨론에서의 '옛 삶'을 버리고 '새로운 기준'을 갖고 살 것을 제시하셨던 것이다.

> 그 날에 많은 나라가 여호와께 속하여 내 백성이 될 것이요 나는 네 가운데에 머물리라(슥 2:11).

특별히 우리는 코로나 팬데믹 가운데 '죄악 청산'에 대해 말씀하시는 하나님의 의도를 알아차려야 한다. 코로나19 바이러스의 전염을 막기 위해 모든 방역에 철저히 힘쓰듯, 한국교회는 죄의 확산을 막기 위한 영적인 대방역에 힘써야 한다는 뜻이다. 여기서 '영적인 대방역'이란, 하나님과 나만 아는 어떤 은밀한 죄악을 제거하는 일을 말한다. 죄로 오염된 것들을 치우고 청산하며 멀리하고 소독하는 영적 대점검을 하지 않는다면, 본문의 말씀은 그저 신기루처럼 지나가 버릴 것이다. 머리끝부터 발끝까지 대방역을 시행하려는 마음 자세로 이 말씀을 받을 때, 말씀이 역사하여 능력이 되는 일이 이루어지리라 믿는다.

죄 청산 1. 십자가 은혜로

본문 5장 1-11절에 두 가지 환상이 소개된다. 하나는 '두루마리 환상'이고 다른 하나는 '에바 속 여인의 환상'이다. 하나님께서 이 환상을 보여주신 이유는, 앞서 보여주신 회복의 약속에 대한 환상이 성취되기 위해서는 먼저 처리되어야 할 것이 있었기 때문이다.

본문의 두 환상을 통해 하나님께서 말씀하시려는 핵심은 '죄 척결'과 '죄인 심판'이다. 죄는 반드시 없어져야 하고 악은 반드시 예루살렘에서 사라져야 함을 보여주신다.

먼저 죄 척결에 대한 환상부터 살펴보자.

내가 다시 눈을 들어 본즉 날아가는 두루마리가 있더라(슥 5:1).

1절에 나오는 두루마리가 생소한 분들이 있을지 모르겠다. 옛날에는 글을 쓸 때 파피루스를 쓰기도 했지만 주로 양, 염소, 송아지 등 동물의 가죽을 가공 처리하여 만든 양피지를 썼다. 1절에 나타난 날아가는 두루마리도 그런 종류였을 것이다. 우리가 여기서 주목해야 할 점은 범상치 않은 두루마리의 규모이다.

그가 내게 묻되 네가 무엇을 보느냐 하기로 내가 대답하되 날아가는 두루마리를 보나이다 그 길이가 이십 규빗이요 너비가 십 규빗이니이다(슥 5:2).

규빗은 정확히 몇 센티미터라고 정해놓은 건 아니고 보통 성인의 팔뚝 길이를 말한다. 대체로 한 규빗이 45-50센티미터 정도이므로 본문에서 날아가는 두루마리는 길이 10미터에 너비 5미터는 되어 보인다. 우리가 고속도로를 달리다가 'Jesus loves you'라는 큰 간판만 봐도 압도되듯이, 스가랴도 큰 두루마리가 자기에게 다가오는 모습을 보며 압도되지 않을 수 없었을 것이다. 더구나 두루마리는 거기에 쓰인 글씨가 보이도록 수직으로 다가오고 있었다.

어떻게 보면 이 환상의 내용은 너무 독특하고 생경해서 낯설기도 하지만, 달리 생각해보면 매우 탁월하고 비범하며 천재적인 느낌으로 다가오기도 한다. 과연 이 환상은 무엇을 뜻하는 것일까? 이를 알기 위해 이십 규빗과 십 규빗의 단어가 사용된 열왕기상 말씀을 보자.

성전의 성소 앞 주랑의 길이는 성전의 너비와 같이 이십 규빗이요 그 너비는 성전 앞에서부터 십 규빗이며(왕상 6:3).

놀랍게도 스가랴가 본 두루마리의 크기와 열왕기상에 소개된 성전의 성소 앞, 소위 낭실이라고 하는 현관의 크기가 동일하다. 지성소에 있는 두 그룹의 높이와 날개 길이가 일치한다. 그렇다면 스가랴가 본 두루마리는 무엇을 의미하는 것일까? 이 질문을 던지며 다음 구절을 보라.

그가 내게 이르되 이는 온 땅 위에 내리는 저주라 도둑질하는 자는 그 이쪽 글대로 끊어지고 맹세하는 자는 그 저쪽 글대로 끊어지리라 하니(슥 5:3).

이를 이해하기 위해 이 구절을 《새번역》으로 다시 보자.

···두루마리의 한 쪽에는 '도둑질하는 자가 모두 땅 위에서 말끔히 없어진다'고 씌어 있고, 두루마리의 다른 쪽에는 '거짓으로 맹세하는 자가 모두 땅 위에서 말끔히 없어진다'고 씌어 있다(슥 5:3, 새번역).

두루마리 한쪽에는 도둑질하는 자에 관한 규례인 제8계명이 쓰여 있고, 다른 한쪽에는 하나님의 이름으로 거짓 맹세 하는 것, 즉 "하나님의 이름을 망령되이 일컫지 말라"는 제3계명이 쓰여 있다고 한다. 이에 대해 신학자들은 대체로 한쪽에서는 하나님과의 관계에서 잘못된 죄악을, 또 다른 한쪽에서는 사람들과의 관계에서 잘못된 죄악을 나타낸 것이라 주장한다. 이를 통해 우리는 예수님이 강조하신 "네 마음을 다하며 목숨을 다하며 힘을 다하며 뜻을 다하여 주 너의 하나님을 사랑하고 또한 네 이웃을 네 자신 같이 사랑하라"(눅 10:27)는 말씀을 떠올리게 된다. 즉 이 두루마리에는 하나님의 십계명이 쓰여 있는 것이다.

그러나 십계명을 떠올릴 때 하나님과의 관계나 사람과의 관계에서 이 계명을 완벽하게 지킨다고 말할 수 있는 사람이 거의 없을 것이다. 오히려 그에 대해 마음의 무거운 짐을 갖는 경우가 대부분이다. 그래서 1계명부터 4계명까지에 기록된 하나님과의 관계, 5계명부터 10계명까지에 기록된 사람과의 관계에 관한 십계명을 보다 보면, 그에 대해 잘못하고 있는 삶의 내용들이 눈 앞에 펼쳐질 수밖에 없을지도 모른다. 아마 스가랴도 두루마리가 다가올 때, 그런 심정이었을 것이다.

더구나 길이 10미터 너비 5미터라는 두루마리의 크기는 성전 앞 현관의 크기와 같았다. 성전 앞이 어떤 곳인가. 율법의 말씀을 반포하는 곳이다. 하나님의 말씀을 읽고 그 말씀을 선포하는 곳이 바로 성전 앞 현관이다. 따라서 길이 이십 규빗, 너비 십 규빗의 두루마리를 본다는 것은 곧 율법의 말씀이 반포됨을 본다는 뜻이다. 이것을 달리 말하면, 우리의 모든 죄악을 청산해야 하는데 그 죄악 청산의 기준이 바로 하나님의 계명, 하나님의 말씀이라는 뜻이기도 하다. 평소 우리가 얼마나 선한 행위를 했고 얼마나 의로운 행위를 했느냐를 기준으로 우리의 죄악을 판단하는 게 아니라, 하나님의 말씀만이 그 기준이 된다는 것이다.

그래서 우리는 언제나 하나님의 말씀을 가까이해야 한다. 그래야만 우리가 산다. 물론 말씀을 읽다 보면 때때로 하나님의 말씀이 너무 복잡하고 어렵게 다가오기도 한다. 그러나 기본적으로 신문을 읽고 해석할 정도의 인지능력만 있다면 누구든지 하나님의 말씀을 문법적으로, 문자적으로, 역사적으로, 구원사적으로 접근함으로써 정통 주류 교회가 인정하고 확증하는 수준의 말씀 해석에 이를 수 있다. 그렇게 말씀이 다가올 때, 우리는 말씀의 표준 앞에서 삶의 무엇이 잘못되었는지를 분별하며 하나님께로 돌아가게 된다.

나는 부디 온 성도들이 하나님의 말씀을 가까이함으로 돌이켜야할 삶의 기준을 바로 세울 수 있기를 바란다. 하나님의 말씀만이 모든 죄악을 판단하는 기준과 근거가 되기 때문이다. 특히 요즘처럼 세속과 무신론의 광풍이 불 때는 더더욱 말씀의 기둥에 자신을 묶은 사람만이 죄의 강력한 중력에 흔들리지 않고 자신을 지켜낼 수 있다. "하나님의 말씀이 너희 안에 거하시며 너희가 흉악한 자를 이기었음이라"(요일 2:14)는 말씀을 기억하길 바란다.

말씀은 곧 진리이다. 그렇기에 우리는 진리이신 말씀을 기준으로 옳고 그름을 판별해야 한다. '포괄적 차별금지법'에 대해서도 사람마다 시대적, 상황적인 여러 해석을 가하기도 하지만 기본적으로 우리는 정통 주류 교회의 말씀에 대한 해석을 기준으로 그 법을 바라봐야 한다. 그 법이 옳으냐 그르냐의 기준은 오직 말씀에 있기 때문이다.

본문은 하나님의 말씀인 이 두루마리야말로 모든 삶의 기준이요 표준임을 우리에게 강조하고 있다. 요한계시록에서도 이와 동일한 메시지가 나온다.

> 내가 보매 보좌에 앉으신 이의 오른손에 두루마리가 있으니 안팎으로 썼고 일곱 인으로 봉하였더라(계 5:1).

두루마리에 관한 신비한 환상이 소개되는 요한계시록에서는 두루마리가 보좌에 앉으신 이의 오른손에 들려 있음을 먼저 밝힌다. 이 두루마리야말로 죄악을 청산하고 악을 심판하는 기준임을 명시하고 있는 것이다. 그러나 요한계시록 5장 4절에 나온 대로 이 땅에는 "그 두루마리를 펴거나 보거나 하기에 합당한 자가 보이지 아니하기로" 요한이 크게 울어야 했다.

스가랴서에서는 이 두루마리를 기준으로 한 '죄악 청산'에 대해 단호히 말씀한다.

만군의 여호와께서 이르시되 내가 이것을 보냈나니 도둑의 집에도 들어가며 내 이름을 가리켜 망령되이 맹세하는 자의 집에도 들어가서 그의 집에 머무르며 그 집을 나무와 돌과 아울러 사르리라 하셨느니라 하니라(슥 5:4).

무슨 뜻인가. 두루마리의 판단 기준에 비춰봤을 때 도둑질을 하거나(제8계명을 어김) 망령되이 맹세한 사람(제3계명을 어김)들의 죄악의 결과는, 그의 집에 두루마리가 들어갈 때 그 집을 짓는 재료인 나무와 돌까지도 완전히 불태워질 정도로 처참하다는 뜻이다. 말씀을 통한 죄악의 심판이 그만큼 확실하다는 것이다.

이렇게 죄악의 심판이 나타나면 온 땅에는 3절 말씀처럼 저주가 임한다. 말씀의 심판이 임할 때 주님의 긍휼과 은혜로 문제가 해결되지 않는 사람에게는 저주가 임한다는 얘기다. 다시 말해, 그리스도의 보혈의 은혜가 임하지 않은 사람에게는 날아다니는 두루마리가 곧 날아다니는 저주가 된다는 것이다. 그러니 예수님의 십자가 앞에서 죄 문제를 해결 받지 않는다면, 우리 인생은 저주의 위력 앞에서 참담한 결과를 맞이할 수밖에 없다.

죄 청산 2. 율법의 저주에서 속량하신 은혜로

이것은 너무도 두려운 일이다. 예수님의 보혈로 죄 문제가 해결되지 않는다면 날아다니는 두루마리가 날아다니는 저주의 위력으로 발휘된다니. 그러니 예수님을 믿지 않는 세상 사람들은 하나님의 언약을 파괴한 자들에게 저주가 신속하게 임한다는 말씀을 싫어할 수밖에 없다. 그러나 우리는 하늘과 땅 사이를 날아다니며 강력한 심판과 저주의 실제적 효력을 나타내는 전율할 만한 두루마리의 환상을 똑똑히 기억해야 한다.

3절의 '저주'라는 단어는 하나님의 말씀을 지키지 않고 거부한 사람들에게 내려지는 '응징'을 뜻한다. 여기서 하나님의 말씀을 거부한다는 것은 신약에 이르러 예수 그리스도의 보혈의 은혜를 받아들이지 않음을 가리킨다. 하나님의 말씀, 즉 예수 그리스도를 거부한다면 이 저주가 자동으로 임할 수밖에 없다는 것이다. 그러므로 하나님 앞에서 늘 마음대로 살고 교만이 하늘을 찌르는데도 세상에서 잘나가는 사람들을 보며 괴로워하거나 시험 들 필요가 전혀 없다. 시차가 있을 뿐, 그들도 예수님께로 돌이키지 않으면 언젠가 응징과 저주의 심판이라는 극히 자연스러운 결과를 마주해야 하기 때문이다.

그러나 하나님께서는 이와 같은 저주가 그분의 자녀들에게 임하는 걸 막으시기 위해 크신 은혜를 베푸셨다. 말씀대로 살지 않는 자가 받을 저주를 예수 그리스도께서 친히 감당하도록 하신 것이다. 이 은혜가 얼마나 큰 것인지는, 저주의 문제를 해결하기 위해 옛날 이스라엘 백성들이 양의 목을 베서 그 피를 가지고 제사 드렸던 참혹한 현장을 떠올려보면 조금이나마 짐작할 수 있다. 당시 예루살렘 성전에는 날마다 제물이 된 양의 피가 흥건했고 그로 인한 피비린내도 사라진 적이 없었다. 그러나 예수님이 우리를 위해 친히 속죄제물이 되어 죽으심으로, 우리는 이제 피의 제사를 드리지 않아도 된다. 예수 그리스도의 보혈을 힘입어 저주를 받지 않아도 되기 때문이다.

이것이 하나님께서 우리에게 주신 놀라운 새 언약(New Covenant)이다. 예수님의 보혈로 저주의 문제가 완전히 해결된 이 언약이야말

로 하나님께서 우리에게 주신 은혜 중의 은혜이다. 이에 대해 갈라
디아서는 다음과 같이 말씀한다.

그리스도께서 우리를 위하여 저주를 받은 바 되사 율법의 저주에서
우리를 속량하셨으니(갈 3:13a).

할렐루야! 어떤 시대를 살든 이 복음만이 우리에게 주어진 유일
한 희망이다. 율법의 저주에서 우리를 속량하신 예수 그리스도! 그
래서 성찬식을 할 때마다 "이것은 죄 사함을 얻게 하려고 많은 사람
을 위하여 흘리는 바 나의 피 곧 언약의 피니라"(마 26:28)는 말씀을
선포하며 그 말씀을 받는다. 구약시대에는 죄 문제를 해결하기 위해
동물의 피를 가지고 애써야 했지만, 이제는 어린 양 되신 예수 그리
스도의 보혈로써 모든 저주가 물러갔음을 우리에게 알려주고 있는
것이다.

그러므로 예수님을 믿는 우리는 어떤 상황에서도 우리 죄를 사하
시는 그리스도의 보혈을 신뢰하며 따라가면 된다. 이 말씀을 붙잡고
예수 그리스도의 보혈을 의지하며 살 때, 저주는 자연스레 물러가고
감사와 기쁨이 우리 가운데 넘쳐날 것이다.

두루마리 환상이 기록된 본문에서는 죄가 자동으로 우리에게 저
주를 가져왔음을 알려준다. 따라서 우리는 이 말씀을 통해 죄로 인
하여 저주가 자동으로 파생되었던 것처럼, 그리스도의 피로 구원받
은 사람에게는 그 피로 인하여 자동으로 하나님의 계명을 지킬 수
있는 길이 열렸음을 기억해야 한다. 스스로 구약의 율법을 지키려
할 때는 저주받을 수도 있다는 두려움에 붙잡혀 안절부절못했지만,
그리스도의 피로 구원받은 사람에게는 새 언약에 나타난 속죄의 은

혜 속에서 말씀을 지킬 수 있는 길이 열렸다는 것이다. 즉 말씀을 지키는 힘은 율법이 아니라 새 언약이라는 말이다. 우리는 율법의 요구로 십계명을 지키는 것이 아니라 주님의 십자가와 사랑과 보혈에 근거해, 자연스러운 성령의 능력으로 말씀을 지킬 수 있다. 다시 말해 우리는 혹 저주를 받을까 두려워하는 마음에서 억지로 말씀을 지키는 사람들이 아니라, 마치 돌아온 탕자처럼 하나님의 은혜와 사랑을 맛본 자로서 감사와 감격으로 말씀을 지키는 자들이 되었다. 그리스도의 은혜가 너무 커서 감사와 기쁨에 겨워 말씀을 지키는 자들이 바로 우리이다.

이것이 참 복음이고 참 신앙이다. 이와 같은 하나님의 참 사랑을 깨달을 때, 죽음의 두려움으로부터 자유로운 삶을 살아갈 수 있다. 율법의 저주로부터 자유하게 되고, 마귀의 정죄와 참소로부터 자유하게 된다. 그리스도의 은혜를 생각할 때마다 어떠한 고난의 길도 감사히 여기며 새 계명을 지키는 자로서의 삶을 살아갈 수 있다.

새 계명이 무엇인가. "새 계명을 너희에게 주노니 서로 사랑하라 내가 너희를 사랑한 것 같이 너희도 서로 사랑하라"(요 13:34)는 말씀대로, 서로 사랑하는 것이다. 그렇기에 새 언약의 은혜가 주어지면 우리에게는 위와 같이 아름다운 새 계명의 현장이 펼쳐진다는 뜻이다.

이 얼마나 감사한 일인가. 신앙의 표준인 두루마리는 말씀을 완벽하게 지키지 못하는 우리 모두에게 저주가 될 수밖에 없다. 죄는 반드시 징계라는 결과를 받기 때문이다. 그러나 하나님께서 새 언약을 주심으로 우리로 하여금 두루마리의 저주로부터 자유하게 하셨다. 그래서 우리는 새 언약으로 인해 '죄 척결'의 말씀을 더 이상 두려움이 아니라 은혜와 기쁨으로 받을 수 있게 되었다.

죄 청산 3. 죄악을 던져버리시는 은혜로

그렇다면 구체적으로 어떻게 죄를 척결해야 할까? 본문에 나오는 또 하나의 환상에서 이에 대한 답을 찾아보자.

내게 말하던 천사가 나아와서 내게 이르되 너는 눈을 들어 나오는 이것이 무엇인가 보라 하기로 내가 묻되 이것이 무엇이니이까 하니 그가 이르되 나오는 이것이 에바이니라 하시고 또 이르되 온 땅에 서 그들의 모양이 이러하니라 이 에바 가운데에는 한 여인이 앉았 느니라 하니 그 때에 둥근 납 한 조각이 들리더라 그가 이르되 이는 악이라 하고 그 여인을 에바 속으로 던져 넣고 납 조각을 에바 아귀 위에 던져 덮더라(슥 5:5-8).

스가랴가 본 일곱 번째 환상의 의미를 알기 위해 다시 이스라엘의 상황을 짚어볼 필요가 있다. 앞서 말한 대로 이스라엘은 70년간의 바벨론 포로 생활을 끝내고 고국으로 돌아온 상태였다. 다시 말해 대다수의 이스라엘 백성들은 바벨론 생활에 익숙해질 대로 익숙해져서, 과거의 삶과 완전히 다른 삶의 형태를 취하고 있었다.

과거에 이스라엘 백성들은 어떤 형태의 삶을 살았는가. 그들은 본래 반농반목(半農半牧)을 하던 민족이었다. 농사를 짓기도 했지만, 유목민으로서 양 치는 일을 본업으로 삼던 사람들이다. 그런데 상업과 상술이 발달한 바벨론에 끌려간 후로는 이전과 다른 형태의 삶을 살아야 했다. 그곳에서 상인으로 살다 보니 자신도 모르게 바벨론 상업주의와 맘모니즘, 물질주의에 물들었다. 그래서인지 그들은 고토로 돌아온 뒤에도 바벨론의 잔재를 떨쳐내지 못했다. 거짓말로 거래하며 도량형 무게를 속이기도 하고, 장부를 조작하기도 했다. 정직의 가치를 소중히 여기던 이스라엘의 모습은 오간 데 없었다. 그들은 겉으로만 우상을 버렸을 뿐, 속으로는 여전히 바벨론에서 섬기던 우상을 숭배하고 있었다. 바벨론에서 포로 생활을 하는 동안 그 정신 속에 깃들었던 이방 문화와 물질주의를 그대로 품은 채 돌아왔던 것이다.

스가랴가 본 환상은 맘모니즘의 실상을 보여준다. "한 사람이 두 주인을 섬기지 못할 것이니 혹 이를 미워하고 저를 사랑하거나 혹 이를 중히 여기고 저를 경히 여김이라 너희가 하나님과 재물을 겸하여 섬기지 못하느니라"(마 6:24)는 말씀처럼, 이 환상은 하나님과 물질을 동시에 섬기는 잘못을 지적하고 있다.

> 이 에바 가운데에는 한 여인이 앉았느니라 하니 그 때에 둥근 납 한 조각이 들리더라(슥 5:7).

여기서 '에바'라는 것은 곡식을 재는 통을 말한다. 우리 식으로 말하면 '말' 같은 것이다. 재미있는 것은 에바 가운데 한 여인이 쪼그려 앉아 있다는 점이다. 마치 '전설 따라 삼천리'에 나오는 장면처럼 섬뜩하지 않은가. 이어지는 8절에서는 여인에 대해 다음과 같이 말한다.

> 그가 이르되 이는 악이라 하고 그 여인을 에바 속으로 던져 넣고 납 조각을 에바 아귀 위에 던져 덮더라(슥 5:8).

성경은 에바 속에 앉아 있는 여인을 '악' 자체라고 말한다. 악 자체인 이 여인이 틈만 나면 에바에서 나오려고 한다. 그래서 8절에서는 큰 납 뚜껑으로 덮어서 이 여인이 에바에서 나오는 것을 원천 차단하고 있다. 왜 이렇게까지 하는 것일까.

여기서 '에바'는 곡식을 사고 팔 때 사용하는 '측량 도구(도량형)'이다. 그러니까 이 말씀은 '측량 도구'를 속여서 이득을 취하는 자들의 '죄악'을 처벌하는 모습을 나타내고 있다. 거룩한 땅에 와서도 바벨론에서 저지르던 악을 그대로 행하는 것에 대해 '에바 속으로 던져 놓고', '뚜껑을 덮어 버리는' 식으로 처단하는 장면이다.

'에바 환상'은 세상의 악함을 상징하기도 한다. 본문 6절 하반부에 나온 "온 땅에서 그들의 모양이 이러하니라"라는 구절은 칠십인역 성경에서 "이것은 온 땅에 있는 그들의 악함이다"라고 번역되었다. 즉 에바 환상은 땅에 쌓인 맘모니즘 전체, 땅의 모든 죄악을 가리키고 있다.

그런 면에서 악 자체로 표현된 에바 속 여인은 물질주의와 맘모니즘을 가리킨다. 신학자들은 주로 이 여인을 '아세라'라고 보는데, 신약에서 바울이 아테네에 갔을 때 봤던 '아르테미스'(아데미)와도 같은 맥락의 우상이다. 바벨론 당시에 사람들이 숭배했던 '이쉬타르'라는 우상도 여기에 해당된다.

그렇다면 아세라는 어떤 우상인가? 구약에서 아세라는 바알 신의 아내로 등장한다. 바알 신이 비를 내리게 하고 목축하게 하는 신이었다면, 아세라는 열매를 맺게 하고 풍요와 다산과 물질을 가져오게 하는 신으로 여겨졌다. 이스라엘 백성들이 본토로 귀환한 후에도 맘모니즘에서 벗어나지 못했다는 점에서, 그들은 여전히 아세라 신을 숭배하고 있었다. 에바 속 여인이 틈만 나면 에바 통 밖으로 튀어나오려는 모습도 이처럼 이스라엘을 끈질기게 따라다니는 죄악상을 나타내 보여준다.

그 후에 하나님께서 행하시는 일은 무엇일까? 이어지는 9-11절을 보자.

> 내가 또 눈을 들어 본즉 두 여인이 나오는데 학의 날개 같은 날개가 있고 내가 내게 말하는 천사에게 묻되 그들이 에바를 어디로 옮겨 가나이까 하니 그가 내게 이르되 그들이 시날 땅으로 가서 그것을 위하여 집을 지으려 함이니라 준공되면 그것이 제 처소에 머물게 되리라 하더라(슥 5:9-11).

9절에서는 또 다른 '두 여인'이 등장한다. 이들은 악의 상징인 '에바 속 여인'과 달리, 악을 처단하는 하나님의 사자들이다. 틈만 나면 에바에서 튀어나와 민족을 오염시키고 괴롭히는 끈질기고도 집요한 죄악이 다시는 이스라엘에 얼씬하지 못하도록, 두 여인은 에바 속 여인을 꽁꽁 덮어 멀리 시날 땅에 던져버리는 역할을 한다.

왜 이렇게까지 해야 하는지 의아하지 않은가? 앞서 스가랴 2장에서는 유다 땅을 거룩한 땅이라고 했다. 이것은 하나님의 백성들의 마음과 그 삶의 터전이 거룩한 곳이어야 한다는 뜻이다. 그래서 5장에 나오는 천사들은 거룩한 땅에 있어서는 안 될 죄악의 에바를 들어, 옛날 바벨탑을 쌓았던 시날 땅에 던져버리는 것이다.

이 환상은 우리에게 여러 가지로 비범한 느낌을 준다. 하나님께서는 '에바 속 여인'을 통해 우리 속에 있는 구체적인 죄악의 현장을 보여주심과 동시에, 에바와 에바 속 여인을 들어 하나님을 대적하는 죄악의 본거지인 시날 땅에 던져버리심으로써 죄악에 대한 단호함을 보여주신다.

여기서 우리는 우리의 죄악을 들어 시날 지옥으로 던져버리시는 하나님의 손길에서 큰 감동을 받는다. 하나님께서 죄악의 에바를 시날 땅에 던져버리셨다는 것은, 곧 우리를 그리스도의 보혈의 강수에 던지심으로써 우리의 모든 죄악을 청산해버리는 하나님의 은혜를 떠올리게 하기 때문이다. 이것이 우리의 죄악을 청산하시는 하나님의 묘수이다.

우리도, 지금, 그 자리에서

그렇다면 우리는 이 말씀을 오늘 이 시대에 어떻게 적용해 받아야 할까. 앞서 '영적 대방역'에 대해 얘기했지만, 코로나 팬데믹은 단순히 의학적인 문제만은 아니다. 어떤 면에서는 영적 전쟁의 문제에 더 가깝다. 사탄은 어떻게든 팬데믹과 같은 상황을 이용하여 그리스도인들에게 온갖 영적인 유혹을 뻗치려 하고 있다.

영적인 눈을 들어 우리의 현실을 보라. 사탄은 팬데믹을 도구삼아 각 가정을 파괴하려고 얼마나 혈안이 되었는지 모른다. 집안에 모여 있을 수밖에 없는 형편을 이용해서 가족 구성원들 간에 온갖 파열음을 일으키고 있다. 그런 가운데 사탄은 우리의 정서까지도 파괴한다. 코로나블루와 같은 각종 우울증을 불러일으켜 우리의 몸과 마음을 아프게 하는 일들이 얼마나 많은지 모른다. 또한 경제적 어려움을 통해 가정을 깨뜨리려고 한다. 무엇보다 이 시기에 우리의 영적 생활을 파괴하려고 우는 사자처럼 달려들어 우리의 영적 저수지를 메마르게 하고 있다. 함께 얼굴을 맞대고 교제할 수 없는 상황을 이용해 각종 교제결핍증에 시달리게도 한다. 이 모든 현상은 우리에게 코로나 방역에만 힘쓸 것이 아니라 영적인 대방역에도 힘써야 함을 알려준다.

그렇다면 영적인 대방역의 실제는 무엇일까. 본문과 관련하여 우리는 두 가지 실제를 발견할 수 있다. 첫째는 '죄악 청산'이고 둘째는 '제도적 죄악의 시스템 청산'이다. 우리는 코로나 팬데믹을 통해 가정과 정서와 경제를 파괴할뿐만 아니라, 무엇보다 성도들의 영적 생활을 파괴하려고 하는 제도적인 죄악의 시스템을 청산해야 한다. 지금 이 시대는 문화 자체가 죄의 에바인 경우가 너무나 많다. 마치 바벨론의 문화가 이스라엘에 밀려오듯이 우리가 용납하지 말아야 할 잘못된 문화들이 우리에게 밀려오고 있는 시대이다.

따라서 우리는 우리 자신이 하나님의 백성임을 늘 확인하면서, 죄악으로 얼룩진 더러운 옷을 벗고 그리스도의 보혈의 옷, 정결한 옷으로 갈아입는 일을 게을리하지 말아야 한다. 그러려면 하나님의 말씀을 통해 우리의 마음이 날마다 청소되고 영적 대방역이 이루어지기를 늘 기도해야 한다.

고(故) 빌리 그레이엄(Billy Graham) 목사님은 《마침내 찾은 평화》라는 자신의 책에서 우리가 죄를 청산해야 하는 이유에 대해 다음과 같이 언급했다.

"순전하고 거룩한 하늘의 하나님은 죄와 공존할 수 없는 분이다. 그래서 죄를 범한 우리와 하나님은 서로 충돌하고 있다. 이 세상에서 가장 큰 전쟁은 국가 간의 전쟁이 아니라 우리와 하나님 사이에서 벌어지고 있는 전쟁이다."

죄가 우리와 하나님 사이를 가로막는 가장 큰 원인이라는 말이다. 그렇기에 우리는 죄를 지을 때마다 그것은 마치 하나님께 영적 전쟁의 선전포고를 하는 것과 같음을 알아야 한다. 빌리 그레이엄 목사님도 "하나님과 화목하고 평화를 누리는 열쇠는 바로 하나님과 싸우기를 멈추는 것이다"라고 말했다. 죄에서 떠나는 것이 하나님과 화목하는 가장 확실한 길이라는 뜻이다.

그렇다면 우리는 어떻게 해야 죄를 청산하고 하나님과 화목하게 살 수 있을까?

첫 번째는 개인적인 큐티(QT) 생활이다. 두루마리가 삶의 기준이자 표준이라는 스가랴서 말씀대로, 우리는 날마다 말씀을 묵상함으로 하나님과 인격적인 교제를 나눌 뿐만 아니라 그분께로부터 지도와 지침을 받으며 우리의 모든 오염된 것들을 방역할 수 있다.

두 번째는 주일예배 때마다 말씀을 능동적으로 듣는 일이다. 주일예배에 선포되는 말씀을 통해, 하나님께서 우리 각자에게 어떤 메시지를 주시는지 능동적으로 들으려는 태도야말로 악한 영의 공격으로부터 자신을 방역하는 강력한 영적 지침이 될 수 있다.

세 번째는 다락방 참석과 같은 소모임에 규칙적으로 참석하는 일이다. 두세 사람이 모여 함께 말씀을 나누고 교제할 때, 우리는 사탄이 쏘아 올리는 독화살을 막아낼 수 있음을 기억해야 한다.

성도의 교제는 빌레몬서의 말씀처럼 세상이 결코 줄 수 없는 엄청난 힘이 있다. 사도 바울은 지금 빌레몬서에서 여러 번 반복되어 말씀한 것처럼 갇힌 상태였다. 그럼에도 편지에 흐르는 내용은 전혀 처연(悽然)하지 않다. 오히려 밝고 따뜻함이 강처럼 흐르고 있다. 다음 말씀에서 우리는 그 선명한 대답을 찾을 수 있다.

형제여 성도들의 마음이 너로 말미암아 평안함을 얻었으니 내가 너의 사랑으로 많은 기쁨과 위로를 받았노라(몬 1:7).

성도의 따뜻한 교제는 갇힌 상황에서도 사도 바울의 마음을 천국으로 만들었던 빛이었다.

네 번째는 자녀들과 함께 말씀을 암송하는 일이다. 말씀이 곧 방역이기에 말씀을 다음 세대와 함께 암송하고 나누며 적용하는 일이야말로 우리 가정을 지키고 나라를 지키며, 시대를 지키는 지름길임을 기억하길 바란다.

부디 하나님의 말씀과 관련된 네 가지 영적 지침을 이행함으로, 어려운 시기에 오히려 죄악을 청산하고 주님 앞에 기쁨과 감사함으로 달려 나가는 우리 모두가 되기를 소망한다.

하나님이 원하시는
형태로 회복하라

주님 중심의 삶을 회복하다

"내가 또 눈을 들어 본즉 네 병거가 두 산 사이에서 나오는데 그 산은 구리 산이더라 첫째 병거는 붉은 말들이, 둘째 병거는 검은 말들이, 셋째 병거는 흰 말들이, 넷째 병거는 어룽지고 건장한 말들이 메었는지라 내가 내게 말하는 천사에게 물어 이르되 내 주여 이것들이 무엇이니이까 하니 천사가 대답하여 이르되 이는 하늘의 네 바람인데 온 세상의 주 앞에 서 있다가 나가는 것이라 하더라 검은 말은 북쪽 땅으로 나가고 흰 말은 그 뒤를 따르고 어룽진 말은 남쪽 땅으로 나가고 건장한 말은 나가서 땅에 두루 다니고자 하니 그가 이르되 너희는 여기서 나가서 땅에 두루 다니라 하매 곧 땅에 두루 다니더라 그가 내게 외쳐 말하여 이르되 북쪽으로 나간 자들이 북쪽에서 내 영을 쉬게 하였느니라 하더라" (스가랴 6:1-8)

　　　　사람들은 대부분 미래에 일어날 일들을
미리 알고 싶어 한다. 점집을 찾거나 각종 운세를 보는 이유도 그 때
문이다. 미래에 대해 미리 알 수 있다면 두려움의 문제가 해결되리
라 믿는 것이다.

　그러나 미래를 안다고 해서 두려움의 문제가 해결되는 것은 아니
다. 두려움의 문제는 우리 마음이 오직 생명과 소망 되시고 길과 진
리와 능력 되시는 하나님께 전심으로 향할 때 해결된다. 왜 그런가.
우리의 미래는 전적으로 하나님의 손안에 달려 있기 때문이다. 그리
고 그 하나님은 선하고 전능한 분이다. 이 땅의 어떤 우상들처럼 인
신 제사를 요구하는 이상한 분이 아니라는 얘기다. 우리를 위해 당
신 자신을 다 내어주기까지 하신 사랑의 하나님이시다. 그런 하나님
께 우리의 미래가 달려 있다면 두려워할 이유가 무엇이겠는가.

　이 장을 통해 우리 모두 하나님이 어떤 분인지 앎으로, 모든 두려
움으로부터 해방되고 참 소망과 기쁨을 누릴 수 있기를 바란다.

예배를 통해 미래를 열라

그리스도인이 미래에 대해 불안해하지 않아도 되는 가장 확실한 이유가 있다. 그리스도인은 삶의 마지막이 어떻게 될지 이미 아는 사람들이기 때문이다. 그래서 바울은 고단하고 어려운 상황에서도 불안해하거나 염려하는 것으로 삶을 낭비한 적이 없었다. 오히려 확실한 미래가 자신을 기다리고 있음을 알고 감사로 미래를 기다렸다. 디모데후서에 기록된 그의 고백을 보라.

> 이제 후로는 나를 위하여 의의 면류관이 예비되었으므로 주 곧 의로우신 재판장이 그날에 내게 주실 것이며 내게만 아니라 주의 나타나심을 사모하는 모든 자에게도니라(딤후 4:8).

바울은 마치 경주자나 병사와 같이 날마다 힘겨운 싸움을 이어가야만 했다. 그것이 바울 삶의 현주소였다. 그러나 그는 장차 '그날에' 주실 은혜를 믿고 감사로 미래를 기다렸다. 현재의 삶이 어떠하든 혹은 앞으로 맞이할 삶이 어떠하든, 그리스도인에게는 그 마지막에 "영원한 영광"(고후 4:17)이 기다리고 있음을 믿었다. 그리스도인이란 누구보다 확실한 미래를 가진 사람들임을 그 삶을 통해 보여 주었다.

그럼에도 불구하고 우리는 종종 두려움에 사로잡히곤 한다. 그럴 때 어떻게 해야 할까? 나는 이에 대해 "그리스도인은 미래에 대한 두려움이 찾아올 때마다 예배를 통해 미래의 문을 여는 사람들이다"라는 개념적 접근으로 답을 드리곤 한다. 성경에 나타난 그리스도인들은 인생의 어려움 속에서 미래에 대한 불안이 엄습할 때마다,

예배의 문을 열고 미래를 향해 나아가는 사람들이었다.

아브라함을 보라. 그는 갈 바를 알지 못한 채 길을 나선 사람이지만, 가는 곳마다 제단을 쌓음으로써 그의 앞날을 열었다. 바울과 실라도 마찬가지다. 그들은 빌립보 감옥에 갇혔을 때 미래에 대한 두려움이 광풍처럼 몰려드는 것을 실감해야 했다. 그러나 그들은 찬양과 기도의 예배로 그 두려움을 돌파했다. 다윗도, 욥도 마찬가지였다. 그들은 모두 인생에서 견디기 힘든 시기를 지나는 동안 오직 하나님을 예배함으로 내일에 대한 두려움을 이겨냈다.

동일한 하나님을 믿는 우리도 그래야 한다. 우리가 예배 가운데 나아갈 때라야 세상을 바라보는 창조주 하나님의 시각이 우리의 시각이 될 수 있다. 예배 가운데 나아갈 때라야 비로소 우리는 오물로 가득한 지상의 구덩이에서 올라와, 탁 트인 천상에서 세상을 살펴볼 수 있는 존재가 된다.

아삽이라는 시편 기자가 고백한 대로, 우리는 예배로 하나님과 언약을 맺은 사람들이다. 우리는 예배를 통해 눈이 열려야만 하나님의 시각으로 세상과 미래를 조명할 수 있는 사람들이다.

그런 점에서 예배는 우리의 미래를 여는 열쇠요, 미래를 하나님의 시각으로 보게 하는 천국의 렌즈다. 왜 예배가 미래를 여는 천국의 렌즈가 될 수 있는가? 모든 예배에는 계시의 말씀이 주어지기 때문이다. 우리는 예배의 자리에서 확실한 진리의 말씀을 받고, 성령의 조명과 계시와 영감을 통해 그 말씀을 우리 것으로 삼는다. 예배 중에 선포되는 계시의 말씀을 통해, 인간과 세계의 운명을 정하고 계획하시는 하나님의 뜻을 확신하게 된다는 것이다. 그렇게 될 때 그 말씀은 우리의 미래를 열어준다. 이사야서 말씀은 이 사실을 우리에게 알려준다.

내가 시초부터 종말을 알리며 아직 이루지 아니한 일을 옛적부터 보이고 이르기를 나의 뜻이 설 것이니 내가 나의 모든 기뻐하는 것을 이루리라 하였노라(사 46:10).

하나님께서는 '시초부터 시말까지'를 모두 안다고 하신다. 또한 하나님이 기뻐하시는 것을 반드시 이룬다고 하신다. 하나님께서는 옛날 선지자들을 통해 이와 같은 하나님의 뜻을 알리셨고, 현재는 성경에 자세히 기록하여 우리에게 그분의 뜻을 계시하기를 기뻐하신다. 그렇기에 예배가 이토록 중요하다. 우리는 예배를 통해 우리를 향하신 하나님의 마스터플랜을 볼 수 있는 능력을 얻기 때문이다. 하나님께서는 예배를 통해 우리에게 미래를 열 수 있는 능력을 부여해 주신다.

반드시 다가올 심판의 날에

본문을 보자. 드디어 스가랴는 마지막 여덟 번째 환상을 보고 있다. 이 환상에서 가장 큰 대지는 "하나님만이 미래를 다 아시고 심판하신다"이다.

여기서 우리는 미래에 하나님 나라가 세워지려면 두 가지 조건이 필요함을 알게 된다. 그중 하나는 본문에 나오는 '하나님의 심판'이다. 하나님의 날, 여호와의 두려운 날에 주께서 원수들을 멸하심으로써 반드시 그들을 심판하신다. 본문은 그날에 반드시 원수에 대한 저주와 심판이 임한다는 것을 강조하고 있다. 그리고 다른 하나는 다음 장에 나오는 왕의 대관식이다.

먼저 심판을 알려주는 본문 1절 말씀을 보자.

내가 또 눈을 들어 본즉 네 병거가 두 산 사이에서 나오는데 그 산은
구리 산이더라(슥 6:1).

우리는 이미 앞 장에서 두루마리 환상과 에바 환상을 보았다. 스
가랴는 아마도 그 환상을 보며 매우 압도되었을 것이다. 그래서 깊
은 묵상에 빠져 있던 중에 하나님께서 스가랴의 눈을 뜨게 하셨다.
"내가 또 눈을 들어 본즉"이란 표현은 그런 맥락의 구절로 보인다.
스가랴는 다시 눈을 들어 구리 산 사이에서 네 병거가 나오는 장면
을 보았다. 이른바 '병거 환상'이다.

병거란 전쟁 때 사용하는 전차를 말한다. 고대 근동 사회에서는
전쟁 시 선봉대와 돌격대 역할로 병거를 사용했다. 따라서 이 장에
등장하는 네 병거도 이방 민족의 심판을 위한 전쟁에서 선봉대와
돌격대를 상징하는 역할이라고 보면 된다.

'네 마리의 말'은 이미 1장에서도 등장했다. 하지만 1장에 등장하
는 말들은 전쟁을 치르는 말이 아닌 정찰 기능을 담당하는 말이었
다. 그와 달리 본문 6장에 나오는 네 마리의 말은 심판의 실제적 도
구 역할을 담당한다. 하나님께서는 1장에서 네 말을 통해 정찰만 하
게 하시더니 6장에서는 네 말의 돌진과 진격을 통해 심판을 말씀하
신다. 더구나 이 병거는 '구리 산'에서 나왔다. 성경에서 '구리'는 힘
을 상징한다. 난공불락의 요새에서 나왔다는 뜻이다. 구리 산은 천
국의 대문이라고도 할 수 있다. 본문은 구리 산에서 하늘의 병거, 천
국의 병거들이 출발하는 모습을 보여준다. 그 병거의 말들이 콧김을
뿜으며 진격을 준비하고 있다.

이어지는 2-3절에서는 그와 같은 심판에 대한 내용이 어떻게 진행되는지 알려준다.

첫째 병거는 붉은 말들이, 둘째 병거는 검은 말들이, 셋째 병거는 흰 말들이, 넷째 병거는 어룽지고 건장한 말들이 메었는지라.

첫째 말은 붉고, 둘째 말은 검고, 셋째 말은 희고, 넷째 말은 어룽지고 건장하다고 한다. 여기서 '건장하다'라는 단어는 넷째 말에만 연결되는 게 아니라 모든 말에 연결되어 있다. 2-3절에서는 모든 말이 건장하고 강력하다는 사실을 알리고 있다.

그렇다면 하나님은 왜 심판을 말씀하시면서 하필 네 마리의 말을 등장시키셨을까. 보통 4라는 숫자는 동서남북, 사방을 상징할 때 사용한다. 더 깊이 나아가면 전 세계를 아우를 때 사용하는 숫자이기도 하다. 본문에서도 전 세계를 향한 심판의 메시지를 나타내기 위해 4라는 숫자를 사용했다고 보면 무리가 없다. 스가랴는 이 환상을 보며 해석천사에게 묻는다.

내가 내게 말하는 천사에게 물어 이르되 내 주여 이것들이 무엇이니이까 하니 천사가 대답하여 이르되 이는 하늘의 네 바람인데 온 세상의 주 앞에 서 있다가 나가는 것이라 하더라(슥 6:4-5).

스가랴의 물음에 대한 해석천사의 대답이 조금 묘하게 들린다. "이는 하늘의 네 바람인데 온 세상의 주 앞에 서 있다가 나가는 것이라"는 말이 무슨 뜻일까.

먼저 '온 세상의 주님'이란 말은 땅을 다스리시는 메시아를 뜻한다. 그리고 '하늘의 네 바람'이란 땅의 정복자이자 땅을 다스리는 메시아 앞에 항상 서 있다가 하나님의 명령을 집행하는 천사들을 가리킨다. 즉 하늘의 네 바람, 1절에 나온 네 병거는 하나님의 심판을 수행하기 위해 하늘에서 내려온 집행천사들을 말한다.

신기하게도 이런 내용들은 요한계시록 6-7장에서도 그대로 연결되어, 하나님의 심판을 수행할 때 네 천사가 등장한다. 또한 요한계시록에서는 일곱 천사가 일곱 나팔을 불며 일곱 대접의 재앙을 내리는 모습도 보여준다. 결국 하나님께서는 신구약 예언서에 나타난 이런 내용들을 통해, 하나님의 심판이 눈에 보이지 않는 것 같아도 격렬하게 진행되고 있음을 알려주신다. 이어지는 본문 6-7절도 그와 같은 사실을 보여준다.

검은 말은 북쪽 땅으로 나가고 흰 말은 그 뒤를 따르고 어룽진 말은 남쪽 땅으로 나가고 건장한 말은 나가서 땅에 두루 다니고자 하니 그가 이르되 너희는 여기서 나가서 땅에 두루 다니라 하매 곧 땅에 두루 다니더라.

6-7절은 하나님의 심판 집행자인 이 말들이 구체적으로 무슨 일을 하는지 알려주고 있다. 놀랍게도 스가랴 6장 1-8절과 요한계시록 6장 1-8절은 거의 비슷한 내용이 나오기 때문에 요한계시록을 함께 보면 본문을 더 구체적으로 해석할 수 있다. 성령의 감동을 따라 성경을 이렇게 장과 절로 나눈 분들의 지혜가 놀라울 따름이다.

요한계시록과 연결하여 본문을 볼 때, '검은 말'은 기근과 죽음을 상징하고 '흰 말'은 승리와 정복을 상징한다. 또한 요한계시록에서 '청황색 말'로 표현된 '어룽진 말'은 사망, 음부를 상징한다. 그런데 검은 말과 흰 말은 북쪽으로 가고 어룽진 말은 남쪽으로 간다. 여기서 중요한 것은 왜 검은 말과 흰 말은 북쪽으로 가고, 어룽진 말은 남쪽으로 갔느냐이다.

그때까지만 해도 이스라엘의 역사상 동쪽과 서쪽 지역에 대해서는 별로 걱정할 것이 없었다. 동쪽에는 아라비아 사막이 있고 서쪽에는 지중해가 있어서 동쪽과 서쪽으로는 대군이 쳐들어올 일이 없었기 때문이다. 이스라엘에 전쟁이 나서 점령당했다고 하면, 거의 북쪽에서 대군이 쳐들어온 경우였다. 앗수르 제국이 그랬고 바벨론과 로마 제국이 그랬다. 그러면 남쪽으로 쳐들어온 대적들은 누구인가. 우리가 잘 아는 대로 이집트, 즉 애굽이다. 그래서 이 환상에서는 북쪽으로 검은 말과 흰 말을 보내고, 남쪽으로 어룽진 말을 보내는 장면이 소개된다. 결정적인 심판의 날, 북쪽에서 쳐들어와 이스라엘을 괴롭히는 바벨론과 앗수르와 로마를 하나님께서 예비하신 집행천사들을 통해 심판하신다는 뜻이다. 또한 남쪽에서 쳐들어왔던 애굽도 심판한다고 하신다.

놀랍지 않은가. 나는 이 말씀을 보면서 본문이 결코 미래에 대한 계시의 말씀으로 끝나지 않고 우리 삶의 현장과 긴밀히 연결된다는 사실에 더욱 벅찬 감동을 느꼈다. 하나님께서 이스라엘을 위해 하나님의 집행천사를 보내시고 심판하신다는 이 말씀이, 곧 오늘날 우리에게 주시는 말씀이라는 것이다. 이를 확인하기 위해 창세기 12장에서 믿음의 조상 아브라함에게 주신 말씀을 보자.

너를 축복하는 자에게는 내가 복을 내리고 너를 저주하는 자에게는 내가 저주하리니 땅의 모든 족속이 너로 말미암아 복을 얻을 것이라 하신지라(창 12:3).

아브라함에게 주신 말씀을 오늘날 우리 자신에게 주신 말씀으로 적용해 받을 수 있는 근거가 무엇인가. 이 질문은 곧 이스라엘을 괴롭힌 이방 민족들을 향해 심판을 약속하신 말씀을 우리 자신에게 주시는 말씀으로 받을 수 있는 근거가 무엇이냐는 질문과 연결된다.

그 답은 바로 우리가 영적인 이스라엘이요 영적인 아브라함이기 때문이다. 우리가 코로나 팬데믹 가운데서도 서로에게 축복송을 부르며 서로를 격려할 수 있는 이유가 여기에 있다. 이스라엘에게 주신 말씀은 오늘날 교회로 부름 받은 우리에게 주시는 말씀이라는 것이다.

따라서 우리는 본문 말씀을 통해, 생명의 복음과 성경의 절대적 권위를 깨뜨리며 비웃는 북쪽과 오늘날 우리의 예배를 함부로 대우하며 괴롭히는 남쪽, 즉 교회 성도들을 괴롭히는 이 시대의 앗수르와 바벨론과 애굽을 하나님께서 반드시 처단하실 것을 확신할 수 있다. 'The Day of the LORD', 즉 여호와의 크고 두려운 날이 임할 때 하나님께서는 반드시 그 일을 행하신다고 우리에게 약속해 주셨다. 요엘서 말씀을 보라.

여호와의 크고 두려운 날이 이르기 전에 해가 어두워지고 달이 핏빛 같이 변하려니와(욜 2:31).

요엘서에 기록된 이 말씀은 요한계시록에서도 반복되어 선포된다. 하나님께서 북쪽 바벨론을 심판하실 때 달이 온통 피 같이 변한다고 하신다(계 6:12). 이는 하나님을 대적하는 악인들이 가장 두려워할 날이 반드시 온다는 말씀이다. 하나님의 교회와 하나님의 사람들을 대적하고 생명의 복음과 성경의 절대적인 권위를 함부로 모욕하며 수치를 준 사람들을 하나님께서 반드시 그날에 심판하신다는 것이다. 이 심판은 누구도 피할 수 없다. 그때가 되면 악인들은 이 심판을 피하려고 숨을 장소를 찾을 것이다. 그러나 그날에는 어디에도 숨을 곳이 없다.

또한 악인들에게는 그날이 심판의 날이지만 하나님의 백성들, 아브라함의 백성들, 하나님께서 친히 이마에 인을 쳐준 그분의 백성들에게는 영광의 날이 될 것이다. 말씀은 '여호와의 크고 두려운 날'이 오면 한쪽은 심판의 날이지만, 한쪽은 영광의 날이 될 것임을 시종 알려주고 있다. 이사야서에는 이런 말씀이 나온다.

> …주 여호와께서 모든 얼굴에서 눈물을 씻기시며 자기 백성의 수치를 온 천하에서 제하시리라 여호와께서 이같이 말씀하셨느니라 (사 25:8).

하나님께서는 성도들의 수치를 결코 외면하지 않으신다는 것을 알려준다. 물론 성도들은 이 땅을 사는 동안 세상적으로 모욕을 당하고 괴로움을 당하기도 하지만, 결국 심판의 그날이 되면 "주 여호와께서 모든 얼굴에서 눈물을 씻기시며 자기 백성의 수치를 온 천하에서 제하시기" 때문이다.

그러므로 우리가 세상에서 하나님의 자녀라는 이유로 수치와 모욕을 당할 때, 믿는 자들이 해야 할 일이 있다. 두려움 때문에 뒤로 물러서는 것이 아니라, 오히려 놀라운 일을 행하시는 여호와 하나님께서 심판의 날에 집행천사를 통해 일하실 것을 믿고 그분을 찬양하는 것이다. 이에 대해 요엘서는 다음과 같이 기록한다.

… 너희에게 놀라운 일을 행하신 너희 하나님 여호와의 이름을 찬송할 것이라 내 백성이 영원히 수치를 당하지 아니하리로다(욜 2:26).

그렇기에 영적 이스라엘로 부름 받은 우리는 세상에서 믿음의 핍박을 받는다고 해도 미래에 대해 두려워할 이유가 없다. 우리는 그저 일관성 있게 주님을 바라보며 든든히 서 있기만 하면 된다. 놀라운 일을 행하실 주님을 예배하며 말씀에 대한 확신을 가지고 하나님을 찬양하며 살아가면 된다.

악에서 나오라

우리는 심판의 날을 믿는 자로서 지금 무엇을 해야 할까? 본문 8절을 보자.

그가 내게 외쳐 말하여 이르되 북쪽으로 나간 자들이 북쪽에서 내 영을 쉬게 하였느니라 하더라.

검은 말과 흰 말이 북쪽으로 나가 바벨론을 심판했더니 "내 영이 쉬게 되었다"고 한다. 이는 곧 "내 영이 만족되었다"라는 뜻이다. 무슨 말일까. 이는 스가랴 1장 11절에 나온 말씀과 매우 대조되는 표현이다.

우리가 땅에 두루 다녀 보니 온 땅이 평안하고 조용하더이다 하더라.

1장에서는 하나님의 백성들이 말로 다 할 수 없는 고난 가운데 수치와 부끄러움을 당하지만, 세상은 너무나 평안하게 잘되고 있음을 알려왔다. 따라서 1장에서의 평안은 결코 좋은 의미로 쓰이지 않았다. 오히려 폭풍우 앞에서 온갖 고생을 하며 고초를 겪는 하나님의 백성에 비해 세상은 만사형통이라고 할 정도로 너무나 잘되는 현실을 꼬집는 단어가 '평안'이다.

이런 부조리한 현실이다 보니 하나님의 영에 평안이 없었다. 그런데 본문 8절에서 드디어 검은 말과 흰 말로 상징되는 집행천사가 바벨론을 심판함으로써, 즉 심판과 복수를 완성함으로써 하나님의 영이 평안으로 만족할 수 있었다. 우주의 올바른 질서가 유지됨으로 진정한 평안이 찾아온 것이다.

여기서 우리는 '바벨론'의 의미를 알아야 한다. 바벨론이 누구인가? 우리의 최대 원수요 최고의 악이다. 그래서 바벨론이 무너지면 하나님의 영이 평온해진다. 마지막 날에 하나님께서 '바벨론'으로 요약된 모든 악을 쓸어버리실 때, 하나님의 영은 만족함을 얻을 것이다.

그런데 그와 같은 심판의 날을 보여주는 본문의 환상은 매우 역동적이다. 1-8절까지만 해도 '나간다'라는 동사가 일곱 번이나 나오지 않는가. 특히 6절과 7절에는 '나간다'라는 말이 한 절에 두 번씩 나온다. 왜 이렇게 '나간다'라는 단어가 반복되어 표현되었을까.

이런 장면을 상상해 보자. 모든 병거가 모여 하나님의 집행을 이행하려고 준비 중이다. 어떤 말들은 앞발로 땅을 차며 흙을 파고, 어떤 말들은 콧김을 거세게 내뿜으며 왕의 명령을 기다리고 있다. 모든 말의 근육이 움찔움찔하는 장면이 느린 동작으로 보인다. 어떠한가. 터질 듯한 긴장감이 느껴지지 않는가. 이는 올림픽 경기에서

100미터, 400미터 경기를 앞둔 경주자들이 경기 시작 전 호흡을 가다듬을 때보다 더한 긴장감을 준다. 본문 속 건장하고 강한 말들은 근육을 움찔거리며 주 앞에 서서 하나님의 집행명령이 떨어지기만을 기다리다가 "나가라"라는 하나님의 명령이 떨어지자 거칠 것 없이 진격하고 있는 것이다. 이를 통해 우리는 무엇을 보게 되는가. 마지막 심판의 날에 하나님의 집행천사들의 거침없는 나아감과 강력한 공격 앞에 모든 바벨론이 무너져 내리는 것을 보게 되지 않는가.

그래서 나는 이 말씀을 읽으며 그간의 모든 상처와 고통이 회복되는 것을 경험했다. 그것이 어디 내게만 허락된 회복이겠는가. 그날에 대한 하나님의 약속은 그리스도인으로 살아가는 모든 성도에게 주어진 회복의 그림이다. 그날이 되면 하나님께서 온 성도들에게 회복과 치유의 은혜를 주신다는 것이다. 그날이 되면 악의 상징이었던 에바가 바벨론에 던져지고 그 악을 처단하기 위해 검은 말, 흰말, 어룽진 말이 콧김을 내뿜으며 병거를 이끌고 나아갈 것이다.

이런 약속이 주어졌기에 유대인들에게는 중요하게 처리해야 할 일이 있었다. 아직도 바벨론 문화에 오염되어서 그곳에 눌러앉아 살려는 유대인들을 하루빨리 바벨론에서 탈출시켜야 하는 문제가 그것이다. 그래서 본문은 바벨론에 눌러앉으려는 남은 포로들에게 빨리 예루살렘으로 돌아오라고 촉구하고 있다. 빨리 바벨론 땅을 탈출할 것을 말씀하고 있다. 앞에 나오는 스가랴 2장에서도 이를 알려주었다.

오호라 너희는 북방 땅에서 도피할지어다…바벨론 성에 거주하는 시온아 이제 너는 피할지니라(슥 2:6-7).

우리가 지금까지 살펴본 여덟 가지 환상은 불과 하룻밤 사이에 스가랴에게 나타난 환상이다. 하나님께서는 모든 환상을 전체적으로 연결해서 하나님의 마스터플랜을 보여주셨다. 그리고 "바벨론에 사는 유대인들이여, 이제 바벨론은 멸망할 것이니 빨리 거기서부터 탈출하라"는 메시지를 선포하신다.

실제로도 바벨론은 하나님의 심판을 받아 완전히 멸망하여 역사의 무대에서 사라졌다. 동시에 이와 같은 경고를 듣고 바벨론에서 탈출한 사람은 구원받았지만, 바벨론 의식을 품은 채 그대로 머물러 살던 사람은 하나님의 심판을 받고 영적으로 망했다. 영적으로 무지한 사람들은 스가랴의 경고를 받고도 그것을 업신여기다가 참혹한 결과를 맞이하게 된 것이다. 이것이 바로 하나님의 계시의 말씀, 심판의 말씀에 불순종한 사람들에 대한 결과였다.

나는 어릴 때 하나님의 경고의 말씀을 함부로 무시해선 안 된다는 어느 부흥사 목사님의 설교를 듣고는 그것이 뇌리에 각인되어 지금까지도 잊지 못한다. 부흥사 목사님이 전해주신 말씀은 창세기 19장 14절이었다.

롯이 나가서 그 딸들과 사위들에게 말하여 이르기를 여호와께서 이 성을 멸하실 터이니 너희는 일어나 이 곳에서 떠나라 하되 그의 사위들은 농담으로 여겼더라.

롯의 사위들은 소돔 성이 멸망할 것이라는 하나님의 경고를 농담으로 여겼다. 사람의 말이 아닌 하나님의 말씀을 농담으로 여긴다면 그 인생의 결국은 어떻게 되겠는가. 망할 수밖에 없다. 폭망 외에 다른 길은 없다. 하나님의 엄중한 말씀 앞에서 "웃기는 소리 하네, 난 그런 거 안 믿어"와 같은 반응을 보인다면 그의 앞에는 참혹한 죽음만이 찾아올 뿐이다. 그러므로 말씀의 경고가 임할 때, 우리는 뒤도 돌아보지 말고 악으로부터 떠나야 한다. 그러나 롯의 아내는 소돔의 아름다운 것들에 이끌려 뒤를 돌아보다가 결국 소금기둥이 되고 말았다(창 19:26).

우리도 마찬가지다. 악을 심판하신다는 하나님의 경고를 들었다면 서둘러 바벨론에서 탈출해야 한다. 롯의 사위들처럼 말씀을 농담으로 받거나, 롯의 아내처럼 소돔 성의 아름다움에 이끌려 뒤돌아보면 그 결과는 참혹함 그 자체이다. 특별히 우리는 하나님을 예배할 때마다 가족들과의 관계 속에서, 또 하나님과 나 사이에서 혹 거리끼는 것들이 있는지 분별하여 깨끗하게 정리해야 한다. 예배 중에 말씀하시는 하나님의 음성에 순종해야 한다.

그날의 약속을 붙잡으라

이 심판의 말씀은 스가랴 시대에만 임한 것이 아니었다. 오백 년 뒤에 요한 사도는 동일한 환상을 보고 동일한 메시지를 전했다. 요한이 기록한 요한계시록 6장 1-8절 말씀을 보라. 인을 하나씩 뗄 때마다 환난의 때가 시작되면서 심판을 수행하는 흰 말, 붉은 말, 검은 말, 청황색 말이 등장한다. 여기서 흰 말은 승리와 정복을, 붉은 말은 전쟁과 피의 공격을, 검은 말은 기근을, 청황색 말은 죽음과 지옥을 상징한다. 이에 대한 이해를 바탕으로 요한계시록 6장 10절 말씀을 보자.

거룩하고 참되신 대주재여 땅에 거하는 자들을 심판하여 우리 피를 갚아 주지 아니하시기를 어느 때까지 하시려 하나이까 하니.

하나님의 백성들이 그분의 말씀에 순종하다 보면, 때로는 보상받기보다 그 순종 때문에 온갖 멸시와 조롱을 받을 때가 있다. 우리는 지금도 그런 세상에서 살고 있다. 어쩌면 우리가 살아가는 이 세상 자체가 불공정하기 때문에, 우리는 정의롭지 못한 결과를 맞으며 살아가는지도 모른다. 그래서 요한계시록에 나오는 성도들은 외칠 수밖에 없었다. "하나님, 이런 세상에서 하나님은 도대체 어떻게 하시렵니까?"

이러한 외침은 스가랴 1장에서 이미 나온 바 있다.

…만군의 여호와여 여호와께서 언제까지 예루살렘과 유다 성읍들을 불쌍히 여기지 아니하시려 하나이까 이를 노하신 지 칠십 년이 되었나이다 하매(슥 1:12).

사람들은 억울하고 고통스러운 상황에서 외치고 있다. "하나님께서는 도대체 언제까지 성도들의 수치와 부끄러움과 어려움을 두고만 보시겠습니까?"

그러나 하나님은 결코 그런 분이 아니다. 우리가 인간의 관점에서 상황을 바라보기 때문에 하나님께서 우리를 보고만 계시는 것처럼 느낄 뿐이다. 우리가 예배를 통해 하나님의 영원의 관점을 획득하면, 우리가 당하는 모든 고난과 환란도 새롭게 보일 것이다. 요한계시록 말씀을 보라.

땅의 임금들과 왕족들과 장군들과 부자들과 강한 자들과 모든 종과 자유인이 굴과 산들의 바위 틈에 숨어 산들과 바위에게 말하되 우리 위에 떨어져 보좌에 앉으신 이의 얼굴에서와 그 어린양의 진노에서 우리를 가리라 그들의 진노의 큰 날이 이르렀으니 누가 능히 서리요 하더라(계 6:15-17).

무슨 뜻인가. The Day of the LORD, 즉 하나님의 심판의 날이 이르자 하나님의 이름을 멸시하며 하나님의 교회를 조롱하던 땅의 임금과 왕족과 장군들과 부자들과 강한 자들이 진노의 심판을 감당하지 못해 차라리 산들과 바위가 자신들의 위에 떨어지기를 간구한다는 말이다. 하나님의 날, 즉 악이 멸하고 심판받는 날이 온다는 사실을 알려주고 있다.

그러니 우리는 영원의 관점에서 우리 삶을 바라보며 살 수 있어야 한다. 끊임없이 당하는 고통과 고난과 오해와 핍박이 있어도, 때로는 하나님께서 우리를 내버려 두시는 것처럼 보인다고 해도, 반드시 이 땅의 부조리한 악을 척결하고 심판하실 하나님의 날이 도래할 것임을 믿고 살아갈 근거가 여기에 있다. 이처럼 그날에 대한 하나님의 약속이 분명하기에 우리는 그렇게 살아갈 수 있는 것이다. 우리가 영원의 관점에서 살아갈 때, 고난과 환난 속에서도 영적 기백을 유지할 수 있다. 이 영적 기백으로 믿음과 인내로써 삶을 경주해나갈 수 있다.

이를 위해 본문에서는 한 가지를 촉구한다. 바벨론에 머물러 있다면 하루빨리 탈출해서 주님께로 돌아오라고 한다. 여기서 '돌아온다'라는 말은, 지금 당장 정신을 차리고 주님께로 오는 것을 말한다. 우리의 삶을 다시 한번 돌아보고 청산해서 방향을 전환하라는 것이다.

그와 같은 방향 전환은 내일이 아니라 지금이어야 한다. 지금 바로 방향을 틀라고 하신다. 우리는 회개를 단순히 감상적인 눈물을 흘리며 기도하는 정도로 생각할 때가 많다. 그러나 진정한 회개는 그런 차원이 아니다. 우리 중심의 삶에서 주님 중심의 삶으로 온 힘을 다해 돌아서는 것이 회개다. 주님은 그걸 원하신다.

이 말씀을 통하여 하나님께로 돌아가기 위해 구리 산에서 출발한 말들이 성도들 각자에게 달려오는 듯한 느낌을 받았으면 좋겠다. 천군 병거의 말발굽 소리와 집행천사의 말발굽 소리가 또각또각 생생하게 들리는 은혜가 우리 모두에게 임했으면 좋겠다. 그럴 때 우리는 오직 하나님께로 우리 삶의 방향을 틀 수 있다. 그렇게 되면 세상의 악을 심판하신다는 그날에 대한 하나님의 약속이 우리에게 참된 위로가 되고 소망이 된다.

이 땅에서 '잘' 사는 법

하나님의 집행천사들과 관련하여 한 가지만 더 살펴보자. 우리는 본문 말씀을 보다가 한 가지 의문이 생길 수 있다. 1절에 나오는 붉은 말, 검은 말, 흰 말, 어룽진 말 중에 왜 붉은 말만 동서남북 어디로 진격해 나갔다는 구절이 안 나오는지에 대한 의문이다. 도대체 붉은 말은 어디로 간 것일까?

정리하여 말씀드리자면 다음과 같다. 붉은 말은 우리 인생의 결정적인 순간에 찾아와 하나님의 도우심을 입을 수 있도록, 하나님께서 그분의 백성들을 위해 예비해 놓으신 말이라 할 수 있다. 우리가 인생의 깊은 골짜기를 지날 때, 예를 들어 병들었다거나 극한 경제적 어려움에 빠졌다거나 환난과 고초를 겪는다거나 할 때 하나님께서는 예비해두신 붉은 말을 보내어 그 전쟁에서 이기게 하신다.

역사적으로 유명한 워털루 전투을 떠올려 보라. 그 전쟁에서 영국의 연합군이 나폴레옹 군대를 이길 수 있었던 비결이 무엇일까? 본래 이 전쟁에서 영국측이 이길 것이라고 예견한 사람은 거의 없었다. 모두 나폴레옹 군대의 승리를 예감했다. 그런데 결정적인 순간에 블뤼허라는 프로이센의 장군이 준비한 6만 기마병이 이 전투에 참여해 진격함으로써 나폴레옹의 강군이 무참히 패배했다. 그 전투를 위해 준비된 기마병들이 워털루 전투를 승리로 이끈 것이다.

우리에게도 인생의 워털루 전투가 남아 있다. 그래서 하나님께서는 붉은 말을 준비해 두셨다. 그 말들을 통해 우리에게 신적 개입을 하시려고 예비해 놓으셨다. 붉은 말, 검은 말, 흰 말, 어룽진 말들이 진격하는 이 환상은 우리에게 주신 하나님의 비전이자 소망이 아닐 수 없다.

그렇다면 이 비전과 소망을 받은 우리는 이제 무엇을 해야 할까. 그날에 이르러 반드시 모든 악을 척결하신다는 하나님의 말씀 앞에, 우리가 해야 할 일은 무엇일까. 한 마디로 정리하면 심판은 하나님께 맡기고 우리는 주님 중심의 삶으로 전환해야 한다. 우리 중심의 바벨론적 삶에서 주님 중심의 삶으로 온전히 돌아서야 한다. 이에 관한 로마서 말씀을 보라.

우리 중에 누구든지 자기를 위하여 사는 자가 없고 자기를 위하여 죽는 자도 없도다 우리가 살아도 주를 위하여 살고 죽어도 주를 위하여 죽나니 그러므로 사나 죽으나 우리가 주의 것이로다(롬 14:7-8).

로마서 14장 7절 말씀은 우리가 인생을 잘 사는 것 같아도 실상은 잘 사는 게 아니라고 먼저 말씀한다. 우리 자신을 위해서가 아니라 주님 중심으로 사는 삶만이 진정한 삶이라는 얘기다. 이것을 어떻게 제대로 표현할 수 있을까. 결국 위의 구절은 주님 중심으로 사는 삶만이 삶다운 삶, 진정한 인생임을 알려준다. 우리 자신을 위해서가 아니라 주님을 위해 사는 시간만이 진정한 인생의 시간이 된다는 뜻으로도 해석할 수 있다.

주를 위해 살려면 심판과 계시의 말씀을 확실히 믿어야 한다. 그걸 믿을 때에라야 살아도 주를 위하여, 죽어도 주를 위하여 살 수 있기 때문이다. 이것은 마치 애굽에 열 번째 재앙이 임했을 때, 문설주에 어린양의 피를 바르면 죽음의 재앙이 넘어갈 것이라는 말씀을 믿고 순종한 사람들에게 죽음의 천사가 넘어간 것과 같은 이치다. 하나님의 이 말씀을 굳게 믿으며 주님 중심의 삶을 살아가는 이에게, 마지막 날의 심판은 재앙이 아니라 영광의 날이 될 것이다. 영광의 날이 반드시 올 것임을 믿고 주님 중심으로 삶을 전환하려는 이들에게 본문 말씀과 예배는 그 인생의 문설주에 바르는 어린양의 피가 될 것이다.

드디어, 우리 주님이 오시면

우리는 앞에서 측량줄을 잡은 사람의 환상을 보았다. 이는 이스라엘 민족이 회복되고 예루살렘이 확대될 것에 대한 하나님의 약속이다. 그뿐만 아니라 하나님이 여호수아의 더러운 옷을 벗기시고 아름다운 옷을 입혀 주심을 통해, 이스라엘 민족의 죄를 사하시고 구원하시는 모습을 볼 수 있었다. 이 역시 이스라엘 원수의 멸망과 함께, 이 땅에 하나님 나라가 세워질 것에 대한 하나님의 약속의 말씀이다. 즉 하나님께서 스가랴의 여덟 환상을 통해 일관되게 말씀하시는 것은 '이스라엘의 회복'과 '거룩한 땅의 회복'이다. 본문은 하나님께서 이를 위해 원수를 멸망시키시고 미래에 하나님 나라를 세우실 것을 말씀한다.

우리는 여기서 역사가 어떻게 흘러갈 것인지를 명확히 알 수 있다. 하나님께서 말씀을 통해 역사의 방향을 알려주시기 때문이다. 결국 역사는 하나님께서 원수를 심판하심으로써 하나님 나라가 세워지는 모습으로 흘러갈 것이다. 기독교적 역사관은 사회주의에서 말하는 정반합의 역사도 아니고, 어떤 종교에서 말하는 윤회의 역사도 아니다. 기독교적 역사관은 종말을 향해 달려가는, 역사의 알파와 오메가 포인트가 분명한 종말론적 역사관이라고 할 수 있다. 그리스도인은 종말론적 역사관을 믿는 사람들이라는 뜻이다.

그래서 나는 그간 그리스도인이란, 하나님의 심판이 있는 역사의 종말을 믿는 사람들임을 수없이 강조해 왔다. 이 말은 우리가 이 땅에 살면서 때로 답답하고 억울하고 손해를 봐도 견뎌낼 수 있는 사람들이라는 것이다. 왜 그런가. 아무리 억울한 일을 당해도 종말의 때에 주님이 오시면 그 모든 상황이 종료되기 때문이다. 한 마디로 주 오시면 Game Over, 게임이 끝난다는 것이다.

그러므로 우리는 이 땅에서 '몇 대 몇'과 같은 상대적 우열에 반응하며 연연하지 않을 수 있다. 그 모든 것도 주님이 오시면 끝나기 때문이다. 우리는 그저 아브라함과 스가랴, 욥과 다윗처럼 예배의 마음을 지키며 그날을 향해 살아가면 된다. 이에 관한 전도서 말씀을 보자.

일의 결국을 다 들었으니 하나님을 경외하고 그의 명령들을 지킬지어다 이것이 모든 사람의 본분이니라 하나님은 모든 행위와 모든 은밀한 일을 선악 간에 심판하시리라(전 12:13-14).

하나님은 이 말씀에서 분명하고 선명하게 우리가 가야 할 길을 알려주신다. 그러므로 이 말씀을 다시 한번 찬찬히 읽으며 스가랴서를 통해 알려주시는 하나님의 뜻을 가슴에 새기기를 바란다. "일의 결국을 다 들었으니 하나님을 경외하고 그의 명령들을 지킬지어다 이것이 모든 사람의 본분이니라 하나님은 모든 행위와 모든 은밀한 일을 선악 간에 심판하시리라." 아멘.

왕의 대관식에 참여하라

"여호와의 말씀이 내게 임하여 이르시되 사로잡힌 자 가운데 바벨론에서부터 돌아온 헬대와 도비야와 여다야가 스바냐의 아들 요시아의 집에 들어갔나니 너는 이 날에 그 집에 들어가서 그들에게서 받되 은과 금을 받아 면류관을 만들어 여호사닥의 아들 대제사장 여호수아의 머리에 씌우고 말하여 이르기를 만군의 여호와께서 이같이 말씀하시되 보라 싹이라 이름하는 사람이 자기 곳에서 돋아나서 여호와의 전을 건축하리라 그가 여호와의 전을 건축하고 영광도 얻고 그 자리에 앉아서 다스릴 것이요 또 제사장이 자기 자리에 있으리니 이 둘 사이에 평화의 의논이 있으리라 하셨다 하고 그 면류관은 헬렘과 도비야와 여다야와 스바냐의 아들 헨을 기념하기 위하여 여호와의 전 안에 두라 하시니라 먼 데 사람들이 와서 여호와의 전을 건축하리니 만군의 여호와께서 나를 너희에게 보내신 줄을 너희가 알리라 너희가 만일 너희의 하나님 여호와의 말씀을 들을진대 이같이 되리라"(스가랴 6:9-15)

엘리자베스 여왕 혹은 셀라시에 황제의
대관식처럼, 역사적으로 중요한 대관식 광경을 본 적이 있는가. 요
즘은 가끔 SNS들을 통해 볼 수 있지만, 예전에는 대관식 광경을 본
다는 것이 쉽지 않았다. 나는 20여 년 전 보스턴의 한 도서관에서
어렵게 필름을 구해 한 대관식을 본 적 있다. 80여 년 전에 수행된
러시아 이반 대제 황제의 대관식이었다. 그 대관식을 보던 중 한 장
면에서 눈을 떼지 못했다. 황제의 머리에 관을 씌우는 순간, 러시아
정교회의 아카펠라 찬양이 나오면서 하늘 위로부터 금빛 조각이 떨
어지는 장면이었다. 그 장면을 보고 있자니, 유럽 중세 시대 때 국왕
의 머리 위에 왕관을 얹는 대관식을 치르지 않으면 그 왕권조차 무
효화했던 이유를 알 것 같았다. 왕의 머리 위에 얹는 왕관이 얼마나
엄중한 권위와 위엄을 상징하는지 그 장면이 그대로 알려주었기 때
문이다.

여기서 우리는 그리스도인인 우리가 왜 왕의 대관식에 관심을 가

져야 하는지 질문해볼 필요가 있다. 현대를 사는 우리는 왜 왕의 대관식의 의미를 알아야 하는 것일까. 그것은 왕의 대관식이야말로 앞으로 펼쳐질 역사의 새로운 장을 보여주기 때문이다. 우리는 왕의 대관식에서 역사를 본다. 그런 면에서 메시아의 대관식을 보여주는 본문 말씀은 기독교 역사를 이해하는 데에 매우 중요한 열쇠가 될 것이다.

여호와의 말씀이 임하시면

하나님께서는 모든 전쟁이 끝나고 상황이 평정될 때, 그 영이 만족하셨다(슥 6:8). 그 후에는 본문에서처럼 대관식을 치르게 하신다. 하나님께서는 어떤 의도로 이런 수순을 밟게 하셨을까.

우리는 존 톨킨(J. R. R. Tolkien)이 기독교적 사상을 배경으로 쓴 소설 〈반지의 제왕〉(The Lord of the Rings) 시리즈를 기억한다. 그중 《반지의 제왕 제3부: 왕의 귀환》의 마지막 부분에서 선한 주인공 아라곤이 악의 상징인 사우론의 세력을 소멸시킴으로써 곤도르 왕국에 평화가 임하는 장면이 나온다. 그 평화를 배경으로 아라곤은 드디어 왕의 대관식을 치른다. 재미있는 것은 왕의 대관식을 치를 때 가장 깊은 안도와 평안을 느끼는 사람들이 누구냐는 것이다. 아마도 처음부터 그 순간까지 손에 땀을 쥐며 영화를 보던 관객들이 아닐까. 그들은 왕이 왕관을 수여받는 대관식 장면을 보다가 자기도 모르게 깊은 안도와 평안을 느끼며 박수까지 치게 된다.

이처럼 참된 왕의 대관식은 사람들에게 평안을 줄 뿐 아니라 이 세상을 안정시킨다. 이는 영적으로도 마찬가지다. 영적으로 지상 최고의 우주적 대관식인 예수님의 세례 장면에서도 이를 확인할 수 있다.

하늘로부터 소리가 나기를 너는 내 사랑하는 아들이라 내가 너를 기뻐하노라 하시니라(막 1:11).

하나님께서는 예수님이 세례 받으실 때 그 모습을 보시며 "너는 내 사랑하는 아들이라 내가 너를 기뻐하노라"라고 하신다. 하늘에 계신 성부 하나님께서 성자 예수 그리스도가 우주적 왕이 되심을 선포하는 우주적 대관식의 장면이다. 이를 볼 때 예수 그리스도를 따르는 우리 마음에는 깊은 안정과 기쁨이 솟구친다. 하나님께서 우리의 구주 예수님을 전 우주적으로 인정하고 계시기 때문이다.

대관식에 관한 이러한 이해를 바탕으로 본문 말씀을 살펴보자.

여호와의 말씀이 내게 임하여 이르시되(슥 6:9).

여호와의 말씀이 스가랴에게 임했다. 이것은 앞에서 스가랴가 밤새도록 봤던 여덟 가지 환상과 연계하여 매우 중요한 의미를 지닌다. 이제는 스가랴에게 어떤 환상이 임하는 게 아니라 '하나님의 말씀'이 직접 임한다는 사실을 알려준다. 밤새도록 여덟 개의 환상을 보고 난 다음 날 아침에 계시의 말씀이 임했으므로 스가랴는 정신을 바짝 차리고 그 말씀을 들었을 것이다. 이 구절은 우리에게 무엇을 의미할까.

BC 536년에 시작한 성전 건축은 외부의 반대와 공격으로 인해 16년 동안이나 중지된 상황이었다. 그 속에서 사람들은 낙심할 수밖에 없었다. 낙심의 이유는 실제적이었다. 하나님의 뜻대로 세상이

운행되어야 마땅한데, 이 세상은 제국적 힘을 가진 바벨론이나 페르시아 황제들의 뜻대로 움직이고 있었다. 그와 같은 현실 속에 이스라엘은 소망을 잃어버렸다. 그러다 보니 마음에선 의심과 상처가 꼬리에 꼬리를 물고 이어졌다. '하나님의 백성을 괴롭히는 적들을 하나님께서 언제까지 두고만 보시는가?'라는 질문과 함께 '예루살렘에 쉐키나의 영광으로 가득 차게 하겠다고 하신 그 약속은 대체 언제 이루어지는가?', '성전 건축을 방해하는 이 엄청난 박해는 어떻게 극복할 수 있는가?'라는 회의가 계속해서 이어졌다. 이런 질문과 회의 속에서 '포로 이후의 공동체'인 스가랴 시대는 의욕 저하와 좌절감만이 팽배해졌다. 이들에게는 새로운 활력이 필요했다. 하나님께서도 이를 아시고 하나님의 새로운 활력을 불어넣어 주신다. 그것이 무엇이겠는가.

낙망과 좌절 가운데 있던 이스라엘에 활력을 불어넣은 것은 위대한 지도자의 출현이 아니었다. 국제정치의 우호적인 변동도 아니고 사회가 균형 있게 돌아가는 것도 아니었다. 물론 경제적인 삶의 풍요로움도 아니었다. 좌절과 고통 속에 빠진 이스라엘을 구해낼 하나님의 새로운 활력은 본문 9절에서 볼 수 있듯이 살아계신 하나님의 말씀이었다. 위로부터 부어주시는 실제적인 말씀이 이스라엘에 새로운 능력을 부어 새로운 길을 가게 했다.

이는 우리에게 중요한 진리를 알려준다. 지금 당장 손에 잡히는 것이 없어서 낙심할만한 환경에 둘러싸여 있다고 해도, 살아계신 하나님의 말씀이 우리에게 임하면 내적으로는 영적 무장이 이루어지고 외적으로는 현실을 타개할 능력이 주어진다. 이 본문은 하나님의 말씀이야말로 우리를 능력의 신실한 사람으로 변화시킨다는 것을 강력히 시사해 준다.

왕 같은 제사장 예수 그리스도

이를 마음 깊이 깨닫고 체험하기 위해 이어지는 본문을 자세히 살펴보자.

> 사로잡힌 자 가운데 바벨론에서부터 돌아온 헬대와 도비야와 여다야가 스바냐의 아들 요시아의 집에 들어갔나니 너는 이 날에 그 집에 들어가서 그들에게서 받되 은과 금을 받아 면류관을 만들어 여호사닥의 아들 대제사장 여호수아의 머리에 씌우고(슥 6:10-11).

스가랴 6장 10-11절은 언약 신학에서 매우 중요한 구절이다.

몇 년 전 사무엘하 7장 1-17절을 본문으로 "영원한 언약의 신비"라는 제목으로 선포된 설교를 다시 떠올리면 좋겠다. 그때 나는 영원한 다윗 왕국을 약속하시는 하나님의 말씀이 육적인 다윗의 후손에게 왕위를 이어가게 하신다는 뜻을 넘어서, 언젠가 다윗 왕조 시대가 끝나더라도 다윗의 후손으로 오실 예수 그리스도께서 영원한 언약의 주인공으로 우리의 영원한 왕이 되실 것을 말씀한다고 강조했다. 다윗에게 하신 "영원한 왕국을 너희에게 주리라"는 말씀의 궁극적인 의미는 예수님이 영원한 언약의 후손으로서 영원한 왕이 되어주신다는 뜻이다.

본문 말씀에서도 그와 같은 맥락을 발견할 수 있다. 이 말씀을 통해 영원한 왕 되시는 예수 그리스도를 발견함으로, 이 본문이 언약 신학적으로 얼마나 중요하고 소중한지를 깨달아야 한다.

당시 이스라엘 공동체로 돌아온 사람들 중에는 주목해야 할 네 사람이 있다. 본문에 나오는 헬대와 도비야, 여다야와 요시아이다.

이들은 모두 좋은 사람들이었다. 특히 도비야는 느헤미야 시대에 등장하는 못된 도비야와는 다른 인물이다. 네 사람의 특이사항은 당시 큰 부자였다는 점인데, 그들은 바벨론과 페르시아 시대를 살며 상당한 부를 이루었다. 그리고 그에 걸맞게 그들은 스룹바벨 성전 재건에 동참하기 위해 금과 은을 준비했다. 말하자면 성전을 지을 때 필요한 헌물을 드리려 하고 있었다.

이때 하나님께서는 스가랴에게, 그들에게 가서 금과 은을 받되 그것을 어떻게 사용할지에 대해 알려주신다. "면류관을 만들어 여호사닥의 아들 대제사장 여호수아의 머리에 씌우라"(11절) 하시는 말씀이 그것이다. 히브리어 원어에서는 '면류관'이 복수로 나와 있다. 그렇다고 면류관을 여러 개 만들었다는 뜻은 아니다. 종합적인 면류관을 만들었다는 뜻으로 해석하면 무리가 없다. 하나님께서는 은과 금으로 면류관을 만들어 '여호사닥의 아들 대제사장 여호수아'의 머리에 씌우라고 하신다.

우리는 이 구절을 보며 놀라지 않을 수 없다. 구약에서 '제사장'과 '왕'은 별도의 직분이 아닌가. 그래서 우리는 대제사장 여호수아에게 왕을 상징하는 면류관을 씌우라는 내용에서 긴장감마저 느끼게 된다.

아마 스가랴도 처음에는 그 옛날 왕이었던 사울이 제사장만 할 수 있는 제사 드리는 일을 하다가 하나님께 심판받았던 사건을 기억하며 긴장했을 것이다. 어디 사울뿐인가. 웃시야도 그랬다. 웃시야 왕은 대제사장만 하는 역할인 제사를 드리다가 나병에 걸렸다. 이처럼 구약시대에는 왕은 왕이고 대제사장은 대제사장으로, 엄격히 그 역할이 구별되었다. 이를 넘나들다가는 여지없이 하나님의 처벌을 받아야 했다. 그런데 어찌 된 일인지 본문에서는 여호사닥의 아들 대제사장 여호수아에게 왕이 쓰는 면류관을 만들어 씌우라고 하신다.

이 점에서 본문은 언약 신학적인 측면에서 매우 중요하고 소중한 구절이다. 대제사장 여호수아에게 왕만이 쓸 수 있는 면류관을 만들어 씌우라는 이 구절은, 마치 사무엘하 7장에서 보여주었던 '영원한 언약의 신비'로 다가온다. 하나님께서는 본문에 나온 대제사장 여호수아를 우리의 영원한 왕이신 예수 그리스도를 예표하는 인물로 보여주고 계신 것이다.

여호사닥의 아들인 여호수아는 그 이름 자체가 신약에 이르러 헬라어로 '예수'다. 헬라어 '예수스'(Ιησούς)가 구약에서는 여호수아였다. 이처럼 구약의 여호수아는 예수 그리스도를 예표하는 인물임을 여러 방면에서 알려준다.

그런 면에서 본문은 예수님이 왕직과 대제사장직을 겸임하는 그리스도, 곧 메시아이심에 대한 구약의 중요한 예표 구절이다. 히브리서 말씀대로 예수 그리스도만이 우리를 위해 중보하는 단 한 분의 대제사장이자 만물을 다스리는 왕이심을 구약의 이 구절이 말해주고 있다는 것이다.

사실 구약에서 인간 대제사장은 금 면류관을 쓸 필요가 없었다. 출애굽기 28장 39절에서도 제사장이 쓰는 관에 대해 "가는 모시 실로" 만들 것을 명한다. 제사장은 금과 은으로 관을 만들어 쓰는 게 아니라 가는 모시 실로 만들어 써야 하는 사람이었다. 그런데 대제사장 여호수아에게 왕이 쓰는 금과 은으로 만든 면류관을 씌우라고 명하신 것은 여호수아가 왕직과 대제사장직을 겸임하시는 유일한 한 분 예수 그리스도를 예표한다는 의미이다.

동시에 이 말씀은 오늘을 사는 우리에게도 우리 역할에 대한 중요한 단서를 제공한다. 예수 그리스도의 보혈로 구속함을 받아 그리스도인이 된 우리가 부여받은 역할, 부여받은 직임은 무엇인가.

> 그러나 너희는 택하신 족속이요 왕 같은 제사장들이요 거룩한 나라요 그의 소유가 된 백성이니 이는 너희를 어두운 데서 불러내어 그의 기이한 빛에 들어가게 하신 이의 아름다운 덕을 선포하게 하려 하심이라(벧전 2:9).

제자훈련의 중요한 토대가 된 이 말씀대로, 우리는 모두 '왕 같은 제사장'이 되었다. '왕 같은 제사장'이란 말의 헬라어 원뜻은 '왕직을 겸한 제사장'이다. 즉 하나님께서는 우리에게 이 이중직이 같이 가는 것임을 알려주신다.

다시 말해 우리는 왕직을 겸한 제사장이다. 그렇기에 우리는 말씀을 통해 왕직과 제사장직이 무엇인지 이해해야 한다. 이를 알아야 우리에게도 현재 삶의 영역에서 왕 같은 제사장으로서의 역할을 감당할 길이 열리기 때문이다.

메시아, 기름 부음 받은 자

우리가 왕 같은 제사장의 직분을 감당하려면 특별히 메시아 대관식에 대한 이해가 있어야 한다. 대관식의 주인공이신 그리스도가 어떤 분인지 알아야 그리스도인인 우리가 해야 할 일을 찾을 수 있기 때문이다.

본문 12-13절에서는 여호수아를 통해 메시아를 예표하시면서 장차 오실 메시아, 즉 그리스도가 어떤 분인지 다섯 가지로 알려주고 있다.

> 말하여 이르기를 만군의 여호와께서 이같이 말씀하시되 보라 싹이
> 라 이름하는 사람이 자기 곳에서 돋아나서 여호와의 전을 건축하리
> 라 그가 여호와의 전을 건축하고 영광도 얻고 그 자리에 앉아서 다
> 스릴 것이요 또 제사장이 자기 자리에 있으리니 이 둘 사이에 평화
> 의 의논이 있으리라 하셨다 하고(슥 6:12-13).

메시아의 첫 번째 행보는 "보라 싹이라 이름하는 사람이 자기 곳
에서 돋아나서"(12절)라는 구절에 나타난다. 특별히 메시아를 싹, 순
(개역한글)에 비유한 것은, 그의 시작이 처음에는 지극히 연약할 것임
을 나타내기 위함이다. 이사야 53장 2절에서도 이를 말해준다.

> 그는… 연한 순 같고 마른 땅에서 나온 뿌리 같아서…(사 53:2).

여기서도 메시아를 예언하면서 "그는 연한 순 같고 마른 땅에서
나온 뿌리 같다"고 했다. 순처럼 지극히 연약하다는 것이다. 그러나
순이나 싹은 그 시작이 미약해 보여도 나중에는 큰 나무를 이룬다.
하나님 나라의 속성도 이와 같다. 작은 자가 나중에 천을 이루고 강
국을 이룬다. 결국 겨자씨와 같은 작은 순과 싹이 자라서 나중에는
왕의 대관식, 메시아의 대관식을 치르게 된다. 이에 대한 우리의 이
해가 있을 때 남녀노소, 빈부귀천을 불문하고 결국에는 우리에게도
왕의 대관식에 참여할 수 있는 거룩한 능력이 부여될 것이다.
본문에서 보여주는 메시아에 대한 두 번째 사항은 그 메시아가

"자기 곳에서 돋아난다"는 점이다(12절). 연한 순과 싹 같은 메시아는 하늘에서 갑자기 뚝 떨어지는 게 아니라 사람과 짐승들이 밟고 다니는 땅에서부터 나온다는 얘기다. 실제로 예수님은 이 땅에 육신으로 오셨고 자기 백성 중에 오셨다. 어린 시절부터 그 지혜와 키가 자라가며 하나님과 사람 앞에서 사랑스러워지셨다(눅 2:52). 마치 싹이 자기 곳에서 점점 돋아나듯 하신 분이 바로 예수님이시다.

세 번째는 12절에 나온 대로 메시아가 "여호와의 전을 건축하신다." 메시아가 하는 대표적인 일은 중단되었던 성전을 다시 재건하는 일이다. 이는 궁극적으로 진정한 성전 건축자가 예수 그리스도이심을 알려준다. 아니, 예수님은 스스로 우주적 성전이 되어주심으로, 누구든지 그 성전에 나와 예배드리는 자의 영적 품격을 회복시켜 주시는 분이다.

네 번째 메시아의 모습은 13절에 "영광도 얻고 그 자리에 앉아서 다스릴 것이요"에서 찾을 수 있다. 예수님이 재림하실 때 메시아의 위엄이 넘쳐남으로 영광과 존엄을 얻게 된다는 뜻이다. 우리가 주일예배를 마칠 때마다 다 함께 입을 모아 폐회송으로 "찬송과 존귀 영광과 권능"의 예수 그리스도를 부르며 주님의 메시아 되심을 찬양하는 이유도 이 때문이다. 주님이 재림하실 때는 요한계시록 4장에 나타난대로 "이십사 장로들이 보좌에 앉으신 이 앞에 엎드려 세세토록 살아 계시는 이에게 경배하고 자기의 관을 보좌 앞에 드리며"(계 4:10) 경배할 것이다.

마지막 다섯 번째로 나타난 메시아의 모습은 "제사장이 자기 자리에 있으리니 이 둘 사이에 평화의 의논이 있으리라"(13절)라는 구절에서 찾을 수 있다. 여기서 "평화의 의논이 있으리라"라는 구절은 다른 번역서에서 "평화의 상황이 되리라", "조화가 일어나리라"로 번역되었다. 즉 메시아가 제사장이 되심으로 평화의 상황이 될 것이라는 뜻이다.

사실 왕과 제사장의 관계는 긴장 관계였다. 그런데 예수 그리스도가 메시아가 되는 순간, 예수님이 왕직과 대제사장직을 겸임하시기 때문에 그 둘 사이에 아름다운 조화가 이루어진다. 왕직과 제사장직 임무가 조화롭게 되고 예수님 안에서 모든 내용이 완전하게 완성되기 때문이다.

이는 오늘을 사는 우리가 매우 중요하게 살피고 적용해야 할 내용이다. 특별히 우리는 국가적으로 왕직과 제사장직을 얘기할 때, 예수님이 그리스도, 메시아이심이 국가 전체에 확실히 선포되어야만 교회와 국가 간에 조화를 이룰 수 있음을 알게 된다.

무슨 뜻인가. 과거 이스라엘의 역사를 보라. 다윗 왕이 다스리던 시기에 나단 선지자가 나왔던 것처럼, 좋은 왕과 좋은 선지자가 함께 활동할 때는 교회와 국가 간 조화를 이룰 수 있었다. 그러나 분열 왕국 시기 이스라엘에는 부패한 왕들이 참 많았다. 왕이 부패했기에 하나님께 울부짖어 기도하는 좋은 선지자들이 많이 나왔다. 악한 아합 왕 시대에 엘리야 선지자가 나왔던 일이 그 한 예다. 그러나 그 시대에는 교회와 국가 간 조화가 이루어지지 않았다. 그 둘 사이에 반목과 갈등이 많을 수밖에 없었다.

이는 비단 이스라엘의 역사만이 아니다. 과거 교황권이 강화되었던 유럽의 역사를 보라. 그 시기에는 교황권(papacy)과 세속 황제의 킹십(kingship) 사이에 서로 충돌이 일었다. 서로 간의 조화가 이루어지지 않았다.

우리는 이러한 역사를 통해 무엇을 알게 되는가. 예수 그리스도의 대제사장 되심과 왕 되심을 국가적으로 깨닫고 인정하는 일이 얼마나 중요한지를 깨닫는다. 예수님의 대제사장 되심과 왕 되심을 알고 선포하는 나라가 되어야만, 국가와 교회 간에 온전한 조화를 이룰 수 있다. 통치자도, 공무원도, 정치가도, 목회자도 하나님을 제대로 알고 섬겨야만 국가와 교회, 교회와 국가 간에 아름다운 조화가 이루어지는 것이다.

그러므로 국가는 국가대로 교회는 교회대로 할 일이 있음을 알고 인정하는 일이 필요하다. 만약 국가가 국민의 영적 성장 문제를 정부의 행정력으로 통제하거나 조정하려고 한다면, 그것은 국가의 역량을 넘어서는 일이 된다. 국민의 영적 성장과 관련된 일에 대해 정부는 어떤 압박이나 통제를 가하지 않도록 조심해야 한다.

그러나 만약 이스라엘의 아합 왕 때처럼 국가가 하나님을 멀리한다면 교회와 국가 간의 조화에 치명적 어려움이 찾아들 수밖에 없다. 초월적 진리와 절대적 진리가 인정받지 못하면 모든 것이 상대화되면서 법조차 당리당략을 기준으로 만들어지거나 폐하게 되기 때문이다.

그래서 우리는 본문 말씀을 붙들고 기도해야 한다. 우리의 유일한 대제사장이시며 왕이신 주께서 이 나라를 다스리심으로 교회는 교회로서 성도들의 영적 성장을 책임지고, 국가는 국가로서의 역할을 잘 감당하는 조화로운 나라가 되기를 꿈꿔야 한다.

나의 소명, 나의 영광

앞에서 면류관 쓰신 메시아의 다섯 가지 행보에 대해 말씀드렸는데, 이제 중요한 것은 면류관을 쓰신 주님과 함께 우리도 동일하게 면류관을 쓰는 인생이 되어야 한다는 점이다. 우리는 그런 인생이 되기 위해 본문 14절 말씀의 의미를 깊이 깨달아야 한다.

> 그 면류관은…여호와의 전 안에 두라 하시니라.

스가랴는 하나님의 말씀을 선포한 후 대제사장 여호수아에게 씌웠던 면류관을 가져다가 하나님의 말씀대로 여호와의 전 안에 그대로 두었다. 하나님께서는 왜 이 면류관을 여호와의 전에 두라고 하셨을까.

실제로 스가랴가 성전에 두었던 면류관은 주전 516년에 스룹바벨이 성전을 완공한 뒤로 4백 년 동안이나 그 자리에 놓여 있었다. 그동안 아무도 이 면류관을 자기 것이라 주장하지 않았고 면류관을 지키고 보존하는 일에만 온 힘을 썼다.

왜 그래야 했을까. 왜냐하면 면류관의 진정한 주인이신 주님께 면류관을 내어드리기 위함이었다. 메시아가 오시는 그날, 주님이 이 면류관을 쓰셔야 하기 때문이다.

이는 오늘날 우리에게 영적으로 중요한 메시지를 준다. 우리는 이 땅에서 예수님의 십자가와 부활로 구원받은 하나님의 백성이 되었다. 그러나 우리는 여전히 완전한 구원의 단계에 다다르지 못 한 사람들로서, 그날을 기다리며 하루하루 성장해 가는 사람들이다. 이는 마치 이스라엘이 4백 년 동안 면류관을 지키며 주님이 오시기를 고대했던 모습과 같다. 이 말씀은 우리도 그날을 기다리는 이스라엘처럼 하루하루 성화의 길을 가야 하는 사람들임을 알려주고 있다는 것이다.

우리는 이스라엘이 면류관을 여호와의 전에 두고 '보관했다'는 사실에서 또 하나의 중요한 메시지를 얻는다. 대관식을 거행했던 면류관을 여호와의 전에 '보관했다'는 것은, 미래 세대가 성전 안에 있는 면류관을 보면서 장차 오실 '대제사장'이자 '왕'이신 예수님을 기대하라는 뜻이기도 하다. 즉 우리는 여호와의 전에 면류관을 보관함으로써 예수 그리스도의 메시아 되심을 다음 세대와 그다음 세대, 또 그다음 세대까지 계속해서 계승해야 하는 책무를 받은 사람들이라는 얘기다. 이를 우리 교회 용어로 말하면 "수선대후(守先待後)하라"이다. 우리는 면류관을 만들어 예수님의 예표인 여호수아에게 씌운 뒤에 성전에 보관하는 대관식을 보며, 믿음의 계승에 대한 사명뿐만 아니라 이 대관식이 우리 세대만이 아닌 다음 세대를 위한 대관식임을 분명히 알아야 한다.

사랑의교회는 2019년 6월에 헌당감사예배를 드렸다. 그 헌당예배에서 최고의 순간은 언제였는가. 모든 순서와 시간이 다 좋았지만 나는 그중에서도 사랑의교회 사역의 모든 영적인 의미와 사명을 계승한다는 의미로 다음 세대에게 '은 홀'을 물려줄 때 최고로 기뻤다. '믿음의 계승'을 위한 수고와 섬김이야말로 '왕의 대관식'에 비견될 만큼 영광스럽고 고귀한 일이라 믿었기 때문이다.

"믿음을 계승해야 한다"는 것 외에 본문 말씀을 좀 더 깊이 들어가 적용해 보면, 우리가 하나님께로부터 받은 소명과 직분을 영광스럽게 여겨야 한다는 의미도 찾을 수 있다. 이는 결코 내 개인의 관점이 아니다. 로마서 11장에서 바울의 고백을 보라.

> 내가 이방인의 사도인 만큼 내 직분을 영광스럽게 여기노니(롬 11:13b).

바울은 '이방인의 사도'라는 자신의 직분을 영광스럽게 여긴다고 했다. 이는 예수님을 믿음으로 구원받았다면 메시아를 기다리는 모든 사람을 위해, 자기가 받은 직분을 영광스럽게 여겨 충성하는 것이 대관식을 치르는 것만큼 중요하다는 뜻이다. 그런 바울은 다음과 같이 고백하기도 했다.

하물며 영의 직분은 더욱 영광이 있지 아니하겠느냐(고후 3:8).

하물며 영의 직분은 더욱 영광스럽다는 이 고백이야말로 얼마나 멋진 고백인가.

나는 청년대학부 시절의 일들을 지금도 잊을 수 없다. 당시 대학생들은 교회를 섬기기 위해 언제든 지방에서 올라오는 수고를 아끼지 않았다. 그런 일들이 어른들이 볼 때는 별것 아닌 것처럼 보일 수도 있겠지만, 청년들은 그야말로 온몸과 온 마음을 드려 자신을 헌신하는 사람들이었다. 하나님의 말씀을 받아 그리스도의 제자가 된 청년들이 예수님의 증인으로서의 소명을 받고 한 지역 또는 한 캠퍼스의 리더가 되는 모습이 얼마나 진지했는지 모른다. 교회로 치자면 다락방 같은 소그룹 성경공부 모임의 인도자가 되는 것이다. 그렇게 리더가 될 때마다 우리는 하나님 앞에서 옷깃을 여미는 심정으로 리더 서임식을 했다. 그때 우리는 주께로부터 부어지는 리더로서의 품위와 영적 기백을 받으며 정말 감격스러워 했다.

오래전 얘기를 새삼스럽게 꺼내는 이유는 다른 게 아니다. 우리가 하나님 앞에서 받는 이러저러한 직분들이 결코 하찮은 것이 아님을 말씀드리기 위함이다. 쉬운 예로 사랑의교회에서 2년 동안 제자반과 사역반을 마치고 한 분 한 분 순장으로서 파송받을 때마다, 우리는 그것이 메시아 왕국의 영적 대관식을 치르는 것 같은 축복의 서

임식임을 믿어야 한다. 다락방의 순장뿐이겠는가. 교회의 모든 주일학교 교사들, 청년대학부 리더들, 심지어 찬양대원들 한 사람 한 사람이 받은 사명은 그 무게감이 왕의 대관식과 같다고 할 수 있다.

특별히 교회의 중직자 한 분 한 분이 하나님께로부터 받은 사명의 무게를 알고, 직분을 감당하는 것을 장관의 직분을 감당하는 것보다 더 귀히 여길 수 있기를 바란다. 한 영혼을 세우기 위한 영적인 직분을 소중하고도 영광스럽게 여겼으면 좋겠다.

실제로 전 미국 대통령 지미 카터(Jimmy Carter)가 그랬다. 그는 주일학교 교사를 하는 것이 대통령직을 수행하는 것보다 더 중요하다고 말했다. 백화점 왕 존 워너메이커(John Wanamaker)도 "떼돈을 버는 것보다 어린아이들을 위해 교사로서의 사명을 감당하는 게 참으로 소중하다"고 말했다. 이런 고백이야말로 왕의 대관식에 참여한 자가 할 수 있는 고백이 아니겠는가.

성경은 하나님께서 주신 직분을 잘 감당하는 자에게 주실 하나님의 축복에 대해 계시적인 언어로 구사하고 있다.

네가 죽도록 충성하라 그리하면 내가 생명의 관을 네게 주리라(계 2:10).

무슨 뜻인가. 충성하는 자에게 대관식을 치르게 하시겠다는 말씀이다. 야고보서에도 같은 맥락의 말씀이 이어진다.

시험을 참는 자는 복이 있나니 이는 시련을 견디어 낸 자가 주께서 자기를 사랑하는 자들에게 약속하신 생명의 면류관을 얻을 것이기 때문이라(약 1:12).

나는 요한계시록과 야고보서의 이 말씀이, 스가랴서 말씀을 읽고 묵상하며 듣는 모든 이에게 응하기를 바란다. 스가랴서 본문 15절 뒷부분에 다음과 같은 말씀이 선포되고 있기 때문이다.

너희가 만일 너희의 하나님 여호와의 말씀을 들을진대 이같이 되리라(슥 6:15b).

왕의 영광에 눈을 뜨다

지금까지 우리는 메시아의 대관식에 관한 본문 말씀을 살펴보았다. 나는 이 말씀을 전하는 동안 예배와 관련하여 한 가지 소망을 갖게 되었다. 우리가 드리는 모든 주일예배가 주님께 왕관을 드리는 시간이 됨과 동시에, 주님께로부터 생명의 면류관의 임직을 받는 시간이 되기를 바랐다. 무엇보다 네 유대인이 금과 은을 드려 면류관을 만들어드린 것처럼, 우리 역시 우리 마음의 금과 은을 가지고 왕관을 만들어 예수님께 드리면 좋겠다.

물론 우리가 주님께 왕관을 드리든 안 드리든, 주님은 본래부터 창조주이시고 주님은 주님이시다. 우리가 어떻게 하느냐에 따라 주님의 주님 되심이 좌우되지 않는다. 그러나 우리가 매 주일마다 계시의 말씀을 깨닫고 나의 소중한 것들로 왕관을 만들어 주님께 올려 드릴 때, 주님은 답해주실 것이다.

"너는 나에게 왕관을 올려주느냐? 나는 너를 왕의 자녀로 삼아주겠다. 너는 나에게 왕관을 올리고 있느냐? 나는 너에게 왕의 대관식을 치르듯 왕의 아들로서의 품위 있는 삶을 살게 하겠다."

하나님께서는 이렇게 답하시면서 지금도 매 주일의 예배를 '왕의 대관식의 진행형'으로 경험하도록 이끄신다.

나는 이 장의 첫머리에서 왕의 대관식에 대해 말하며, 대관식이 너무나 존귀하고 권위 있고 위엄 있을 뿐만 아니라 새로운 역사의 장을 열어준다고 언급했다. 그런 의미에서 사랑의교회 매 주일예배에서 아니, 5만여 개의 한국교회 매 주일예배에서 왕의 대관식에서만 허락되는 영광과 능력과 기백을 받을 수 있다면, 하나님께서는 코로나 팬데믹 이후 반드시 한국교회에 역사하실 것이다.

어떤 면에서 주일예배는 작은 부활절과도 같다. 예배를 통해 예수 그리스도의 부활의 능력을 다시금 확인하며 찬양하기 때문이다. 그러므로 주일예배는 작은 부활절이요 영적 대관식이라 할 수 있다. 이 대관식을 위해 우리가 정성껏 준비하는 일은 당연하다. 어느 위대한 왕의 대관식에 초대되었다면, 우리는 그 대관식에 참여하기 위해 당연히 마음을 쓰며 준비해야 한다.

언젠가 나는 영국 정부의 초대를 받아 웨스트민스터 사원에 가서 예배를 드린 적이 있다. 오후 5시에 시편을 가지고 예배드리는 'Evensong Service'였다. 놀라운 것은 이 예배가 지난 5백 년 동안 한 번도 멈춰진 적이 없다는 사실이다. 심지어 전쟁이 일어났을 때도 예배는 멈춰진 적이 없었다고 한다. 그 사실을 알았기에 나는 그 시간을 간절히 사모하며 예배를 준비하게 되었다.

사모하면 준비하게 되어 있다. 실제로 대관식을 치른다고 하면 이삼 일 전부터 백만 명 정도가 궁전 앞에 모여 자리를 잡기도 한다. 미국에서도 유명한 퍼레이드를 앞두고 있을 때마다 며칠 전부터 그 앞에 텐트를 치며 기다리는 이들이 얼마나 많은지 모른다.

매주 주일예배를 맞이하는 우리야말로 그와 같은 사모함으로 예배를 준비해야 한다. 매 주일예배는 작은 부활절이요 왕의 대관식이기 때문이다. 우리가 그렇게 예배드릴 때, "너희가 만일 너희의 하나님 여호와의 말씀을 들을진대 이같이 되리라"(슥 6:15b)는 말씀이 우리에게 임할 것이다.

마지막으로 이 한 가지를 기억하길 바란다. 대관식은 영어로 'Coronation'이다. '코로나'와 '코로네이션'의 어원이 모두 'Corona'(라틴어: 왕관, 화관)인 것이다. 이를 통해 우리는 '코로나'에 잘못 반응하면 저주가 되고 역병이 되지만, 코로나 팬데믹 가운데서도 말씀을 청종하고 참된 예배자가 되면 매일 대관식의 은혜를 받을 수 있음을 깨닫는다. 우리는 어떤 면에서 갈림길에 서 있는 사람들이다. 부디 우리 모두가 매일의 삶에서 대관식의 은혜를 택하여 누림으로 모든 불안의 관, 두려움의 관을 물리칠 수 있기를 바란다.

신앙의 뿌리를 회복하다

"다리오 왕 제사년 아홉째 달 곧 기슬래월 사일에 여호와의 말씀이 스가랴에게 임하니라 그 때에 벧엘 사람이 사레셀과 레겜멜렉과 그의 부하들을 보내어 여호와께 은혜를 구하고 만군의 여호와의 전에 있는 제사장들과 선지자들에게 물어 이르되 내가 여러 해 동안 행한 대로 오월 중에 울며 근신하리이까 하매 만군의 여호와의 말씀이 내게 임하여 이르시되 온 땅의 백성과 제사장들에게 이르라 너희가 칠십 년 동안 다섯째 달과 일곱째 달에 금식하고 애통하였거니와 그 금식이 나를 위하여, 나를 위하여 한 것이냐 너희가 먹고 마실 때에 그것은 너희를 위하여 먹고 너희를 위하여 마시는 것이 아니냐 예루살렘과 사면 성읍에 백성이 평온히 거주하며 남방과 평원에 사람이 거주할 때에 여호와가 옛 선지자들을 통하여 외친 말씀이 있지 않으냐 하시니라 여호와의 말씀이 스가랴에게 임하여 이르시되 만군의 여호와가 이같이 말하여 이르시기를 너희는 진실한 재판을 행하며 서로 인애와 긍휼을 베풀며 과부와 고아와 나그네와 궁핍한 자를 압제하지 말며 서로 해하려고 마음에 도모하지 말라 하였으나 그들이 듣기를 싫어하여 등을 돌리며 듣지 아니하려고 귀를 막으며 그 마음을 금강석 같게 하여 율법과 만군의 여호와가 그의 영으로 옛 선지자들을 통하여 전한 말을 듣지 아니하므로 큰 진노가 만군의 여호와께로부터 나왔도다 내가 불러도 그들이 듣지 아니한 것처럼 그들이 불러도 내가 듣지 아니하리라 만군의 여호와가 말하였느니라 내가 그들을 바람으로 불어 알지 못하던 여러 나라에 흩었느니라 그 후에 이 땅이 황폐하여 오고 가는 사람이 없었나니 이는 그들이 아름다운 땅을 황폐하게 하였음이니라 하시니라"(스가랴 7:1-14)

오늘날 사회적 이슈가 되고 또 많은 분이 고민하는 기독교의 문제가 무엇인가? 아마도 '신앙과 삶의 불일치' 문제를 제일 먼저 꼽을 것이다. 우리 중 어느 누구도 신앙과 삶의 일치를 원하지, 신앙과 삶의 불일치를 원하지는 않는다. 그런데도 왜 우리에게는 유독 이 문제가 두드러지게 나타나는 것일까? 왜 신앙과 삶이 일치하지 못하는 것일까?

이렇게 생각해보면 쉽다. 유치원에 다니는 아이에게 일찌감치 대학에 다니라고 하면 어떻게 될까? 아이의 수준과 대학생활 사이에 괴리가 있을 수밖에 없다. 마찬가지다. 예수님을 믿었지만 아직 성장하지 않았다면 신앙과 삶 사이에 간극이 생길 수밖에 없다. 성장하지 않고서는 신앙과 삶의 일치가 어렵다는 뜻이다.

주님은 "그들의 열매로 그들을 알리라"(마 7:20)고 말씀하셨다. 그의 신앙이 제대로인지 아닌지를 알려면 삶의 열매를 보면 된다는 뜻이다. 그런데 삶의 열매는 그냥 맺히지 않는다. 뿌리를 제대로 내리고 싹이 나고 자라야 열매가 맺힌다. 그런 과정 없이 갑자기 열매를 맺는 나무는 없다.

성도들 가운데도 '신앙과 삶의 불일치' 혹은 '삶의 열매' 문제를 놓고 고민한다면, 먼저 신앙의 기본기가 제대로 다져졌는지 그 뿌리 문제부터 점검해야 한다. 뿌리가 제대로 내리고 움이 돋고 싹이 자라야만 자연스럽게 열매를 맺는 법이다. 그래서 교회는 아직 영적으로 어린 아이들에게 자꾸 어른 행세를 하라고 요구하는 건 아닌지 살펴볼 필요가 있다. 그렇지 않으면 자칫 교회가 위선자와 가식자를 만들어 낼 수 있다. 뿌리가 약한 어린나무에 열매부터 요구하면 영적인 폭력, 영적인 억압을 휘두르게 되기도 한다.

동시에 교회인 우리는 말씀을 통해 성장하는 일에 힘껏 집중해야 한다. 날마다 말씀을 받아먹으며 자라가야만 거기에 걸맞은 열매도 자연스럽게 맺을 수 있다. 본문 말씀을 '성장의 관점'으로 보면서, 각 개인에게 찾아든 신앙과 삶의 불일치 문제를 해결 받을 수 있기를 바란다.

누구를 위한 금식인가

다리오 왕 제사년 아홉째 달 곧 기슬래월 사일에 여호와의 말씀이 스가랴에게 임하니라(슥 7:1).

다리오 왕 제사년에 여호와의 말씀이 스가랴에게 임했다. 이는 시기적으로 스가랴가 여덟 가지 환상을 받고 난 뒤 2년쯤 지난 무렵이었다. 이스라엘은 그동안 스가랴가 본 환상을 통해 위로를 받으며 무너진 예루살렘 성전을 절반 정도 건축하고 있었다. 역사적으로도 에스라 6장에 나오는 다리오 왕의 조서로 예루살렘 성전 재건을 방해하던 무리가 모두 제거되는 때였다. 예루살렘은 조금씩 회복되고 있었고 성전 건축도 순적하게 진행되고 있었다. 상황은 확실히 예전보다 많이 좋아졌다.

그런데 이때, 허점이 드러난다. 본문 2절에서 보여주듯 벧엘 지역의 사람들이 사레셀을 비롯한 몇몇을 예루살렘에 보내어 다음과 같은 질문을 한다. 3절을 보라.

만군의 여호와의 전에 있는 제사장들과 선지자들에게 물어 이르되 내가 여러 해 동안 행한 대로 오월 중에 울며 근신하리이까 하매.

여기서 '근신하리이까'라는 단어는 다른 번역서에서 '금식하리이까'로 번역되었다. 말하자면 그들은 "오월 달에 행하는 금식을 여러 해 동안 행했던 대로 이번에도 해야 합니까?"라고 질문하는 것이다.

당시 이스라엘 백성들은 성전이 파괴되었던 5월을 맞이하면 그것을 잊지 않기 위해 꼭 금식했다. 그리고 7월, 10월에도 추가로 금식했는데 이는 하나님의 명령에 의해서라기보다 그들이 지키려고 하는 전통에 의해 시행되던 일이다.

금식의 기원과 관련하여 성경을 찾아보면, 본래 구약에서 금식하라는 하나님의 명령은 일 년에 딱 한 번이었다. 레위기 23장 27절을 보라.

7월 10일은 속죄일이다. 그러므로 너희는 나 여호와 앞에 모여서 금식하며 죄를 슬퍼하고 나에게 화제를 드려라(레 23:27, 현대인의성경).

하나님께서는 모세오경을 통해 1년에 한 번, 7월 10일 속죄일에 금식하라고 정해주셨다. 그러다 스가랴 8장에서 또 다른 금식일이 나타나는데, 이는 이후에 추가된 금식일이다.

> 만군의 여호와가 이같이 말하노라 넷째 달의 금식과 다섯째 달의 금식과 일곱째 달의 금식과 열째 달의 금식이…(슥 8:19).

여기서 넷째 달, 다섯째 달, 일곱째 달, 열째 달의 금식은 하나님의 직접적인 명령으로 이루어진 금식이 아니다. 금식에 관한 전통이 추가로 이어지면서 장로의 유전처럼 자리 잡게 된 금식일이었다. 그중 하나가 유대 총독이 살해당한 것을 슬퍼하며 금식하다가 그날을 해마다 금식일로 잡아 전통적으로 이어가게 된 일이다. 이스라엘은 그런 식으로 다섯째 달과 일곱째 달, 열째 달의 금식을 이어가고 있었다. 본문 3절은 그에 관한 질문이다. 여러 해 동안 해온 대로 돌아오는 다섯째 달에도 여전히 금식해야 하는지 묻고 있는 것이다.

그런데 이에 대한 하나님의 답변이 특이하다. 5절 말씀을 보라.

> 온 땅의 백성과 제사장들에게 이르라 너희가 칠십 년 동안 다섯째 달과 일곱째 달에 금식하고 애통하였거니와 그 금식이 나를 위하여, 나를 위하여 한 것이냐.

하나님의 말씀 속에 이중 강조가 나와 있다. 너희가 금식한 것이 "나를 위하여, 나를 위하여" 한 것이냐고 물으신다. 같은 말을 두 번 하는 것은 강력하게 강조하는 히브리식 수사법이다.

하나님께 쓰기에는 좀 죄송한 표현이지만, 하나님께서는 백성들의 질문에 대해 이처럼 '동문서답'을 하신다. "금식을 해야 합니까, 말아야 합니까?"라고 묻는데, 금식을 습관적이고 지루하게 여기는 그들 삶의 뉘앙스를 읽으신 듯 "하라 말라"는 대답 대신 오히려 질문을 던지신다. "그 금식이 나를 위하여 나를 위하여 한 것이냐? 아니면 너희 스스로 자기연민에 겨워 자기만족을 위해 한 것이냐? 너희는 누구를 위해 금식하느냐?"

금식의 진짜 의미

하나님께서는 이 질문을 하신 뒤 이어서 말씀하신다.

> 예루살렘과 사면 성읍에 백성이 평온히 거주하며 남방과 평원에 사람이 거주할 때에 여호와가 옛 선지자들을 통하여 외친 말씀이 있지 않으냐 하시니라(슥 7:7).

금식을 하느냐 마느냐에 대한 하나님의 답변은, 이미 옛 선지자들을 통해 알려주신 바가 있다고 하신다. 이어지는 9-10절에서는 옛 선지자를 통해 알려주신 하나님의 답변의 핵심을 소개한다.

> 만군의 여호와가 이같이 말하여 이르시기를 너희는 진실한 재판을 행하며 서로 인애와 긍휼을 베풀며 과부와 고아와 나그네와 궁핍한 자를 압제하지 말며 서로 해하려고 마음에 도모하지 말라 하였으나.

하나님께서 옛 선지자들을 통해 외치신 말씀은 겉으로 드러나는 금식에 관한 것이 아니었다. 하나님 말씀의 더 중요한 실체는 '진실한 재판을 행하는 것'과 '서로 인애와 긍휼을 베푸는 것', '과부와 고아와 나그네와 궁핍한 자를 압제하지 않는 것'과 '서로 해하려고 마음에 도모하지 않는 것'이었다.

이 말씀에는 크게 do와 don't가 들어 있다. 어떤 것은 행하고 어떤 것은 하지 말라고 하신다. 그중 하나님께서 하라고 하신 첫 번째는 '진실한 재판'이다. 법적인 영역의 말씀이다. 우리는 하나님께서 왜 이토록 진실한 재판을 중요하게 여기시는지에 대한 근거를 "의와 공의가 주의 보좌의 기초라"(시 89:14)라는 시편 말씀에서 찾을 수 있다. 하나님의 보좌의 기초가 의와 공의이기에 하나님의 백성들은 진실한 재판을 해야 한다는 것이다.

하나님께서는 두 번째로 '서로 인애와 긍휼을 베풀라' 하신다. 이것은 인간관계 영역이다. 당시 백성들이 외국에서 살다가 돌아와서 성전 재건축을 하다 보니, 수많은 갈등이 터져 나왔다. 일을 제대로 하려다 보니 사람과 사람 사이에 크고 작은 문제들이 야기될 수밖에 없었다. 하나님께서는 그와 같은 때에 툭하면 법적으로 문제를 제기하려고 하지 말고, 인애와 인자와 사랑과 긍휼을 베풀라고 하신다. 서로에게 불쌍히 여기는 마음을 가지라는 것이다.

이는 오늘날 우리가 특히 중요하게 받아야 하는 말씀이다. 코로나 팬데믹 이후 너나 할 것 없이 스트레스를 받다 보니, 우리의 내면은 점점 '은혜의 저수지'가 아니라 '불평의 저수지'가 되고, '코로나블루'를 넘어 '코로나앵그리'가 되어 언제 폭발할지 모르는 상태, 그것이 우리의 모습이다. 하나님께서는 그런 우리를 보시며 서로에게 인애와 인자, 사랑과 긍휼을 베풀라고 말씀하신다.

10절부터는 하나님께서 하지 말라고 하신 것이 나오는데, 그 첫 번째가 과부와 고아와 나그네와 궁핍한 자들을 압제하지 말라고 하신다. 말하자면 하나님께서는 "너희가 금식한다고 하는데 진짜 금식이 뭔지 아니? 과부와 고아와 나그네와 궁핍한 자를 압제하지 않는 게 진짜 금식이야"라고 하시는 것이다.

우리는 여기서 사회적 약자들에 대한 하나님의 마음을 읽을 수 있다. 사회 구조상 스스로의 힘으로 버틸 수 없는 사회적 약자에 대해 우리가 적어도 압제해서는 안 된다는 사실을 깨닫게 된다. 아니, 그리스도인이라면 압제하지 않는 것을 넘어 그들에 대한 돌봄과 배려의 역할을 해야 한다는 사실과 마주한다.

나는 사랑의교회가 시간이 흐를수록 이러한 역할을 제대로 하면서 하나님의 은혜를 받을 수 있기를 바란다. 우리 교회가 독거노인과 여러 어려운 이웃에게 계속 관심을 기울이는 이유 중 하나가 무엇인가? 이런 일들을 하다 보면 어느덧 우리 자신이 참된 영적 성숙을 하게 되기 때문이기도 하다. 우리가 그분들을 돕는다고는 하지만, 사실은 섬김의 사역을 통해 우리가 참된 금식, 참된 성숙의 은혜를 받게 되는 것이다.

두 번째로 하나님께서는 "서로 해하려고 마음에 도모하지 말라" 하신다. 이것은 누군가를 해하려고 음모를 꾸미거나 거짓 고발을 하지 말라는 뜻이다. 악한 마음을 품은 채 남에게 피해를 주는 소문을 함부로 퍼뜨리거나 함부로 고소하지 말라는 말씀이다.

하나님께서는 이처럼 네 가지를 지키는 것이 금식이라고 하시면서, '옛 선지자'를 통해 이미 알려준 참된 금식에 대한 메시지를 우리에게 상기시키신다. '옛 선지자'가 누구인가. 스가랴 입장에서 옛 선지자들 중 대표로 이사야가 있다. 하나님께서 이사야를 통해 주신 금식에 대한 말씀은 무엇인가.

내가 기뻐하는 금식은 흉악의 결박을 풀어주며 멍에의 줄을 끌러 주며 압제 당하는 자를 자유하게 하며 모든 멍에를 꺾는 것이 아니겠느냐 또 주린 자에게 네 양식을 나누어 주며 유리하는 빈민을 집에 들이며 헐벗은 자를 보면 입히며 또 네 골육을 피하여 스스로 숨지 아니하는 것이 아니겠느냐(사 58:6-7).

하나님께서는 진짜 금식에 대해 '어려운 사람들의 멍에의 줄을 끊어주고 압제당하는 자를 도와주고 사회적 약자를 배려하는 것'이라고 말씀하신다. 또한 '주린 자에게 양식을 나누어 주고 유리하는 빈민을 집에 들이며 헐벗은 자를 보면 입히며 또 네 골육을 피하여 스스로 숨지 않는 것'이 참된 금식이라고 하신다. 하나님께서는 이 말씀을 하신 후에야 우리가 그토록 좋아하는 말씀인 "너는 물댄 동산 같겠고 물이 끊어지지 아니하는 샘 같을 것이라"(사 58:11)고 선포하셨다. 즉 참된 금식, 하나님께서 기뻐하시는 금식을 하는 사람에게서 물댄 동산과 같은 영적 재생산이 나온다는 뜻이다.

이를 통해 우리는 하나님께서 금식을 얼마나 기뻐하시는지 알 수 있다. 다만 하나님께서 기뻐하시는 금식을 하려면 금식에 대한 올바른 내용, 올바른 성숙이 있어야 함을 알려주신다. 그저 무언가를 먹지 않는다는 것에 초점을 맞추는 게 아니라, 사회적 약자를 섬기기 위해 자신이 무엇을 절제하고 무엇을 행할 것인가에 초점을 두는 게 올바른 금식임을 알려주신다. 결국 하나님을 위한 금식이란 삶의 현장 속에서 그리스도인다움이 따라오는 것을 말한다.

이와 같이 우리는 신앙과 삶의 일치를 위해 영적 방향을 올바로 잡을 수 있어야 한다. 하나님께서는 우리가 영적인 방향을 바로 잡고 그 방향을 따라 살 때, 성장의 은혜를 베푸시는 분이다.

하나님 아버지의 마음

그렇다면 이스라엘은 하나님의 말씀에 역사적으로 어떻게 반응했을까? 하나님께서 옛 선지자를 통해 "참된 금식은 약자를 배려하는 것이다"라고 하실 때 "네, 그렇습니다. 제게도 참 금식이 이루어지길 원합니다"라고 반응했을까? 이어지는 본문에서는 뜻밖의 사실이 나온다.

> 그들이 듣기를 싫어하여 등을 돌리며 듣지 아니하려고 귀를 막으며 그 마음을 금강석 같게 하여 율법과 만군의 여호와가 그의 영으로 옛 선지자들을 통하여 전한 말을 듣지 아니하므로 큰 진노가 만군의 여호와께로부터 나왔도다(슥 7:11-12).

여기서 "말씀 듣기를 싫어했다"라는 말은 말씀을 진지하게 여기지 않았다는 뜻이다. 또한 "하나님께 등을 돌렸다"라는 말은 소가 멍에를 메지 않으려는 행동으로써, 하나님의 말씀을 가볍게 여겼다는 뜻이다. 즉 그들은 하나님의 말씀을 가볍게 여기고 말씀보다 자신의 신념과 사상을 위에 올려놓음으로 하나님께 등을 돌렸다. 여기서 더 나아가 그들은 하나님의 말씀에 "귀를 막았다"고도 한다. 이것은 온갖 방법을 동원하여 일부러 하나님의 음성을 듣지 않으려는 행동을 말한다.

사정이 이렇다 보니 그들은 이제 더 이상 하나님의 말씀에 감동할 줄을 몰랐다. 자연스럽게 종교 생활의 껍데기만 남아 외식하는 자가 되었다. 그들의 마음이 얼마나 딱딱하게 굳어졌는지, 그 마음이 금강석과 같았다. 강철 같고 차돌 같았다. 마음이 벽창호처럼 모

질기 짝이 없었다. 그 결과, 그들은 하나님의 무서운 진노를 당해야
했다. 본문 12절 뒷부분에서 13절로 이어지는 말씀을 보라.

옛 선지자들을 통하여 전한 말을 듣지 아니하므로 큰 진노가 만군의
여호와께로부터 나왔도다 내가 불러도 그들이 듣지 아니한 것처럼 그
들이 불러도 내가 듣지 아니하리라 만군의 여호와가 말하였느니라.

하나님의 말씀에 귀를 막아버린 이스라엘에 대해, 하나님께서도
귀를 막고 듣지 않겠다고 하신다. 이것이야말로 우리가 당할 수 있
는 가장 준엄한 진노다. 그들이 불러도 하나님께서 듣지 않겠다고
하시니 기가 찰 노릇이다. 하나님과의 교제가 막힌 것보다 더 큰 진
노는 없다. 우리는 물질적인 진노, 육체적인 진노에 대해 겁을 내지
만 우리가 정말 겁내야 하는 하나님의 진노는 주님이 우리의 말을
듣지 않으시고 우리와 함께 하시지 않는 것이다. 잘 아는 대로 지옥
이란 하나님의 임재가 없는 곳이 아닌가. 그러므로 누군가가 이 땅
에서 지옥 같은 생활을 하고 있다면 그것은 하나님과 아무런 교류
도 없는, 하나님의 임재를 못 느끼며 살고 있다는 뜻이다. 반대로 요
셉과 바울은 감옥에서도 하나님의 임재를 경험했기에, 그곳에서도
천국을 누리며 살 수 있었다. 하나님과 교류하며 그분의 임재를 누
리는 것, 그것이 천국의 삶이라는 뜻이다.

본문에서 하나님께서는 그들의 말을 듣지 않겠다고 선언하신다.
하나님의 엄청난 진노다. 이어지는 14절은 다음과 같이 말씀한다.

내가 그들을 바람으로 불어 알지 못하던 여러 나라에 흩었느니라
그 후에 이 땅이 황폐하여 오고 가는 사람이 없었나니 이는 그들이

아름다운 땅을 황폐하게 하였음이니라 하시니라.

하나님께서 이스라엘이 바벨론에게 멸망당하는 것을 허락하셔서서 그들로 하여금 사방으로 흩어지게 하셨다는 말씀이다. 그러나 여기서 우리가 알아야 할 것은, 하나님께서 이스라엘 선조들을 흩으심은 그들로 망하게 하려는 것이 아니라 그들로 깨닫고 돌아오게 하는데 있다는 점이다. 하나님께서는 이스라엘을 흩으실 때조차 그들의 회복을 바라셨으며, 결코 흩으심 자체를 목표로 하지 않으셨다.

이는 성경 전체를 통해 일관되게 보여주시는 하나님의 마음이다. 하나님께서 이스라엘에 등을 돌렸다고 해서 그것이 하나님의 본심은 아니다. 이와 같은 하나님의 마음은 신약성경에도 동일하게 나타난다. 누가복음 15장에 나오는 탕자 이야기를 보라. 둘째 아들은 이스라엘 백성들처럼 허랑방탕한 생활을 하며 아버지에 대해 반역을 저지른다. 그러나 아버지는 어떠했는가? 아들이 돌아오기만을 바라며 동구 밖에서 매일 기다린다. 그것이 바로 하나님 아버지의 마음이다. 흩어버리는 것이 하나님의 마음이 아니고, 어쩔 수 없이 흩으시지만 거기서라도 제대로 정신을 차리고 바른 역할을 하면 다시회복시키려는 것이 하나님의 마음이다. 그 마음 때문에 하나님께서는 돌아오면 회복되는 길을 항상 열어놓으신다.

이스라엘은 나중에야 이 사실을 깨닫는다. 그리고 바벨론, 페르시아 포로 시대를 저주라 생각하지 않고 그 가운데서 신앙과 삶의 일치를 보여주며 이웃에게 본이 되는 역할 모델을 해나갔다. 그곳에서도 회당을 세우고, 히브리어로 쓰인 성경을 당시에 통용되던 국제언어인 헬라어로 번역될 수 있도록 70인역 성경 번역의 기초를 마련하기도 했다. 그래서 바벨론 포로 시대는 저주가 아니라 회복시키시는 주님의 은혜가 머문 시절이 될 수 있었다.

예수님은 참된 금식에 대한 하나님의 메시지와 그에 관한 순종의 중요성을 구원사 전체, 구원 역사의 전체 흐름 가운데 분명히 보여 주셨다. 예수님이 공생애를 시작하시며 먼저 하신 일이 무엇인가? 세례 받으신 후 40일 동안 광야에서 금식하신 일이다. 그런 뒤에 이사야 선지자의 말씀을 요약하여 다음과 같이 선포하신다.

> 주의 성령이 내게 임하셨으니 이는 가난한 자에게 복음을 전하게 하시려고 내게 기름을 부으시고 나를 보내사 포로 된 자에게 자유를, 눈 먼 자에게 다시 보게 함을 전파하며 눌린 자를 자유롭게 하고 주의 은혜의 해를 전파하게 하려 하심이라 하였더라(눅 4:18-19).

이처럼 왕직을 겸한 대제사장이신 예수님은 옛 선지자를 통해 선포된 이사야 61장 말씀을 다시 한번 살아나게 하신다. 다시 말해 구약에서는 사회적 약자를 배려하고 억눌린 사람들의 포로 됨을 풀어 주는 것이 진정한 금식이라고 선포했다면, 신약에서는 실제 금식의 진정한 의미를 담아 예수님의 공생애 사역 자체를 표현하고 있다.

예수님은 특별히 포로 된 자, 눈 먼 자에게 참된 자유를 주신다고 말씀하신다. 여기서 가난한 자들에게 주어지는 참된 자유란, 그들에게 경제적인 도움이 임한다는 뜻이라기보다 그들에게 영적 자유가 주어진다는 의미이다. 왜 그렇게 볼 수 있는가?

그에 관한 하나의 실례가 되는 것이 요한복음 8장에 나오는 간음한 여인의 이야기이다. 요한복음 8장에서는 바리새인들이 간음하다가 현장에서 잡힌 여인을 데리고 와서 성전 앞에 내팽개치는 장면이 나온다. 그들은 이 여인을 성전 앞에 내동댕이치며 예수님에게 다음과 같이 말한다. "율법에 의하면 간음한 여인을 돌로 치라 명하였거니와 선생님은 어떻게 하시려는지 말해보시오."

바리새인들의 모습은 내로남불(내가 하면 로맨스, 남이 하면 불륜) 그 자체였다. 겉으로는 약자를 배려하며 억눌린 사람들에게 참 자유를 주는 신앙과 삶의 일치를 주장하지만, 실제로는 사회적 약자를 악랄하게 대했던 사람들이 바로 이들이다. 그들에게서는 사회적 약자를 보며 함께 마음 아파하거나 배려하는 모습을 눈곱만큼도 찾아볼 수 없었다. 율법을 지키는 것 같았지만 진정한 율법 정신이 그 안에 하나도 없었다. 그들은 철저히 금식을 지키고 있었지만 '껍데기 금식'을 할 뿐 진정한 금식, 참된 금식을 하지 않는 사람들이었다.

반면 예수님은 성전에서 이루어지는 이 사건 속에서 "너희 중에 죄 없는 자가 먼저 돌로 치라"(요 8:7) 하시며 그 여인을 헤아리신다. 그리고 "나도 너를 정죄하지 아니하노니 가서 다시는 죄를 범하지 말라"(요 8:11) 하시며 그 여인에게 영적 자유를 부여하신다. 예수님은 성전이야말로 사회적 약자에게 자유를 선포하는 일이 이루어지는 곳임을 보여주셨다.

우리가 선택할 예배의 모습

많은 신학자가 신약성경에서 스가랴 7장의 내용을 가장 명확히 재해석해 보여주는 구절이 어디인가를 찾곤 한다. 그리고 "껍데기인가, 실체인가?"를 대비해서 보여주는 신약의 현장이 어디인가에 대해 신학자들은 한결같이 입을 모아 한 곳을 가리킨다.

바로 누가복음 18장에 나오는 바리새인과 세리의 기도 현장이다.

금식 문제, 옛 선지자가 선포한 말씀, 예수님이 이 땅에 오셔서 금식하시고 선포하신 일 등, 이 모든 것이 뭉뚱그려져 정리되는 현장, 즉 껍데기냐 실체냐를 명확히 보여주는 곳이 바로 누가복음 18장이다.

누가복음 18장에는 먼저 자기 의에 충만한 껍데기 예배자가 나온다. 그가 누구인가. 바로 바리새인이다. 그에게 신앙이란 남의 눈을 의식한 겉치레에 불과했다. 그는 외식주의자였고 전통주의자였으며, 형식주의자였다. 좀 더 극단적으로 얘기하면, 그는 하나님께 기도하는 것이 아니라 자기에게 기도하는 사람이었다. 하나님께 예배하는 자가 아니라 자기에게 예배하는 자였다. 자기연민, 자기만족, 자기중심의 신앙인이었다. 그래서 그는 자신 있게 기도하고 자신 있게 말한다.

> 바리새인은 서서 따로 기도하여 이르되 하나님이여 나는 다른 사람들 곧 토색, 불의, 간음을 하는 자들과 같지 아니하고 이 세리와도 같지 아니함을 감사하나이다 나는 이레에 두 번씩 금식하고 또 소득의 십일조를 드리나이다 하고(눅 18:11-12).

여기서 바리새인은 금식과 십일조 등을 잘 지켰다며 큰소리를 친다. 그러나 그는 진정한 금식이 무엇인지 모르는 사람이었다. 그는 간음한 여인을 붙잡아 사람들 앞에서 내동댕이치고 수치심을 주며, 그를 통해 자기우월감에 사로잡힌 사람이었다. 그래서 이토록 자신 있게 서서 따로 큰 소리로 기도하고 있는 것이다.

반면 그와 완전히 다른 사람이 나온다. 내면에서부터 하나님을 예배하는 참 예배자 세리가 바로 그 주인공이다. 세리는 하나님 앞에서 자신을 정직하게 보다보니 내세울 게 없다는 사실을 알게 된다.

너무 부끄러워 가슴을 치고 죄책감을 가지며 용서를 구한다.

> 세리는 멀리 서서 감히 눈을 들어 하늘을 쳐다보지도 못하고 다만
> 가슴을 치며 이르되 하나님이여 불쌍히 여기소서 나는 죄인이로소
> 이다 하였느니라(눅 18:13).

껍데기 금식자인 바리새인과 자기 가슴을 치면서 자신의 죄인 됨을 고백하는 세리 사이의 차이점이 무엇인가. 바리새인은 자기의 진짜 모습을 볼 줄 몰랐고, 세리는 자신의 죄인 됨을 볼 줄 알았다. 그래서 바리새인은 떵떵거렸고, 세리는 가슴을 치며 "하나님, 저를 불쌍히 여겨주소서"라고 기도한다.

오늘날 한국교회에도 많은 바리새인이 있다. 그들은 형제자매들을 향해 "신앙과 삶이 일치가 안 된다"며 자신 있게 '내로남불'의 손가락질을 하지만, 사실상 '신앙과 삶의 일치'를 위해 고민하는 사람들은 가슴을 치며 하나님 앞에 자신의 죄인 됨을 고백하고 있음을 알아야 한다. 우리는 어떤 사람들인가? 바리새인인가 아니면 세리인가?

나는 한국교회에 어려운 일이 생겼다고 하면, 내가 뭘 잘못해서 그런 일이 생긴 것 같아 가슴이 쓰리다. 교회에도 무슨 일이 생기면 나의 부족함이 느껴져 그저 하나님 앞에 가슴을 칠 수밖에 없다. 이는 괜히 하는 소리가 아니다. 하나님 앞에서 나의 죄인 됨을 보기에 누군가 실족하거나 무슨 일이 생기면 마음이 아플 수밖에 없다.

누가복음 18장에서는 죄인 된 의식으로 하나님 앞에 가슴을 치는 것이 참 예배자의 모습임을 알려준다. 한국교회에 무슨 일이 있을 때마다 온 성도들이 자기 일처럼 가슴 아파하고 같이 가슴앓이하며

회개한다면, 한국교회에 진정한 회복이 찾아올 것임을 누가복음 18 장이 우리에게 알려주고 있는 것이다.

가짜 예배자와 참 예배자 사이의 대립은 예수님의 공생애 사역의 중요한 부분을 차지했다. 그도 그럴 것이 당시 유대인 사회에서는 껍데기 예배가 최고조에 달했다. 그래서 예수님도 마태복음 전체에서 유대인의 율법주의와 형식주의와 의식주의에 맞서 강력하게 비판하는 모습을 보여주신다. 나중에 바울은 이것을 깨닫고 로마서를 통해 "하나님 앞에서는 율법을 듣는 자가 의인이 아니요 오직 율법을 행하는 자라야 의롭다 하심을 얻는다"(롬 2:13)라고 말하며, 율법을 잘 지켰다고 하는 이들이 실제로는 하나님의 율법을 어기고 더럽히는 자들이었음을 알린다.

또한 바울은 믿음의 아들이었던 디모데에게도 "경건의 모양은 있으나 경건의 능력은 부인하니 이같은 자들에게서 네가 돌아서라"(딤후 3:5)고 함으로써, 경건의 껍데기만 부여잡는 외식주의자를 강력하게 경계했다.

그렇다면 우리는 어떻게 해야 경건의 능력을 가진 참된 믿음의 사람이 될 수 있을까? 여기서 신앙과 삶의 일치를 위해 노력하지만 그것이 안 되는 이유에 대해 다시 한번 점검할 필요가 있다. 앞서 말한대로, 신앙과 삶의 일치가 안 되는 이유는 우리의 신앙이 어리기 때문이다. 따라서 우리는 신앙의 뿌리를 내리고 싹을 틔우는 일, 즉 성장을 위한 일에 방향을 맞추고 달려가야 한다. 반드시 성장해야만 신앙과 삶의 괴리가 좁혀질 수 있기 때문이다.

성장하고 성숙하는 데 있어 가장 중요한 요소는 참 예배자가 되는 일이다. 가짜 예배자가 아니라 참 예배자가 될 때, 우리는 진정으로 성장하고 신앙과 삶의 일치를 이룰 수 있다. 겉으로만 금식하고 거룩하게 예배하는 바리새인이 아니라, 주님 앞에 죄인인 자기 자신을 보면서 날마다 가슴을 치며 예배드리는 21세기 세리로 예배드릴 때라야 우리에게 경건의 능력이 임하게 된다.

교회의 역사는 형식, 율법주의와 참 예배자의 싸움의 역사다. 사탄은 계속해서 가짜 예배를 진짜 예배로 대체하려고 한다. 이방 종교를 보라. 바알 신을 섬기는 종교를 비롯하여 모든 이방종교는 의식을 얼마나 중요시 하는지 모른다. 심지어 유대교도 비슷하다.

그래서 우리는 스가랴 7장을 통해 참 예배를 배워야 한다. 참 예배가 어떤 예배인가? 성령과 진리로 드리는 예배이다(요 4:24). 예수 그리스도가 중심인 예배(계 5:13), 살아계신 하나님을 경외하는 예배(행 14:15), 하나님의 영광으로 가득한 예배(출 29:43), 우리의 몸과 마음이 헌신된 예배(롬 12:1), 감사와 찬양이 가득한 예배가(시 100:4) 바로 참 예배이다.

우리가 참 예배를 드릴 때, 무슨 일이 벌어지는지 아는가?

만군의 여호와가 이같이 말하노라 넷째 달의 금식과 다섯째 달의 금식과 일곱째 달의 금식과 열째 달의 금식이 변하여 유다 족속에게 기쁨과 즐거움과 희락의 절기들이 되리니 오직 너희는 진리와 화평을 사랑할지니라(슥 8:19).

진짜 예배가 회복되면, 가슴앓이 하던 일이 기쁨과 즐거움과 희락의 절기가 된다. 하나님께서 우리 모두에게 참 예배의 능력을 부어 주시면 이런 일이 벌어진다는 것이다. 진정한 성숙의 결과를 주님이 허락해 주시는 모습이다.

공적 예배로 기초를 쌓고 생활 예배로 삶의 건물을 세우라

이제 결론을 정리해 보자. 우리는 무엇보다 예배에 성공자가 되어야 한다. 그런데 이런 참 예배, 내면의 예배가 제대로 되려면 매주일 공적 예배부터 성공해야 한다. 공적 예배가 성공하면 그 예배의 은혜를 통해 생활 예배의 승리가 뒤따라올 것이기 때문이다. 우리는 반드시 공적 예배와 생활 예배의 균형을 가져야만 한다.

사람들은 '언행일치'라는 말을 하지만, 우리는 '신행일치'를 사모해야 하는 사람들이다. 그런데 신행일치를 하려면 우리는 '공생일치'가 되어야 한다. 공생일치란, 공적 예배와 생활 예배가 일치를 이루는 것을 말한다. 우리 교회 식으로 말하면 '공생예 일치', 즉 공적 예배와 생활 예배가 일치되는 일이다.

영적 성공의 시작은 그 뿌리가 제대로 자리하는 일이다. 그런데 뿌리가 제대로 자리하려면 참된 예배자가 되어야 한다. 그래서 나는 이와 관련하여 다음과 같이 기도하곤 한다.

"공적 예배가 시작이면 생활 예배가 결과가 되게 하시고 공적 예배가 뿌리이면 생활 예배가 열매가 되게 하옵시며, 공적 예배가 기초면 생활 예배가 그 기초 위에 세워지는 건물이 되게 하옵소서."

존경하는 A.W. 토저 목사님은 다음과 같은 말씀을 하셨다.

"주일예배 이후에 생활 예배가 뒤따르지 않으면 하늘에서는 주일예배가 인정되지 않는다."

기가 막히게 맞는 말씀이지 않는가? 우리의 예배가 진짜인지 아닌지, 우리의 내면과 겉면이 일치하는지 아닌지를 살펴보는 시금석은 바로 생활 예배가 뒤따르는가 아닌가에 있다는 것이다. 나는 우리 모두가 주일에 예배당에 들어와서 하박국 2장 말씀을 선포하며 기도했으면 좋겠다.

오직 여호와는 그 성전에 계시니 온 땅은 그 앞에서 잠잠할지니라
하시니라(합 2:20).

너무나 귀한 말씀이다. 이 말씀을 예배당에서 선포했다면 월요일
오전에 자신의 일터에 앉아 다음과 같이 선포하면 어떨까?

"여호와께서 내 사무실에 계시니 온 천하는 그 앞에서 잠잠할지
니라."

우리는 오늘날 한국 사회가 어렵다는 말을 많이 한다. 그러나 이
젠 그런 말을 멈추고 이렇게 말하면 어떨까?

"여호와는 우리 삶의 전 영역에 계시니 온 천하는 잠잠할지니라."

우리는 주일에 한 번만 하나님께 예배하는 사람들이 아니다. 일상
에서도, 일터에서도 날마다 예배드리는 사람들이다. 그러니 생활 예
배에서도 "온 천하가 그 앞에서 잠잠할지니라"를 외쳐야 한다. 삶이
예배가 되도록 모든 곳에서 모든 순간 여호와를 선포하며, 그 앞에
서 다른 모든 것이 잠잠해지길 선포하는 것이다.

이때 가장 중요한 것은 주중에 가인처럼 살면서 주일에 아벨처럼
예배드릴 수 없다는 사실이다. 또한 주일에 아벨처럼 예배드리지 못
한다면 주중에 아벨처럼 살 수 없다. 주일에 드리는 공적 예배의 수
준이 주중 생활 예배의 수준을 결정하고, 주중 생활 예배의 수준이
주일 공적 예배의 수준을 결정한다는 것을 잊지 말아야 한다.

성경에서 생활 예배를 다룬 본문을 찾는다면, 골로새서 3장 22-24
절을 들 수 있다.

종들아 모든 일에 육신의 상전들에게 순종하되 사람을 기쁘게 하는 자와 같이 눈가림만 하지 말고 오직 주를 두려워하여 성실한 마음으로 하라 무슨 일을 하든지 마음을 다하여 주께 하듯 하고 사람에게 하듯 하지 말라 이는 기업의 상을 주께 받을 줄 아나니 너희는 주 그리스도를 섬기느니라.

바울은 종들에게 일상에서 어떻게 그리스도인으로서 살아야 하는지에 대해 말하면서, 성실한 마음으로 주인을 섬길 것을 권면한다. 왜 그래야 하는가? 그리스도인에게는 삶의 모든 자리가 하나님께서 다스리시는 곳이기 때문이다. 이것은 신앙적인 일과 일상적인 일이 다르지 않다는 사실을 가리킨다. 교회에서 신앙생활을 잘하고 있다면, 일상에서 종으로서의 삶도 잘해야 한다는 뜻이다. 예배의 눈금으로 보면 삶의 모든 자리가 예배의 자리이다. 그래서 바울은 생활 예배를 잘 드리는 자에게는 "기업의 상을 주께 받을 줄 아나니"라고 말했다.

우리는 다시 한번 다짐해야 한다. "이 금식이 너를 위한 금식이냐, 나를 금식이냐?"라고 주께서 물으시는 이때, 우리 모두 '공생에 일치'로 화답할 수 있어야 한다. 이를 위해 우리는 주님께 다음과 같이 간절히 기도해야 할 것이다.

"이십 대에 주님께로부터 받았던 은혜를 칠십 대에도 동일하게 받을 수 있게 하옵소서. 주일이나 평일이나 동일한 은혜 아래 있게 하여주옵소서. 점점 성숙해가는 은혜가 있게 하여주옵소서. 모두가 참된 금식자가 됨으로 주일예배와 생활 예배에서 승리하게 하옵소서. 그리하여 한국교회에 진정한 회복을 경험하게 하옵소서."

돌아오면 회복된다

"만군의 여호와의 말씀이 임하여 이르시되 만군의 여호와가 이같이 말하노라 내가 시온을 위하여 크게 질투하며 그를 위하여 크게 분노함으로 질투하노라 여호와가 이같이 말하노라 내가 시온에 돌아와 예루살렘 가운데에 거하리니 예루살렘은 진리의 성읍이라 일컫겠고 만군의 여호와의 산은 성산이라 일컫게 되리라 만군의 여호와가 이같이 말하노라 예루살렘 길거리에 늙은 남자들과 늙은 여자들이 다시 앉을 것이라 다 나이가 많으므로 저마다 손에 지팡이를 잡을 것이요 그 성읍 거리에 소년과 소녀들이 가득하여 거기에서 뛰놀리라 만군의 여호와가 이같이 말하노라 이 일이 그 날에 남은 백성의 눈에는 기이하려니와 내 눈에야 어찌 기이하겠느냐 만군의 여호와의 말이니라 만군의 여호와가 이같이 말하노라 보라, 내가 내 백성을 해가 뜨는 땅과 해가 지는 땅에서부터 구원하여 내고 인도하여다가 예루살렘 가운데에 거주하게 하리니 그들은 내 백성이 되고 나는 진리와 공의로 그들의 하나님이 되리라"

(스가랴 8:1-8)

어떻게 보면 본문은 스가랴서 전체의 핵심주제 중 하나를 담고 있다. 바로 "돌아오면 회복된다"이다. 여기서 중요한 것은 말씀의 열매를 가지고 돌아올 때, 우리에게 진정한 회복이 임한다는 사실이다. 이를 설명하기 위해 나는 먼저 "그리스도인은 어디에서 힘을 얻는가"에 대한 본질적 질문을 드리고 싶다. 우리는 과연 어디에서 힘을 얻는가. 한우를 먹으면 힘을 얻는가, 아니면 비싼 옷과 좋은 집에 살면 힘을 얻는가.

우리는 어디에서 힘을 얻는가

스가랴 시대의 이스라엘은 페르시아 제국 치하의 식민지였다. 그렇기에 그들은 페르시아의 속국처럼 살고 있었다. 마음이 위축되고 주눅 든 상황이 그 시대의 전반적인 분위기였다. 그런 상황 가운데 하나님께서는 '말씀을 통해' 어떤 경우에도 흔들림 없는 강력한 힘을 이스라엘에 부어주신다. 어떻게 알 수 있는가.

본문 1절에 "만군의 여호와의 말씀이 임하여 이르시되"라고 나온다. 2절에 "만군의 여호와가 이같이 말하노라", 3절에 "여호와가 이같이 말하노라", 4절에 "만군의 여호와가 이같이 말하노라"라고 나온다. 6절은 "만군의 여호와가 이같이 말하노라"라고 시작하고 끝맺으며, 7절에 "만군의 여호와가 이같이 말하노라", 9절에 "만군의 여호와가 이같이 말하노라"라는 구절이 이어진다. 23절까지 계속해서 거의 두 절에 한 번씩 "만군의 여호와가 이같이 말하노라"라는 표현이 나오고 있다.

이를 통해 알려주시는 것이 무엇인가. 모든 그리스도인은 만군의 여호와의 말씀으로부터 힘을 얻는다는 사실이다. 하나님의 말씀이 임할 때, 우리는 비로소 흔들림 없는 힘을 얻을 수 있다.

만군의 여호와가 누구신가. 그분은 온 우주의 주관자이다. 모든 별의 주관자이며 모든 큰 군대의 왕(The LORD of hosts)이시다. 온 우주의 주관자이고 천군천사의 큰 왕이며, 하늘의 권세자이고 별들의 주인이다. 우리는 바로 그런 하나님의 말씀에서 힘을 얻는다.

인생의 진정한 힘은 어떤 경험이나 이론, 논리 속에서 얻는 것이 아니라 만군의 여호와의 언약의 말씀을 의지할 때 얻을 수 있다. 우리 인생은 결코 환경에 의해 좌우되지 않는다. 이것을 믿는 게 진짜 믿음이다. 언약의 말씀에서 힘을 얻음으로 흔들림 없는 인생을 사는 것, 그것이 바로 그리스도인의 삶이다.

요즘 '무진동 차량'이라는 것이 있다. 이 차량은 웬만한 데서도 흔들리지 않는다. 그래서 주로 깨지면 안 되는 박물관의 보물 같은 것을 옮길 때 이용한다. 그 정도로 흔들림이 없다. 만군의 여호와 하나님의 말씀에서 힘을 얻는 사람도 이와 같다. 천지의 주 되신 하나님의 말씀에서 힘을 얻기에, 그 사람은 결코 상황에 따라 흔들리지 않는다. 이것이 바로 진짜 믿음을 가진 사람의 모습이다.

내가 성도들에게 늘 강조하는 말씀이 있다. "하나님의 나라는 말에 있지 아니하고 오직 능력에 있음이라"(고전 4:20)는 성경구절이다. 고린도 사람들은 말에 관심이 많았다. 그들은 웅변을 즐겨하고 논쟁에 몰두했다. 왜냐하면 논쟁에서 이기는 자가 승리자로 대접받았기 때문이다. 오늘날에도 자기 삶과는 별개로 논리와 자기 이념과 자기 가치를 상대방보다 더 크게, 더 멋지게, 때로는 더 감동적으로 소리 내어 외치는 사람이 이기는 것처럼 보일 때가 있다. 그러나 그런 상황에서도 그리스도인은 기억해야 한다. 우리는 세상의 말과 이념, 논리보다 하나님의 언약과 약속을 의지하며 살아가는 사람들임을 말이다.

우리가 세상의 논리나 이론, 설명에 의지하지 않고 하나님의 언약에 의지하여 살아야 하는 가장 분명한 이유가 무엇인가. 세상의 논리와 이론은 세월이나 환경, 여건에 따라 변하지만 하나님의 언약은 영원하고도 불변하며 우리를 항상 새롭게 하기 때문이다. 성경학자이자 신학자인 R. C. 스프로울(R. C. Sproul)은 다음과 같이 말했다.

"이 세상에서 가장 어리석은 것은 영원불변하신 하나님의 약속들을 신뢰하지 않는 것이다."

정말 맞는 말이다. 이로써 우리는 다음의 결론을 얻을 수 있다.

"만군의 여호와의 말씀으로부터 힘을 얻는 자가 가장 지혜로운 자요 자기 실력과 재능, 자기 능력과 지혜로만 사는 사람이 가장 어리석은 자다."

우리는 살아봐야 이 사실을 안다. 이십 대, 삼십 대, 사십 대까지는 자기 힘을 의지하며 떵떵 큰소리치지만 나이 육십이 넘고 칠십, 팔십이 넘어서 자기 한 몸 가누기도 쉽지 않은 세월을 살다 보면 자신을 의지하는 것이 얼마나 어리석은지 절감하게 된다.

우리는 만군의 여호와의 언약의 말씀에서 진정한 힘을 얻는 사람임을 기억해야 한다. 그리스도인의 힘의 원천은 하나님의 말씀에 있다는 것이다. 본문 6절은 그 사실을 알려준다.

> 만군의 여호와가 이같이 말하노라 이 일이 그 날에 남은 백성의 눈에는 기이하려니와 내 눈에야 어찌 기이하겠느냐 만군의 여호와의 말이니라(슥 8:6).

기적 같은 일들을 볼 때, 세상 사람들은 "야! 이거 너무 놀랍다. 너무 기이하다"라고 하지만, 만군의 하나님께는 너무나 당연한 일이다. 기적을 행하는 것, 저주와 같은 삶을 축복의 삶으로 바꾸는 것은 만군의 하나님 여호와께 너무 당연하고 자연스러운 일이다. 하나님께서는 모든 힘의 원천이시기 때문이다.

창세기 18장에서도 이를 확인할 수 있다. 하나님께서 아브라함에게 언약의 자손을 주신다고 할 때, 사라는 '아이고 하나님, 나는 경수가 끊어지고 노쇠했고, 남편도 늙었는데 무슨 자식이 나오겠습니까?' 하며 속으로 실실 웃는다. 그러자 하나님께서 어떻게 말씀하시는가.

> 여호와께 능하지 못한 일이 있겠느냐 기한이 이를 때에 내가 네게로 돌아오리니 사라에게 아들이 있으리라(창 18:14).

성경은 인간의 이성으로 하나님의 일을 판단하는 것을 경고한다. 우리 눈에는 기이하지만 하나님 편에서는 기이한 일이 아니다.

하나님께서는 이와 같은 일들을 통해 우리에게도 말씀하신다. 만군의 여호와께서 하신 약속의 말씀을 들었다면 그 말씀을 우리 각자에게 주시는 언약으로 붙잡고 여호와께로 돌아오라고 하신다. 하나님의 약속의 말씀을 믿는 자가 곧 하나님을 믿는 자라고 하신다.

회복의 원동력은 하나님의 거룩한 질투

하나님께서는 돌아오면 회복된다고 우리를 향해 말씀하신다. 그렇다면 하나님께로 돌아오면 회복될 수 있다고 확신할 수 있는 이 회복의 원동력은 대체 무엇일까.

우리의 눈에 확 들어오는 구절이 본문 2절에 있다.

> 만군의 여호와가 이같이 말하노라 내가 시온을 위하여 크게 질투하며 그를 위하여 크게 분노함으로 질투하노라.

만군의 여호와께서 시온을 위하여, 이스라엘 백성들을 위하여 크게 분노함으로 질투하신다는 구절이다. 이에 대해 앞 장에서 말한 바 있지만 우리는 하나님께서 '질투한다'는 표현을 읽으며 여전히 고개를 갸웃거린다.

앞에서 말한 대로 질투는 히브리어로 '카나'이다. 이를 한국어로 번역하다 보니 '질투' 혹은 '시기'가 되면서 이 표현을 인간적으로만 해석하게 되었다. 즉 인간이 쓰는 '카나'라는 용어와 하나님께서 쓰시는 '카나'라는 용어의 용법이 다르다는 걸 이해하지 못했기 때문에 이 말씀을 오해하게 된 것이다. 하나님의 '카나'는 질투와 시기가 아니라 '열정'(passion)과 '결단'(determination)을 뜻한다. 하나님의 카나는 인간의 질투와 시기처럼 어떤 정서적 마음 상태라기보다는 행동 양식과 관련지어 나타난다고 할 수 있다.

인간이 사용하는 '질투'의 개념은 매우 파괴적이다. 남이 잘되는 꼴은 못 보고 나보다 앞선 1등은 어떻게든 죽이려는 게 인간의 질투 양상이다. 그러나 이 질투가 하나님 편에서 사용될 때는 파괴적이 아니라 창조적이고 건설적이며, 특별히 회복적이고 행동적이다. 다시 말해 하나님의 질투는 하나님의 선을 이루는 행동적인 용어이다. 한마디로 하나님의 질투는 거룩한 질투요 은혜로운 질투라고 할 수 있다. 그런 면에서 "시온을 향해 질투하겠다"는 본문 말씀은 "시온을 위해 구체적인 행동으로 옮기겠다"는 뜻이다.

본문 3절에서는 이와 같은 하나님의 구체적인 행동지침이 나타난다.

여호와가 이같이 말하노라 내가 시온에 돌아와 예루살렘 가운데에 거하리니 예루살렘은 진리의 성읍이라 일컫겠고 만군의 여호와의 산은 성산이라 일컫게 되리라.

하나님께서 질투로 인하여 예루살렘으로 돌아오시겠고, 예루살렘 가운데 거하시겠다고 약속하신다.

사실 바벨론이나 페르시아의 대단한 사람들의 시각에서 보면, 이스라엘은 저주받은 백성들이었다. 그러나 하나님의 거룩한 질투를 통한 위와 같은 행동양식으로 인해, 이스라엘은 저주받은 것 같은 땅에서 진리의 성읍으로 바뀌게 된다. 여호와의 산이 성산으로 불리게 된다.

이 말씀을 좀 더 생생히 접목해 보자. 혹시 우리의 가정과 교회, 사업 터와 일터가 저주받은 곳으로 여김 받고 있지는 않은가. 이전까지는 조롱받았을지 몰라도 그곳에 여호와의 질투가 임하면 하나님께서 진리의 성읍이 되게 하신다. 저주받은 것처럼 온갖 조롱을 받던 곳이 진리의 성읍(City of Truth), 하나님의 도성(City of God)이 되게 하신다. 이 말씀을 붙들고, 한국교회가 진리의 성읍이 되고 하나님의 성산, 은혜의 성산이 되기를 기도한다.

질투하시는 하나님에 대한 신명기 말씀을 살펴보자. 이 말씀은 하나님의 질투에 대해 다룰 때마다 연계되어 소개되는 말씀이다.

네 하나님 여호와는 소멸하는 불이시요 질투하시는 하나님이시니라(신 4:24).

하나님께서 질투하실 때, 그분은 소멸하는 불이 되신다. 이 말씀은 겉으로는 하나님의 질투를 통하여 그 백성들의 잘못에 대해 값을 치르게 하신다는 뜻으로 볼 수 있다. 실제로 이스라엘은 그들의 죄로 인하여 70년 동안 바벨론 포로 생활을 했다. 그러나 하나님께서 소멸하는 불이시라는 말씀 속에는, 하나님께서 모든 더럽고 오염되고 누추한 것을 정화시켜 주신다는 뜻이 내포되어 있다. 우리의 죄로 인해 우리를 태워버리시는 게 목적이 아니라 그 죄를 태우심으로 우리 가정을 정화시키는 분이 하나님이시라는 것이다. 그러므로 '하나님의 질투'라는 관점에서 가장 중요하게 봐야 할 불의 역할은 회복을 위하여 정화와 정결을 이룬다는 것이다.

코로나 팬데믹 시대에 이 사실을 깊이 깨달아야 한다. 하나님께서는 왜 우리에게 이런 어려운 시대를 살게 하시는가. 이 시대의 어려움을 어려움만으로 끝나지 않게 하시기 위함이다. 앞으로 이 모든 일로부터 우리를 정화시키셔서 우리를 진리의 성읍으로 만드시기 위함이다. 그렇기에 우리는 불로 정결케 하셔서 우리를 새롭게 만드시는 하나님의 행동양식을 찬송해야 한다.

이렇듯 우리 편에서 보면, 하나님의 질투는 우리를 지키시는 보호막이요 안전장치이다. 이스라엘 백성들도 하나님의 거룩한 질투 때문에 참된 소망을 회복할 수 있었다. 하나님의 질투가 그들 삶의 진정한 원동력이 되었다.

그래서 나는 예배드릴 때마다 우리를 향하신 하나님의 거룩한 행동양식, 즉 소멸하는 불의 능력이 우리 가운데 함께하시기를 간절히 기도드리게 된다. 감사한 것은, 코로나 팬데믹을 겪는 가운데 많은 한계와 어려움도 있었지만 하나님께서 거룩한 불, 소멸하는 불로 우리를 정화시키시고 새롭게 하심으로써 우리가 주님 앞에 참된 예배자로 나오도록 변화시켜 주셨다.

소멸하는 불이 우리에게 임하면, 우리는 하나님 앞에 참 예배자가 된다. 그리고 그 예배자로 인해 예배의 자리에 은혜의 불이 떨어진다. 성령의 소낙비가 내리고 하늘 문이 열리게 된다.

물론 우리 중에는 여전히 영혼이 메마른 분들도 있을 것이다. 환경의 어려움 속에서 신음하는 분들도 많이 있다. 지난주에 사고 친 일 때문에 부끄러운 마음으로 예배실에 앉아 계신 분도 있을 것이다. 그럼에도 불구하고 감사한 것은, 우리가 어떤 상태인지에 상관없이 하나님의 질투하시는 소멸의 불이 예배의 자리에 임하면 우리가 참 예배자로 무장된다는 사실이다. 그것이 기름부음이다. 기름부음을 받은 참 예배자로 변화되면, 메마른 분에게 은혜의 기름부음이 전달된다. 그래서 공동체 예배가 능력이 있고 의미가 있다. 하나님의 소멸하는 불로써 정화되는 심령의 거룩한 전염이 공동체 가운데 이어지기 때문이다. 이것은 함께 모여 예배드리지 않으면 경험할 수 없고 깨달을 수 없는 일들이다.

하나님께서 이루시는 회복의 구체적인 영역

그렇다면 하나님의 질투를 통한 우리 삶의 구체적인 회복의 영역은 어디까지일까.

　본문 4-5절 말씀이 이에 대한 답을 알려준다.

　만군의 여호와가 이같이 말하노라 예루살렘 길거리에 늙은 남자들과 늙은 여자들이 다시 앉을 것이라 다 나이가 많으므로 저마다 손에 지팡이를 잡을 것이요 그 성읍 거리에 소년과 소녀들이 가득하여 거기에서 뛰놀리라.

　너무도 귀한 말씀이다. 이 말씀은 하나님의 거룩한 질투가 임함으로 예루살렘이 진리의 성읍이 될 때, 그 성읍의 모습이 어떻게 변하는지에 대해 우리에게 알려준다. 만군의 여호와가 함께하셔서 예루살렘이 진리의 성읍이 되면 어떻게 되는가.

　첫째, 평화와 안전이 회복된다. 예루살렘이 그 어떤 곳보다 안전한 도시가 됨을 알려주고 있다. 그 증거가 무엇인가. 예루살렘 길거리에 노인들이 가득하고 소년소녀들이 뛰노는 모습이다. 여기서 노인과 어린아이들은 사회적 약자를 뜻한다. 약자들이 아무 거리낌 없이 거리를 활보하며 평상에 앉아 쉬고 있다면, 이는 약육강식이 주도하는 무질서의 시대가 끝나고 새로운 평화의 시대가 도래한다는 뜻이다. 모든 무질서한 시대가 끝나고 다시 한번 예루살렘에 평화와 안전의 시대가 도래했음을 알려준다.

이 말씀을 예루살렘에 한정하여 생각하지 말고 우리 개인과 가정, 공동체와 국가에도 접목하여 기도했으면 좋겠다. 한국 사회의 세대 갈등도 이런 식으로 해결되도록 도와주시기를, 심지어 북한에도 이런 은혜가 임하기를 기도해야 한다.

특별히 이 구절에서 눈에 띄는 것은 노인들이 손에 지팡이를 잡았다는 표현이다. 노인이 되면 타인의 부축을 받거나 누군가를 의지하여 걸어야 한다. 그런데 자기 손으로 지팡이를 잡고 걷는다는 것은 건강하게 장수하는 복을 받았다는 뜻이다. 이 나라 모든 어르신에게 그런 복이 임하면 얼마나 좋을까. 거리에도 소년과 소녀들이 가득하여 천진하게 뛰노는 모습을 상상해보라. 얼마나 평화롭고 행복한가. 우리에겐 스가랴 8장 4-5절에 대한 마음의 소원이 있다. 그래서 이 말씀을 붙잡고 기도해야 한다.

우리는 스가랴 2장에서 측량줄 환상을 살펴보았다. 그 환상에서 어떤 장면이 나오는가. 메마르고 황폐했던 예루살렘 성읍에 사람과 가축이 많아지다 보니 더 이상 성벽을 지어 그 안에서 살 수 없을 정도가 되어버렸다. 그래서 예루살렘은 이제 성벽을 아예 없애버린 '성곽 없는 성읍'이 되었다. 예루살렘이 '성곽 없는 성읍의 축복'을 받은 것이다. 본문은 성곽 없는 성읍의 구체적인 회복의 현장이 어떠한지를 보여준다.

나는 방역지침으로 인해 '안아주심'의 본당이 텅텅 비어있는 모습을 봤다. 그리고 현장예배가 회복되어 다시 함께 예배 드리게 되었을 때 가슴 뭉클하도록 감사했다. 이것은 교회에만 일어날 일이 아니다. 우리 개인과 각 가정에서도 일어나야 한다. 황폐했던 땅이 변하여 평화롭고 안전하게 모일 수 있는 날이 속히 와야 한다. 하지만 그것은 사회가 해줄 수 있는 일이 아니다. 하나님께서 해주셔야 한다. 하나님께서 하시면 우리 가정에, 우리 교회에, 우리 민족에 그런 날이 온다. 그것을 믿는 것이 믿음이다.

둘째, 만군의 여호와가 함께하셔서 예루살렘이 진리의 성읍이 되면 나타나는 것은 본문 7-8절에 소개된다.

> 만군의 여호와가 이같이 말하노라 보라, 내가 내 백성을 해가 뜨는 땅과 해가 지는 땅에서부터 구원하여 내고 인도하여다가 예루살렘 가운데에 거주하게 하리니 그들은 내 백성이 되고 나는 진리와 공의로 그들의 하나님이 되리라.

하나님의 질투가 임하여 회복되는 구체적인 영역이 무엇인가. 7-8절에서는 하나님께서 흩어졌던 이스라엘 백성들을 구원하심으로 그들과 하나님 사이의 '관계가 회복'된다고 한다. 특히 이 회복은 어느 특정 부류에만 임하는 회복이 아니라 하나님을 사모하는 모든 백성에게 임하는 회복이라는 점에서 놀랍다. 7절을 보라. 하나님의 진노로 인해 흩어졌던 사람들에 대해 "내가 내 백성을 해가 뜨는 땅과 해가 지는 땅에서부터" 구원해 낸다고 하신다. 하나님께서 전 세계 하나님의 백성을 회복시켜 주신다는 뜻이다.

본문 8절에 소개된 "그들은 내 백성이 되고 나는 진리와 공의로 그들의 하나님이 되리라"라는 표현은 하나님의 독특한 언어방식이다. 하나님께서는 출애굽기와 예레미야서에서도 "너희는 내 백성이 되고 나는 너희의 하나님이 되리라"라는 말씀의 비슷한 표현을 종종 하신다. 창조주이신 만군의 여호와 하나님께서 우리의 하나님이 되어 주신다니, 이 얼마나 놀라운 특권인가.

그러므로 하나님을 섬기고 예수님을 믿는 우리가 가장 두려워해야 할 것이 있다면 '내가 혹 하나님과의 관계가 어긋나지는 않은가'에 대한 부분이다. 우리 가족 구성원들이, 내 자녀들이 하나님과의 관계에서 어긋난 부분은 없는지 제일 크게 두려워해야 한다.

코로나 팬데믹이 터지기 몇 년 전에 있었던 일이다. 우리 교회 한 권사님이 아들을 미국으로 유학 보냈는데, 어느 날 아들이 주일예배를 드리지 않는다는 말을 듣게 되었다. 그러자 권사님은 그 즉시 미국으로 쫓아가서는 아들에게 이런 말을 했다. "너 계속해서 주일예배를 제대로 안 드린다면 차라리 너 죽고 나 죽자." 어찌하든지 자식이 신앙생활을 잘 할 수 있는 길을 열어주고픈 엄마의 마음이었던 것이다. 결국 아들은 권사님의 손을 잡고 주일에 교회로 가서 예배 회복을 이루었다.

물론 자식에게 신앙을 전수하는 방법은 모든 가정마다 다 다를 수밖에 없겠지만, 자식을 바라보는 부모의 마음에는 "너 죽고 나 죽자" 같은 절박함과 간절함이 동일하게 있어야 한다. 하나님과의 관계 회복이야말로 자식의 인생에서 놓쳐서는 안 될 가장 중요한 보물임을 잊지 말아야 한다. 본문에서도 하나님께서 이스라엘과의 관계 회복을 통해 그들에게 완전한 회복을 이뤄주신다. 관계가 회복되면 완전한 회복이 이루어짐을 알려주신다.

이처럼 하나님과의 관계가 얼마나 중요한지를 알게 되면, 결국 우리는 예배에 목숨을 걸 수밖에 없다. 단적인 예이긴 하지만, 한때 코로나 팬데믹으로 인해 교회 본당 안으로 50명밖에 들어올 수 없었다. 그때 어떤 분은 오전 8시에 드리는 1부 예배에 참여하려고 6시에 와서 번호표를 뽑아 본당에서 예배를 드렸다고 한다. 예배당 안에서만 드려야 진짜 예배라는 차원의 얘기를 드리는 게 아니다. 어찌하든지 교회로 나와 예배를 드리려는 그와 같은 태도에서 하나님과의 관계를 목숨처럼 소중히 여기는 마음을 읽을 수 있다는 얘기다. 코로나 팬데믹 방역지침으로 예배당에서 20명밖에 모일 수 없을 때, 교회 광장 계단에 앉아 예배를 드리는 분도 있었다. 그와 같은 마음 자세가 바로 "하나님, 내 인생이 진리의 성읍이 되고 내 가정이 은혜의 성산이 되기를 원합니다"라는 고백과 다름없다. 하나님께서는 그런 마음의 소원을 가진 그분의 백성들에게 진리와 공의로 응답해 주신다.

그날에 임할 초월적 회복을 꿈꾸며

하나님의 회복 영역, 즉 하나님께서 어디까지 회복시키시는가에 대한 말씀은 다음 장에서 계속 이어가기로 하고, 이 장에서는 스가랴 8장 뒷부분 말씀을 하며 마무리 지으려고 한다. 먼저 스가랴 8장 13절 말씀을 보자.

> …이전에는 너희가 모든 민족에게서 저주받는 사람의 표본이었다. 그러나 이제 내가 너희를 구원할 것이니, 너희는 복 받는 사람의 표본이 될 것이다…"(새번역).

이스라엘은 모든 민족에게 있어 저주받는 사람의 표본이었다. 그러나 하나님의 거룩한 질투가 임함으로 그들은 정화되어 새롭게 함을 입었다. 복 받는 사람의 표본이 되었다. 그것이 어느 정도인지에 대해서는 스가랴 8장 23절에서 소개된다.

> 만군의 여호와가 이와 같이 말하노라 그 날에는 말이 다른 이방 백성 열 명이 유다 사람 하나의 옷자락을 잡을 것이라 곧 잡고 말하기를 하나님이 너희와 함께 하심을 들었나니 우리가 너희와 함께 가려 하노라 하리라 하시니라.

하나님께서 이스라엘을 구원하셨다는 증거가 얼마나 분명한지 '이방 사람 열 명이 하나님의 백성 한 사람의 옷자락을 붙잡고' 말하기를 '하나님이 너희와 함께하심을 들었다'고 말할 정도다. 말하자면 이방인들이 하나님을 믿는 사람들을 붙잡고 "나도 하나님을 믿으면 당신처럼 될 수 있겠는가?"라고 말하는 것이다.

이는 놀라운 일이다. 하나님의 구원이 우리에게 임하는 날, 믿지 않는 사람들이 한국교회 성도들을 붙잡고 "나도 예수 믿으면 당신처럼 될 수 있는가?"라고 말하는 날이 오기를 소망하지 않을 수 없다. 아니, 그런 날은 반드시 온다. 우리가 하나님을 믿고 그분과의 올바른 관계 속에 서 있다면, 우리는 결코 저주받은 사람의 표본이 아니라 진정한 축복을 받은 사람의 표본이 될 것이다.

이것은 내 개인의 논리와 방향으로 전하는 말이 아니다. 만군의 하나님 여호와의 말씀에 근거해 드리는 말씀이다. 그날이 오면 사람들은 우리에게 물을 것이다. "나도 예수 믿으면 당신처럼 될 수 있습니까?"

온 성도들이 이런 말을 들을 만큼 하나님께로부터 오는 평안한 은총을 받아 누렸으면 좋겠다. 아니, 그렇게 되어야만 한다.

특별히 나는 사랑의교회가 서초동 대법원 앞에 세워진 이유를 생각하며 이 말씀을 적용해본다. 법원에서 판결받으며 죽음을 생각하던 이들, 법의 심판 앞에 억울하게 고통받던 이들이 이 교회를 지나가다가 들어와서 회복되는 역사가 일어나기를 기도하게 된다.

최근 한 책의 제목에서 영감을 받은 바 있다. 《코로나 0년 초회복의 시작》이란 책이었다. 여기서 '초회복'이 무슨 뜻인가? 그저 옛 상태로 되돌아가는 정도가 아니라 완전히 새로운 미래를 창조하는 수준으로 올라간다는 뜻이다. 이 책은 코로나 팬데믹 이전 상태를 뛰어넘는 수준으로의 회복에 대해 말하고 있다.

우리야말로 이제 그런 회복을 꿈꿀 때다. 그저 다 같이 모여 예배드릴 수 있는 정도가 아니라, 하나님께서 주실 '초월적 회복'으로 인해 한국교회에 놀라운 부흥의 역사가 펼쳐지기를 소망해야 할 때다. 하나님께서 역사하시면 가능하다. 하나님께서 하시면 그와 같은 일이 우리 가운데 나타날 것이다. 그날에는 예수 믿지 않는 사람들이 우리 옷자락을 붙잡고 "하나님이 너희와 함께하심을 들었나니 우리가 너희처럼 예수님을 믿겠노라"고 말하게 될 것이다.

남은 자의 기도

"만군의 여호와가 이같이 말하노라 만군의 여호와의 집 곧 성전을 건축하려고 그 지대를 쌓던 날에 있었던 선지자들의 입의 말을 이 날에 듣는 너희는 손을 견고히 할지어다 이 날 전에는 사람도 삯을 얻지 못하였고 짐승도 삯을 받지 못하였으며 사람이 원수로 말미암아 평안히 출입하지 못하였으나 내가 모든 사람을 서로 풀어 주게 하였느니라 만군의 여호와의 말씀이니라 이제는 내가 이 남은 백성을 대하기를 옛날과 같이 아니할 것인즉 곧 평강의 씨앗을 얻을 것이라 포도나무가 열매를 맺으며 땅이 산물을 내며 하늘은 이슬을 내리리니 내가 이 남은 백성으로 이 모든 것을 누리게 하리라 유다 족속아, 이스라엘 족속아, 너희가 이방인 가운데에서 저주가 되었었으나 이제는 내가 너희를 구원하여 너희가 복이 되게 하리니 두려워하지 말지니라 손을 견고히 할지니라 만군의 여호와가 이같이 말하노라 너희 조상들이 나를 격노하게 하였을 때에 내가 그들에게 재앙을 내리기로 뜻하고 뉘우치지 아니하였으나 이제 내가 다시 예루살렘과 유다 족속에게 은혜를 베풀기로 뜻하였나니 너희는 두려워하지 말지니라 너희가 행할 일은 이러하니라 너희는 이웃과 더불어 진리를 말하며 너희 성문에서 진실하고 화평한 재판을 베풀고 마음에 서로 해하기를 도모하지 말며 거짓 맹세를 좋아하지 말라 이 모든 일은 내가 미워하는 것이니라 여호와의 말이니라 만군의 여호와의 말씀이 내게 임하여 이르시되 만군의 여호와가 이같이 말하노라 넷째 달의 금식과 다섯째 달의 금식과 일곱째 달의 금식과 열째 달의 금식이 변하여 유다 족속에게 기쁨과 즐거움과 희락의 절기들이 되리니 오직 너희는 진리와 화평을 사랑할지니라 만군의 여호와가 이와 같이 말하노라 다시 여러 백성과 많은 성읍의 주민이 올 것이라 이 성읍 주민이 저 성읍에 가서 이르기를 우리가 속히 가서 만군의 여호와를 찾고 여호와께 은혜를 구하자 하면 나도 가겠노라 하겠으며 많은 백성과 강대한 나라들이 예루살렘으로 와서 만군의 여호와를 찾고 여호와께 은혜를 구하리라 만군의 여호와가 이와 같이 말하노라 그 날에는 말이 다른 이방 백성 열 명이 유다 사람 하나의 옷자락을 잡을 것이라 곧 잡고 말하기를 하나님이 너희와 함께 하심을 들었나니 우리가 너희와 함께 가려 하노라 하리라 하시니라"(스가랴 8:9-23)

내 삶은 물론 지나온 수십 년 동안의 목회 활동을 돌아볼 때마다 깨닫게 되는 한 가지 사실이 있다. 하나님께서 어떤 일을 이루어 주실 때는 그냥 되는 법이 없고 반드시 약속의 말씀을 먼저 주신다는 사실이다. 하나님께서는 반드시 그분의 말씀을 먼저 주시고 그 말씀대로 이루어 가신다. 우리 모두가 하나님께서 주시는 약속을 내게 주시는 레마의 말씀으로 받고 그 말씀에 집중하는 삶을 살아가시기를 바란다.

복의 대상이 아니라 복의 근원으로서

스가랴 8장은 처음부터 회복에 대해 말씀한다. 그리고 이 회복은 적당한 회복이 아니라 '온전한' 회복, '통전적인' 회복이다.

앞 장에서는 '회복의 예고편'을 살펴보았다. 하나님께서는 스가랴

8장 4-5절을 통해 폐허가 된 예루살렘이 진리의 성읍이 되고 여호와의 성산이 될 것이라 말씀하셨다. 그 회복의 증거로 노인과 어린아이들이 예루살렘 한복판에서 뛰어놀고 춤추며 기뻐할 것이라고 말씀했다. 예루살렘에 안전과 평강이 회복되었다는 뜻이다. 또한 스가랴 8장 7-8절에서는 "너희들이 내 백성이 되고 내가 너희의 하나님이 되리라"고 하셨다. 하나님과의 관계 회복을 뜻한다. 이렇듯 하나님께서 주시는 회복의 첫 번째 영역은 '평안과 안전에 대한 회복'이었고, 두 번째 영역은 '하나님과의 관계 회복'이었다.

이어서 본문 9-13절까지에 약속된 하나님의 회복 영역 세 번째는 소위 '땅의 회복'이다. 그동안 이 땅은 수고하고 애쓰고 땀 흘려도 소출이 메말랐다. 그러나 하나님께서 이른 비와 늦은 비의 은택을 주시니 이제 그 땅도 회복되기 시작한다. 메마른 땅에 적절한 비를 주시니 곡식이 풍성하게 자라고 노동자는 품삯을 풍성하게 받게 되는, 심은 대로 거두는 은혜가 작동되는 것이다.

살아가는 동안 애쓰고 수고한 땀의 대가를 풍성히 얻는다면, 그것이야말로 축복 중의 축복이다. 왜 그런가? 창세기 3장에 나타난 대로 아담의 범죄 이후 땅은 저주받았다. 그로 인해 땅에서는 가시와 엉겅퀴를 더 많이 내면서, 사람들은 죽기 살기로 애쓰고 수고해도 남는 것이 없었다. 그런 가운데 하나님이 땅의 회복을 약속하셨다면, 그것은 하나님께서 우리의 생업을 보호하신다는 뜻이다. 이는 마치 오벧에돔이 받은 축복과 같다. 저주받은 자가 복덩이가 되는 것이다.

본문은 이어서 네 번째, '이웃과의 관계 회복'을 약속한다. 16-17절 말씀을 보자.

이웃과 더불어 진리를 말하며 너희 성문에서 진실하고 화평한 재판을 베풀고 마음에 서로 해하기를 도모하지 말며 거짓 맹세를 좋아하지 말라 이 모든 일은 내가 미워하는 것이니라 여호와의 말이니라.

이웃과의 관계 회복은 참된 금식을 통한 증거로도 나타나지만, 이 역시 하나님께서 약속하시고 친히 이루실 때 나타난다. 특별히 앞의 7-8절과 연계해 볼 때, 이웃과의 관계 회복은 하나님과의 관계가 온전히 회복될 때 누릴 수 있는 결과이다. 하나님과의 수직적인 관계가 잘 된 사람에게 이웃과의 수평적 관계도 회복시켜 주신다는 것이다.

23절에서는 하나님께서 주시는 다섯 번째 회복이 소개된다. 그것이 무엇인가? '이방인들의 회복'이다. 어떻게 보면 이 회복이야말로 온전한 회복이고 통전적인 회복이다. 이방인들이 모두 예루살렘으로 순례의 길을 오겠다고 하는 것이 얼마나 가슴 벅찬 일인가. 이와 같은 이방인의 회복에 대한 약속은 하나님의 한결같은 목자의 심정 속에 나타난 약속이다. 무슨 뜻인가? 하나님은 만백성의 하나님이시기에 이스라엘뿐 아니라 이방인에게도 회복을 주기 원하시는 분이라는 뜻이다.

하나님께서는 하나님의 백성들만 회복시키시지 않는다. 이스라엘의 회복을 통해 반드시 이웃에게도 축복이 흘러가게 하신다. 믿음의 조상 아브라함에게 '축복의 근원'이 되라고 하신 이유도 이 때문이다. 하나님께서는 이스라엘에게도 목자의 심정으로 '제사장 나라'가 되라고 하셨다. 심지어 다윗이 골리앗을 물리칠 때도 그저 골리앗을 죽이는 것이 목표가 아니라 그 일을 통해 "온 땅으로 하나님을 알게" 하셨다. 땅의 모든 백성이 하나님께로 돌아와 진정한 회복을 얻게 하려 하심이다. 이스라엘 백성들이 광야 길을 지나고 요단강을 건너 가나안 땅에 들어갈 때도 하나님께서는 이스라엘이 그 땅에 들어가야 하는 이유에 대해 명백히 하셨다. "땅의 모든 백성이 하나님의 하나님 되심을 알게 하기 위함"이셨다.

이것이 구약에 맥맥이 흐르는 회복의 중요한 정신이다. 즉 하나님의 회복의 목적은 우리만 회복되어 우리 배만 두드리는 게 아니라는 것이다. 우리가 회복되어 우리 주변이 복을 받는 것, 그것이 하나님께서 회복을 주시는 이유이자 목적이다. 따라서 엄밀히 말하면 우리는 복의 대상이라기보다 복의 근원이다. '복의 근원'이 되는 것, 이것이 하나님께서 우리에게 주시려는 참된 축복이다.

온전한 회복을 위해 쓰임 받는 사람들

그렇다면 참된 축복을 받는 사람들, 즉 복의 근원이 되는 사람들은 어떤 사람들일까? 과연 어떤 사람들이 '나의 회복을 다른 사람에게 흘려보내는 일'에 쓰임 받을 수 있을까? 이에 대해 11절에서는 이렇게 말씀한다.

> 만군의 여호와의 말씀이니라 이제는 내가 이 남은 백성을 대하기를 옛날과 같이 아니할 것인즉.

놀라운 말씀이다. 하나님께서 말씀하시길, 이제는 이 남은 백성을 옛날처럼 대하지 않겠다고 하신다. '남은 백성'을 통하여 온전한 회복을 이루시겠다는 뜻이다.

여기서 '남은 백성'은 누구를 말하는 것일까? 뒤에 이어지는 말씀을 보면, '남은 백성'은 자기 혼자만 잘사는 백성이 아니라 여러 백성에게 선한 영향을 끼치는 사람(20절)이요 많은 백성과 광대한 나라들에 영향을 끼치는 사람이며(22절), 심지어 이방 백성들에게도 영향을 끼치는 사람(23절)임을 알 수 있다.

이사야서에서는 이런 사람을 '거룩한 그루터기'라고 했다. '남은 백성', 'Remnant'다. 이것을 우리 식으로 말하면 '말씀을 통해 사명을 받은 사람'이다. 하나님의 말씀을 자기에게 주시는 말씀으로 깨닫고 적용하기를 원하는 사람이다. 이런 사람들은 사명이 목숨보다 더 중요하다고 여긴다.

하나님께서는 이런 사람들을 통해 이 땅에 완전한 회복을 주신다. 땅의 회복을 주시고 생업의 회복을 주시며 하나님과의 관계 회복, 이웃과의 관계 회복, 만민과의 관계 회복을 주신다. 누구를 통해서인가. 남은 자, 즉 사명이 목숨보다 중요하다고 생각하는 사람을 통해 이런 일을 이루신다. 이를 신구약 전체 흐름 속에서 보기 위해 요한계시록 말씀을 살펴보자.

이 사람들은… 순결한 자라 어린양이 어디로 인도하든지 따라가는 자며…하나님과 어린 양에게 속한 자들이니(계 14:4).

남은 자들이란 '하나님의 어린양'에 속한 자들이기에, 그들은 목자 되신 주님이 어디로 인도하시든지 따라간다고 한다.

구약에서도 '남은 자 신학'(Remnant Theology)은 매우 중요하다. 남은 자의 신학이란 소수의 남은 자가 다수의 백성을 살린다는 신학이다. 그러므로 예수 믿는 우리가 남은 자로서의 사명을 각성하고 마음에 꿈을 꾸며 하나님 말씀을 적용할 때, 우리가 살 뿐 아니라 우리 주변이 살아나는 역사가 펼쳐진다. 남은 자가 남은 자로서의 사명을 감당하면 전체가 해결되는 일이 벌어진다.

우리가 코로나 팬데믹 시대에도 목숨을 걸고 예배드리는 이유가 무엇인가. 예배드리는 것이 아무것도 아닌 것 같지만 누군가 남은 자의 의식으로 예배의 사명을 감당할 때, 국가적으로나 역사적으로 위태로웠던 모든 일이 해결됨을 믿기 때문이다.

아브라함 시대 때도 어린 양의 피에 젖은 의인 열 명이 있으면 큰 도시가 회복될 수 있었다. 엘리야 시대 때는 어떠했는가. 그 시대야말로 영적으로 너무나 어려운 시대였다. 제단마저 무너졌기에 엘리야가 하나님을 향해 "저만 남았습니다"라고 말할 정도였다. 그러나 그때도 하나님께서 엘리야에게 말씀하셨다. "너만 남은 게 아니다. 바알에게 무릎 꿇지 아니한 7천 명을 내가 남겨놓았다"라고 하셨다. 이 시대에도 예배를 사모하여 신령과 진정으로 예배드리는 예배자들이야말로 하나님의 '남은 자'들이다.

1970년대 중후반, 용산의 허름한 18평 아파트로 청년 몇 명이 모여들었다. 그들은 거기서 공동생활을 하면서 같이 먹고 같이 꿈꿨으며, 같이 기도했다. 그러던 어느 날, 열왕기상 18장을 함께 보다가 무너진 제단을 수축하라는 내용에서 가슴에 불을 받았다. 이 시대의 무너진 제단을 수축해야 할 사명을 말씀을 통해 받게 된 순간이었다. 그들은 "하나님, 20세기 말의 무너진 제단을 수축하게 해주십시오"라는 기도를 드렸다. 그때 기도하던 청년들의 환경이 어떠했는지 아는가. 자기 한 몸 건사하기도 힘든 사람들이었다. 앞으로 뭘 먹고 살아야 할지 미래가 보장되지 않은 상태였고 생활 자체를 염려해야 할 젊은이들이었다. 그러나 그런 그들에게 성령의 불이 임하자, 시대를 부여잡고 기도하기 시작했다. 민족을 위해 무너진 제단을 수축하게 해달라며 지구본을 붙잡고 울며 통곡하며 기도를 이어 갔다.

남은 자들이란 바로 이런 사람들이다. 하나님께서는 그런 자들을 통해 하나님의 일을 이루신다. 그러므로 남은 자가 되는 비결이 따로 있는 것이 아니다. '남은 자의 기도'를 하는 사람이 '남은 자'가 되는 것이다.

남은 자의 기도 1. 영적 추수를 위해 기도하라

본문에서는 남은 자들이 드리는 세 가지 기도를 보여준다. 누구든지 본문을 통해 세 가지 기도를 배운다면 하나님께서 역사하실 것이다. 그 첫 번째 기도는 본문 12절에 나와 있다.

곧 평강의 씨앗을 얻을 것이라 포도나무가 열매를 맺으며 땅이 산물을 내며 하늘은 이슬을 내리리니 내가 이 남은 백성으로 이 모든 것을 누리게 하리라.

"평강의 씨앗을 얻을 것이라"고 한다. 이는 추수에 대한 말씀으로, 《개역개정》으로 바뀌기 전에는 "평안한 추수를 얻을 것이라"고 소개되었다. 이를 통해 우리는 남은 자의 첫 번째 기도가 무엇인지 알 수 있다. '영적 추수'에 대한 기도이다. 영적 추수를 위해 기도할 때, 우리는 남은 자가 된다. 아니, 남은 자는 영적 추수를 위해 기도하는 자이다. 21절에서도 영적 추수와 관련된 말씀이 이어진다.

이 성읍 주민이 저 성읍에 가서 이르기를 우리가 속히 가서 만군의 여호와를 찾고 여호와께 은혜를 구하자 하면 나도 가겠노라 하겠으며.

이 구절도 '영적 추수'를 뜻한다. '영적 추수'가 무엇인가. 영혼을 구원하는 일이다. 복음을 전함으로 영적으로 죽었던 자가 예수님을 믿고 구원의 문으로 들어가게 하는 것이 영적 추수의 본질이다. 한마디로 복음으로 죽은 자를 살리는 것이 영적 추수다.

믿는 우리가 영적 추수를 위해 기도하고 열심을 다해야 하는 이유는 예수님이 이 땅에 오신 목적부터가 복음을 전함으로 한 영혼이 생명을 얻게 하는 것이기 때문이다(요 10:10). 사도들은 이를 위해 언제 어디서나 전도하기를 쉬지 않았다(행 5:42).

'영적 추수'를 이야기하면, 어떤 이들은 이런 시대에 무슨 영적 추수냐고 물을지도 모르겠다. 그러나 그에 대한 나의 답은 확실하다. 추수가 잘 되려면 적당한 비가 와야 한다. 비가 내리지 않으면 추수할 수 없다. 3년이고 4년이고 가뭄이 계속되면 추수는 불가능하다. 이에 대해 스가랴 10장 1절 말씀을 보라.

봄비가 올 때에 여호와 곧 구름을 일게 하시는 여호와께 비를 구하라 무리에게 소낙비를 내려서 밭의 채소를 각 사람에게 주시리라.

나는 봄비가 올 것을 믿는다. 은혜의 봄비를 내려주실 하나님을 믿는다. 특별히 하나님께서는 추수를 위해 이른 비와 늦은 비를 내려주실 것이다. 성령의 소낙비와 은혜의 단비를 내려주실 것이다. 그 비가 올 것을 믿기에 우리에게 영적 추수가 가능함을 담대히 선포한다.

어린 시절에 부흥사나 목사님들이 "하나님, 이 교회에 이른 비와 늦은 비를 주옵소서"라고 설교하실 때마다 그 말씀이 굉장히 신비하게 느껴졌다. 교회 어르신들이 젊은이들에게 "신앙 세계에는 이른 비와 늦은 비가 있다"라고 하실 때도 마찬가지였다. 이는 계절을 초월해서 주시는 성령의 단비, 성령의 소낙비를 말씀하는 것이었다.

지금도 우리에게 이른 비와 늦은 비의 혜택이 부어지고 있다. 그래서 나는 성도들 개인마다, 가정마다 영적 추수를 위한 이른 비와 늦은 비의 성령의 단비가 내리기를 간절히 기도한다. 이 비가 부어질 것을 믿기에, 사랑의교회가 영적 추수의 사명을 감당할 수 있다고 믿는다.

교회를 개척했던 초기에도 교회당 의자를 붙잡고 이렇게 기도했다. "주여, 오늘 이 의자에 하나님의 이른 비와 늦은 비를 주셔서 여기에 앉는 사람에게 생명의 복음의 영광을 깨닫게 하소서."

하나님께서는 영적 추수를 위해 기도하는 자를 남은 자가 되도록 인도하신다. 아니, 남은 자에게는 반드시 영적 추수를 위해 기도해야 할 사명이 주어진다. 특별히 생명을 얻는 영적 추수를 위해 우리에게 요구되는 것은 사도 바울의 마음이다. 그저 '성도라면 당연히 복음을 전해야지'라는 의무감만으로는 부족하다. 거기에 더해 복음에 대한 간절함이 있어야 영적 추수를 할 수 있다.

바울 사도는 지금의 그리스 수도인 아테네에서 실라와 디모데를 기다리며 그곳을 둘러보다가 온 성에 우상이 가득한 것을 보고 마음에 격분이 일었다(행 17:16). 이에 대해 존 스토트(John Stott) 목사님은 《전도하지 않는 죄》라는 책에서 "바울의 분노는 마음 깊숙한 곳에서 올라오는 영혼의 격발이었다"라고 말한다. 바울은 하나님을 모르고 우상을 섬기며 죽어가는 영혼들을 보면서 견딜 수 없는 거룩한 분노를 가졌다는 것이다.

우리에게도 바울이 가졌던 거룩한 의분, 영혼의 격발이 필요하다. 죽어가는 영혼을 보며 아무 안타까움도 없다면, 영적 추수를 위해 자기 자신을 드릴 수 없다. 그렇기 때문에 우리는 영적 추수를 위해 무엇보다 기도에 전념해야 한다. 우리의 힘으로는 영적 추수의 사명을 감당할 수 없다. 이에 대해 성경에서도 "이 세상의 신이 믿지 아니하는 자들의 마음을 혼미하게 하여 그리스도의 영광의 복음의 광채가 비치지 못하게 함이니"(고후 4:4)라고 했다. 마귀는 세상의 온갖 것으로 사람들의 마음을 미혹하고 혼미케 한다. 그래서 기도해야 한다. 전도 대상자의 마음을 움켜쥐고 있는 마귀를 대적하기 위해 성령님의 도우심을 구해야 한다.

그뿐만 아니라 영적 추수를 위해 기도했다면 반드시 실천으로도 나타나야 한다. 실제 추수를 하려면 어떻게 해야 하는가. 반드시 낫을 들고 논밭으로 나가야 한다. 그저 나무 밑에 가만히 있으면서 열매를 얻을 수는 없는 일이다.

스펄전 목사님은 영혼을 구하는 일에 대해 이렇게 표현한다. "강력한 폭발음이 없이는 커다란 바위를 깨뜨릴 수 없고, 생쥐처럼 조용하기만 해서는 영혼을 구하는 전투를 치를 수 없다." 폭발음이 두렵다면 결코 바위를 깰 수 없고, 방에만 머물러서는 생명을 구하는 전투의 현장에서 싸울 수 없다.

남은 자의 기도 2. 지도자들을 위해 기도하라

남은 자가 드려야 할 두 번째 기도는 '지도자들을 위한 기도'이다.

남은 자들은 지도자를 위해 기도해야 한다. 아니, 지도자들을 위해 기도하면 남은 자가 된다. 본문 13절을 보라.

> 유다 족속아, 이스라엘 족속아, 너희가 이방인 가운데에서 저주가 되었었으나 이제는 내가 너희를 구원하여 너희가 복이 되게 하리니 두려워하지 말지니라 손을 견고히 할지니라.

이스라엘 백성들이 왜 이방 나라들 가운데 저줏거리가 되었는가. 그것은 한마디로 엉터리 지도자들 때문이다. 양이 삯꾼 목자 아래 있다 보면 그러한 저주 아래 놓일 수밖에 없는 게 현실이다.

여기서 저주가 된다는 말은 저주가 된 자의 모델, 즉 표본이 된다는 뜻이다. 이스라엘은 여러 세대 동안 모든 이방 백성에게 저주의 표본이 되어야 했다. 마치 난폭한 야수의 먹잇감처럼, 모든 잔혹한 조롱을 받는 대상이 바로 이스라엘이었다.

생각해보면 우리 모두에게도 그런 시간이 있었다. 예수님을 믿지 않았을 때 우리는 그와 같은 저주 아래 놓여 있었다. 입에는 저주와 악독이 가득했고(롬 3:14), 온갖 악이 따라다녔다. 저주에서 벗어날 길이 없어 보였다. 더 크게 보면 '율법 아래 사는 것' 자체가 저주 아래 놓여 있는 것이기에, 우리는 모두 그런 사람이 될 수밖에 없었다.

> 무릇 율법 행위에 속한 자들은 저주 아래에 있나니 기록된 바 누구든지 율법 책에 기록된 대로 모든 일을 항상 행하지 아니하는 자는 저주 아래에 있는 자라 하였음이라(갈 3:10).

너무 감사한 것은 예수님이 우리가 받을 저주를 홀로 지셨다는 사실이다. 주님은 우리를 저주에서 구원하시고 우리를 '축복의 도구'로 삼아 주셨다. 그래서 우리는 더 이상 두려워하지 않고 기도의 손을 견고히 할 수 있는 사람들이 되었다.

스가랴서에서는 그런 우리가 지도자들을 위해 기도의 손을 모아야 함을 강조한다. 그래야 하는 이유가 스가랴 10장에 나타나 있다.

> 드라빔들은 허탄한 것을 말하며 복술자는 진실하지 않은 것을 보고 거짓 꿈을 말한즉 그 위로가 헛되므로 백성들이 양같이 유리하며 목자가 없으므로 곤고를 당하나니 내가 목자들에게 노를 발하며 내가 숫염소들을 벌하리라…(슥 10:2-3).

드라빔들은 허탄한 것을 말하며 복술자는 진실하지 않은 것을 보고 거짓 꿈을 말한다고 한다. 엉터리 거짓 지도자들에 관한 얘기다. 이스라엘은 진정한 목자가 없으므로 곤고를 당했다. 그래서 스가랴 10장 3절에 삯꾼 목자들에 대한 하나님의 분노가 나타난다. 엉터리 목자, 엉터리 지도자들 때문에 백성들이 유리하며 저주받는 현실에 대해 하나님께서 크게 분노하셨다.

우리는 지금도 잘못된 지도자들로 인해 죽을 고생을 하는 나라와 민족을 어렵지 않게 볼 수 있다. 대표적인 예가 베네수엘라다. 베네수엘라는 본래 자원이 좋아서 단위 면적당 세계 석유매장 1위 국가였다. 그러나 그런 나라도 지도자를 잘못 만나서 엉망진창이 되어버렸다. 우고 차베스라는 지도자를 아는가. 나의 믿음의 동역자 중 한 명은 베네수엘라로 이민 가서 최고의 의류 사업가가 되었다. 그러나 차베스가 지도자가 된 뒤 모든 게 망해버렸다. 믿음의 동역자뿐만 아니라 많은 이민자가 죽을 고생을 했다. 지도자 한 명의 악영향이 이토록 크다.

아프리카의 에티오피아는 어떤가. 에티오피아의 시초는 고대 근동의 3대 제국 중 하나인 악숨 제국이다. 솔로몬을 찾아왔던 시바 여왕의 후예들이 바로 에티오피아인이다. 그 명성답게 이 나라는 1970년대까지만 해도 아프리카의 부국으로, 강한 국력을 자랑했다. 당시 일인당국민소득이 1천 불만 되면 좋겠다고 노래를 부르던 우리나라에 비해, 에티오피아는 이미 1960년대에 국민소득이 3천 불에 달했다. 그런 나라도 1970년대 중반에 공산주의가 정권을 잡은 이후로 완전히 내리막길을 걷게 되었다. 다행인 것은 그 후 그리스도인들이 힘을 모아 기도하면서 에티오피아에 그리스도인 총리가 나왔고, 지금은 많이 회복되고 있다는 점이다.

이처럼 한 사람의 지도력에 따라 한 나라, 한 지역, 한 가정의 흥망성쇠가 달라진다. 그래서 우리는 한국사회, 한국교회의 지도력을 위해 기도해야 한다. 지도자를 바로 세우지 않고는 거기에 속한 구성원들이 망할 수밖에 없기 때문이다. 우리 모두 이 심정으로 한국교회를 위해 '경쟁구도'가 아닌 '미션구도'로 기도해야 할 때다.

성경은 권세자들, 즉 임금들과 높은 지위에 있는 모든 사람을 위해 기도하라고 명한다(딤전 2:1-2). 그 이유에 대해 《현대인의성경》에서는 교회의 지체들이 "안정되고 평온한 가운데서 경건하고 거룩한 생활을 하기 위해서"라고 풀어 알려준다. 《무디 성경 주석》에서는 이를 좀 더 선명하게 해석하는데 "지도자들이 교회를 괴롭히지 않고 교회의 지체들은 자유롭고 고요하게 평안한 삶을 살 수 있기 위해서"라고 나와 있다.

결국 우리가 위정자를 위해 기도해야 하는 이유는 두 가지로 정리할 수 있다. 첫째는 우리가 평온한 가운데 하나님을 향해서는 경건하게, 인간을 향해서는 단정하게 살기 위해서다. 둘째는 지도자가 자기의 욕심을 따라 행하여 사회에 악을 끼치는 일이 없도록 하기 위해서다.

그런데도 성도들 중에는 자기와 정치적 성향이 다른 지도자들에게는 관심을 가지지 않거나 그들을 위해 기도하기를 원하지 않는 사람들이 많다. 그러나 우리가 위정자를 위해 기도하는 것은 위정자만을 위한 일이 아니다. 자크 엘륄(Jacques Ellul)이 말한 대로, 세상의 무대에서 일어나는 시대의 문제들이 하나님의 뜻대로 전진하도록 애쓰는 일이다. 그래서 우리는 인간의 구체적인 삶의 무대 안에서 일어나는 시대의 문제들에 대해 기도해야만 한다.

교회의 영적 지도자들을 위해 기도해야 하는 이유도 마찬가지다. 이와 관련하여 성경에서는 다음과 같이 말씀한다.

끝으로 형제들아 너희는 우리를 위하여 기도하기를 주의 말씀이 너희 가운데서와 같이 퍼져나가 영광스럽게 되고 또한 우리를 부당하고 악한 사람들에게서 건지시옵소서 하라 믿음은 모든 사람의 것이 아니니라(살후 3:1-2).

우리를 위해서 기도하라 우리가 모든 일에 선하게 행하려 하므로 우리에게 선한 양심이 있는 줄을 확신하노니(히 13:18).

우리가 교회의 영적 지도자들을 위해 기도해야 하는 이유가 무엇인가. 첫째는 그들이 전하는 하나님의 말씀이 사람들 속에서 영광스럽게 되기 위해서다. 둘째는 그들이 악한 사람들의 손으로부터 건져지기 위해서, 셋째는 그들이 세상의 위협에서 떠나 선한 양심대로 행할 수 있도록 하기 위해서다.

우리는 이런 말씀을 토대로 영적 지도자를 위한 기도를 이어가야 한다. 기도함으로 교회가 '지도자의 복'을 받아야 한다. 지도자의 복은 다른 무엇보다 '추수할 일꾼'이 세워지는 복이다. 무슨 뜻인가. 우리가 지도자를 위해 올바른 기도를 하면, 지도자의 우선순위가 분별되어 '추수할 일꾼'을 세우는 데 투자하고 집중하게 된다는 뜻이다. 우리가 지도자를 위해 기도할 때, 지도자가 영적 추수에 대해 눈이 뜨이는 것이다. 영적 추수에 눈이 뜨이면 지도자의 에너지는 다른 데 낭비되지 않는다. 중요하고 본질적인 데에 에너지를 쓴다. 그러다 보면 그 자신도 영적 추수꾼이 되고 영적 지도자가 된다.

부디 우리의 기도를 통해 정치 · 경제 · 사회 · 문화 · 교육 등 모든 영역에서 아브라함 카이퍼 같은 지도자들이 세워지기를 바란다. 지도자를 위해 기도하다가 지도자가 되는 일이 일어나기를 바란다. 남은 자들은 모두 이런 사람이 되어야 한다.

남은 자의 기도 3. 다음 세대를 위해 기도하라

본문은 계속해서 남은 자를 통해 온전한 회복이 이루어짐을 알려준다. 남은 자는 첫째 영적 추수를 위해 기도하고, 둘째 지도자를 위해 기도하는 사람임을 알려준다. 그리고 마지막 셋째는 '다음 세대를 위해' 기도하는 사람들이 바로 남은 자들임을 보여준다. 다음 세대를 위해 진심으로 기도하는 자가 남은 자가 된다는 것이다.

이제 내가 다시 예루살렘과 유다 족속에게 은혜를 베풀기로 뜻하였나니 너희는 두려워하지 말지니라(슥 8:15).

예루살렘과 유다 족속에게 은혜를 베푼다는 것은 세대와 세대에 은혜를 베푸신다는 뜻이다. 하나님께서는 범죄한 이스라엘 백성들에게 징계를 내리셔서 70년 바벨론 포로시대를 살게 하셨지만 이제 새로운 세대, 포로 이후 세대들에게 은혜를 베푸시겠다고 하신다. 이와 연계하여 스가랴 10장에는 이런 말씀도 나온다.

내가 그들을 향하여 휘파람을 불어 그들을 모을 것은 내가 그들을 구속하였음이라 그들이 전에 번성하던 것 같이 번성하리라 내가 그들을 여러 백성들 가운데 흩으려니와 그들이 먼 곳에서 나를 기억하고 그들이 살아서 그들의 자녀들과 함께 돌아올지라(슥 10:8-9).

이것이 본문 15절에서 약속하신, 유다 족속에게 베푸시는 최고의 은혜이다. 그들이 살아서 그들의 자녀들과 함께 돌아오는 일이 벌어진다는 것이다.

우리는 이 말씀을 토대로 믿음의 계승을 위해 기도해야 한다. 지금이야말로 다음 세대, 우리의 자녀 세대를 위해 기도하는 일이 절실한 때다. 우리가 왜 매주 예배를 드리는가. 우리는 왜 이토록 현장 예배를 절실히 고수하려 하는가. 한마디로 다음 세대에 이 예배를 물려줘야 하기 때문이다. 다음 세대가 살아있는 예배를 물려받지 않으면 우리는 모두 죽을 수밖에 없다. 그래서 우리는 절실하게 예배 드리고 절실하게 기도해야 한다.

얼마 전에 우리 교회 남자 집사님 한 분과 대화를 하다가 퍽 감동되는 얘기를 들은 적이 있다. 연세가 육십이 채 되지 않은 이분은 사업가라서 평소 매우 바쁘다. 그런데 신구약 성경 필사를 한 번 한 후 두 번째 필사를 이어가고 있다고 했다. 왜 그렇게까지 하는지 물어보니 대답이 더 감동적이다. 본인이 1대 신앙인이기에 믿음만큼은 다음 세대에게 꼭 계승하고 싶은데, 딸들에게 대단한 믿음의 족적을 남겨주진 못하더라도 필사한 성경을 한 권씩 남겨주고 싶다는 얘기였다. 딸들에게 필사한 성경을 한 권씩 주면서 "아빠가 필사한 거야"라고 하면, 적어도 딸들이 은혜의 테두리에서 벗어나지 않을 거라는 확신으로 두 번째 필사 작업을 한다고 했다. 얼마나 아름다운 모습인가. 이것이 바로 마음으로, 몸으로, 믿음으로 자녀들을 위해 기도하는 일이 아니겠는가.

현재 우리 아이들은 큰 위험의 바다에 노출되어 있다. 특히 코로나 팬데믹의 장기화로 인해, 청소년들의 '미디어 중독 현상'이 심화되었다. 아이들이 관계가 단절되거나 제한받는 환경 속에 있다 보니 '갈등과 분노 조절'에 큰 어려움을 겪고 있다.

실례로 부산에서 한 여중생이 엄마가 자가격리를 위반했다고 경찰에 직접 신고한 사건이 있었다. 모녀가 다투던 중에 엄마가 화가 나서 주차장에 세워둔 자신의 승용차로 갔는데, 딸이 현관문을 잠그고 경찰에 엄마를 신고한 것이다. 이 사건만 봐도 우리 아이들이 얼마나 감정 처리가 안 되는지 보여준다. 그래서 더 불쌍한 우리의 아이들이다.

특히 요즘은 아이들의 스트레스 문제가 매우 심각하다. 유아·청소년 시기의 스트레스 문제를 방치하면 성인기까지 이어지고, 심하면 극단적인 선택이 나오기도 한다. 어떤 아이들은 스트레스를 해결하지 못하고 여러 중독에 빠져서 헤어 나오지 못하는 경우도 있다. 이런 위험한 바다에 빠져 있는 아이들을 위해, 우리는 기도를 통해 '믿음의 구조대'를 보내야 한다. 그들이 잘못된 바다에서 헤엄쳐 나오도록 눈물로 기도할 때가 바로 이때다. 무엇보다 우리 자녀들의 심령이 새로워지도록, 우리 자녀들에게 진정한 부흥을 달라고 기도해야만 한다.

부모가 자녀들에게 줄 수 있는 최고의 선물이 무엇인가. 하나님을 예배하고 경외하는 것을 가르치는 일이다. 자녀가 하나님을 경외하는 것을 '인생의 기초석'으로 삼고 산다면, 그 자녀의 인생은 결코 실패할 수 없다.

성경에도 하나님을 예배하는 자, 하나님을 경외하는 자에게 주시는 헤아릴 수 없는 축복이 많이 소개된다. 시편과 잠언을 보라. '하나님을 경외하는 자'가 받는 축복이 곳곳에 보석처럼 박혀 있다. 여호와를 경외하는 자는 사망에서도 건짐을 받는다(시 33:18-19). 또한 여호와를 경외하는 자는 환난에서도 건짐을 받고(시 34:7) 여호와를 경외하는 자는 복을 받는다(시 128:4). 심지어 여호와를 경외하는 자는 재물과 영광과 생명을 얻는다고(잠 22:4) 말씀한다.

매주 토요비전새벽예배 때마다 4대가 모여 성경을 암송하는 이유도 다른 게 아니다. 그것이 자녀들에게 하나님을 예배하고 경외하는 법을 가르치는 최고의 길이기 때문이다. 부모들은 자녀들에게 세상의 처세와 성공을 가르치기 전에, 하나님을 경외하는 것을 보이고 가르쳐야 한다. 하나님을 경외하는 법을 가르치면 자녀가 장차 세상에 나갈 때, 두려워하지 않게 된다. 자녀가 하나님을 경외하는 것을 배우고 가슴에 새기면 부모 세대가 걱정하는 일들, 예컨대 게임 중독, 음란물 중독, 놀이 중독, 무질서한 생활 등에서 자녀들이 안전할 수 있기 때문이다.

혹시 부모 중에 자녀가 학업이 부족해서 혹은 능력이 뛰어나지 못해서, 세상적으로 성공의 길을 가지 못해서 마음이 아프고 답답하다면 이는 번지수가 틀렸다. 우리가 마음 아파해야 하는 것은 오직 자녀가 하나님을 경외하지 않는 것이어야 한다. 우리는 다음 세대가 하나님 경외하기를 잃지 않도록 기도해야 하는 사람들이 아닌가. 우리가 그렇게 기도할 때, 하나님께서는 친히 다음 세대에 은혜를 베푸시고 일으키실 것이다.

이제 말씀을 정리하자. 사람들은 대한민국의 역사를 여러 가지 관점으로 해석한다. 먼저 지난 50, 60년대는 '피의 역사'라고 한다. 6·25전쟁 등 국가적으로 많은 피를 흘렸던 때다. 60년대 후반부터 70, 80년대까지는 '땀의 역사'로 본다. 산업화를 위해 많은 사람이 죽을 고생을 하며 이 나라를 일궜던 시대다. 그리고 90년대 후반부터는 안타깝게도 '갈등의 역사'가 시작됐다.

그렇다면 이제 우리는 무엇을 어떻게 해야 할까. 그동안 피, 땀, 갈등 등이 중요한 화두였다면 현재는 '눈물'이 화두가 되는 시대이다. 그것도 다른 눈물이 아니라 다음 세대의 믿음 계승을 위한 '눈물의 기도'가 화두가 되어야 하는 시대를 살고 있다. 그렇기에 우리는 눈물의 기도로 이 민족을 살려야 한다. 다음 세대를 눈물의 기도로 살려야 한다. 이것이 바로 남은 자가 기도할 때 일어나는 하나님 나라 역사의 실체이다.

다시 한번 기억하자. 이제는 우리가 남은 자의 기도를 드려야 할 때다. 남은 자로서 영적 추수를 위해 기도하고 지도자를 위해 기도하며, 다음 세대를 위해 눈물로 기도해야 한다. 우리가 이를 위해 기도할 때, 우리는 일꾼이 되고 지도자가 되며 다음 세대가 살아남을 보게 될 것이다.

왕관의 보석 되게 일으키시다

"여호와의 말씀이 하드락 땅에 내리며 다메섹에 머물리니 사람들과 이스라엘 모든 지파의 눈이 여호와를 우러러봄이니라 그 접경한 하맛에도 임하겠고 두로와 시돈에도 임하리니 그들이 매우 지혜로움이니라 두로는 자기를 위하여 요새를 건축하며 은을 티끌 같이, 금을 거리의 진흙 같이 쌓았도다 주께서 그를 정복하시며 그의 권세를 바다에 쳐넣으시리니 그가 불에 삼켜질지라 아스글론이 보고 무서워하며 가사도 심히 아파할 것이며 에그론은 그 소망이 수치가 되므로 역시 그러하리라 가사에는 임금이 끊어질 것이며 아스글론에는 주민이 없을 것이며 아스돗에는 잡족이 거주하리라 내가 블레셋 사람의 교만을 끊고 그의 입에서 그의 피를, 그의 잇 사이에서 그 가증한 것을 제거하리니 그들도 남아서 우리 하나님께로 돌아와서 유다의 한 지도자 같이 되겠고 에그론은 여부스 사람 같이 되리라 내가 내 집을 둘러 진을 쳐서 적군을 막아 거기 왕래하지 못하게 할 것이라 포학한 자가 다시는 그 지경으로 지나가지 못하리니 이는 내가 눈으로 친히 봄이니라 시온의 딸아 크게 기뻐할지어다 예루살렘의 딸아 즐거이 부를지어다 보라 네 왕이 네게 임하시나니 그는 공의로우시며 구원을 베푸시며 겸손하여서 나귀를 타시나니 나귀의 작은 것 곧 나귀 새끼니라 내가 에브라임의 병거와 예루살렘의 말을 끊겠고 전쟁하는 활도 끊으리니 그가 이방 사람에게 화평을 전할 것이요 그의 통치는 바다에서 바다까지 이르고 유브라데 강에서 땅 끝까지 이르리라 또 너로 말할진대 네 언약의 피로 말미암아 내가 네 갇힌 자들을 물 없는 구덩이에서 놓았나니 갇혀 있으나 소망을 품은 자들아 너희는 요새로 돌아올지니라 내가 오늘도 이르노라 내가 네게 갑절이나 갚을 것이라 내가 유다를 당긴 활로 삼고 에브라임을 끼운 화살로 삼았으니 시온아 내가 네 자식들을 일으켜 헬라 자식들을 치게 하며 너를 용사의 칼과 같게 하리라 여호와께서 그들 위에 나타나서 그들의 화살을 번개 같이 쏘아내실 것이며 주 여호와께서 나팔을 불게 하시며 남방 회오리바람을 타고 가실 것이라 만군의 여호와께서 그들을 호위하시리니 그들이 원수를 삼키며 물맷돌을 밟을 것이며 그들이 피를 마시고 즐거이 부르기를 술 취한 것 같이 할 것인즉 피가 가득한 동이와도 같고 피 묻은 제단 모퉁이와도 같을 것이라 이 날에 그들의 하나님 여호와께서 그들을 자기 백성의 양 떼 같이 구원하시리니 그들이 왕관의 보석 같이 여호와의 땅에 빛나리로다 그의 형통함과 그의 아름다움이 어찌 그리 큰지 곡식은 청년을, 새 포도주는 처녀를 강건하게 하리라"(스가랴 9:1-17)

요즘 시대는 왜 이렇게 혼란스러울까? 우리 사회는 왜 이렇게까지 갈등하며 온갖 전쟁이 끊이지 않는 것일까? 대체 무슨 이유로 우리는 이런 시대를 살아야 할까? 그 이유는 앞 장에서 살펴본 대로 올바른 주권자, 통치자가 없기 때문이다. 각 분야, 각 영역의 지도자가 제대로 서 있지 않으면 온통 시끄러운 것이다.

그런 면에서 올바른 통치자, 주권자를 소개하는 이번 장은 오늘을 사는 우리가 더욱 중요하게 살펴야 할 말씀이다. 9장부터 시작되는 스가랴서 후반부에는 메시아의 주권자 되심에 대해 말씀하고 있다. 그중에서도 본문은 앞으로 오실 메시아의 '구원주'로서의 역할과 '심판주'로서의 역할을 소개한다.

어떤 이들은 메시아의 구원자 되심에 대해서는 좋은 마음으로 받아들이지만, 심판자 되심에 대해서는 껄끄러워하며 듣기 거북해한다. 구원과 심판이 동전의 양면처럼 같이 가는 것임을 받아들이기 힘들어한다. 그러나 심판과 사랑은 같이 간다. 하나님께서 우리를 사랑하시기 때문에 징계하시지 않는가. 하나님께로 돌아오게 하기 위해, 즉 구원하기 위해 때로는 징계하신다. 그러므로 심판과 구원의 양면성을 이해하며 본문 말씀을 살펴봄으로 스가랴 9장의 핵심 메시지를 올바로 깨달을 수 있기를 바란다.

최후의 심판주 여호와 하나님

본문 1-7절까지의 말씀은 심판에 관한 내용이다. 먼저 1절을 살펴보자.

> 여호와의 말씀이 하드락 땅에 내리며 다메섹에 머물리니 사람들과 이스라엘 모든 지파의 눈이 여호와를 우러러봄이니라(슥 9:1).

이스라엘 모든 지파의 눈이 여호와를 우러러본다는 것은 사람들이 주권자를 향하여 눈을 든다는 뜻이다. 즉 하나님께서 그들을 어떻게 심판하시고 어떻게 구원하실지 기다리고 있다는 얘기다. 동시에 이 말 속에는 하나님께서 구원주와 심판주로서 우리를 내려다보신다는 의미도 있다.

이어지는 2-7절에는 하나님께서 하드락, 다메섹, 하맛, 두로, 시돈, 아스글론을 어떻게 심판하시는지 알려준다.

> 두로는 자기를 위하여 요새를 건축하며 은을 티끌같이, 금을 거리의 진흙같이 쌓았도다(슥 9:3).

두로라는 지역은 매우 번성한 지역이었다. 그 번성함은 금을 거리의 진흙처럼 쌓아놓을 정도였다. 물론 이것은 상징적 표현이지만 그만큼 풍성하고 부유했다는 뜻이다. 그들은 부유할 뿐만 아니라 똑똑하기까지 했다. 2절 뒤에 보면 "그들이 매우 지혜롭다"고 나와 있을 정도다. 이처럼 심판받는 이방 나라인 하드락, 다메섹, 하맛, 두로, 시돈은 풍요로울 뿐만 아니라 똑똑함까지 갖춘 지역이었다.

이어 5-7절에는 블레셋의 대표 도시인 아스글론에 대한 심판 내용이 나온다. 해변가에 있는 큰 성으로 그 위용이 대단했던 도시가 바로 아스글론이다. 그런데 본문에서는 풍요롭고 기세등등했던 도시들이 하루아침에 심판당한다고 말씀한다. 그 이유가 무엇인가? 바로 두 가지 때문이다.

내가 블레셋 사람의 교만을 끊고(슥 9:6b).

그의 입에서 그의 피를, 그의 잇사이에서 그 가증한 것을 제거하리니…(슥 9:7).

그들이 심판받는 이유는 교만 때문이고 가증한 것을 우상에게 바치는 우상숭배 때문이다. 그들은 이 두 가지 때문에 심판받을 수밖에 없었다.

이런 말씀을 받을 때 우리는 긴장해야 한다. 하드락, 다메섹, 하맛, 두로, 시돈, 아스글론에 대한 심판의 말씀을 나와는 전혀 상관없는, 아주 먼 이야기로 들어서는 안 된다. 하나님의 말씀이 하드락, 다메섹, 하맛, 두로, 시돈, 아스글론에 임한 것처럼 오늘 이 시대에 동경, 베이징, 뉴욕, 서울, 광주, 부산에도 임할 수 있기 때문이다. 그렇다면 이것은 보통 심각한 문제가 아니다.

하나님의 모든 말씀이 그러하듯, 스가랴 시대에 기록된 스가랴서는 그 시대에 한정하여 선포되는 것으로 끝나지 않았다. 실제로 스가랴 9장 1-7절에 예언된 모든 말씀은 100-200년 후에 알렉산더 대제가 하드락부터 시리아, 페니키아, 블레셋을 순서대로 점령함으로써 심판의 일이 그대로 이루어졌다. 물론 성경에는 '알렉산더'라는 이름이 직접 언급되진 않지만 대부분의 신학자들은 이 본문이 알렉산더 대왕의 정복 내용과 깜짝 놀랄 정도로 일치한다고 말한다. 그래서 이 본문을 '알렉산더 대왕'의 정복을 예언한 것이라 보는 데 의견을 모은다. 다니엘서 7-8장에서는 알렉산더 대왕을 '날개 달린 표범'과 '숫염소'에 비유하여 동일한 예언을 하고 있다. 그런데 이와 같은 심판의 예언은 본문 8절에서만 그 양상을 달리한다.

내가 내 집을 둘러 진을 쳐서 적군을 막아 거기 왕래하지 못하게 할 것이라(슥 9:8a).

여기서 '내 집'은 하나님의 집, 여호와의 성전, 곧 스룹바벨 성전을 말한다. 두로, 시돈, 아스글론까지 적군이 임하지만 스룹바벨 성전만큼은 하나님께서 진을 쳐서 막아주신다는 뜻이다. 실제로 알렉산더는 시리아와 팔레스타인의 모든 지역을 차례로 점령했는데, 예루살렘 성전만큼은 정복하지 않고 지나갔다. 이 말씀이 그대로 이루어진 것이다.

참 정복자 예수 그리스도

이런 전체적인 흐름 속에서 우리가 첫 번째로 주목할 것은 참 정복자, 참 심판자가 누구냐는 것이다. 우리는 말씀을 통해 참 심판자요 참 정복자이신 메시아, 예수 그리스도를 발견하고 그분께 주목할 수 있어야 한다.

위에서 언급한 대로 하나님께서는 알렉산더 대왕의 정복 전쟁을 심판의 도구로 사용하셨다. 겉으로는 알렉산더가 정복자인 것 같지만, 사실은 하나님의 구원 역사를 위해 알렉산더가 양면적으로 사용되었다고 볼 수 있다. 그의 불의함에도 불구하고 알렉산더의 정복전쟁은 결과적으로 예수님의 오심을 준비하는 초석이 되었다는 뜻이다. 즉 하나님께서는 그마저도 사용하셔서 예수님의 오심을 준비하셨다. 그 일례가 무엇인가? 알렉산더 대왕이 세상을 통일함으로써 전 세계에 헬라 문화, 특히 헬라어가 널리 퍼졌다. 또한 로마가 이를 이어받아 헬라어를 제국의 대표 언어로 사용했다. 결국 초대교회는 헬라어는 물론 로마의 통치와 도로법 등으로 인해 복음을 전 세계로 퍼트릴 수 있었다.

스가랴서에서도 장차 알렉산더를 통해 온 땅이 정복될 것을 예언한 후에 이어서 예수 그리스도에 대해 예언하는 것은, '인간 정복자' 알렉산더와 '참 정복자'이신 예수님을 대조하려는 의도이다. 본문 9절을 보라.

보라 네 왕이 네게 임하시나니 그는 공의로우시며 구원을 베푸시며 겸손하여서 나귀를 타시나니 나귀의 작은 것 곧 나귀 새끼니라(슥 9:9b).

참 정복자 메시아에 관한 이 말씀은 세상의 정복자 알렉산더 대왕과 극명한 차이점을 가진다. 곧, 참 정복자 메시아는 겸손하셔서 나귀 새끼를 타셨다는 점이다. 성경을 조금이라도 아는 분이라면 본문에서 말씀하는 나귀 새끼를 타고 오시는 참 정복자가 누구인지 알 것이다. 예루살렘에 입성하실 때 나귀 새끼를 타고 들어가신 예수 그리스도, 그분이시다. 정복자 알렉산더는 흰 말을 타고 강력한 권세자로 임하지만 예수 그리스도께서는 나귀 새끼를 타고 겸손한 정복자로 오셨다는 것이다.

어느 지역이든 알렉산더 대왕의 정복이 임하면 사람들은 공포와 두려움을 가질 수밖에 없었다. 그의 정복은 피지배국을 식민지로 만들기 때문이다. 그러나 예수님의 정복은 우리에게 '구원'을 뜻한다. 또한 우리에게 기쁨과 평안을 안겨준다. 더구나 진정한 정복자이신 메시아의 성품은 알렉산더와 달리 겸손함 그 자체다. 예수님은 이방의 폭군이 아니라 이스라엘의 왕으로 오신다. 그분은 결코 폭압적이지도 않으시고 의로우시며, 사람을 죽이지 않고 구원하신다(마 1:21).

이처럼 예수님은 정복하시되 구원으로 정복하시는 '역설적 정복자'이시다. 또한 큰 권력자가 아니라 가난하고 겸손한 정복자이시다. 따라서 메시아 되시는 예수님이 통치하시는 하나님 나라는 세상과는 전혀 다른 통치 방식이 작동된다. 세속적인 통치자들은 전쟁과 승리의 상징인 흰 말을 타고 군림하며 입성하지만, 진정한 구원자이신 예수 그리스도께서는 겸손하게 나귀 새끼를 타고 예루살렘으로 입성하시는 모습에서 그 차이점을 알 수 있다. 겸손을 통해 승리하신 예수님의 모습은 곧 죽어야 승리하는 전투 방식을 알려주고 있는 것이다. 이것이 고난의 종이 선택한 역설적 전투 방식이다.

그 방식의 극적인 클라이맥스가 바로 예수님이 십자가에서 죽으신 일이다. 예수님은 십자가의 죽음을 통한 보혈의 전투 방식으로 완전한 승리를 거두셨다. 이것이 바로 복음의 역설적인 승리 방식이다. 이기주의와 경쟁구도로 충만한 우리에게는 예수님의 방식이 익숙하지 않겠지만, 예수님의 '죽음'이라는 전투방식이야말로 오늘날 우리에게 항거할 수 없는 하나님의 진리를 깨닫도록 이끌어 준다. 이에 대한 본문 11절 말씀을 보라.

> 또 너로 말할진대 네 언약의 피로 말미암아 내가 네 갇힌 자들을 물 없는 구덩이에서 놓았나니.

이 구절에서 말씀하는 '언약의 피'가 무엇인가? 이 피는 남들을 죽이면서 흘리는 피가 아니다. 오히려 자기를 죽이는 전투 방식, 즉 자기가 죽는 것을 말한다. 자기가 죽는 '자기부인'이야말로 신앙의 본질이다. 우리는 신앙생활을 하면 할수록 십자가의 예수 그리스도를 본받아 자기를 부인하는 것이 신앙생활의 핵심임을 고백할 수 있어야 한다.

하나님께서는 이 언약의 피로 우리와 관계를 맺으셨다. 이에 대해 히브리서에서는 다음과 같이 말씀한다.

> 하물며 영원하신 성령으로 말미암아 흠 없는 자기를 하나님께 드린 그리스도의 피가 어찌 너희 양심을 죽은 행실에서 깨끗하게 하고 살아 계신 하나님을 섬기게 하지 못하겠느냐(히 9:14).

히브리서 기자는 그리스도의 예표가 되는 구약 말씀을 제대로 해석하여 기록했다. 세상의 전투 방식이 아니라 예수 그리스도의 죽음을 통한 피의 방식이 우리로 하여금 세상 사람들과는 삶을 살도록 만들어 준다는 것이다. 그렇다. 역설적으로 언약의 피만이 우리에게 진정한 자유를 안겨준다. 언약의 피가 우리를 새롭게 한다.

더구나 본문 11절에서는 세상의 방식과 전혀 다른 피의 전투 방식으로 인해 "갇힌 자들을 물 없는 구덩이에서 놓아준다"라고 했다. 보통 우리는 '물 없는 구덩이'라고 하면 요셉을 떠올리게 된다. 물론 하나님께서는 물 없는 구덩이에 빠졌던 요셉을 건져내셨다. 그런데 요셉만 건져내신 것이 아니다. 예레미야서를 보면 예레미야도 물 없는 구덩이에 빠져 죽을 뻔한 일이 있었다.

그들이 예레미야를 끌어다가 감옥 뜰에 있는 왕의 아들 말기야의 구덩이에 던져 넣을 때에 예레미야를 줄로 달아 내렸는데 그 구덩이에는 물이 없고 진창뿐이므로 예레미야가 진창 속에 빠졌더라(렘 38:6).

예레미야는 진창 속에 빠졌다. 진창 속에 빠진 것으로 끝난 게 아니라 거기서 굶어 죽을 수밖에 없는 형편이 되었다.

…그들이 그를 구덩이에 던져 넣었으니 그가 거기에서 굶어 죽으리이다 하니(렘 38:9).

이 말씀에서 알 수 있듯이 물 없는 구덩이는 목말라서 죽고 굶어서 죽는 곳이다. 우리 인생도 마찬가지다. 우리 인생이 물 없는 구덩이에 빠지면 거기서 목말라 죽고 배고파서 죽는다.

스가랴서에는 목말라 죽고 굶어 죽을 수밖에 없는 우리를 예수 그리스도의 언약의 피가 살려냈다고 말씀한다. 어떠한가? 자기 이야기라는 생각이 드는가? 사실 우리 중에는 삶의 진창에 빠진 이들이 분명 있을 것이다. 인생이란 한결같이 꽃길만 가는 것이 아니기 때문이다. 인생에는 분명 진창이 있다. 메마른 구덩이가 있다. 그런데 하나님께서는 언약의 피를 바른 끈을 내려주셔서 진창에 빠진 우리를 구원해 내신다. 그것이 바로 피의 언약으로 인해 물 없는 구덩이에 빠진 우리가 구원받는 방식이다. 그러므로 이 글을 읽는 분들 중에 물 없는 구덩이에 빠진 분들이 있다면 하나님의 언약의 피를 붙들길 바란다. 이 피를 붙들 때, 하나님께서 반드시 당신을 구원하실 것이다.

이것은 무슨 적극적 사고방식을 말함이 아니다. 오직 언약의 피에 근거한 하나님의 말씀을 전하는 것이다. 하나님께서는 우리가 아무리 어렵고 진창에 빠졌어도 언약의 피로 우리를 구원해 내신다고 약속하셨다.

우리는 여기서 무엇을 믿는지 점검할 필요가 있다. 우리는 인간의 신념을 믿는 사람이 아니다. 또한 세상의 방식으로 살아가는 사람도 아니다. 우리는 오직 하나님을 믿으며 하나님의 방식으로 살아가는 사람이다. 예수님은 그런 우리에게 메시아로 오셨다. 메시아로 오셨다는 말은 심판주와 구원주의 양면성을 가지고 오셨다는 뜻이다. 특별히 주님은 나귀 새끼를 타고 오셔서 구원하시는 겸손의 왕이시다. 그 주님에 대한 본문의 표현이 바로 '언약의 피로 우리를 구원하시는 분'이다.

그런 면에서 기독교는 절대 절망을 얘기해선 안 된다. 기독교 지도자들은 함부로 절망을 얘기할 수 없는 사람들이다. 왜 그런가? 말씀이 절망을 말하지 않기 때문이다. 하나님께서 우리를 물 없는 구덩이, 헤어 나올 길 없는 진창에서부터 구원하셨음을 알려주고 있지 않은가. 우리는 하나님으로 인해 자유를 얻은 자가 되었다. 절망을 말하지 않아야 하는 이유가 이것이다. 우리는 예수님으로 인해 절망에서 구원받은 자가 되었기 때문이다.

갇혀 있으나 소망을 품은 자들에게 임한 은혜

본문 12절에서는 언약의 피로 구원받은 우리에 대하여 기가 막힌 표현을 한다.

> 갇혀 있으나 소망을 품은 자들아.

우리는 갇혀 있으나 소망을 품은 자들이라고 한다. 그렇다. 우리는 때때로 어딘가에 갇혀 있을 때도 있고 진흙탕에 빠질 때도 있다. 그러나 이 말씀은 그럴 때도 우리의 정체성은 '갇혀 있으나 소망을 품은 자들'임을 알려준다.

'갇혀 있으나 소망을 품은 자들'을 원어로 보면 'prisoners of hope', 즉 '소망의 포로들'로 해석할 수 있다. 우리는 모두 '소망의 포로들'인 것이다. 우리는 갇혀 있지만 확실한 소망을 품은 자들이기에 어떤 경우에도 좌절할 수 없는, 아니 좌절해서는 안 되는 소망의 포로들이다. 더구나 이 소망은 하나님의 말씀에 근거한다. 그래서 우리는 갇혀 있어도 초월적 감사, 절대감사, 범사에 감사, 역설적 감사를 드릴 수 있다. 말씀에 약속된 피의 복음을 의지하여 우리는 갇혀 있어도 소망을 품고 일어설 수 있는 자가 되었다. 절망하지 않는 자가 되었다.

생각해보면 우리는 모두 '지도자'로 부름 받은 사람이다. 비록 세상에서 높은 지도자는 아니더라도 한 가정의 아버지요 어머니로, 교회의 리더로, 직장에서 본이 돼야 하는 사람으로 부름 받았다. 그래서 우리는 모두 지도자다. 그러므로 우리는 함부로 절망을 얘기해선 안 된다. 아무리 어려워도 말씀을 믿고 수많은 벽을 헤쳐 나갈 수 있어야 한다. 그것이 갇혀 있으나 소망을 품은 자의 능력이다.

그런 능력을 받은 사람들은 함부로 한국교회를 비난하지 않는다. 그 대신 한국교회를 다시 한번 새롭게 일으켜 세우는 데에 기여한다. 소망의 포로가 되면 우리는 다시 한번 이 민족에 피 흘림 없는 복음적 평화통일이 이루어지길 꿈꿀 수 있다. 아니, 그와 같은 길이 반드시 열릴 것이다. 본문 12절에도 그런 이들에게 임하는 놀라운 능력이 소개된다.

갇혀 있으나 소망을 품은 자들아 너희는 요새로 돌아올지니라 내가 오늘도 이르노라 내가 네게 갑절이나 갚을 것이라.

언약의 피를 통해 메마른 구덩이에서 구원받는 역사가 일어날 때, 하나님의 은혜가 갑절이나 임한다고 한다. 놀랍지 않은가? 하나님께로부터 갑절의 은혜를 받는다는 것, 얼마나 감격스러운 일이고 얼마나 귀하고 소중한 일인가?

우리는 엘리사가 엘리야 선지자를 스승으로 모시며 따라다니다가 엘리야가 승천하기 전에 했던 말을 기억한다. 스승 엘리야가 엘리사에게 "내가 너에게 무엇을 해주랴?"라고 물을 때, 엘리사는 "갑절의 은혜를 받기 원합니다"라고 말했다. 엘리사가 평생을 바쳐 스승을 따라다니며 죽도록 수고했던 일에 대한 대가로 원했던 것은

'갑절의 은혜, 영감'이었다. 갑절의 성공이나 갑절의 부유함이 아니었다. 오직 갑절의 은혜를 원했다.

우리는 어떠한가? 우리도 다른 것이 아닌 오직 하나님의 은혜를 사모한다면 하나님께서 갑절의 은혜를 부어주시지 않을까? 우리는 '갇혀 있으나 소망을 품은 자들'이다. 구덩이 속에서 주님의 언약의 피를 통해 해방되어 나온 주의 백성들이다. 그 백성들의 소망은 오직 한 가지다. 갑절의 은혜! 우리는 하늘로부터 내려오는 하나님의 은혜 속에서 진정으로 살아날 수 있다.

하나님께서는 우리가 언약의 피의 수혜자로서 은혜의 주인공이 되도록 누가복음 22장 20절에서 다음과 같이 말씀하신다.

이 잔은 내 피로 세우는 새 언약이니 곧 너희를 위하여 붓는 것이라.

우리가 성찬식을 할 때마다 이 말씀을 선포하는 이유도 예수님의 새 언약을 계속해서 확증하고 완성하기 위해서다. 이를 통해 우리 마음속에 예수님의 피로 세운 새 언약을 계속해서 기념하고 새기기 위해서다. 그 피를 기념하고 새길 때 우리에게 무슨 일이 벌어지겠는가? 한마디로 저주가 물러간다. 물 없는 구덩이의 저주가 떠나간다. 수많은 우수사려(憂愁思慮), 수많은 안타까움이 물러간다.

고난을 통해 왕관의 보석 되다

하나님께서는 이와 같은 갑절의 은혜를 주신 후에 16절 말씀을 들려주신다.

이날에 그들의 하나님 여호와께서 그들을 자기 백성의 양떼같이 구원하시리니 그들이 왕관의 보석같이 여호와의 땅에 빛나리로다.

기가 막히게 아름답지 않은가. 스가랴서가 쓰였던 2,400-2,500년 전에 어떤 철학자, 어떤 작가가 우리를 향하신 하나님의 은혜를 이토록 아름답게 표현할 수 있을까? 이것은 분명 성령의 계시와 감동으로 쓰였다고 밖에는 말할 수 없다. 하나님께서는 이와 같은 성령의 감동을 따라 예수 그리스도를 구세주와 주님으로 고백한 우리에게 말씀하신다.

"그들이 왕관의 보석 같이 여호와의 땅에 빛나리로다."

하나님께서 우리를 왕관의 보석 같이 하신다는 것은 일차적으로 주님이 우리를 자랑스러워하신다는 뜻이다. 우승 트로피를 보며 자랑스러워하듯이, 하나님께서 우리를 그렇게 보신다는 것이다. 또한 이것은 하나님의 백성이 받게 될 영광을 의미하기도 한다. 왕관은 구원받은 자들만 쓸 수 있는 영광의 상징이라는 점에서, 구원받은 자들이 누리는 은혜가 이토록 밝고 아름답다는 말이다.

그러나 하나님의 구원받은 백성들에게 고난이 없다는 뜻은 아니다. 하나님의 자녀들 역시 이 땅에 사는 동안 반복해서 고통과 고난을 받는다. 우리가 받는 고난이 다른 이들의 고난과 다른 것은 고난 이후 영광의 상이 주어진다는 점이다.

그래서 우리는 고난 받을 때 하나님께로 피해야 한다. 하나님께서는 당신의 날개 아래로 피하는 자들의 고난을 사용하셔서, 큰 은혜의 문을 여는 열쇠로 만들어 주시기 때문이다. 시편 31편 19절은 "주께 피하는 자를 위하여 인생 앞에 베푸신 은혜가 어찌 그리 큰지요"라고 노래하며 이 사실을 우리에게 알려준다. 이 시를 쓴 시인도 우리처럼 인생을 살다가 예기치 않은 고난을 당했다. 그러나 그는 고통스럽고 어려운 상황에서도 원망하거나 불평하기보다, 주님을 찾고 부르짖으며 주의 날개 아래로 피했다. 그러자 시인에게는 자신의 생각을 훨씬 뛰어 넘는 감사와 기쁨이 주어졌다. 시인은 이 사실을 경험하고 깨달았기에 시편 31편 19절의 고백을 할 수 있었다.

시편 66편 12절은 고난이 결국 하나님의 백성들을 그분의 축복으로 인도하는 것에 대해 다음과 같이 고백한다.

> …우리가 불과 물을 통과하였더니 주께서 우리를 끌어내사 풍부한 곳에 들이셨나이다.

이것은 시인의 경험적인 진리이다. 이런 고백을 하기까지 시인은 은을 단련하는 것처럼 단련을 받았고(시 66:10) 허리에는 감당하기 어려운 짐을 매고 살았으며(시 66:11), 심지어 원수들에게 짓밟힘을 당했다(시 66:12). 참으로 혹독하고 처절한 고난과 시험이 아닐 수 없다. 그러나 시인은 불과 물 같은 혹독한 고난 후에 하나님의 넘치는 축복으로 인도함을 받았다.

순금이 만들어지는 과정을 아는가? 금 1온스를 얻기 위해서는 일반적으로 250톤의 바위와 광석을 파내야 한다. 1온스는 30그램 정도이기에 두 돈 정도 되는 순금 반지 하나를 얻기 위해서는 60톤 이상의 바위와 광석을 캐서 부수고 녹여야 한다. 그만큼 순금을 얻는 것은 어렵다. 고난이라는 용광로를 통과하지 않고서는 우리의 몸과 마음에 붙어 있는 엄청난 불순물들을 제거할 길이 없는 것이다.

욥도 극심한 고난의 길에 들어선 후에야 '고난의 터널을 지나야만 내 자신이 이전과는 비교할 수 없을 정도로 순전하게 하나님을 예배할 수 있겠다'라는 확신을 갖게 되었다. "그러나 내가 가는 길을 그가 아시나니 그가 나를 단련하신 후에는 내가 순금 같이 되어 나오리라"(욥 23:10)라는 고백은 고난을 겪은 욥의 경험이 진리처럼 녹은 고백이다. 그는 고난이 자신을 순금처럼 빛나게 할 것을 고난 중에 알게 된 것이다.

고난과 관련된 성경 말씀 중 우리가 언뜻 이해하기 어려운 말씀도 있다. "그가 아들이시면서도 받으신 고난으로 순종함을 배워서 온전하게 되셨은즉"(히 5:8-9a)이라는 말씀이다. 예수님은 성자 하나님이시니 저절로 성부 하나님의 뜻에 순종하실 거라고 생각되지만, 성경은 예수님도 고난을 통해 순종의 의미를 배워 온전하게 되셨다고 말씀한다. 예수님도 고난을 통해 하나님께 순종함을 배움으로 온전함의 왕관을 쓸 수 있었다면 우리는 어떠하겠는가? 우리가 당하는 모든 고난은 하나님 앞으로 인도되는 도구가 됨이 마땅하다. 그럴 때 하나님께서는 우리의 고난을 빚어 하나님께 쓰임 받는 빛나는 보석으로 만드실 것이다.

보석 같이 빛나는 하나님 나라의 비밀 병기

그렇다면 본문에 나오는 '왕관의 보석 같다'는 말씀의 본질적 의미는 무엇일까? 일차적으로는 우리를 자랑스러워하신다는 뜻이지만, 그것을 넘어 이 구절이 알려주고자 하는 본래의 깊은 의도는 무엇일까?

이를 알기 위해서는 본문에서 쓰인 '왕관'의 히브리어를 살펴볼 필요가 있다. '왕관'의 히브리어는 '네제르'(נֵזֶר)로, 우리가 생각하는 일반적인 왕관과는 다른 뜻을 내포한다. 그저 빛나기만 하는 일반적 왕관이 아니라 거룩한 왕관, 구별된 왕관이란 뜻이다.

실제로 '네제르'라는 어근의 본래 의미도 '성별' 혹은 '거룩한 구별' 이다. 구별이라는 의미가 무엇인지에 대해서는 민수기 6장의 '나실 인의 서약'에서 찾아볼 수 있다. 즉 히브리어 '네제르'와 '나실인'은 동일음으로 어근이 동일하다. 민수기 6장 4절에 "자기 몸을 구별하 는 모든 날"이라는 표현에서 '구별'이라고 번역된 단어도 네제르다. 거기서는 구별이 독주나 부정한 것을 금한다는 의미를 담고 있다.

레위기 21장에서도 네제르가 나오는데, 거기서는 "여호와께 거룩 하게 드린다"는 의미를 담았다. 즉 제사장이 자신을 더럽혀서는 안 된다는 점을 강조하는 것이다. 네제르는 하나님께서 제사장에게 기 름을 부어 '거룩하게 구별하시는 것'을 말하며(레 8:12), 이는 결국 자 기 몸을 구별하여 하나님께 드리는 표인 나실인을 뜻한다고 할 수 있다.

나실인이 되면 어떻게 되는가? '나실인의 서약 기간'에는 부모 형 제가 죽더라도 자기 몸을 더럽혀선 안 된다. 머리도 한평생 깎아서 는 안 되는데, 이 역시 자기 몸을 구별하여 하나님께 드렸기 때문이 다. 따라서 본문에서 쓰인 '왕관의 보석'('아브네 네제르', אַבְנֵי־נֵזֶר)의 깊 은 의미는 "하나님께서 특별히 구별하여 세우신 인물들의 머리에 쓰는 관"이다. 더 정확히 말하자면 제사장들의 머리에 쓰는 관패를 가리킨다. 영어 성경에서는 이것을 '거룩한 관'(the holy crown)이라고 번역했다(출 29:6, NASB). 이와 관련하여 레위기에서는 다음과 같이 말씀한다.

그의 머리에 관을 씌우고 그 관 위 전면에 금패를 붙이니 곧 거룩한 관이라 여호와께서 모세에게 명령하신 것과 같았더라(레 8:9).

이는 제사장 위임식에 관한 내용으로, 위임식 마지막 순서에서 거룩한 관을 대제사장에게 씌워주는 장면이다. '왕관의 보석'과 같은 금패를 대제사장의 관 전면에 붙이는데, 이 금패에는 '여호와께 성결'이라 쓰여 있었다. 그런 이유로 '대제사장의 관'을 '거룩한 관'이라고 하는 것이다. '거룩한 관'은 스가랴서에서 사용된 '네제르'와 같은 뜻이다. 본문에서 "하나님이 우리를 왕관의 보석과 같이 하셨다"는 것은 우리를 구별하여 하나님의 거룩한 관으로 만들어 주셨다는 뜻이다.

이 얼마나 놀라운 은혜인가. 레위기 8장 전체를 살펴보면 이 놀라운 은혜가 더 깊게 깨달아진다. 하나님께서 구별하신 레위 족속, 그 중에서도 아론의 자손들을 보라. 그들은 다른 족속, 다른 자손들보다 대단한 실력을 갖췄거나 인격이 더 나은 사람들이 아니었다. 그저 하나님께서 구별하여 제사장 삼아주신 사람들일 뿐이다. 그들에게 제사장 자격이 있어서가 아니라 하나님께서 구별하셨기 때문에 네제르 관을 씌워주셨다는 것이다. 우리는 이 사실을 잊지 말아야 한다. 하나님께서 우리를 네제르하셔서 거룩한 관을 씌워주신 것은 하나님의 전적인 은혜이다. 그렇기에 우리는 이 은혜를 받고 눈물을 흘릴 수밖에 없다.

그렇다면 하나님께서는 왜 우리를 '거룩한 관', '왕관의 보석'으로 삼으셨을까? 단지 거룩하게 구별되어 살게 하기 위함이셨을까? 그것만은 아니다. 하나님께서는 무엇보다 우리 앞에 놓인 수많은 영적 전쟁에서 승리하길 바라셨다. 하나님께서는 "거룩한 비밀병기가 되라"는 마음을 담아 우리를 왕관의 보석으로 삼아주셨다. 인생의 수

많은 질곡과 영적 전투에서 하나님의 거룩한 비밀병기가 되어 승리하라는 뜻을 이 말씀 속에 담으신 것이다. 본문 13-14절에서는 그와 같은 하나님의 마음이 나타난다.

내가 유다를 당긴 활로 삼고 에브라임을 끼운 화살로 삼았으니 시온아 내가 네 자식들을 일으켜 헬라 자식들을 치게 하며 너를 용사의 칼과 같게 하리라 여호와께서 그들 위에 나타나서 그들의 화살을 번개 같이 쏘아내실 것이며 주 여호와께서 나팔을 불게 하시며 남방 회오리바람을 타고 가실 것이라.

무슨 뜻인가? 우리가 '거룩하게 구별된 관'이 되어 하나님 나라를 위해 용사의 칼이 되고 당긴 활이 되며, 끼운 화살이 되라는 것이다. 이렇게 되면 "여호와께서 그들 위에 나타나서 그들의 화살을 번개 같이 쏘아"(14절)낸다고 하신다. 우리가 하나님 나라의 비밀병기 역할을 하도록 친히 이끄신다는 것이다. 나는 이 말씀을 묵상하며 저절로 기도가 나왔다.

"주여, 사랑하는 우리 교우 한 분 한 분, 자자손손 하나님 나라의 놀라운 비밀병기가 되게 하여 주십시오. 하나님 나라의 날카로운 칼이 되게 하시고, 성령의 강력한 말씀의 도구가 되게 하여주십시오. 활이 되되 그야말로 적중할 수 있는 마광한 활이 되게 하여주셔서 회오리바람처럼, 폭풍처럼 역사할 수 있는 하나님 나라의 비밀병기가 되게 하여 주십시오."

우리가 거룩한 왕관의 보석이 된다는 것은 이런 뜻이다. 결코 누군가에게 뽐내거나 배를 두드리기 위한 왕관이 아니다. 하나님 나라의 비밀병기 역할을 하기 위한 거룩한 왕관이요 능력의 왕관이 바로 네제르다.

이어지는 15절에서는 우리가 그와 같은 비밀병기가 될 때 어떤 일이 벌어지는지 소개된다.

> 만군의 여호와께서 그들을 호위하시리니 그들이 원수를 삼키며 물맷돌을 밟을 것이며 그들이 피를 마시고 즐거이 부르기를 술 취한 것 같이 할 것인즉 피가 가득한 동이와도 같고 피 묻은 제단 모퉁이와도 같을 것이라.

만군의 여호와께서 호위하시니 우리가 물맷돌을 밟을 것이라고 한다. 이것은 전쟁에서 완전한 승리를 하게 하신다는 뜻이다. 그 결과, 우리가 모두 왕관의 보석처럼 빛이 나는데 17절에서 그 모습을 소개하고 있다.

> 그의 형통함과 그의 아름다움이 어찌 그리 큰지 곡식은 청년을, 새 포도주는 처녀를 강건하게 하리라.

하나님께서 우리를 승리하게 하실 때, 무엇보다 젊은이들에게 소망이 넘친다고 하신다. 이 얼마나 가슴 벅찬 소망의 말씀인가. 이에 관해서 이사야서는 더 구체적으로 설명해 준다.

> 내가 여호와로 말미암아 크게 기뻐하며 내 영혼이 나의 하나님으로 말미암아 즐거워하리니 이는 그가 구원의 옷을 내게 입히시며 공의의 겉옷을 내게 더하심이 신랑이 사모(제사장의 관)를 쓰며 신부가 자기 보석으로 단장함같게 하셨음이라(사 61:10).

이 말씀을 읽을 때 어떤 기분을 느끼는가? 우리에게 구원의 옷을 입히시고 왕관의 보석으로 단장해 주시는 주님을 찬양하는 마음이 일어나지 않는가? 우리에게 놀라운 일을 행하신 주님을 가슴 벅차도록 기뻐하게 되지 않는가?

우리 온 성도들이 왕관의 보석 같이 영적 전투를 위한 하나님 나라의 비밀병기가 됨으로 이 땅의 물 없는 구덩이, 진흙탕 같은 구덩이도 돌파할 수 있는 축복을 받게 되기를 바란다.

사실 이 시대 사회와 교회는 길어지는 팬데믹으로 인해 전례 없는 어려움을 겪고 있다. 특히나 교회는 예배 모임이 제한되는 큰 고통도 겪었다. 그러다 보니 많은 사람들은 교회의 위상과 복음의 능력이 위축될 것이라 말한다. 그러나 새로운 시대는 새로운 방식으로 복음을 전해야 한다. 주님의 핏값으로 교회가 세워진 후 지난 2천 년 동안에도 우리가 전해야 할 복음의 본질은 변하지 않았고, 복음 전파의 방식이 시대마다 크게 바뀌었음을 기억해야 한다.

모든 시대마다 선교사님들이 동시대 최고의 혁신가로 전도했다는 것이 그 증거다. 사도 바울은 도로와 항만을 이용하여 복음을 전했고 윌리엄 캐리(William Carey)는 인쇄술을 통한 출판과 팀 사역으로 선교의 현대화를 이루었으며, 허드슨 테일러(James Hudson Taylor)는 본부 중심의 선교에서 현장 중심 선교 시스템으로 바꾸었다. 또한 20세기의 선교사님들은 방송을 통한 선교를 시작했다. 4차 산업 혁명 시대가 도래하면서부터 보냄을 받는 소수에서 모든 사람이 참여하는 선교로 전환되었다. 이것은 누구나 자기 삶의 장소를 떠나지 않고 언어와 문화의 한계를 뛰어넘어 어디서든 복음을 전할 수 있는 시대가 도래했음을 뜻한다. 그러므로 우리는 하나님께서 팬데믹의 어려움조차 하나님 나라의 확장을 위한 새로운 기회로 선용하실 것을 믿고 기도해야 한다.

　이 장을 마무리하며, 나는 본문 1-17절까지의 말씀을 몇 번이나 읽고 묵상하면서 어느 순간 내 마음에 무엇인가가 한 방울 툭, 하고 떨어지는 것을 느꼈다. 그게 무엇이었겠는가? 바로 예수 그리스도의 보혈의 피, 그 피 한 방울이었다. 그래서 이 피가 우리 성도들의 마음속에도 떨어져서 어떤 어려움과 진창 속에서도 절망하지 않고 견뎌낼 수 있기를 기도했다. 자기 신념이나 실력을 믿어서가 아니라 "말씀이 그렇다니까 말씀을 믿고 살겠습니다"라고 고백하며, 죽어도 말씀대로 살아보겠다는 결심으로 주 앞에 서는 모든 성도가 되기를 바라고 소원하며 기도한다.

축복의 봄비로 일으키시다

"봄비가 올 때에 여호와 곧 구름을 일게 하시는 여호와께 비를 구하라 무리에게 소낙비를 내려서 밭의 채소를 각 사람에게 주시리라 드라빔들은 허탄한 것을 말하며 복술자는 진실하지 않은 것을 보고 거짓 꿈을 말한즉 그 위로가 헛되므로 백성들이 양 같이 유리하며 목자가 없으므로 곤고를 당하나니 내가 목자들에게 노를 발하며 내가 숫염소들을 벌하리라 만군의 여호와가 그 무리 곧 유다 족속을 돌보아 그들을 전쟁의 준마와 같게 하리니 모퉁잇돌이 그에게서, 말뚝이 그에게서, 싸우는 활이 그에게서, 권세 잡은 자가 다 일제히 그에게서 나와서 싸울 때에 용사 같이 거리의 진흙 중에 원수를 밟을 것이라 여호와가 그들과 함께한즉 그들이 싸워 말 탄 자들을 부끄럽게 하리라 내가 유다 족속을 견고하게 하며 요셉 족속을 구원할지라 내가 그들을 긍휼히 여김으로 그들이 돌아오게 하리니 그들은 내가 내버린 일이 없었음 같이 되리라 나는 그들의 하나님 여호와라 내가 그들에게 들으리라 에브라임이 용사 같아서 포도주를 마심 같이 마음이 즐거울 것이요 그들의 자손은 보고 기뻐하며 여호와로 말미암아 마음에 즐거워하리라 내가 그들을 향하여 휘파람을 불어 그들을 모을 것은 내가 그들을 구속하였음이라 그들이 전에 번성하던 것 같이 번성하리라 내가 그들을 여러 백성들 가운데 흩으려니와 그들이 먼 곳에서 나를 기억하고 그들이 살아서 그들의 자녀들과 함께 돌아올지라 내가 그들을 애굽 땅에서 돌아오게 하며 그들을 앗수르에서부터 모으며 길르앗 땅과 레바논으로 그들을 이끌어 가리니 그들이 거할 곳이 부족하리라 내가 그들이 고난의 바다를 지나갈 때에 바다 물결을 치리니 나일의 깊은 곳이 다 마르겠고 앗수르의 교만이 낮아지겠고 애굽의 규가 없어지리라 내가 그들로 나 여호와를 의지하여 견고하게 하리니 그들이 내 이름으로 행하리라 나 여호와의 말이니라"(스가랴 10:1-12)

팬데믹 가운데서도 진행되었던 글로벌특별새벽부흥회는 시간이 지났음에도 그 기쁨과 은혜의 여운이 여진처럼 남아 있어, 이 말씀을 준비하면서도 예비하신 은혜의 단비를 더욱 사모하게 되었다. '축복의 봄비로 회복하다'라는 제목의 이 장을 살펴볼 때, 주께서 은혜의 단비를 계속해서 부어주시길 기도한다.

봄비, 은혜의 단비

봄비가 올 때에 여호와 곧 구름을 일게 하시는 여호와께 비를 구하라 무리에게 소낙비를 내려서 밭의 채소를 각 사람에게 주시리라 (슥 10:1).

본문 1절에서부터 '은혜의 단비'와 상응하는 단어가 나온다. 그게 무엇인가? '봄비'다. 예로부터 봄비는 풍성한 수확과 추수를 위해 반드시 내려야만 하는 비로, 하나님께서 그의 백성들에게 주시는 '참된 복'을 상징했다. 그런데 이스라엘의 우기는 10월 중순에서 11월 사이에 시작되어 3, 4월에 끝나기 때문에, 가을에 내리는 비를 '이른 비'라 하고 봄에 내리는 비를 '늦은 비'라 했다. 우리의 계절 개념과 반대로 봄에 내리는 비가 오히려 '늦은 비'인 것이다.

성경에서는 늦은 비인 봄비를 특히 중요하게 다룬다. 이른 비는 씨를 뿌리고 파종할 때 필요하지만, 늦은 비인 봄비는 이미 자라고 있는 식물에 마지막 수분을 공급함으로 곡식이 영글어 열매를 맺게 하는 데에 결정적인 역할을 하기 때문이다. 따라서 늦은 비가 오지 않으면 그간 자라던 곡식의 알곡이 제대로 익지 않아 추수할 수 없게 된다. 말하자면 '봄비'가 있어야 수확이 가능했다는 말이다. 만약 봄비가 너무 적게 내리면 건조하고 메마른 이스라엘 지역에서는 말라비틀어진 이삭과 열매들만 거둘 수 있었다. 심할 경우에는 거북이 등껍질처럼 쩍쩍 갈라진 전답밖에는 볼 수 없었다. 그렇기에 늦은 비가 오지 않을 때 농부의 마음도 전답처럼 타들어 갈 수밖에 없다. 이런 맥락에서 보면 욥기 말씀이 더 눈에 들어온다.

> 그들은 비를 기다리듯 나를 기다렸으며 봄비를 맞이하듯 입을 벌렸
> 느니라(욥 29:23).

'봄비를 맞이하듯 입을 벌렸다'는 것은, 봄비가 내릴 때 너무 반가운 나머지 농부가 입을 벌려 비를 맛보는 모습을 묘사한다. 늦은 비인 봄비가 없으면 추수 자체가 안 되다 보니 봄비를 기다리는 농부의 간절함이 그토록 크다는 얘기다. 신명기에서도 "여호와께서 너

희의 땅에 이른 비, 늦은 비를 적당한 때에 내리시리니 너희가 곡식과 포도주와 기름을 얻을 것이요"(신 11:14)라고 말씀한다. 성경은 때를 따라 내려주시는 봄비야말로 은혜중의 은혜임을 여러 곳에서 알리고 있다.

그렇다면 이러한 은혜의 봄비는 우리에게 어떤 의미가 있을까? 이를 알기 위해 호세아서 말씀을 살펴보자.

그러므로 우리가 여호와를 알자 힘써 여호와를 알자 그의 나타나심은 새벽 빛 같이 어김없나니 비와 같이, 땅을 적시는 늦은 비와 같이 우리에게 임하시리라 하니라(호 6:3).

여기서 '땅을 적시는 늦은 비'가 바로 봄비다. 이 봄비는 우리에게 그냥 비가 아니라 은혜의 비요 축복의 비다. 봄비가 내려야 이스라엘이 살듯이 우리도 팬데믹 시대에 은혜의 비를 맞아야 살 수 있다. 여호와의 비, 은혜의 소낙비가 임해야 교회가 살고 이 나라가 산다.

본문 1절은 이 같은 사실을 말하며 "여호와께 비를 구하라"고 한 뒤에, "무리에게 소낙비"가 내린다고 말한다. 추수하기 전에 소낙비를 흠뻑 내려주셔야 추수할 수 있음을 강조하는 것이다. 이는 영적으로 우리에게도 그대로 적용된다. 하나님께서 이 나라와 한국교회에, 또한 각 사람에게 은혜의 비를 흠뻑 내려주셔야 상처받은 자들이 치유되고 쓰임 받는 기적 같은 일들이 일어날 수 있다.

이에 대해 호세아서에서는 이렇게 말씀한다.

오라 우리가 여호와께로 돌아가자 여호와께서 우리를 찢으셨으나 도로 낫게 하실 것이요 우리를 치셨으나 싸매어 주실 것임이라 여호와께서 이틀 후에 우리를 살리시며 셋째 날에 우리를 일으키시리니 우리가 그의 앞에서 살리라(호 6:1-2).

여호와의 봄비, 은혜의 봄비가 임하면 싸매어 주시는 축복, 도로 낫게 하시는 축복, 다시 일어나는 축복이 임한다는 것이다. 시들어 가던 곡식들이 늦은 비를 맞고 탱탱한 열매를 맺듯이 시들어가던 우리가 은혜의 단비를 맞고 살아난다고 말씀한다. 본문 1절에서는 그 이야기를 하고 있다. 봄비, 은혜의 소낙비가 내려야 모든 이가 살 수 있음을 힘주어 강조한다.

여호와께 비를 구하라

앞서 말한 대로 우리는 은혜의 봄비를 맞아야 살 수 있다. 그렇다면 은혜의 봄비를 받기 위해서는 무엇을 해야 할까? 어떻게 해야 은혜의 봄비를 맞을 수 있을까? 이에 대해 1절에서는 이렇게 말씀한다.

봄비가 올 때에 여호와 곧 구름을 일게 하시는 여호와께 비를 구하라(슥 10:1a).

구하라고 하신다. 봄비의 은혜가 이렇게 좋은 것인데, 그 좋은 은혜를 받으려면 하나님께 구해야 한다고 하신다. 우리가 그 은혜를 구할 때, 하나님께서 구름을 일게 하시고 밭의 채소를 공급한다고 하신다. 물론 하나님은 우리의 아버지이시기에 모든 걸 알아서 주실 때가 많다. 그런데도 성경이 우리에게 '기도'를 명하며 구하라고 하는 이유는 무엇일까?

그것은 우리가 하나님께 구하고 구하는 사이에 아버지와 아들의 인격적인 상호작용으로 인격적 관계가 끈끈하게 강화되기 때문이다. 또한 우리가 간절히 구하고 얻어야만 다른 후유증 없이 받은 것을 누릴 수 있기 때문이다. 기도 없이 그냥 얻으면 좋은 게 좋은 줄 모른다. 우리는 간절히 구해서 무언가를 얻어야 하나님의 자녀로서의 은혜를 더욱 깊이 누릴 수 있다.

특별히 본문 1절 뒷부분에 나오는 "무리에게 소낙비를 내려서 밭의 채소를 각 사람에게 주리라"는 말씀도 주목해 봐야 한다. 이는 구하는 자가 누구든 상관없이, 구하기만 하면 누구에게나 은혜의 봄비를 공급해 주신다는 뜻이다. 그러니 구하라는 것이다.

야고보 사도는 "너희가 얻지 못함은 구하지 아니하기 때문이요"(약 4:2)라고 말했다. 흔히 우리는 '구하는 기도'를 '얕은 기도'라고 여기거나 심지어 조금 저급하다고 생각하기도 한다. 물론 그런 경우가 없는 건 아니다. 늘 무언가를 달라고만 기도하면 이 역시 심각한 문제가 될 수 있다. 그러나 하나님께 절실히 구해야 할 때 구하는 것이야말로 하나님과 나와의 관계를 더 깊게 하는 기도임을 알아야 한다. 신명기는 절실히 구할 때 하나님께서 어떤 일을 하시는지 알려준다.

여호와께서 너를 위하여 하늘의 아름다운 보고를 여시사 네 땅에 때를 따라 비를 내리시고 네 손으로 하는 모든 일에 복을 주시리니 네가 많은 민족에게 꾸어줄지라도 너는 꾸지 아니할 것이요(신 28:12).

우리가 구할 때 하나님께서는 때를 따라 하늘의 보고를 여시고

봄비처럼 좋은 것을 내려주신다. 여기서 '하늘의 보고'라는 말은 'excellent treasure'로, 최상의 보물창고를 뜻한다. 이런 은혜가 임할 때, 남에게 꾸어줄지언정 꾸는 인생이 되지 않는다는 것이다.

내가 아는 지인 중에 한 장로님은 이 구절을 약속의 말씀으로 받고 이렇게 기도했다고 한다. "하나님 아버지, 부족한 종이 기도하지만 하나님은 부족한 분이 아니시니 하나님의 보물창고(excellent treasure)를 열어주셔서 제가 꾸어줄지언정 꾸는 인생 되지 않고, 그야말로 남들에게 축복의 저수지, 은혜의 저수지가 되게 하소서." 그 결과, 이 장로님은 사업에 큰 복을 받아 기도한 대로 살고 계신다.

누구든지 어떤 말씀이 마음에 와닿을 때 그 말씀을 가지고 어린 아이처럼 순전하게 집중해서 기도한다면, 하나님께서 반드시 들으시고 응답하신다. 이것이 믿음이다. 우리는 이러한 믿음을 가지고 하늘의 영광스러운 보고를 열어달라는 기도를 드릴 수 있어야 한다. 이것이 봄비를 구하는 기도이다.

왜 이런 기도를 드려야 하는가? 우리의 실체를 보면 사실상 영적으로 무능할 뿐 아니라 파산 상태와 같기 때문이다. 하나님께 의존하지 않고는 아무것도 아니며, 더 이상 살아갈 수조차 없는 존재가 우리다. 그래서 날마다 절박하게 하나님께 구해야 한다. 이에 대해 J. I. 패커(James Packer)와 같은 지성 신학자도 다음과 같은 말을 했다.

"하나님의 보좌 앞에서 우리는 모두 거지이기에 마땅히 하나님께 좋은 선물을 구하는 기도를 해야 한다. 기도는 절실한 필요를 공급해 달라고 구하고 비는 것이다. 넓은 의미에서 구하는 것은 기도의 진수이다."

우리의 형편을 볼 때, 우리는 자신의 힘으로는 아무것도 할 수 없는 거지와 같다. 그렇기에 우리의 필요를 따라 하나님께 간절히 요청하는 일이야말로 기도의 모본이요, 핵심이라 할 수 있다.

이에 대해 마르틴 루터(Martin Luther)도 같은 통찰을 보였다. 죽기 직전에 마지막으로 "우리는 모두 거지다. 그것은 사실이다"라고 쓸 정도였다. 루터가 우리를 거지라고 쓴 이유가 무엇이겠는가? "우리가 원래 모든 점에서, 모든 측면에서 궁핍하고 파산했으며 무능하고 하나님께 의존하지 않으면 살 수 없는 존재"이기 때문이다.

우리는 웨스트민스터 요리문답 중 '기도란 무엇인가?'라는 질문에 대한 답을 항상 기억할 필요가 있다. 웨스트민스터 요리문답에 의하면, '기도는 우리의 바라는 바를 하나님께 올려드리는 것'이라 했다. 지난 수백 년 동안 복음을 믿고 생명의 역사를 깨달은 하나님의 백성들은 '기도가 무엇인가?'라는 질문에 대해 매우 단순하게 "기도는 우리의 바라는 바를 하나님께 올려드리는 것이다"라고 답하면 되었다. 물론 기도의 내용도 중요하고 태도나 형식도 중요하지만, 정말 중요한 것은 "우리가 바라는 바를 하나님께 구하는 일이다."

구하는 기도, 이것이야말로 성도의 특권이다. 스펄전 목사님은 성도의 기도가 하나님 자녀의 특권임을 말하기 위해, '혀를 잃어버린 자'의 고통에 대하여 다음과 같이 말했다.

"아무리 입을 열어도 가슴에 가득한 소리를 말할 수 없다면 그보다 답답한 일이 또 있을까요? 만일 우리가 영적인 강렬한 욕구를 내뱉고 싶어도 그럴 수 없다면 이것은 아마도 우리가 경험할 수 있는 가장 처절한 고통일 것입니다. 그러므로 입을 열어서 우리의 간구를 하나님께 말할 수 있다는 것이 얼마나 큰 축복이요 특권인지 붙잡을 수 있기를 바랍니다."

성경 곳곳에서도 하나님께 구해야 한다는 사실에 대해 말씀한다.

환난 날에 나를 부르라 내가 너를 건지리니(시 50:15).

백성들아 시시로 그를 의지하고 그의 앞에 마음을 토하라(시 62:8).

구하라 그리하면 너희에게 주실 것이요(마 7:7).

이 말씀대로 하나님을 부르고 구하며 그분만 의지할 때, 하나님께서는 은혜의 보고를 열어 우리에게 봄비를 내려주실 것이다. 그런데 2-3절에는 하나님의 백성들이 하나님만 구하는 게 아니라 다른 것들을 의지함으로 곤고를 당했던 모습이 나온다.

드라빔들은 허탄한 것을 말하며 복술자는 진실하지 않은 것을 보고 거짓 꿈을 말한즉 그 위로가 헛되므로 백성들이 양 같이 유리하며 목자가 없으므로 곤고를 당하나니 내가 목자들에게 노를 발하며 내가 숫염소들을 벌하리라 만군의 여호와가 그 무리 곧 유다 족속을 돌보아 그들을 전쟁의 준마와 같게 하리니.

당시 하나님의 백성들은 신실하지 못했다. 그들은 고대 근동 지방에서 '가정 신'으로 섬겼던 엉터리 우상 '드라빔'을 섬겼고, 미래의 길흉을 점치는 '복술자'를 의지했다. 그러나 이러한 술객들이야말로 엉터리 꿈을 주는 점쟁이에 불과한 거짓 목자였다.

본문 2절은 백성들이 이처럼 '참된 목자'가 없어 곤고를 당해야 했던 사실을 알려준다. 하나님께서는 이런 백성들을 보고 너무나 가슴 아파하셨다. 본문 3절에 "내가 목자들에게 노를 발한다"라는 표현은 거짓 목자에 대한 하나님의 '거룩한 진노', '가슴 아픈 진노'를 나타낸다. 이처럼 하나님께서는 엉터리 리더십에 의해 고통 당하는 당신의 백성들에 대해서 3절 뒷부분에서는 "만군의 여호와가 그 무리 곧 유다 족속을 돌보아 그들을 전쟁의 준마와 같게 하리니"라고 하셨다. 하나님께서 직접 돌보시겠다는 것이다. 하나님의 돌보심, 이것이 바로 은혜의 봄비다. 그와 같은 은혜의 봄비가 내릴 때, 하나님께서는 목자 없이 유리하던 이들을 치료하실 뿐 아니라 이들을 전쟁의 준마와 같게 하신다고 한다.

여기서 전쟁의 준마란, 전쟁을 두려워하지 않고 용기로 무장하여 강하고 담대하게 전쟁에 임하는 말들을 뜻한다. 하나님께서는 그의 백성들에게 용기를 주심으로, 그들이 천리마처럼 적들에게 맞서게 하신다는 것이다.

이 말씀이 코로나 팬데믹 속에서도 기도의 끈을 붙잡고 하나님만 바라보는 우리에게 주시는 약속의 말씀이라 믿는다. 이 말씀에 자신을 접목하며 기도하는 이들에게, 하나님께서는 은혜의 준마를 타고 하나님의 무한하신 자원에 참여하는 은혜를 부어주실 것이다.

봄비의 축복

본문 4절부터는 봄비를 구하는 자들이 받은 참된 축복에 관하여 구체적으로 소개한다.

모퉁잇돌이 그에게서, 말뚝이 그에게서, 싸우는 활이 그에게서, 권세 잡은 자가 다 일제히 그에게서 나와서(슥 10:4).

이 말씀에 의하면 봄비를 구할 때 받는 구체적인 축복은 모퉁잇돌의 축복, 말뚝의 축복, 활의 축복이다. 물론 여기서 '모퉁잇돌', '말뚝', '활'은 궁극적으로 참 목자이신 예수 그리스도를 지칭한다. 동시에 이 말씀은 예수 그리스도를 구세주와 주님으로 모시고 그 영혼의 입을 벌려 주님께 간구하는 자에게 세 가지 축복이 주어짐을 알려준다.

그렇다면 구하는 자가 받는 첫 번째 축복인 '모퉁잇돌의 축복'은 무엇을 뜻할까? 이는 안정감을 말한다. 건물에서 가장 중요한 것은 모퉁잇돌이다. 모퉁잇돌을 '구석에 있는 돌'로 생각하는 이도 있지만, 사실 모퉁잇돌은 히브리어로 '핀나'(פִּנָּה)인데 정초석, 주춧돌을 가리킨다. 오죽하면 예수님도 자신을 '모퉁잇돌'이라 말씀하셨겠는가. 모퉁잇돌 되시는 그리스도를 따르며 신뢰하는 그리스도인들에게, 예수님은 동일한 모퉁잇돌의 축복을 주신다는 뜻이다.

요즘은 안정적으로 건축하기 위해 땅을 파고 거기에 콘크리트 철근을 넣어 집을 짓지만, 고대 근동 사회에서는 모퉁잇돌을 찾아 그 돌 위에다 집을 지었다. 건물을 지탱하는 데 필요한 주춧돌을 먼저 세워 건물을 지었다는 것이다. 그런 면에서 모퉁잇돌은 '기초', '안정'을 의미하고 하나님의 백성들에게 흔들림이 없는 안정감을 주는 것이 바로 모퉁잇돌이었다.

나는 이 모퉁잇돌에 대해 생각할 때마다 이사야서 말씀을 떠올리게 된다.

그러므로 주 여호와께서 이같이 이르시되 보라 내가 한 돌을 시온에 두어 기초를 삼았노니 곧 시험한 돌이요 귀하고 견고한 기촛돌이라 그것을 믿는 이는 다급하게 되지 아니하리로다(사 28:16).

놀라운 말씀이다. 모퉁잇돌의 은혜, 기촛돌의 은혜를 받으면 그 사람은 다급하게 되지 않는다고 한다. 헐떡거리지 않고 삶이 요동하지 않는다. 그런 면에서 우리는 이 말씀을 붙들고 다음과 같이 기도할 수 있어야 한다. "빈손으로 주님 앞에 오지만 모퉁잇돌의 은혜를 부어주셔서 우리 인생에 안정감을 주시옵소서." 바울은 이 사실을 깨닫고 다음과 같이 말했다.

너희는 사도들과 선지자들의 터 위에 세우심을 입은 자라 그리스도 예수께서 친히 모퉁잇돌이 되셨느니라(엡 2:20).

예수님이 친히 모퉁잇돌이 되시면 그분을 따르는 우리에게 어떤 일이 일어나는가? 세상에는 부정이 판을 치고 삶에는 폭풍우가 몰아치는 것 같아도, 결국에는 기초가 단단함으로 인해 그 삶이 안정되고 요동치지 않으며, 심지어 어떤 지옥 권세도 넘보지 못할 인생이 된다.

봄비를 구함으로 받는 두 번째 축복은 '말뚝의 축복'이다. 말뚝의 축복은 한마디로 '견고한 인내'를 상징한다. 말뚝이 하는 역할은 천막이 날아가지 않도록 고정하는 일이다. 우리는 보통 천막의 말뚝이라고 하면 텐트를 칠 때 옆에 폴대를 세우는 것 정도로 연상하지만, 여기서 말하는 말뚝은 그 정도가 아니다. 견고한 천막을 제대로 세우기 위해 천막을 끌어올리는 중앙의 큰 기둥을 말한다. 정확히 말하면 '말뚝 기둥'이라고 할 수 있다. 봄비의 축복은 우리에게 이 말뚝 기둥의 은혜를 준다. 아무리 비바람이 몰아쳐도 말뚝 기둥이 있으면 천막은 든든하게 세워질 수 있다. 다시 말해, 선한 목자 되신 주님이 말뚝 기둥의 은혜를 부어주시면, 우리 인생이 바람 따라 이

리저리 휩쓸리지 않고 일관성 있게 견딘다는 뜻이다.

부디 한국교회가 이 은혜를 입고 세상의 어떤 과격한 사회주의와 공산주의, 이슬람과 종교다원주의, 인본주의의 공격 앞에서도 흔들림 없이 말뚝 기둥처럼 견고하게 서 있기를 바란다.

봄비를 구함으로 받는 세 번째 축복은 '활의 축복'이다. 활은 용기를 뜻한다. 앞의 스가랴 9장에서도 '당긴 활'과 '끼운 화살', '용사의 활'에 대해 나왔는데 10장에서 다시 활이 나온다. 왜 이렇게 '활'이 자주 언급되는 걸까? 그것은 원수가 공격하러 올 때 도망치지 않고 용기 있게 활을 쏘며 대응해야만 살아남을 수 있기 때문이다. 용기의 축복을 받아야 살아남을 뿐만 아니라 승리할 수 있다는 것이다.

결국 모퉁잇돌은 정착의 은혜, 말뚝은 공고화의 은혜를 상징했다면 화살은 유용성의 은혜를 상징한다. 이로써 이들은 "싸울 때에 용사와 같이 거리의 진흙 중에 원수를 밟을 것"이고 "여호와가 그들과 함께한즉 그들이 싸워 말 탄 자들을 부끄럽게" 할 것이다(슥 10:5).

다시 말하지만 전쟁이 나면 제일 필요한 사람은 강한 용사다. 강한 용사로서 진흙 길을 지나 싸울 사람들이 필요하다. 그래야만 말 탄 원수들과 싸워 승리를 거둘 수 있다. 그래서 '활의 은혜'는 매우 중요하다.

하나님께서는 봄비를 구하는 자에게 이와 같은 은혜를 주시며 말씀하신다.

내가 유다 족속을 견고하게 하며 요셉 족속을 구원할지라(슥 10:6a).

포로로 잡혀갔다가 돌아온 이스라엘이 이와 같은 하나님의 음성을 들었을 때, 그 마음에 얼마나 큰 위로와 능력이 임했을까? 지금

시대에 들어도 이토록 감격스러운데, 암울했던 시대에 모든 것을 잃고 돌아온 핍절한 상태에서 이러한 하나님의 말씀이 임했다면, 그들은 웬만한 벽도 모두 돌파할만한 용기를 얻었을 것이다. 하나님께서는 그런 이스라엘을 향해 계속해서 축복의 말씀을 들려주신다.

> 에브라임이 용사 같아서 포도주를 마심 같이 마음이 즐거울 것이요 그들의 자손은 보고 기뻐하며 여호와로 말미암아 마음에 즐거워하리라(슥 10:7).

에브라임 사람들이 강한 사람이 되도록 복을 주신다고 한다. 그때 그들이 너무나 기뻐하며 즐거워할 것이라고 한다. 우리도 마찬가지다. 하나님께서는 우리에게 동일한 은혜를 부어주길 원하신다. 우리에게 주춧돌의 은혜, 말뚝 기둥의 은혜, 활의 은혜를 주셔서 우리 마음이 참된 기쁨으로 펄떡펄떡 뛸 수 있기를 바라신다.

지난 특별새벽부흥회 기간에 우리에게는 간절한 기도제목이 참 많았다. 그중에 한 성도는 스물네 살 된 조카를 위해 기도제목을 내놓았다. 백혈병을 앓고 있는 조카가 갑자기 열이 나면서 다리에 괴사가 일어나서 응급실에 실려 갔기 때문이다. 그때 이 성도는 조카의 다리를 절단하지 않게 해달라고 기도를 부탁했다. 그러자 기도 동역자들이 어떻게 기도했는지 아는가? "주님! 우리를 위해 손과 발에 못이 박히신 예수님으로 인해 조카의 다리가 절단되지 않도록 도와주소서"라고 기도했다. 다음날 조카를 담당했던 의사가 말하길, 기적처럼 다리를 절단하지 않아도 된다고 했다. 사실 이 성도는 국책기관의 연구원으로서 지성적 신앙을 가진 분이다. 그런데 그와 같이 말로 설명할 수 없는 기도의 능력을 경험하고는 너무 벅차서 회사에서 입을 틀어막고 울었다고 한다. 견고한 주춧돌이 되시고 말뚝 기둥이 되시며, 용사의 활이 되시는 주님 앞에서 흘리는 감격과 기쁨의 눈물이었다.

이와 같은 은혜가 바로 하나님께서 우리에게 내려주시는 봄비의 은혜다. 하나님께서는 이 봄비를 내려주심으로 성도들의 삶의 현장마다 모퉁잇돌, 말뚝 기둥, 활의 축복을 부어 주신다. 그런 가운데 예수 그리스도만이 오직 우리 삶의 해답이심을 알려 주신다. 스가랴 10장은 이 사실을 우리에게 시종 알려주고 있다.

마침내 회복되리라

이제 스가랴 10장에서 제일 중요한 부분을 다루려고 한다. 본문에서 드러내는 마지막 주제, "그들이 온전히 회복되리라"라는 말씀이다. 8절부터 보자.

> 내가 그들을 향하여 휘파람을 불어 그들을 모을 것은 내가 그들을 구속하였음이라 그들이 전에 번성하던 것 같이 번성하리라.

하나님께서 휘파람을 불어 그들을 모으신다고 한다. 왜 하나님께서는 하필 '휘파람을 분다'고 하셨을까? 이것은 그분의 백성들을 회복시키려시는 하나님의 강력한 의지를 담은 실행의 신호탄으로 볼 수 있다.

어린 시절에 〈지상 최대의 작전〉이라는 영화를 본 적 있다. 그 영화 속 군인들은 노르망디 상륙작전에서 성공하고 난 후 승리의 길을 걸으며 기분 좋게 휘파람을 불었다. 이처럼 휘파람을 분다는 것은 승리자의 입장에서는 그만큼 신이 난다는 표현이다. 그러나 마귀의 입장에서 보자면 이 휘파람은 '멸망의 신호탄'이다. 그러니 목자이신 우리 주님이 휘파람을 부실 때, 우리는 승리의 신호탄으로 듣고 기뻐할 수 있어야 한다. 요한복음에 나온 대로 주님의 양은 주님의 음성을 듣기 때문이다(요 10:3).

이렇게 하나님의 휘파람이 들려오면 본문 9절에 나오는 대로 "먼 곳에 있는 백성들도 하나님을 기억하고 그들이 살아서 그들의 자녀들과 함께 돌아오는" 일이 벌어진다. 그리고 11절에서처럼 승리의 행진이 펼쳐진다.

내가 그들이 고난의 바다를 지나갈 때에 바다 물결을 치리니 나일의 깊은 곳이 다 마르겠고 앗수르의 교만이 낮아지겠고 애굽의 규가 없어지리라.

무슨 뜻인가? 바다의 파도가 잔잔해지는 날이 다가온다는 뜻이다. 이 바다의 파도는 애굽과 앗수르 같은 원수의 나라에게서 당했던 폭압과 압제를 상징한다. 이스라엘이 이와 같은 폭압과 압제의 바다를 지날 때, 하나님께서는 그 파도를 잠잠케 하심은 물론, 파도를 일으켜 고통을 주었던 원수들을 심판하신다. 또한 그때 하나님께서는 앗수르의 교만을 처리하시고 애굽의 규도 없애신다. 여기서 '규'라는 것은 권력을 상징하는 홀을 말한다. 즉 그날에 하나님께서 이방의 모든 교만함과 권력까지 처리해 주시겠다는 것이다.

이처럼 하나님께서는 이스라엘 민족을 데려오실 때 바다와 강을 마르게 하신다. 또한 앗수르와 같은 교만한 민족을 없애시고 애굽이

쥐고 있던 '홀'도 제거하신다. 이는 하나님께서 친히 모든 장애물을 없애심으로 하나님의 백성들을 데려오시겠다는 약속이다.

그 결과는 과연 어떻게 될까? 12절 말씀을 보자.

내가 그들로 나 여호와를 의지하여 견고하게 하리니 그들이 내 이름으로 행하리라 나 여호와의 말이니라.

본문 10장 말씀 중 핵심적인 구절이다. 특히 우리는 "그들로 나 여호와를 의지하여 견고하게 하리니"라는 구절에서 '견고하게 한다'는 의미를 가슴 깊이 새겨들어야 한다.

하나님께서는 우리 한 사람 한 사람에 대해 여호와를 의지하여 '견고하게' 세우려 하신다. 여기서 '견고하게' 한다는 말은, 약한 부분을 어느 정도 보완하거나 보강한다는 정도의 의미가 아니다. 우리의 전인격을 완전히 새롭게 하셔서 강건하게 하신다는 뜻이다. 영적인 갱신과 변혁과 부흥의 의미가 모두 들어가 있다.

사실 우리 가운데 이런 고백을 하는 분들이 많다. "하나님, 나는 그동안 한 번도 주님을 위해 강한 용사가 되어보지 못했습니다. 코로나 팬데믹 시대에 벌벌 떨다 보니 하나님을 위한 강한 용사로 살아보지 못했습니다. 나는 늘 헤맸으며 약했습니다." 한국교회 성도들 가운데 이렇게 고백하는 분이 있다면 이 말씀을 붙들기 바란다. '모퉁잇돌' 되시는 주님의 이름으로, '말뚝 기둥' 같은 주님의 이름으로 '싸우는 활'로서, 견고한 사람이 되기를 바란다.

그렇다면 우리가 강하고 견고해질 수 있는 근거는 무엇일까? 그 것은 바로 하나님께 있다. 우리가 하나님께 참 위로와 격려를 받았기 때문이다. 그것이 무엇인지에 대해 본문 6절 말씀은 다음과 같이 알려준다.

그들은 내가 내버린 일이 없었음 같이 되리라 나는 그들의 하나님 여호와라.

"내가 너를 버린 일이 없었음 같이 되리라"라는 말씀은 우리에게 또 한 번 도약적인 용기를 준다. 무슨 말인가? 우리는 모두 과거가 있는 사람들이다. 우리에겐 아픔도 있고 트라우마도 있으며 상처도 있다. 그로 인해 때로는 분노하고 때로는 가슴앓이한다. 때로는 너무 부끄러워서 쥐구멍에라도 숨고 싶어 한다. 이것은 우리의 부족함 때문이다. 우리는 다 부족함이 있는 사람들이다. 그런데 본문에서는 그 모든 것이 "없었음 같이 되리라"라고 하신다. 모든 연약함과 아픔과 실수가 없었던 것처럼 되게 해 주신다는 것이다. 이는 마치 창세기 3장에서 인간이 범죄함으로 말미암아 모든 것이 파괴되었지만, 하나님께서 그런 일이 없었던 것처럼 완전한 회복을 약속하시는 것과 같다.

컴퓨터 용어 중에 '완전 삭제', '공장 초기화'라는 말이 있다. 이 용어처럼 하나님께서 말씀을 통해 우리의 누추하고 상처받고 고통스러운 과거의 모든 것을 마치 컴퓨터로 초기화하듯 완전 삭제하는 은혜를 주신다고 하신다. 은혜의 봄비가 이와 같다. 은혜의 늦은 비와 축복의 단비가 이런 것이다. 그 은혜가 임하면 우리 삶의 안타까운 일들, 과거의 문제되는 일들을 마치 없었던 것처럼 해주신다. 이 얼마나 기가 막힌 은혜인가.

그러므로 우리가 이 은혜를 누리기 위해서는 먼저 이것이 얼마나 기가 막힌 은혜인지 알아야 한다. 그리고 이 은혜에 압도적으로 감격하고 기뻐할 수 있어야 한다. 이 말씀을 받고도 '그런가보다' 하는 심령이라면 하나님께 "내버림을 당한 적이 없었던 것처럼" 될 수 없다. 우리의 아픈 과거를 잊고 새롭게 살려면 말씀의 은혜에 압도되어야 한다. 은혜의 봄비를 맞으며 압도적으로 감격해야 한다.

얼마 전에 제천기도동산을 다녀왔다. 그때 차를 잠깐 멈춰야 할 정도로 비가 억수같이 쏟아졌다. 기상 관측을 보니 대한민국 가을비 치고는 104년 만에 쏟아진 기록적인 폭우라고 했다. 나는 그 폭우를 보며 마음속으로 소원했다. '주님, 백 년 만에 올까 말까 한 코로나 시대에 백 년 만에 경험할까 말까 한 은혜의 폭우를 우리에게 쏟아주소서.'

우리는 은혜를 받아야 산다. 하나님의 은혜 없이 견고히 설 수 있는 사람은 아무도 없다. 무엇보다 우리는 말씀 앞에서 어린아이처럼 이런 은혜를 사모해야 한다. 마음이 굽고 비판적이면 하나님의 말씀을 순전하게 받을 수 없다. 그래서 잠언에서는 "마음이 굽은 자는 복을 얻지 못하고"(잠 17:20), "항상 경외하는 자는 복되거니와 마음을 완악하게 하는 자는 재앙에 빠지리라"(잠 28:14)고 했다. 마음이 굽으면 은혜의 봄비를 받을 수 없다는 것이다.

따라서 우리는 먼저 우리의 굽은 마음, 완악한 마음을 제하여 주시길 기도해야 한다. 그리고 이른 비와 늦은 비의 은혜를 사모해야 한다. 이른 비와 늦은 비는 신약에서 성령의 기름 부음을 상징한다. 빈 들의 마른 풀처럼 시들어버린 나의 영혼을 살리시는 분은 결국 성령님이다.

이 성령의 역사가 임할 때 우리 영혼이 살아나고, 우리는 마침내 강한 영적 군사가 될 것이다. 이와 같은 이른 비와 늦은 비의 축복을 간구하며 그 은혜를 받아 누리는 모두가 되기를 진심으로 기도한다.

우리가 따라야 할 참 목자

"레바논아 네 문을 열고 불이 네 백향목을 사르게 하라 너 잣나무여 곡할지어다 백향목이 넘어졌고 아름다운 나무들이 쓰러졌음이로다 바산의 상수리나무들아 곡할지어다 무성한 숲이 엎드러졌도다 목자들의 곡하는 소리가 남이여 그들의 영화로운 것이 쓰러졌음이로다 어린 사자의 부르짖는 소리가 남이여 이는 요단의 자랑이 쓰러졌음이로다 여호와 나의 하나님이 이르시되 너는 잡혀 죽을 양떼를 먹이라 사들인 자들은 그들을 잡아도 죄가 없다 하고 판 자들은 말하기를 내가 부요하게 되었은즉 여호와께 찬송하리라 하고 그들의 목자들은 그들을 불쌍히 여기지 아니하는도다 여호와가 말하노라 내가 다시는 이 땅 주민을 불쌍히 여기지 아니하고 그 사람들을 각각 그 이웃의 손과 임금의 손에 넘기리니 그들이 이 땅을 칠지라도 내가 그들의 손에서 건져내지 아니하리라 하시기로 내가 잡혀 죽을 양떼를 먹이니 참으로 가련한 양들이라 내가 막대기 둘을 취하여 하나는 은총이라 하며 하나는 연합이라 하고 양떼를 먹일새 한 달 동안에 내가 그 세 목자를 제거하였으니 이는 내 마음에 그들을 싫어하였고 그들의 마음에도 나를 미워하였음이라 내가 이르되 내가 너희를 먹이지 아니하리라 죽는 자는 죽는 대로, 망하는 자는 망하는 대로, 나머지는 서로 살을 먹는 대로 두리라 하고 이에 은총이라 하는 막대기를 취하여 꺾었으니 이는 모든 백성들과 세운 언약을 폐하려 하였음이라 당일에 곧 폐하매 내 말을 지키던 가련한 양들은 이것이 여호와의 말씀이었던 줄 안지라 내가 그들에게 이르되 너희가 좋게 여기거든 내 품삯을 내게 주고 그렇지 아니하거든 그만두라 그들이 곧 은 삼십 개를 달아서 내 품삯을 삼은지라 여호와께서 내게 이르시되 그들이 나를 헤아린 바 그 삯을 토기장이에게 던지라 하시기로 내가 곧 그 은 삼십 개를 여호와의 전에서 토기장이에게 던지고 내가 또 연합이라 하는 둘째 막대기를 꺾었으니 이는 유다와 이스라엘 형제의 의리를 끊으려 함이었느니라 여호와께서 내게 이르시되 너는 또 어리석은 목자의 기구들을 빼앗을지니라 보라 내가 한 목자를 이 땅에 일으키리니 그가 없어진 자를 마음에 두지 아니하며 흩어진 자를 찾지 아니하며 상한 자를 고치지 아니하며 강건한 자를 먹이지 아니하고 오히려 살진 자의 고기를 먹으며 또 그 굽을 찢으리라 화 있을진저 양떼를 버린 못된 목자여 칼이 그의 팔과 오른쪽 눈에 내리리니 그의 팔이 아주 마르고 그의 오른쪽 눈이 아주 멀어 버릴 것이라 하시니라"(스가랴 11:1-17)

11장은 스가랴서 중에서도 가장 난해한 본문 중 하나다. 나 역시 강해설교가 아니었다면 이 본문을 건너뛰고 싶은 유혹을 받았을지도 모르겠다. 본문 해석이 어려운 부분인 만큼 많은 시간 동안 말씀 앞에 엎드려 연구해야 했다. 하나님께서 우리 모두에게 계시의 눈을 열어 주셔서 이 말씀을 깨닫고 순종함으로, 말씀을 통해 새로워지는 은혜가 있기를 바란다. 특별히 본문을 통해 참 목자 되시는 예수님을 만남으로 우리 모두가 살아나는 은혜가 있기를 바라고 소망한다.

악한 목자들아 곡할지어다

스가랴 11장은 '악한 목자들'에 대해 말하며 목 놓아 우는 것으로 시작한다.

너 잣나무여 곡할지어다…상수리나무들아 곡할지어다…(슥 11:2).

곡해야 하는 이유에 대해서는 여러 의견이 있지만, 대체로 악한 목자들의 잘못된 행위 때문인 것으로 보는 것이 타당하다. 왜냐하면 백향목과 상수리나무와 잣나무는 권위와 힘, 즉 지도자들을 상징하기 때문이다. 본문은 권위와 힘을 가졌던 백향목과 상수리나무, 잣나무가 그들의 아름다움과 빼어남과 좋은 이력만을 자랑했으며 자기 역할은 제대로 하지 않았음을 알리고 있다. 16-17절 마지막 부분에서도 그들의 잘못된 지도력에 대해 말씀한다.

…그가 없어진 자를 마음에 두지 아니하며 흩어진 자를 찾지 아니하며 상한 자를 고치지 아니하며 강건한 자를 먹이지 아니하고 오히려 살진 자의 고기를 먹으며 또 그 굽을 찢으리라 화 있을진저 양떼를 버린 못된 목자여….

악한 목자들이 곡해야 하는 이유가 무엇인가? 그들은 없어진 양떼에 관심이 없고 흩어진 사람들을 찾지도 않으며, 상한 자들을 고치지도 않고 양떼를 버렸기 때문이다.

당시 지도자로 부름 받은 목자들은 바람직한 지도력을 발휘하지 못했을 뿐만 아니라 역사적 책임을 다하지 못했다. 그로 인해 백성들은 바벨론에 포로로 잡혀가 수많은 고초를 겪어야 했다. 70년이 지난 후 하나님의 은혜로 귀환할 수 있었지만, 그때도 예루살렘의 황폐함이 너무 심해서 백성들은 말할 수 없는 고통을 겪어야 했다. 오죽하면 7절에서 그 백성들을 향해 '가련한 양들'이라 표현했겠는가. 백성들은 악한 목자들로 인해 맹수의 먹이가 된 양들처럼 짓밟히고 찢기며 갈 바를 모른 채 우왕좌왕 살아야 했다. 4절과 7절에서 백성들에 대해 "잡혀 죽을 양떼"라고 표현한 것은 이 때문이다.

그러나 백성들과 달리 악한 지도자들은 겉으로 백향목 같고 상수리나무 같고 잣나무 같았다. 당시 나무 중 가장 위엄 있고 아름답고 영화로운 표상이었던 백향목처럼, 왕으로 군림하며 살았다. 그런데 본문 2절에서는 그와 같은 백향목과 상수리나무, 잣나무가 결국 엎드러졌음을 알려준다.

너 잣나무여 곡할지어다…상수리나무들아 곡할지어다 무성한 숲이 엎드러졌도다(슥 11:2).

이어서 3절에서는 '쓰러졌다'는 표현도 나온다.

목자들의 곡하는 소리가 남이여 그들의 영화로운 것이 쓰러졌음이로다 어린 사자의 부르짖는 소리가 남이여 이는 요단의 자랑이 쓰러졌음이로다.

'쓰러졌음이로다'라는 단어가 두 번이나 나온다. 이는 2절 뒤에 나오는 '엎드러졌다'는 말과 동의어이며, 잘못된 목자 때문에 모든 것이 힘들어지고 어려워졌다는 뜻이다. 소위 요즘 젊은이들의 용어로 그들은 이제 '폭망'하고 말았다.

이런 모습은 우리나라 근현대사에서도 쉽게 찾아볼 수 있다. 구한말 우리나라 지도자들의 지도력은 엉터리였다. 그들의 잘못된 지도력으로 인해 백성들의 얼굴에는 땟국물이 흘렀고, 민초들은 피골이 상접한 채 살아야 했다. 조선에 왔던 선교사님들은 당시 생활상에 대하여 "어떤 거리는 오물 때문에 거리를 제대로 걸을 수 없었다"고 기록했을 정도다. 왕은 나약하여 지도력이 없었고 권문세가들과 사대부들의 세도정치는 극에 달했다. 그러다 보니 고통은 오롯이 국민의 몫이었다. 백성들은 러시아와 청나라, 일본에까지 처참히 내팽개쳐짐을 당해야 했다. 이스라엘의 상황도 이와 비슷했다. 본문 8절에서 하나님께서는 그와 같은 악한 목자들을 어떻게 처리하시는지 알려주신다.

> 한 달 동안에 내가 그 세 목자를 제거하였으니 이는 내 마음에 그들을 싫어하였고 그들의 마음에도 나를 미워하였음이라.

하나님께서 한 달 동안 엉터리 세 목자를 제거해 버렸다고 하신다. 여기서 엉터리 세 목자에 대해서는 수십 가지 해석이 나온다. 어떤 견해에 의하면 세 목자는 당시 이스라엘의 지도자였던 제사장과 선지자, 왕을 가리킨다고 한다. 하지만 당시 이스라엘에 왕이 없던 전체적인 상황을 감안할 때 여기서 세 목자는 제사장, 장로, 서기관으로 보는 것이 무리가 없다. 이 세 부류의 사람들이 권력과 권위를 가진 이스라엘의 종교 지도자였다.

하나님께서는 세 목자를 마음에서 싫어하셔서 제거하신다. 그 악한 목자들의 마음이 하나님을 미워했기 때문이다. 우리는 이 말씀을 보며 제사장, 장로, 서기관이 어떻게 하나님을 미워할 수 있냐고 생각할지 모른다. 그러나 멀리 갈 것 없이 예수님 시대만 봐도 이를 쉽게 확인할 수 있다. 예수님 시대의 서기관과 바리새인들은 드러내놓고 예수님을 미워하고 원수처럼 생각했다. 악한 지도자들은 마음으로부터 하나님을 미워했다.

여기서 우리는 이 말씀을 어떻게 받아야 할지 점검해야 한다. 그저 당시 서기관이나 제사장들에게 한정된 말씀일까? 지도자가 아니기에 나에게는 해당사항이 아니라고 여겨도 되는 것일까?

나는 "지도력이 무엇인가?"라는 질문에 대한 답을 '영향력'이라 생각한다. 영향을 주고받는 사람은 지도력을 행사하는 지도자인 것이다. 그러니 누군가에게 영향을 주는 사람이라면 모두 지도자에 속한 사람이라 할 수 있다. 생각해보라. 우리 중 많은 사람이 한 집안의 남편이거나 아내이다. 그 사람들은 모두 지도자라는 말이다. 또한 자식이 부모에게 가장 큰 영향을 받는다는 점에서 모든 부모는 지도자이다. 젊은이들도, 학생들도 얼마 안 있으면 부부가 되고 부모가 된다는 점에서 '지도력'에 대해 말씀하는 본문을 자기와 상관없는 말씀으로 여겨선 안 된다. 우리는 서로에게 영향을 끼치는 사람들이기 때문이다. 자신의 지도력이 누군가를 살릴 수도 있지만 죽일 수도 있음에 경각심을 갖고 이 말씀을 자기에게 적용하며 받아야 한다.

양떼를 불쌍히 여기는 참 목자

그렇다면 참된 지도자, 선한 목자는 어떤 지도자를 말하는가? 본문에서는 "여호와 나의 하나님이 이르시되 너는 잡혀 죽을 양떼를 먹이라"(슥 11:4)는 말씀으로 선한 목자상을 제시한다. 선한 목자라면 무엇보다 잡혀 죽을 양들에게 끝까지 꼴을 먹여야 한다는 사실을 알려주고 있다.

이처럼 성경은 선한 목자와 악한 목자를 대비시켜 소개한다. 4절 말씀도 악한 목자는 양들이 잡혀 죽게 하지만, 선한 목자는 그런 양 떼를 먹이는 일에 몰두해야 함을 알려준다. 그래서 우리는 본문에 나타난 악한 목자에 관한 말씀에서 선한 목자상을 발견할 수 있다. 선한 목자는 악한 목자와 정반대의 개념으로 접근하면 되기 때문이다. 본문을 통해 보여주는 참 목자상은 무엇일까?

> …그들의 목자들은 그들을 불쌍히 여기지 아니하는도다(슥 11:5).

참 목자는 악한 목자와 달리 양떼를 불쌍히 여기는 목자임을 발견할 수 있다. 첫 번째 참 목자상은 "양떼를 불쌍히 여기는 목자"라는 것이다. 나는 '불쌍히 여긴다'는 단어를 찾아보다가 출애굽기 2장 6절에 눈이 머물렀다. 아기 모세가 나일강 가에 버려졌을 때 애굽의 공주가 그를 보고 '불쌍히' 여기던 부분이다.

> 열고 그 아기를 보니 아기가 우는지라 그가 그를 불쌍히 여겨 이르되 이는 히브리 사람의 아기로다.

애굽의 공주는 강에 버려진 부모 없는 아기를 보고 불쌍히 여겼다. 그 상황에서 할 수 있는 것이 우는 것밖에 없는 버려진 아기를 보고 불쌍히 여긴 것이다.

이 말씀을 보며 우리 시대의 성도들을 생각했다. 코로나 펜데믹이라는 격량의 나일강 가에서 세상이 어디로 흘러가는지 몰라 불안해하는 성도들이 우리 주변에 얼마나 많은가. 부디 참 목자이신 하나님께서 갈대 상자 속에서 울고 있는 아기 모세를 불쌍히 여겨주셨던 것처럼 우리를 불쌍히 여겨주시길 기도한다.

사실 예수님이야말로 선한 목자이시기에 우리를 불쌍히 여기신다. 요한복음 10장 11절에서도 예수님은 "나는 선한 목자라 선한 목자는 양들을 위하여 목숨을 버리거니와"라고 말씀하셨다. 뒤이어 요한복음 10장 14절에서는 "나는 선한 목자라 나는 내 양을 알고"라고 하셨다. 여기서 '선한 목자'라는 단어 앞에는 'the'라는 단어가 붙는다. 따라서 "나는 선한 목자"라는 말속에 "나는 유일한 선한 목자"라는 의미가 담겨 있음을 알게 된다.

예수님은 또한 이 말씀을 통해, 양들을 알고 양들을 위하여 목숨을 버리는 자만이 참되고 선한 목자임을 알려주신다. 즉 양의 처지와 형편을 알고, 양을 위해 언제 어디서든 기꺼이 자신을 희생하는 참 목자의 가장 큰 특징은 "양을 불쌍히 여기는 것"에 있다는 것이다. 그래서 예수님은 두 맹인을 고치실 때도(마 9장), 큰 무리의 병자들을 고치실 때도(마 14장), 가나안 여인의 귀신 들린 딸을 고치실 때도(마 15장), 간질병에 걸린 아이를 고치실 때도(마 17장), 귀신 들린 자를 고치실 때도(막 5장), 과부의 아들을 고치실 때도(눅 7장) 한결같이 그들을 "불쌍히 여기셨다."

그렇다면 예수님을 따르는 우리는 어떠해야 할까? 무엇보다 가장 가까운 남편과 아내가 서로를 불쌍히 여겨야 한다. 물론 가정마다 혹은 나이대에 따라 남편의 영향력이 더 크거나 아내의 영향력이 더 클 것이다. 나는 삼십 대 때 가부장적인 남편이었다. 그러나 그런 남편들도 나이 오십, 육십이 넘어가면 아내의 영향력 아래 들어가지 않는 사람이 거의 없을 것이다. 그런 면에서 아내의 영향력이 큰 시기에는 남편을 불쌍히 여기는 일이 필요하다. 또한 남편의 영향력이 큰 시기에는 아내를 불쌍히 여겨야 한다. 서로에 대해 참 목자상을 회복해야 한다는 말이다.

모두가 잘 아는 대로 미국은 11월 넷째 주 목요일에 추수감사절을 경축일로 보낸다. 그런데 이날을 국경일로 선포하게 된 배경에 미국의 남북전쟁이 있었음을 아는 이들은 적은 것 같다.

남북전쟁 당시, 미국이라는 나라는 완전히 두 동강이 났다. 그로 인해 얼마나 많은 사람이 죽고 제도에 대한 갈등과 지역적인 갈등이 심했는지, 그 비참함은 말로 다 할 수 없다. 그런 상황 속에서 목자의 심정을 가진 에이브러헴 링컨(Abraham Lincoln) 대통령은 전쟁으로 인해 찢기고 고통당하는 국민들을 불쌍히 여겼다. 그는 전쟁으로 인해 폐허가 된 그곳에서 국민들의 치유를 놓고 기도하며 하나님의 자비하심을 구했다. 결국 그는 '하나님께서 우리를 불쌍히 여겨주시고 우리가 그 불쌍히 여김을 받고 하나님께 감사하면 길이 열릴 것이다'라는 생각 끝에, '추수감사절'을 국경일로 제정했다. 계층 간, 사상 간, 직업 간, 지역 간에 완전히 갈라진 어려운 상황, 날씨는 추워지고 고아와 과부의 수가 더없이 많아지던 그 처절한 시절에 "피비린내 나는 사회에서 오히려 감사의 청원을 올리자"라고 주창하며 '추수감사절'을 제정한 것이다.

이처럼 서로를 불쌍히 여기는 가운데 감사가 나올 때, 하나님께서 일하시고 그들을 보호하신다. 참 목자상이 회복되며 참 목자로서의 역할을 할 수 있게 하신다. 불쌍히 여기는 마음, 이것이 어느 때보다 중요한 시대가 바로 이때다.

양떼에게 참된 양식을 먹이는 참 목자

본문을 통해 보여주는 두 번째 참 목자상은 '양떼에게 참된 양식을 먹인다'는 점이다.

> 내가 잡혀 죽을 양떼를 먹이니 참으로 가련한 양들이라(슥 11:7).

본문 7절에 의하면 참된 목자는 양들에게 참된 양식을 먹이는 사람이다. 그러나 악한 목자는 양떼를 먹이지 않는다. 튼튼하던 양도 야위게 만들뿐더러 심지어 가련한 양의 마지막 살점마저 먹으려고 하고 발굽까지도 갉아 먹는다.

> …튼튼한 양을 먹이지 않아서 야위게 하며, 살진 양을 골라서 살을 발라 먹고, 발굽까지 갉아 먹을 것이다(슥 11:16, 새번역).

성경 곳곳을 살펴보면, 하나님께서는 '목자와 양의 관계에 관하여 우리 귀에 딱지가 앉을 정도로 반복해서 말씀하신다. 나 역시도 사랑의교회에서 요한복음 강해를 통해 목자와 양의 관계를 중요하게 다루고 선포했다. 그때 성도들에게 "우리가 다 착한 목자, 착한 양들이 됩시다"라고 당부드렸다. 주님이 참 목자이심을 믿는 사람들은 착한 목자, 착한 양으로서의 역할을 상호보완적으로 주고받으며 주님의 가르침을 따르는 사람들이기 때문이다.

목자와 양의 관계에 관한 가르침을 잘 이해하면, 가정에서는 물론 직장과 사회에서 갈등 문제를 어떻게 해결해야 하는지 지혜를 터득하게 된다. 모든 문제에 대한 그리스도인으로서의 영적인 원칙을 알고 적절하게 해결할 줄 아는 축복을 받는다.

그러나 우리는 '목자와 양의 관계'에 대해 유대인만큼 실감 나게 이해하기 어려운 사람들이다. 왜냐하면 우리는 그들과 달리 양을 직접 키워보지 않았기 때문이다. 양을 직접 키워봐야 목자의 심정을 알고 양의 속성을 알 텐데, 그럴 기회가 없다 보니 성경 말씀의 의미를 파악하기 어려운 것이다.

양과 목자의 관계에 있어 중요한 핵심은 무엇일까? 우리는 이미 여러 설교를 통해, 양은 시력이 좋지 않아서 혼자서는 멀리 갈 수 없다는 특징에 대해 알고 있다. 이러한 특징만 봐도 우리는 목자와 양의 관계의 핵심이 무엇인지 알게 된다. 양은 목자가 없으면 죽는다는 것, 그것이 바로 '양과 목자의 관계'에서의 핵심이다. 목자와 양의 관계는 절대적 신뢰 관계라는 것이다.

우리가 일반적으로 생각하는 것과 달리, 인간이 키우는 가축 중에 양만큼 목자의 도움이 필요한 동물은 없다. 양은 목자의 돌봄이 없으면 존재할 수 없는 동물이다. 그 이유 중 하나가 양은 뒤로 벌렁 넘어지면 자기 힘으로 일어설 수 없는 점이다. 등이 땅에 닿고 네 발만 공중에서 버둥거리다가 결국 지쳐서 죽고 만다. 따라서 목자는 매일 양의 수를 세어보고 모두 제 발로 일어서 있는지 점검해야 한다. 백 마리 양 가운데 한두 마리가 부족하다면 '어딘가에서 뒤집혔구나. 빨리 가서 일으켜 줘야지'라는 생각으로 민첩하게 움직여야 한다. 만약 그 양이 독수리나 들개, 이리나 표범 같은 맹수와 맹금류들 앞에서 뒤집혔다면 그들의 사냥감이 되기 십상이다. 그래서 참된 목자는 늘 양들이 뒤집혀 있지는 않은지, 가시덤불에 엉켜 옴짝달싹 못 하고 있는 건 아닌지 살펴야 한다.

이 말씀을 준비하다가 주님이 왜 아흔아홉 마리 양을 놔두고 피 흘리면서까지 잃어버린 한 마리 양을 찾기 위해 길을 나서야 하셨는지를 다시 생각했다. 그나마 제대로 서 있는 아흔아홉 마리 양 사이에서 한 마리 양이 보이지 않았다는 것은, 필시 그 양이 어딘가에서 넘어져 버둥거리고 있다는 뜻이다. 아니면 가시덤불 속에 엉켜서 빠져나오지 못하고 있다는 뜻일 수도 있다. 주님은 그걸 아시고 참 목자로서 목숨을 걸고 찾아 나선 것이다. 어딘가에서 발버둥 치고 있을 양을 내버려 두지 않으시고 찾으시는 분이 우리 예수님이심을 보여준다. 예수님은 이처럼 한 마리 잃은 양을 자기 목숨처럼 사랑하는 분이다.

만약 이 말씀을 읽는 분 중에 넘어진 한 마리의 양처럼 네 발을 하늘에 대고 버둥대는 분이 있다면, 올바로 정상화할 분은 오직 예수님이심을 믿을 수 있기를 바란다. 우리는 양이고 예수님만이 우리의 참 목자이시기 때문이다. 그러므로 어떤 순간, 어떤 어려움에 대면하더라도 답은 예수님께 있음을 믿고 고백하는 우리가 되어야 한다. 무엇보다 우리가 약하고 약한 양이기에 예수님의 음성만 듣고 따라가야 한다는 사실을 잊지 말기를 바란다.

어떤 이들은 이에 대해 "어떻게 예수님의 음성을 알아들을 수 있냐?"고 묻기도 하지만, 성경은 분명히 "양은 목자의 음성을 안다"(요 10:4)고 말씀한다. 실제로 어떤 사역자는 양치기의 삶과 양들의 생태를 알아보기 위해 팔레스타인에 머물며 이 사실을 확인한 일이 있다. 어느 날, 들에서 양을 치는데 갑작스런 일기 변화로 폭풍우가 몰아쳐서 양들을 동굴로 피신시켰다. 근처에 동굴이 하나밖에 없다 보니 두 무리의 양떼가 한 동굴에 피신해야 했다. 이 사역자는 양의 엉덩이에 소유주를 표시하는 도장이나 어떤 표시가 없는 상황에서 두 무리가 섞여 곤란해지지 않을까 걱정했다.

그런데 폭풍우가 그치고 양치기 중 하나가 나가서 노래를 부르니 신기하게도 한 무리만 그를 따라가고 다른 양떼들은 동굴에 남아 있었다. 이윽고 두 번째 양치기가 나가서 노래를 부르자 나머지 양

떼는 그 양치기를 따라 나갔다. 이 모습에 감탄한 사역자가 그중 한 양치기에게 그가 부른 노래를 가르쳐 달라고 한 뒤 그 노래를 부르며 앞장서 걸어갔다. 그리고 한참 후에 뒤돌아보니 사역자를 따라오는 양은 한 마리도 없었다. 양들은 양치기의 음성을 듣고 따라간 것이지, 멜로디를 알아듣고 간 게 아니었다.

우리도 이와 같다. 양들이 목자의 음성을 듣고 따라가는 것처럼, 우리도 예수님을 흉내 내는 세상의 거짓 목자의 음성이 아니라 오직 우리의 구원자이자 주인이신 예수 그리스도의 음성을 듣고 따라가야 한다. 예수님이 아닌 거짓 목자를 따라가면 우리는 결국 그 목자에게 잡아먹힐 수밖에 없다.

신약성경에서는 예수님이 어떤 분인지 알려주면서 우리에게 참 목자상을 제시한다.

나는 선한 목자(the good shepherd)라 선한 목자는 양들을 위하여 목숨을 버리거니와(요 10:11).

신약에서는 예수님이 '선한 목자'이심을 강조한다. 선한 목자, 즉 'the good shepherd'는 양들을 위하여 목숨을 버리는 분이다. 히브리서에서도 목자이신 예수님에 대해 다음과 같이 말씀한다.

양들의 큰 목자(the great shepherd)이신 우리 주 예수를…(히 13:20).

히브리서 기자는 예수님을 '양들의 큰 목자', 즉 'the great Shepherd'라 했다. 영원한 언약의 피로 죽은 자 가운데서 우리 주님을 이끌어 내신 평강의 하나님께서 예수 그리스도를 큰 목자라고 말씀하신다.

베드로전서에서는 그 예수님에 대해 이렇게 말씀한다.

> 그리하면 목자장(the Chief Shepherd)이 나타나실 때에 시들지 아니하는 영광의 관을 얻으리라(벧전 5:4).

예수님은 선한 목자이고 위대한 목자이며 목자장이시다. 여기서 '목자장'이란 목자들을 세우시고 일으키시며, 또 지명하시고 키우시는 분을 말한다.

예수님은 목자장으로서 우리를 찾아오셨다. 우리가 비록 두 손, 두 발이 뒤집혀서 낙심해 있다 해도 주님이 오시면 친히 우리를 일으켜 세우신다. 선한 목자 되신 주님을 만날 때, 우리에게 진정한 회복의 인생이 시작되는 것이다.

우리는 이미 그 주님을 만난 사람들이다. 그래서 하나님께서는 우리에게 목자로서의 역할에 대하여 말씀하신다.

> 네게 맡겼던 양 떼, 네 아름다운 양 떼는 어디 있느냐(렘 13:20b).

예레미야서 말씀은 이 장의 본문과 연결된다. 주님은 이 말씀을 통해 우리가 선한 목자 되신 주님같은 목자 역할을 제대로 하고 있는지 물으신다. 양 없는 목자는 필요가 없기 때문이다. 그래서 주님은 먼저 양 떼가 어디 있냐고 물으신다.

우리가 예수님을 참 목자로 모신다는 것은 우리 또한 선한 목자이신 예수님을 닮아간다는 뜻이다. 우리도 예수님처럼 양들을 먹이고 보호하며, 위로하고 격려하는 착한 목자가 되어야 한다는 것이다. 그런 면에서 착한 양이 되어야 착한 목자도 될 수 있다. 그리고 착한 목자, 참 목자가 되면 해야 할 일이 있는데 7절에 나와 있다.

> 내가 막대기 둘을 취하여 하나는 은총이라 하며 하나는 연합이라
> 하고 양 떼를 먹일새(슥 11:7b).

참 목자는 '은총'이라는 지팡이와 '연합'이라는 막대기를 가지고
양들을 보호하고 먹이는 역할을 해야 한다는 말씀이다. 이는 목자
다윗이 "주의 지팡이와 막대기가 나를 안위하시나이다"(시 23:4)라
고 고백했던 장면을 떠올리게 한다. 실제로 목자가 쓰는 지팡이는
양들을 인도하고 보호하는 데 쓰인다. 그리고 목자의 막대기는 원수
들, 즉 이리와 사자, 곰의 발톱으로부터 양들을 보호하는 데 쓰인다.
참 목자는 이 지팡이와 막대기로 양떼를 살리고 보호하면서 양들을
먹여야 한다는 얘기다. 양들을 먹인다는 건 이토록 중요하다.

양떼를 흥왕케 하는 참 목자

목자의 지팡이와 막대기에 대해 하나는 '은총', 하나는 '연합'이라고
했다. 여기서 은총은 영어로 'Favor'를 뜻하고 연합은 'Union'을 뜻
한다. 그중 은총, 즉 'Favor'라는 단어 안에는 즐거움과 유쾌함이라
는 뜻이 포함되어 있다. 이는 양을 먹일 때 목자로서의 책임감으로
어쩔 수 없이 하지 말고, 기쁨과 즐거움으로 그 일을 하라는 뜻이다.
그렇게 되면 목자의 삶도 즐거워지고 양들에게도 유쾌한 에너지가
전달될 수 있기 때문이다. 꼴을 먹여야 하는 양 떼들을 골칫거리로
여기며 힘들어하는 게 아니라, 기쁨과 감사의 에너지로 그들을 바라

보고 섬기면 양들도 목자를 닮아 건강해진다는 것이다. 그래서 은총의 지팡이가 임하는 곳에는 항상 즐거움과 유쾌함이 공존한다.

우리가 부르는 찬송가 중 〈주의 발자취를 따름이〉에는 이와 같은 의미도 들어있다. 건강하고 선한 목자를 따르다 보면 양들에게도 즐거움과 행복감이 넘쳐난다는 것이다.

그렇다면 '연합'이라는 지팡이는 무슨 뜻일까? 연합이라는 히브리어 단어는 구약에서 스가랴 11장에 딱 한 번 나온다. '엮다', '묶다'라는 뜻으로, 요즘 우리 식으로 말하면 '네트워킹하다'라는 의미로 볼 수 있다. 서로를 연결시켜서 서로가 잘되도록 흥왕케 한다는 뜻이다.

나는 '은총과 연합'이라는 지팡이와 막대기를 묵상하면서, 선한 목자와 악한 목자에 대해 다음과 같이 정리했다.

선한 목자가 해야 하는 가장 중요한 일은 거룩한 공동체를 만드는 일이다. 사람은 누구나 '은총'을 통해 은혜를 받아야 산다. 그리고 그 은혜를 받은 사람들은 서로 연결되어 거룩한 공동체를 이룰 때 성장과 성숙을 이룬다. 그러므로 선한 목자는 지체들이 아름다운 공동체를 이루도록 지도력을 발휘할 수 있어야 한다. 선한 목자가 사람과 사람을 연결해주는 '연합'의 역할을 감당할 때, 기쁨과 성장과 진리가 더 커지기 때문이다. 그래서 선한 목자의 눈은 양이 혼자서 꼴을 먹는 건 아닌지 늘 살펴야 한다. 혼자가 아니라 공동체 안에서 먹도록 인도하는 일이 선한 목자의 역할이다. 성도 어느 한 명도 소외되지 않고 잘 연합할 수 있도록 지팡이를 사용하여 그 역할을 제대로 해야 한다. 서로를 연결하고 연합하여 흥왕케 하는 것, 그것이 선한 목자의 주된 역할이다.

이와 반대로 악한 목자는 지체들을 연결하고 연합시키는 것이 아니라 분열을 일으킨다. 악한 목자의 최고는 단연 마귀가 아닌가. 마귀는 참소하는 자로서 인간관계를 파괴하고 단절시킨다. 교인과 교인 사이를 이간질한다. 이간질이야말로 마귀가 쓰는 전형적인 수법이다. 본문 16절에는 이와 같은 악한 목자의 악랄한 모습이 소개된다. 악한 목자는 상한 자를 고쳐주지도 않고, 병들고 상처 난 양들을 돌보기는커녕 아예 내다 버리기까지 한다.

이를 통해 우리는 선한 목자가 악한 목자와는 반대로 모든 것을 치유하고 흥왕케 하며, 강건하게 하고 찢어놓는 게 아니라 붙여놓는다는 걸 알 수 있다.

사무엘상 30장에 그 한 예가 나온다. 다윗이 군사들과 함께 자리를 비운 사이에 그들이 머물던 시글락 성이 아말렉의 공격을 받아 성안에 남아 있던 아내와 자식들이 다 잡혀갔다. 다윗과 군사들은 시글락 성으로 돌아온 뒤에야 이 사실을 알게 되고, 서둘러 아말렉 사람들을 잡으러 떠난다. 그 와중에 그들은 거리에서 죽어가는 한 소년(애굽 소년)을 만났는데, 다윗은 다급한 상황에서도 소년에게 먹을 것을 주며 생명을 구한다. 그런데 알고 보니 그 소년은 아말렉 사람의 종으로서 병이 들자 버려진 것이었다. 다윗과 군사들은 살아난 그 소년 덕분에, 아말렉 사람들의 거처를 알아내고 빼앗긴 모든 것을 되찾을 수 있었다. 죽어가는 자를 내버리지 않고 살려주는 다윗의 목자적 행동으로 모든 것이 치유되고 회복될 수 있었던 것이다.

이처럼 선한 목자이신 예수님을 따라가는 삶이 이어지면 공동체에는 회복이 따른다. 공동체를 통해 양들이 연결되고 흥왕케 되는 역사가 일어난다.

나는 순장님들이 이 역할을 하고 있다고 믿는다. 이런 순장님의 역할과 관련된 메일 한 통을 받았다. 그분은 먼저 지난 20-30년 동안 사랑의교회 순장님을 통해 받은 사랑과 양육, 돌봄에 대한 감사를 전했다. 그 덕분에 예수님을 믿지 않았던 남편까지 예수님을 믿고 구원받았고, 이제는 본인과 남편이 순장이 되어 말씀으로 영혼을 섬길 수 있다는 게 너무 귀하고 감사하다고 했다.

교회를 교회답게 하는 것이 이런 고백과 간증들이다. 지금도 많은 순원이 "우리 순장님은 마치 친정어머니 같다", "우리 순장님은 친정 언니 같다"라는 고백을 한다. 순장들이 선한 목자, 참 목자로서의 역할을 해준 것에 대한 감사의 고백이다. 순장님 덕분에 자기가 살았다고 고백하는 이들이 얼마나 많은지 모른다. 서로를 세우고 연합시키는 연합의 지팡이가 잘 활용되고 있다는 뜻이다. 이것이야말로 한국교회를 떠받치는 튼실한 반석이라고 믿는다. 양들이 공동체 안에서 서로 연합하고 성장하도록 영적인 협업을 이루는 이와 같은 참된 목자들을 통해, 한국교회는 거룩한 역동력과 기쁨이 넘쳐날 것이다.

선한 목자 되신 우리 주

우리는 지금까지 선한 목자와 악한 목자에 대해 살펴보았다. 본문을 통해 가장 중요하게 봐야 할 것은, 진정한 선한 목자는 우리 주 예수 그리스도 한 분이라는 것과 그분이 예언을 통해 어떻게 우리 가운데 선한 목자로 확증이 되셨는지에 관한 내용이다.

유대인들은 선한 목자를 만나지 못해 고통당하다가 마음 깊이 우러나오는 소원을 하나님께 아뢰었다. "하나님, 우리를 불쌍히 여기고 우리에게 꼴을 먹여주고 우리를 흥왕케 하며, 우리에게 영적 에너지를 주고 우리를 연합케 하는 메시아를 허락해 주십시오."

유대인들은 오랫동안 이런 기도를 하며 메시아를 고대했고, 하나님께서는 그런 이스라엘을 불쌍히 여기셔서 본문 12절을 통해 깜짝 놀랄 정도의 메시아 예언을 말씀하신다. 예수님이 오시기 500년 전 스가랴 선지자를 통해 들려주신 메시아 예언의 말씀이 실제로 이루어졌음을 생각할 때, 성경의 모든 말씀이 얼마나 정확하고 치밀한가. 12절 하반절을 보라.

그들이 곧 은 삼십 개를 달아서 내 품삯을 삼은지라(슥 11:12b).

무슨 뜻인가? 그들이 그토록 바라던 참된 목자요 구원자이신 메시아가 오시지만 사람들은 그분을 환영하기는커녕 거절하고 핍박하며 박대하여, 결국 은 삼십에 메시아를 팔아버린다는 내용이다. 구약에 기록된 이 말씀은 놀랍게도 신약시대에 가룟 유다를 통해 정확히 성취된다. 예수님의 제자 가룟 유다가 은 삼십에 예수님을 팔아넘겼다.

더구나 예수님을 은 삼십에 팔았다는 것은 참 모욕적인 일이다. 왜 그런지에 대해서는 출애굽기를 보면 이해할 수 있다.

소가 만일 남종이나 여종을 받으면 소 임자가 은 삼십 세겔을 그의 상전에게 줄 것이요…(출 21:32).

노예가 소에 받혀서 죽었을 경우, 소의 주인이 종의 주인에게 보상하는 값이 은 삼십 세겔이었다. 즉 예수님을 은 삼십 세겔에 판다는 것은 주님을 소에 받힌 노예 정도로 여긴다는 뜻이다. 소위 뿔에 받혀 죽은 노예의 몸값이 바로 예수님의 몸값이었다. 그러나 우리 주님은 그 초라한 몸값으로 모든 인류를 구원하셨다. 그야말로 가장 초라한 몸값을 가장 위대하고 영광스런 몸값으로 바꾸셨다. 세상 사람들은 예수님을 그저 은 삼십에 팔아넘겼지만 예수님은 위대한 구원자가 되셨다.

우리는 이 말씀을 통해 세상의 스펙이나 이력 등 자신에 대해 외적으로 계산하는 모든 값보다 더 중요한 것이 그리스도의 보혈의 능력과 참 목자 되시는 하나님의 은혜의 값이라는 사실을 기억해야 한다. 우리는 이 은혜의 값으로 구원받은 자들임을 기억하며, 세상이 나를 평가하는 값에 흔들리지 말고 은혜의 위대한 값으로 자신을 바라볼 수 있어야 한다.

메시아가 은 삼십에 팔렸다는 내용에 대해 본문 13절은 다음과 같은 내용을 덧붙인다.

여호와께서 내게 이르시되 그들이 나를 헤아린 바 그 삯을 토기장이에게 던지라 하시기로 내가 곧 그 은 삼십 개를 여호와의 전에서 토기장이에게 던지고.

이 말씀을 읽으니 어떤 내용이 떠오르는가? 예수님을 팔아넘긴 가룟 유다의 그다음 행태가 생각나지 않는가? 가룟 유다는 은 삼십에 예수님을 판 후에야 양심에 거리낌을 느껴 그 돈을 다시 제사장들에게 갖다주었다. 제사장들이 그 돈을 받으려 하지 않자, 유다는 은 삼십을 성전에 던져버린 뒤 스스로 목숨을 끊는다. 결국 제사장들은 그 돈이 핏값이라는 이유로 성전 금고에 넣지 않고 토기장이의 밭을 사서 나그네들의 묘지로 삼았다(마 27장). 스가랴 11장 13절 말씀이 정확히 이루어진 것이다. 이처럼 예수님은 말씀대로 오셔서 말씀을 성취하신 메시아시며, 우리의 유일한 선한 목자시다.

이러한 말씀을 통해 예수님이 그리스도이심을 알게 되면, 우리는 놀라운 변화를 겪게 된다. 스가랴 12장 10절은 그 변화에 대해 이렇게 말씀한다.

···그를 위하여 애통하기를 독자를 위하여 애통하듯 하며 그를 위하여 통곡하기를 장자를 위하여 통곡하듯 하리로다.

스가랴 11장 2절에는 악한 목자의 곡하는 내용이 나왔지만, 여기서는 그것과는 차원이 다른 내용의 애통이 나온다. 한마디로 은혜로운 애통이다. 유대인들이 그토록 기다리던 메시아가 오실 때 그분을 믿음으로 구원받으면 진정한 회복이 이루어지고, 구원의 감격과 함께 주님을 향한 거룩한 애통이 생긴다는 뜻이다. 이렇게 되면 우리에겐 스가랴 13장 1절 말씀이 이루어진다.

그 날에 죄와 더러움을 씻는 샘이 다윗의 족속과 예루살렘 주민을 위하여 열리리라.

악한 목자들로 인해 고통받던 이스라엘 백성들에게 참 목자 되신 예수 그리스도가 오심으로, 즉 죄와 더러움을 씻는 정결의 샘이 주어짐으로 인해 기근과 전쟁과 내전으로 완전한 멸망에 이르던 이스라엘이 다시 회복될 것을 선포하는 말씀이다.

여기서 우리를 향한 하나님의 말씀을 들을 수 있다. "너 지금 넘어져서 두 손 두 발을 하늘을 향해 버둥거리고 있니? 가시에 얽혀

꼼짝 못하고 있니? 다른 길은 없다. 답은 오직 예수 그리스도다. 그리스도에 대해 눈을 뜨고 보는 것이다."

다른 길은 없다. 우리가 선택할 단 하나의 길은 오직 우리를 불쌍히 여겨 꼴을 먹이시고 그분의 은혜와 연합의 지팡이로 새롭게 하실 예수 그리스도 앞에 마음을 새롭게 하는 길이다. 그 길에 가면 하나님께서 우리의 잘못된 통곡을 거룩한 통곡으로 바꾸어주실 것이다. 베드로전서에서는 다음과 같이 말씀한다.

> 너희가 전에는 양과 같이 길을 잃었더니 이제는 너희 영혼의 목자와 감독(the Shepherd and Guardian of your souls) 되신 이에게 돌아왔느니라(벧전 2:25).

우리가 영혼의 목자와 감독 되신 주님께로 돌아올 때, 예수님은 우리를 품에 안고 인도해 주신다. 이사야서 말씀을 보라.

> 그는 목자 같이 양떼를 먹이시며 어린 양을 그 팔로 모아 품에 안으시며 젖먹이는 암컷들을 온순히 인도하시리로다(사 40:11).

스가랴 11장은 전체적으로 악한 목자에 대한 질타와 책망의 말씀이다. 그런데 반대로 우리는 이 말씀 속에서 진정한 목자, 참 목자가 누구신지 깨닫고 마침내 선한 목자이신 예수 그리스도를 발견하게 된다. 또한 그분을 우리의 참된 목자로 믿고 따를 때, 우리에게 진정한 회복의 길이 열린다는 사실도 알게 된다. 부디 모두가 선한 목자 되신 예수님만 따라감으로 그분의 인도하심을 받는 축복의 양들이 될 수 있기를 바란다.

그날을 준비함으로 회복하다

"이스라엘에 관한 여호와의 경고의 말씀이라 여호와 곧 하늘을 펴시며 땅의 터를 세우시며 사람 안에 심령을 지으신 이가 이르시되 보라 내가 예루살렘으로 그 사면 모든 민족에게 취하게 하는 잔이 되게 할 것이라 예루살렘이 에워싸일 때에 유다에까지 이르리라 그날에는 내가 예루살렘을 모든 민족에게 무거운 돌이 되게 하리니 그것을 드는 모든 자는 크게 상할 것이라 천하만국이 그것을 치려고 모이리라 여호와가 말하노라 그날에 내가 모든 말을 쳐서 놀라게 하며 그 탄 자를 쳐서 미치게 하되 유다 족속은 내가 돌보고 모든 민족의 말을 쳐서 눈이 멀게 하리니 유다의 우두머리들이 마음속에 이르기를 예루살렘 주민이 그들의 하나님 만군의 여호와로 말미암아 힘을 얻었다 할지라 그날에 내가 유다 지도자들을 나무 가운데에 화로같게 하며 곡식단 사이에 횃불같게 하리니 그들이 그 좌우에 에워싼 모든 민족들을 불사를 것이요 예루살렘 사람들은 다시 그 본 곳 예루살렘에 살게 되리라 여호와가 먼저 유다 장막을 구원하리니 이는 다윗의 집의 영광과 예루살렘 주민의 영광이 유다보다 더하지 못하게 하려 함이니라 그날에 여호와가 예루살렘 주민을 보호하리니 그 중에 약한 자가 그날에는 다윗같겠고 다윗의 족속은 하나님같고 무리 앞에 있는 여호와의 사자같을 것이라 예루살렘을 치러 오는 이방 나라들을 그날에 내가 멸하기를 힘쓰리라 내가 다윗의 집과 예루살렘 주민에게 은총과 간구하는 심령을 부어 주리니 그들이 그 찌른 바 그를 바라보고 그를 위하여 애통하기를 독자를 위하여 애통하듯 하며 그를 위하여 통곡하기를 장자를 위하여 통곡하듯 하리로다 그날에 예루살렘에 큰 애통이 있으리니 므깃도 골짜기 하다드림몬에 있던 애통과 같을 것이라 온 땅 각 족속이 따로 애통하되 다윗의 족속이 따로 하고 그들의 아내들이 따로 하며 나단의 족속이 따로 하고 그들의 아내들이 따로 하며 레위의 족속이 따로 하고 그들의 아내들이 따로 하며 시므이의 족속이 따로 하고 그들의 아내들이 따로 하며 모든 남은 족속도 각기 따로 하고 그들의 아내들이 따로 하리라"(스가랴 12:1-14)

나는 사랑의교회 성도들을 생각하면 많은 감사의 고백이 나온다. 그중 하나가 말씀을 대하는 성도들의 태도이다. 이 말씀이 살아계신 하나님의 신비한 말씀이라고 온전히 믿는 모습을 볼 때, 감사를 넘어 감격이 된다. 그렇다. 살아 있고 활력이 있어 좌우에 날선 어떤 검보다도 예리한 이 말씀만이(히 4:12) 우리의 심령을 소생하게 하여 우리를 날마다 새롭게 한다.

우리는 스가랴 11장 말씀을 살펴보면서 예수님이 오시기 500년 전에 기록된 스가랴서에 어떻게 예수님이 은 삼십에 팔리는 것까지 손으로 만지듯 정확히 예언되었는지, 살아있는 하나님의 말씀에 감탄하지 않을 수 없었다. 본문 12장 말씀도 그와 같은 경외함으로 받음으로써 성도 개개인의 삶에 살아 역사하는 말씀이 되길 바란다.

스가랴 1장부터 11장까지는 이스라엘 백성들에 관한 말씀이 주를 이뤘다면, 12장부터는 본격적으로 주님의 재림에 관한 거룩한 시나리오가 펼쳐진다. 이 장에서부터 영적인 거대 담론이 시작된다고 할 수 있다. 요즘 젊은이들이 "영혼을 끌어서라도 내가 원하는 것을 꼭 이룬다"는 '영끌'이란 말을 많이 쓴다고 하는데, 우리는 원하는 것을 이루기 위해서라기보다 말씀의 깊은 신비를 깨닫기 위해 '영혼을 끌어모아' 말씀에 집중할 수 있기를 바란다.

여호와의 그날 The day of the LORD

본문 1절은 먼저 '여호와의 그날'에 대해 말씀한다. '여호와의 그날', 'The day of the LORD'는 스가랴서 전체에서 중요한 용어 중 하나이기에 이미 1장, 2장에서도 많이 언급됐다. 우리는 본문에 나오는 '그날'이 '어떤 분'의 날인지 중요하게 봐야 한다. 그날이 누구의 날이라고 했는가? 바로 '여호와의 날'이다. 종말에 대한 전체적인 그림이 그려진 스가랴 12-14장에는 '그날'이라는 단어가 16번 정도 나온다. '그날'은 다른 누구의 날이 아니라 여호와의 날임을 강조하고 있다. 이에 대해 본문 1절은 이렇게 말씀한다.

> 여호와 곧 하늘을 펴시며 땅의 터를 세우시며 사람 안에 심령을 지으신 이가 이르시되(슥 12:1b).

여기서는 먼저, '여호와의 그날'에서 말하는 '여호와'가 어떤 분인지에 대해 먼저 소개한다. 그 여호와는 첫째로 '하늘을 펴신 분'이다. 이에 대해서는 이사야서에서도 여호와가 창조주 하나님으로서 하늘을 펴신 분(사 42:5)임을 동일하게 알려준다. 둘째로 '땅의 터를 세우신 분'이다. 땅의 기초를 세우시고 땅의 건축자가 되신 하나님을 말하고 있다. 다음에 이어지는 내용이 참 독특하다. 셋째로 여호와는 '사람 안에 심령을 지으신 분'이라고 소개한다. 신구약 전체에서 여호와께서 '사람 안에 심령을 지으셨다'는 표현은 여기가 유일하다. 하나님께서 우리 속에 심령을 지으셨다는 말은 우리를 영적인 존재로 만드셨음을 알려주는 표현이다. 그렇다. 우리는 영적인 존재로 지어졌다. 그래서 인생이 아무리 좋은 것을 먹고 육체적 만족을 얻으며 좋은 음악을 듣고 정신적인 만족을 취해도 '영적인 만족'이 안 되면 진정한 만족이 안 된다. 왜 그런가? 하나님께서 우리 안에 영혼과 심령을 지으셨기 때문이다.

하나님께서는 이처럼 우리의 창조주가 되셔서 하늘을 펴시고 땅의 기초를 세우시며 우리의 심령까지 만드셔서 우리의 삶을 보존하신다. 그분은 우리 삶의 모든 영역을 통치하신다.

그러므로 중요한 것은 하늘을 펴시고 땅을 세우시며 사람 안에 심령을 지으신 하나님께서 만물의 끝도 정하셨다는 사실이다. 만물을 시작하신 분이기에 끝도 정하실 수 있다. 여호와께서 정하신 이 끝이 바로 '여호와의 날'이다.

로마서 11장 36절에는 "만물이 주에게서 나오고 주로 말미암고 주에게로 돌아감이라"고 했다. 만물의 기원이 하나님께로부터 나오고(from Him) 만물의 보존이 하나님이 붙잡아 주심으로 이루어지며(through Him), 만물의 최종 목적은 주님께로 돌아간다(to Him)는 것이다. 우리는 이 말씀에서, 말씀으로 만물을 창조하신 창조주 하나님의 능력이 동일한 권능으로 만물을 회복시키실 것임을 알게 된다. 하나님은 역사의 알파와 오메가이시기 때문이다.

신약에서는 이 여호와의 날이 '주의 날'로 주님의 '재림'을 뜻하는 반면, 구약에서는 주로 '심판'과 연관되어 나타난다. 다시 말해, 여호와의 날은 '심판'과 '재림'이 밀접하게 연결되어 나타나는 날이다. 이 심판과 재림은 우리에게 공통적으로 한 가지를 알려준다.

바로 '준비하라'는 것이다. 우리는 심판을 준비하고 재림을 준비해야 하는 사람들이다. 준비하지 않고 맞이하는 여호와의 날은 재앙이 된다. 준비하지 않고 맞이하는 심판의 날은 재앙이 될 수밖에 없다. 따라서 우리가 착한 종으로서 허리띠를 띠고 준비하고, 슬기로운 다섯 처녀처럼 등불을 들고 예비하면 여호와의 그날이 축복이 될 것이다. 그뿐만 아니라 우리가 준비된 하나님의 백성이 되면 자연스레 예수님의 재림의 날, 여호와의 그날을 사모하게 된다. 신부가 신랑을 기다리듯 그날만을 사무치게 사모하며 기다리게 된다.

내가 아는 신앙의 귀한 어른들 중에 《죽으면 죽으리라》의 저자 안이숙 사모님이 바로 그런 분이셨다. 그분은 다시 오실 예수님을 사모하며, 강단에 오르실 때마다 꽃 한 송이를 다셨다. 《죽으면 죽으리라》라는 책에도 주님을 사모하는 그 마음이 역력히 표현되어 있다.

우리가 코로나 팬데믹을 겪으며 당황하고 놀란 이유가 무엇인가? 이런 일이 오리라고는 아무도 예상하지 못했고 아무 준비도 하지 않았기 때문이다. 그런 면에서 코로나 팬데믹은 세상에 취한 채 살아가는 우리를 천둥처럼 일깨워줬다. 우리는 그간 세상에 취하여 종말 의식을 잃어버린 채 살아왔다. 마치 노아시대 때 임박한 심판 앞에서도 세상의 즐거움에 취했던 사람들의 모습과 닮아있었다. 그런 면에서 코로나 팬데믹은 다시금 '심판의 주'로 오시는 그날을 준비하도록 일깨우는 기능을 했다.

우리는 시대의 징조를 볼 수 있어야 한다. 예수님은 "아침에 하늘이 붉고 흐리면 오늘은 날이 궂겠다 하나니 너희가 날씨는 분별할 줄 알면서 시대의 표적은 분별할 수 없느냐"(마 16:3)라고 경고하셨다. 이 말씀처럼 팬데믹은 우리에게 종말 의식을 일깨우고 '주님의 날'을 준비하도록 하는 시대의 징조와 같다. "이러므로 너희도 준비하고 있으라 생각하지 않은 때에 인자가 오리라"(마 24:44)라는 말씀을 늘 기억해야 할 때가 바로 이때다.

이런 시대가 되자, 전 세계는 코로나19 치료제와 백신을 만들기 위해 전력을 다했다. 그런 것들이 만들어지면 팬데믹이 어느 정도 진정될 것이라 여겼기 때문이다. 그러나 여호와의 날, 주님의 재림의 날에는 그 어떤 것으로도 해결되지 않는다. 코로나는 치료제와 백신으로 해결될 수 있다지만 여호와의 날, 주님의 날을 준비하지 않으면 그날에는 어떤 것으로도 해결이 안 된다. 그래서 우리는 깨어 그날을 준비해야만 한다.

우리가 깨어 그날을 준비하면 '여호와의 날'은 승리를 입증하는 날이 될 것이다. 그날이 바로 승리를 확실하게 선포하는 날, 악을 무너뜨리고 주님이 승자이심을 드러내는 날이 될 것이다. 결산의 시간이요 변화의 그날에 우주와 자연, 우리 인생도 변화하는 날이 될 것이다. 그러므로 그날을 준비하며 사는 사람은 아무리 지금이 어려워도 그날을 기대하며 소망으로 살아갈 수 있다. 이런 면에서 그리스도인은 미래 지향적으로 사는 사람들이다. 과거에 실망하지 않고 현재에 너무 욕심내지도 않으며 상처에도 심하게 흔들리지 않고 미래에 소망을 두며 살아내는 사람들, 그들이 바로 진정한 그리스도인이다. '떨리는 마음'으로 신랑 되시는 예수님을 만날 그날을 준비하며 살아가는 사람들, 우리는 그런 사람들이 되어야 한다.

그렇게 살 때 우리는 여호와의 그날인 'D-Day'를 승리의 날인 'V-Day'로 맞이하게 될 것이다. 여호와의 날이 실제로 우리 삶에 체험되고 체화되는 승리를 경험하게 될 것이다.

원수에겐 패망의 날

여호와의 날에는 무슨 일이 벌어질까? 본문 2-3절에 그 내용이 소개된다.

> 보라 내가 예루살렘으로 그 사면 모든 민족에게 취하게 하는 잔이 되게 할 것이라…그날에는 내가 예루살렘을 모든 민족에게 무거운 돌이 되게 하리니 그것을 드는 모든 자는 크게 상할 것이라….

여기서 주목해야 할 두 단어는 '취하는 잔'과 '무거운 돌'이다. 또한 본문에 열한 번 이상 나오는 '예루살렘'이라는 단어에 우리 자신을 대입하여서 이 말씀을 대해야 한다. 예루살렘 혹은 이스라엘은 신약시대에 이르러 하나님의 교회를 가리키고, 무형교회인 우리 자신을 일컫기 때문이다. 성경에서 '예루살렘'이라는 단어가 나온다면 그것이 교회나 우리 자신을 지칭하는 말씀으로 읽으면 무리가 없다. 본문의 이 말씀도 곧 우리에게 하시는 말씀이라고 보면 된다.

당시 예루살렘은 페르시아와 비교해 볼 때 너무 초라하고 힘없는 민족이었다. 대제국 식민지의 자그마한 부분에 지나지 않는, 아무것도 아닌 것처럼 보이는 지역이었다. 하나님께서는 이런 예루살렘을 여호와의 그날에 '취하게 하는 잔'이 되게 하겠다고 하신다.

'취하게 하는 잔'은 무슨 뜻일까? 한마디로 '분노의 잔'을 말한다. 이걸 먹어버리겠다, 마셔버리겠다 하던 대적들이 결국은 '취하게 하는' 예루살렘을 들이마심으로 인해 스스로 패망하게 된다는 뜻이다. 본문에 나오는 '잔'의 히브리어를 보면 조그마한 잔이 아니라 큰 대야에 가까운 엄청나게 큰 잔을 말한다. '취하게 하는 잔'이란 요한계시록에 나오는 '진노의 대접'과 같다고 할 수 있다. 하나님의 백성들을 괴롭히는 대적들에게는 여호와의 날에 취하게 하는 잔을 마시게 함으로써 스스로 꺾이도록 하신다는 뜻이다.

또한 하나님께서는 예루살렘을 대적하던 민족들에게 예루살렘이 '무거운 돌'이 되게 하겠다고 하신다. 본문 3절에서는 이 돌이 얼마나 무거운지, 돌을 들려고 하는 사람들이 모두 다칠 정도라고 말씀한다. 결국 이 말씀은 하나님께서 그분의 백성을 건드리는 자들에게 '무거운 돌'의 심판을 내리신다는 뜻으로 해석할 수 있다.

당시에 성행하던 운동 시합 중에는 돌을 들어올려 누가 더 무거운 무게를 들 수 있는지 겨루는 시합이 있었다. 돌의 무게를 더해가다가 끝까지 남는 자가 승리하는 것이다. 예루살렘을 '무거운 돌'이 되게 하시겠다는 말씀은, 예루살렘을 대적하여 이기려고 하는 자는 그 돌을 들다가 장기파열과 같이 크게 다치게 된다는 뜻으로 읽을 수 있다. 3절 후반부에서 "그것을 드는 모든 자는 크게 상할 것이라"고 말씀한다. 하나님을 대적하고 하나님의 교회를 대적하는 자들에게 교회는 '무거운 돌'이 된다는 것이다.

이어지는 4절에서도 예루살렘을 대적하는 자들을 향한 하나님의 강력한 심판의 말씀이 선포된다.

여호와가 말하노라 그 날에 내가 모든 말을 쳐서 놀라게 하며 그 탄 자를 쳐서 미치게 하되 유다 족속은 내가 돌보고 모든 민족의 말을 쳐서 눈이 멀게 하리니.

그날에 하나님께서 어떤 일을 하신다고 하는가? 모든 말을 쳐서 놀라게 하신다고 한다. 여기에는 병거를 쳐서 놀라게 하신다는 뜻이 내포되어 있다.

사실 당시만 해도 이스라엘과 같은 약소민족은 전쟁 시 중요한 무기인 말과 병거를 제대로 소유할 수 없었다. 더구나 '철 병거'와 같은 무기는 요즘으로 치면 최신식 스텔스 폭격기와 같은 것이라 엄두도 내지 못했다. 이와 달리 이스라엘을 괴롭히던 강대국들은 최첨단 무기를 가지고 있었다. 하나님께서는 철 병거와 말을 가지고 큰소리치던 민족을 여호와의 날에 심판하겠다고 하신다. 말이 놀라서 뒤집어지고 말 탄 사람들이 미치는 일이 벌어진다고 하신다. 우리는 여기서 성경 곳곳에 기록된 '말이 놀라 뒤집어지는' 광경을 떠올리게 된다. 애굽의 철 병거들이 홍해에 들어설 때, 애굽의 말들은 '뒤집어져서' 홍해에 수장되었다(신 11:4). 기드온과 삼백 용사가 미디안과 싸울 때도 적군의 대적들이 놀라 아군끼리 싸우다가 말들이 '뒤집어지고' 말았다(삿 7장). 시스라의 철 병거 900대도 하나님의 심판으로 모두 '궤멸되었다'(삿 4장). 모두 하나님께서 대적들을 향해 하신 일이다.

이어서 본문 4절에서는 여호와께서 민족을 치실 때, 대적들의 눈을 '멀게' 하심으로 그들을 심판하신다고 말씀한다. 엘리사 시대에 하나님께서 침략자 아람 군대의 눈을 멀게 하신 일이나, 이사야 시대에 산헤립의 세력들의 눈을 멀게 하신 일과 같은 것이다. 이처럼 하나님께서는 하나님을 대적하는 이들의 눈을 멀게 하심으로 하나님을 의뢰하는 백성들을 도와주시고 보호하신다. 말씀은 여호와의 그날에 하나님께서 원수들을 이처럼 심판하심으로써, 하나님의 백성들에게 최종 승리가 주어질 것을 알려주고 있다.

우리에겐 은혜의 날

본문 4절에는 흥미로운 단어가 하나 나온다. 그날에 하나님께서는 원수의 말을 쳐서 그들의 '눈을 멀게' 하시는 반면, 하나님 자신은 '눈을 뜨셔서' 하나님의 백성을 '돌보신다'는 말씀이다.

유다 족속은 내가 돌보고.
I will watch over the house of Judah (NASB).

그날에 하나님께서는 '눈을 부릅뜨고' 유다 족속을 돌보신다. 이는 "내가 더 이상 너에게 등을 돌리지 않겠다. 내가 더 이상 네가 겪는 일에 눈을 감지 않겠다. 내가 너희를 지켜볼 것이다"라는 하나님의 선언이다.

우리는 이 말씀에 큰 위로를 받는다. 그동안 우리는 부족한 모습을 자주 보여 왔다. 그러다 보니 교회는 3차 산업혁명 시대에 많은 어려움과 공격을 당하기도 했다. 이제 우리는 4차 산업혁명 시대라고 하는 디지털 정보 혁명 시대에 이 말씀을 붙잡고 하나님의 돌보심 아래 들어가기를 더욱 소망해야 한다. 이 돌보심이 있기에 여호와의 날이 대적들에게는 심판의 날이 되겠지만, 하나님의 백성들에게는 구원의 날이 될 것이기 때문이다.

특별히 본문 4절에서 '돌본다'는 단어는 히브리어의 '능동형'으로 쓰였다. 즉 하나님께서는 예루살렘을 친히 돌보시고 예루살렘을 '취하게 하는 잔'이 되게 하시며, '무거운 돌'이 되게 하시고 원수들의 말의 눈을 멀게 하심으로 대적들을 심판하신다는 뜻이다. 이것이 바로 하나님께서 여호와의 날에 그분의 백성들에게 주시는 은혜이다.

그 결과, 5절에서는 다음과 같은 일이 벌어짐을 알려준다.

유다의 우두머리들이 마음속에 이르기를 예루살렘 주민이 그들의
하나님 만군의 여호와로 말미암아 힘을 얻었다 할지라.

유다의 우두머리들은 예루살렘 주민들이 만군의 하나님 여호와
로 인해 힘을 얻었다는 사실을 알게 된다. 그렇다. 목회자나 설교자
가 인간에게 궁극적인 힘을 주는 게 아니다. 살아있고 운동력 있는
하나님의 말씀이 성도들에게 진정한 힘을 준다. 그래서 우리는 오직
하나님의 말씀에 집중해야 한다. 그 말씀의 능력을 사모해야 한다.
진정한 힘을 주시는 하나님께서는 6절에서 그들에게 더 좋은 은혜
를 부어 주신다.

그날에 내가 유다 지도자들을 나무 가운데에 화로같게 하며 곡식단
사이에 횃불같게 하리니….

하나님께서는 그날에 유다 지도자들을 땔감 나무 한 가운데에 있
는 '화로'같게 하시고, 곡식단 한 가운데에 있는 '횃불'같게 하신다는
말씀이다. '횃불' 하면 우리는 기드온의 횃불을 떠올릴 것이다. 물론
삼손의 횃불도 떠올릴 수 있다. 또한 이사야서에 나오는 횃불을 떠
올리는 이도 있을 것이다.

나는 시온의 의가 빛 같이, 예루살렘의 구원이 횃불 같이 나타나도
록 시온을 위하여 잠잠하지 아니하며 예루살렘을 위하여 쉬지 아니
할 것인즉(사 62:1).

나는 구원의 횃불을 말씀하시는 이 구절이 너무 좋다. 우리는 이 말씀에서 '예루살렘'이라는 단어 앞에 자신의 이름, 혹은 교회 이름을 넣어 읽어도 좋을 것이다. 이렇게 이름을 넣어 읽다 보면 우리의 구원을 위해 횃불같이 나타나시고 쉬지 않으시는 하나님의 구원의 열정을 느끼게 된다.

이처럼 본문에 나타난 '화로'와 '횃불'이라는 단어를 통해 구원의 불을 밝히시는 하나님의 마음을 진하게 느낄 수 있다. 하나님께서는 여호와의 날에 그분의 백성들을 강력한 불이 되게 하셔서, 모든 대적의 모략과 잘못된 것들을 불태워버리겠다고 약속하신다. 오늘날로 말하면 주님의 교회에 두 가지 강력한 화력, 즉 '숲속의 화로'와 '곡식단 가운데 횃불'을 주셔서 이 교회를 붙잡아 주신다는 뜻이다. 달리 말하면 하나님의 백성들인 우리를 화로뿐만 아니라 횃불과 같은 강력한 불로 사용하심으로써, 좌우에 둘러싼 모든 대적을 삽시간에 불살라버리시겠다는 것이다. 그럴 때 우리에게는 8절에 나타난 승리가 주어진다.

> 그날에 여호와가 예루살렘 주민을 보호하리니 그 중에 약한 자가 그날에는 다윗같겠고….

놀라운 말씀이다. 그날에 이르면 예루살렘의 약한 자가 다윗과 같이 된다고 하신다. 엄청난 축복이 아닐 수 없다. 특히 8절에 나타난 '약하다'라는 말을 히브리어로 보면 최상급의 약한 것을 가리킨다. 지렁이 같이 밟으면 밟힐 수밖에 없는 가장 연약한 자를 여호와께서 그날에 다윗같이 삼아주시겠다는 것이다. 유대민족에게 다윗은 강한 자의 표상이요 승리자의 표상이다. 그런데 약한 자 중에서 가장 약한 자를 하나님께서 다윗같이 만들어 주겠다고 하신다.

이 얼마나 놀라운 축복의 말씀인가. 이는 우리가 예수님을 믿고 하나님의 자녀가 되면 영적인 다윗의 자손이 될 뿐만 아니라, 다윗의 자손으로 오신 예수 그리스도께서 가지신 모든 평안과 안정, 승리와 능력, 치유를 우리의 것으로 스며들게 하신다는 뜻이다. 예수님을 믿고 이런 축복이 주어진다면, 우리가 다른 것은 못하더라도 예수님을 제대로 알고 이 말씀의 신비를 자기 것으로 삼는 일에 몰두할 수 있어야 한다. 우리가 말씀에 집중하며 이 약속의 말씀을 자기 것으로 삼을 때, 그 자체가 인생 최대의 사건이 될 수 있다. 언약의 말씀을 자기 것으로 삼을 때, 예수 그리스도의 승리는 우리의 승리가 되는 것이다. 여호와의 그날, 우리는 이와 같은 실제적 은혜를 받을 것이다.

큰 애통의 날, 참 승리의 날

그날이 되면 우리에게 이와 같은 물리적인 은혜가 임한다. 그런데 이보다 더 큰 은혜, 더 중요한 영적 은혜도 임할 것이다. 이것이 12장에서 말하려는 핵심이다. 10절을 보자.

내가 다윗의 집과 예루살렘 주민에게 은총과 간구하는 심령을 부어 주리니 그들이 그 찌른 바 그를 바라보고 그를 위하여 애통하기를 독자를 위하여 애통하듯 하며 그를 위하여 통곡하기를 장자를 위하여 통곡하듯 하리로다.

이 구절을 본문에 나오는 표현으로 정리하자면 "그들이 그 찌른 바 그를 바라보고", 이것 때문에 "그를 위하여" 통곡이 나온다는 내용이다. 앞 장에서도 얘기했지만 이 애통은 11장 초반에서 엉터리 지도자들 때문에 우는 것과는 완전히 다른 애통이다. 영적인 애통, 거룩한 애통이라 할 수 있다. 말하자면 말씀의 깊이가 깨달아지면서 그 말씀 앞에 '내가 어찌할꼬'라며 애통하는 일이다.

여기서 우리는 "그들이 그 찌른 바 그를 바라보고"라는 표현에 주목해야 한다. '찌른 자'가 누구이고 '찔린 자'가 누구인지 알면 이 말씀의 해석이 가능해진다. 우선 찔린 자는 다름 아닌 하나님 자신이라고 할 수 있다. 10절을 영어성경으로 보면 "... they will look on Me whom they have pierced"(NASB)라고 나와 있다. 그들(이스라엘)이 찌른 자이고, 하나님이 찔린 자이다. 그들은 하나님을 찔러, 찔린 하나님을 바라보고 있다. 이에 대해 이사야서 53장에서는 다음과 같이 말씀한다.

그가 찔림은 우리의 허물 때문이요 그가 상함은 우리의 죄악 때문이라(사 53:5).

여기서 '찔린다'라는 말은 가볍게 콕콕 찔린 정도가 아니라 심장이 찔려 치명상을 입는 것을 뜻한다. 예수님이 십자가에서 치명상으로 찔리신 일을 말씀하는 것이다. 실제로 스가랴서가 기록되고 500년 후에 하나님의 아들이신 예수님은 십자가에서 이스라엘 민족에게 찔려 죽으셨다.

여기서 우리는 묻지 않을 수 없다. 어떻게 하나님께서 피조물에게 찔리실 수 있는가? 어떻게 주님이 사람에게 찔리실 수 있는가? 어떻게 이런 일이 용인될 수 있는가?

여기에 복음의 깊이, 생명의 역사가 들어있다. 이 말씀은 깊은 영적인 은혜에 들어간 이들만이 알아들을 수 있다. 무슨 뜻인가? 주님을 찌른 자가 바로 '나'란 사실을 알고 "주님 내가 어찌합니까?"라는 참된 회개가 임하는 은혜를 받아야 이 말씀의 참뜻을 깨달을 수 있다는 말이다.

본문에서는 회개의 애통이 너무 커서, 마치 하나밖에 없는 아들이 죽었을 때 우는 것처럼 운다고 한다. 11절에서 그 애통에 대해 이렇게 말씀한다.

그날에 예루살렘에 큰 애통이 있으리니 므깃도 골짜기 하다드림몬에 있던 애통과 같을 것이라.

그날에 이스라엘은 자기들이 하나님을 찔렀다는 사실에 너무 기가 막혀서 애통하고 슬퍼한다. 전쟁을 치르는 동안 그들에게 승리를 주신 최고의 사령관이 죽임을 당했는데, 알고 봤더니 이 구원자를 죽음에 이르게 한 책임이 그들에게 있음을 알고 기가 막힌 것이다. 그래서 자신들이 십자가에 달리신 예수님을 찔렀음에 대해 애통해한다. 우리의 연약함이 주님을 찌르고 우리의 죄와 누추함이 주님을 찔렀음에 대해 창자가 찢어지듯 애통해한다. 그 찔림의 애통이 너무 커서 "므깃도 골짜기 하다드림몬에 있던 애통과 같을 것이라"고 한다. 여기서 '하다드림몬의 애통'이란, 이스라엘의 선한 왕이었던 요시야 왕의 죽음 앞에서 가졌던 애통을 말한다. 악한 왕들 사이에 선한 왕 요시야가 나타나 통치하던 시절에 애굽의 느고 왕이 쳐들어와 요시야 왕을 므깃도 골짜기 하다드림몬에서 죽였을 때, 이스라엘은 진정한 지도자의 죽음 앞에서 가슴이 찢어지는 고통을 느껴야 했다. 그 애통이 얼마나 컸던지 지금까지 '하다드림몬의 애통의 날'이 이스라엘의 절기로 남아 있을 정도다.

우리도 마찬가지다. 우리의 죄가 주님을 찔렀음을 생각할 때, 우리는 애통하지 않을 수 없다. 통곡하지 않을 수 없다. 죄로부터 돌이키는 회개가 나올 수밖에 없다. 그렇게 회개할 때, 거기서부터 참된 구원이 시작된다. 우리가 제대로 예수 믿지 않는 것에 대해, 우리의 죄악이 예수님을 찔러 죽게 하였음에 대해 애통해하며 통곡할 때 예수님의 십자가는 우리 자신을 위한 십자가가 된다. 그 십자가를 만날 때, 우리에게는 'D-Day'가 승리의 날 즉 'V-Day'가 된다.

무엇보다 우리가 알아야 할 것은, 이 애통이 일부 계층만 하는 애통이 아니라는 것이다. 하나밖에 없는 아들이 죽은 것과 같은 애통, 하나밖에 없는 진정한 지도자가 죽은 것과 같은 하다드림몬의 애통은 모든 이가 해야 할 애통이다.

> 온 땅 각 족속이 따로 애통하되 다윗의 족속이 따로 하고 그들의 아내들이 따로 하며 나단의 족속이 따로 하고 그들의 아내들이 따로 하며(슥 12:12).

12절에서 볼 수 있듯이 '구원자를 찌른 것'에 대해 먼저는 왕족들이 애통해한다. 다윗의 집이 애통하고 나단의 족속이 애통한다. 여기서 나단은 '나단 선지자'가 아니라 누가복음 3장의 예수님의 족보에 나오는 다윗의 아들 중 하나를 말한다(눅 3:31). 그렇다면 왜 이 사람들이 애통하는 무리 중 제일 먼저 나오는 것일까? 그것은 그들의 가문에서 메시아가 나왔고 그 메시아, 그 구원자를 자신들이 찔렀기 때문이다. 이어지는 13절 말씀을 보자.

레위의 족속이 따로 하고 그들의 아내들이 따로 하며 시므이의 족
속이 따로 하고 그들의 아내들이 따로 하며.

13절에서는 뒤이어 레위 족속과 시므이 족속이 애통한다고 한다.
이들은 제사장 가문이다. 본래 제사장들은 하나님과 사람 사이의 중
간 다리 역할을 해야 하는 사람들이기에 웬만해서는 울지 않는다.
그런데 그들이 운다. 제사장들도 메시아를 찔렀음을 회개하며 애통
한다. 이로써 이스라엘은 특권층 가문들이 먼저 회개했고, 14절은
나머지 모든 족속이 애통하는 모습을 보여준다. 특히 본문 전체에서
'따로'라는 단어가 11번 이상 나오면서 각계각층의 사람들이 모두
예외 없이 주님을 찌른 것에 대해 애통했음을 알려주고 있다.
　　나는 이 애통이 거룩한 애통이라 생각한다. 오죽하면 마태복음에
서는 "애통하는 자는 복이 있나니 그들은 위로를 받을 것임이요"(마
5:4)라고 했겠는가. 애통은 너무나 힘들고 슬퍼서 가슴을 치는 일이
다. 하지만 적군을 포위해서 전군들을 패망시키는 여호와의 그날에
이런 애통이 임한다면, 우리에게는 진정한 위로가 찾아들 것이다.
이로 보아 이 시대 우리가 회복되어야 할 것은 다름 아닌 이와 같은
애통이라 할 수 있다.

성령의 기름부으심이 넘치는 그날

하지만 이런 애통은 그냥 주어지지 않는다. 애통하고 싶다고 되는

게 아니라는 말이다. 그래서 우리는 본문 10절을 유의해야 한다. 10절에서는 "내가 다윗의 집과 예루살렘 주민에게 은총과 간구하는 심령을 부어 주리니"라고 했다. 하나님께서 우리에게 은총과 간구하는 심령을 부어 주셔야 우리가 진정으로 애통할 수 있다는 것이다. 이는 '성령이 가져오는 결과'를 묘사하는 독특한 방식의 표현이다. 성령께서는 받을 자격 없는 이들에게 은총을 전해주시고, 그렇게 은총을 받은 사람들은 하나님께 기도하며 '애통'과 '통곡'을 하게 된다. 이때 애통과 통곡이 바로 '회개기도'이다. 이 회개기도를 통해 새로운 눈이 열림으로써 우리는 비로소 우리가 찌른 하나님을 바라보게 된다. 우리가 그분께 얼마나 지독하게 큰 죄를 지었는지 알게 되는 것이다.

그래서 함께 모여 드리는 예배가 이토록 중요하다. 공동체가 모여 기도할 때, 하나님께서는 성령을 통해 애통해하는 마음을 부어 주시기 때문이다. 애통해하는 마음을 부어 주실 때, 우리는 십자가의 예수님을 만날 수 있다.

여기서 중요한 것은 '부어 주신다'라는 단어이다. 부어 주신다는 것은 항상 '성령의 역사'와 관계되는데, 이것은 여호와의 그날에 하나님께서 하시는 일의 절정을 보여준다. 하나님께서는 그날에 '성령의 부어 주심'으로 마무리를 하신다는 것이다. 그분은 그날에 은총과 간구하는 심령을 우리에게 부어 주신다.

그런데 여기서 '부어 주신다'라는 말은 한 방울 두 방울 톡톡 떨어뜨리는 정도가 아니라 완전히 쏟아붓는(pour out) 것을 말한다. 로마서 5장 5절도 성령의 부어 주심에 대해 "우리에게 주신 성령으로 말미암아 하나님의 사랑이 우리 마음에 부은 바 됨이니"라고 했다. 마치 장대비가 내리듯, 소낙비가 쏟아지듯 성령의 임함이 쏟아진다는 것이다.

하나님께서는 성령의 은혜를 부어 주심으로 마지막 날을 정리하신다. 얼마나 감사한 일인가. 여호와의 날이 잿빛과 어두움과 파멸로 끝나는 것이 아니라 은총과 간구하는 심령을 부어 주심으로 회개와 애통과 치료와 회복과 승리로 마무리가 된다니, 우리는 그저 감사하며 찬송할 뿐이다. 그래서 요엘 2장은 여호와의 날에 일어날 일을 다음과 같이 선포한다.

> 그 후에 내가 내 영을 만민에게 부어 주리니 너희 자녀들이 장래 일을 말할 것이며 너희 늙은이는 꿈을 꾸며 너희 젊은이는 이상을 볼 것이며 그 때에 내가 또 내 영을 남종과 여종에게 부어 줄 것이며 (욜 2:28-29).

기억하라. 성령의 부어 주심은 결코 한두 방울 임하지 않는다. 만군의 여호와의 날(the day of the LORD)에 하나님께서는 성령으로 말미암아 그분의 사랑을 폭포수처럼 우리에게 부어 주신다. 그날이 오면 그 은혜로 우리의 눈이 열려 심령이 새롭게 되고, 우리 삶의 모든 영역에는 건축자의 모퉁잇돌과 같은 견고한 토대가 마련될 것이다. 우리에게 은총과 간구하는 심령이 부어질 것이다. 그리고 마침내 완전한 승리가 주어질 것이다.

여호와의 그날, 그날이 되면 하나님께서는 이처럼 우리에게 성령의 부으심을 입혀주실 것이다.

정결의 샘물로 걷게 하시다

"그날에 죄와 더러움을 씻는 샘이 다윗의 족속과 예루살렘 주민을 위하여 열리리라 만군의 여호와가 말하노라 그 날에 내가 우상의 이름을 이 땅에서 끊어서 기억도 되지 못하게 할 것이며 거짓 선지자와 더러운 귀신을 이 땅에서 떠나게 할 것이라 사람이 아직도 예언할 것 같으면 그 낳은 부모가 그에게 이르기를 네가 여호와의 이름을 빙자하여 거짓말을 하니 살지 못하리라 하고 낳은 부모가 그가 예언할 때에 칼로 그를 찌르리라 그 날에 선지자들이 예언할 때에 그 환상을 각기 부끄러워할 것이며 사람을 속이려고 털옷도 입지 아니할 것이며 말하기를 나는 선지자가 아니요 나는 농부라 내가 어려서부터 사람의 종이 되었노라 할 것이요 어떤 사람이 그에게 묻기를 네 두 팔 사이에 있는 상처는 어찌 됨이냐 하면 대답하기를 이는 나의 친구의 집에서 받은 상처라 하리라 만군의 여호와가 말하노라 칼아 깨어서 내 목자, 내 짝 된 자를 치라 목자를 치면 양이 흩어지려니와 작은 자들 위에는 내가 내 손을 드리우리라 여호와가 말하노라 이 온 땅에서 삼분의 이는 멸망하고 삼분의 일은 거기 남으리니 내가 그 삼분의 일을 불 가운데에 던져 은 같이 연단하며 금 같이 시험할 것이라 그들이 내 이름을 부르리니 내가 들을 것이며 나는 말하기를 이는 내 백성이라 할 것이요 그들은 말하기를 여호와는 내 하나님이시라 하리라"(스가랴 13:1-9)

사랑의교회는 코로나 팬데믹으로 인해 역사상 처음으로 온라인 생중계를 통한 성찬식을 거행했다. 이 성찬식 후에 많은 분들이 "제대로 된 진짜 영적 백신을 맞은 것 같다"는 말씀을 나누었다. 교우들은 온라인 성찬식에 참여하려고 주중에 미리 교회에서, 혹은 순장에게서 성찬 키트를 받아갔는데, 그 수가 무려 2만 개 이상이었다. 성찬의 은혜를 사모하는 교우들의 갈망이 얼마나 큰지를 보여주는 지표가 아닐 수 없다. 이 장에서 살펴볼 스가랴서 말씀도 이와 동일한 영적 갈망과 사모함으로 받음으로, 말씀의 크신 은혜 안으로 들어가기를 소망한다.

죄와 더러움을 씻는 샘이 열리리라

스가랴 13장은 1-9절까지 이루어진 짧은 본문이지만 이스라엘의 정결함을 바라시는 하나님의 심정이 묵직하게 담겨있다. 그러니 우

리를 향하신 하나님의 뜻을 발견하려면 다른 데 갈 필요 없이 말씀
으로 돌아오면 된다. 본문에서 알 수 있듯이 우리를 향하신 하나님
의 뜻은 거룩함이요 우리의 정결함이다. 이에 대해 데살로니가전서
4장 3절에서는 다음과 같이 말씀한다.

하나님의 뜻은 이것이니 너희의 거룩함이라.

이 말씀이 알려주는 대로 우리는 삶의 모든 순간순간에 "우리를
향하신 주님의 뜻은 거룩함인 줄 믿습니다"라는 고백을 할 수 있어
야 한다. 왜냐하면 하나님은 거룩하신 분이기 때문이다. 하나님의
거룩하심 때문에 그분은 우리의 죄와 더러움을 용납하실 수 없다.
따라서 우리가 하나님의 거룩함과 정결함에 집중하다 보면 자녀들
을 어느 대학에 보내야 할지, 직장 문제를 어떻게 풀어야 할지, 경제
문제를 어떻게 해결해야 할지와 같은 지극히 현실적인 문제들은 자
동으로 풀릴 것이다. 이를 위해 우리는 먼저 말씀을 통하여 '하나님
의 거룩함'이 무엇인지 명확히 확인해야 한다. 본문 1절을 보자.

그날에 죄와 더러움을 씻는 샘이 다윗의 족속과 예루살렘 주민을
위하여 열리리라.

사실상 '죄와 더러움'은 우리의 밑천이다. 그래서 우리는 죄로 말
미암아 하나님 앞에 가까이 나갈 수 없는 존재였다. 우리는 본래 죄
와 더러움의 울타리에 갇혀서 창살 없는 감옥생활을 하던 가련한
사람들이다. 난파당한 한 척의 배처럼 죄의 파도에 침몰당하여 죽
을 날만 기다리던 상태였다. 심판 받아 마땅한 존재였다. 죄와 더러

움으로 인한 영적인 소외감과 내쫓김으로, 우리 인생은 처절하게 외롭고 고독할 수밖에 없었다. 그리고 우리의 영혼은 내상으로 망가진 상태가 되었다.

그런데 1절에서는 하나님께서 이 죄와 더러움으로 망가진 우리에게 정결의 샘을 주셨다고 한다. "그날에 죄와 더러움을 씻는 샘이 다윗의 족속과 예루살렘 주민을 위하여 열리리라"고 했다. 여기서 '다윗의 족속'은 왕족들이고 '주민'은 일반 백성들을 뜻한다. 그날에 이 샘을 통해 죄와 더러움이 씻길 대상은 왕족과 일반 백성들 모두라는 뜻이다.

그렇다면 그날에 우리가 반드시 씻어야 할 '죄'는 무엇일까? 모든 계층, 모든 인간이 저지르는 이 죄는 어떤 죄를 말하는 것일까? 죄의 정확한 뜻은 '과녁에서 벗어난 것', 즉 잘못된 길로 간 것을 말한다. 은연중 우리도 모르게 방향이 틀어진 것들이 '죄'이다. 또한 '더러운 것' 즉 '부정한 것'이란, 피하거나 도망쳐야 할 어떤 추한 것들을 말한다. 본문에서는 이 죄와 더러운 것들은 스스로 씻는 게 아니라 그날에 정결의 '샘'을 통해 씻어야 한다고 말한다. 여기서 샘은 히브리어로 '마코르'(מָקוֹר)로, 이 단어는 주로 '생수의 근원', '뿜어져 나오는 샘', '날마다 솟는 샘'(참고. 요 4:14)을 가리킬 때 사용된다. 그렇기에 이 샘이 열린다는 것은 연속성의 의미가 있다. 한 번 솟고 마는 샘이 아니라 영원히 열리는 샘이라는 뜻이다. 일단 열리면 닫히지 않으므로 영원한 샘솟음과 영원한 정결함이 이어진다는 것이다. 또한 이 정결의 샘이 한 번 열리면 닫을 자가 없다는 뜻이기도 하다.

더욱 놀라운 것은, 이 죄와 더러움을 씻는 샘을 '다윗의 족속'과 '이스라엘의 모든 백성'에게 열어주신다는 점이다. 이는 정말 놀라운 은혜이다. 이스라엘 백성들에게 본격적으로 민족 공동체가 형성

된 시점은 주전 1,500년경이다. 본문 말씀을 받은 시점은 주전 500년경이었으니 천 년 동안 켜켜이 쌓인 묵은 죄들, 천 년 동안 하나님을 안타깝고 답답하게 했던 더럽고 추한 것들을 주님이 정리해 주신다는 뜻이다.

성경을 보면 그간 이스라엘 백성들의 죄가 얼마나 심각했는지 알 수 있다. 예레미야 2장 13절도 "내 백성이 두 가지 악을 행하였나니 곧 그들이 생수의 근원되는 나를 버린 것과 스스로 웅덩이를 판 것인데 그것은 그 물을 가두지 못할 터진 웅덩이들이니라"고 했다. 즉 그들의 지속적인 반역과 불순종 등 고의적으로 범하는 무서운 죄가 천 년 동안 이어졌다는 것이다. 그 결과 예레미야 2장 22절은 다음과 같이 말씀한다.

주 여호와의 말씀이니라 네가 잿물로 스스로 씻으며 네가 많은 비누를 쓸지라도 네 죄악이 내 앞에 그대로 있으리니.

죄가 얼마나 심각하고 오염됐는지, 웬만한 잿물이나 비누로 씻어도 해결이 안 된다는 것이다. 천 년 동안 쌓인 이스라엘의 죄의 심각성을 알려준다. 예레미야 17장 1절에도 같은 메시지가 나온다.

유다의 죄는 금강석 끝 철필로 기록되되 그들의 마음 판과 그들의 제단 뿔에 새겨졌거늘.

유다의 죄가 얼마나 강퍅하고 심각했는지, 금강석 철필로 기록될 정도라고 한다. 우리의 악한 죄악을 어떻게 할 것인가. 요한일서 말씀을 보자.

… 그 아들 예수의 피가 우리를 모든 죄에서 깨끗하게 하실 것이요
(요일 1:7).

이제는 비누를 쓰지 않아도 된다. 금강석 철필 끝으로 기록될 정
도로 단단한 우리의 죄악이 십자가에서 흘리신 예수님의 피를 통해
깨끗해지기 때문이다. 이 말씀을 붙들고 두 가지를 기도하면 좋겠
다. 첫 번째는 예수님의 피가 모든 죄로부터 우리 한 사람 한 사람을
깨끗케 하기를 구하는 것이고, 두 번째는 지난 천 년 동안 이 민족이
쌓은 수많은 죄악을 주님이 정리해 주시기를 구하는 것이다.

알다시피 우리를 모든 죄에서 깨끗케 하시는 예수님의 피, 이 정
결의 샘은 갈보리 언덕에서 터졌다. 십자가에서 열렸다. 그리고 그
샘은 특정한 부류뿐만 아니라 전 세계 모든 계층의 사람들에게 열
려 있다. 그렇기에 정결의 샘은 우리의 온갖 더러운 것을 정화시킬
수 있다. 부디 이 은혜가 모든 이에게, 그리고 이 민족에게 뒤덮이기
를 간절히 기도한다.

우상숭배와 거짓 예언을 씻는 샘

이처럼 정결의 샘은 첫째, 우리를 죄와 더러움에서 정화시키고 둘
째, '거짓 선지자의 우상숭배와 거짓말'로부터 우리를 정화시킨다.
본문 2-6절까지가 이 사실을 알려준다. 당시 이스라엘 백성들의 가
장 큰 죄는 '우상숭배'와 '거짓 예언'이었다. 이 두 가지는 동전의 양
면처럼 서로 밀접한 관계를 지닌다. 거짓 선지자들이 거짓 예언을
하고, 백성들은 그 거짓 예언을 통해 우상숭배에 빠지기 때문이다.

이에 대해 본문 2-4절은 다음과 같이 말씀한다.

> 만군의 여호와가 말하노라 그 날에 내가 우상의 이름을 이 땅에서 끊어서 기억도 되지 못하게 할 것이며 거짓 선지자와 더러운 귀신을 이 땅에서 떠나게 할 것이라 사람이 아직도 예언할 것 같으면 그 낳은 부모가 그에게 이르기를 네가 여호와의 이름을 빙자하여 거짓말을 하니 살지 못하리라 하고 낳은 부모가 그가 예언할 때에 칼로 그를 찌르리라 그 날에 선지자들이 예언할 때에 그 환상을 각기 부끄러워할 것이며 사람을 속이려고 털옷도 입지 아니할 것이며.

무슨 뜻인가? 횡행하던 거짓 예언의 모습을 더는 용납할 수 없다는 말씀이다. 옛날에는 선지자들이 엘리야처럼 털옷을 입는 게 보편적이었는데, 이제는 선지자의 표상이다시피 한 털옷조차 부끄러워 감히 입지 못할 정도가 되었다는 뜻이다. 이스라엘의 대표적인 거짓 선지자는 아합 왕 시절에 바알과 아세라 선지자 850명이었다. 그들은 선지자라는 이름으로 이스라엘 백성들을 기만하고 잘못된 길로 인도했다. 우리는 그런 선지자들이 옛날에만 한정되어 존재한 것이 아니라 지금도 각 영역에 존재하며 활개를 치고 있다는 사실을 알아야 한다. 지금도 정치, 경제, 문화, 사회 분야에서 거짓 선동을 일삼으며 사람들을 기만하는 이 시대의 거짓 선지자들이 너무도 많다. 그들은 우리 자녀들과 젊은이들을 유혹하여 거짓 담론을 일삼는다. 아이러니하게도 그런 거짓 담론들이 인기를 끌며 우리 자녀들을 죄악으로 몰아넣고 우상숭배에 빠지게 한다.

그래서 우리는 기도해야 한다. 거짓 예언과 우상숭배에 물든 마음들을 주의 보혈로 순결하게 해주시도록 기도해야 한다.

본문 5절에는 당시 거짓 선지자들의 행태가 나온다.

말하기를 나는 선지자가 아니요 나는 농부라.

이는 자기 존재를 숨긴다는 뜻이다. 자기 존재를 숨긴 채 활동한다. 그들의 행태는 이뿐만이 아니다.

어떤 사람이 그에게 묻기를 네 두 팔 사이에 있는 상처는 어찌 됨이냐 하면 대답하기를 이는 나의 친구의 집에서 받은 상처라 하리라 (슥 13:6).

거짓 선지자들의 특징 중 하나는 자해한다는 것이다. 몸에 스스로 상처를 내며 선지자 행세를 했다. 그런데 사회 전체가 진리만을 추구하게 되자, 거짓 선지자들이 부끄러워서 자신의 상처에 대해 사람들이 물으면 친구 집에서 다친 것이라고 둘러댔다.

갈멜산에서 하나님의 선지자 엘리야와 영적 전투를 할 때, 거짓 선지자들은 몸에 피가 흐르기까지 자기 몸을 해치는 행동을 했다. 거짓 선지자들의 악랄한 기선제압식 행동이다. "이에 그들이 큰 소리로 부르고 그들의 규례를 따라 피가 흐르기까지 칼과 창으로 그들의 몸을 상하게 하더라"(왕상 18:28). 그러나 본문은 오직 '정결의 샘'이 터질 때, 자해하며 우상숭배 하던 모든 것이 그리스도의 피로 정결케 됨을 알려준다. 그러므로 우리는 오늘날 이 시대에도 예수 그리스도의 정결의 샘을 통해 거짓 선지자들의 거짓말이 정화되기를 기도해야 한다. 또한 주위의 수많은 거짓 선지자의 잘못된 예언과 인도에 대해, 우리에게 영적 분별력이 주어지기를 기도해야 한다. 정결의 샘으로 우리의 아이들, 청소년들, 청년들이 소중하게 지켜져야 하기 때문이다.

예수 그리스도의 십자가, 정결의 샘

앞서 정결의 샘으로 '우리의 죄와 더러움'이 정화되고 '거짓 선지자의 우상 숭배와 거짓말'이 정화된다고 했다. 이제 마지막 세 번째가 중요하다. 본문 7-9절은 이스라엘 백성들이 어떻게 더 정화될 수 있는지에 대해 말씀하고 있다.

> 만군의 여호와가 말하노라 칼아 깨어서 내 목자, 내 짝 된 자를 치라
> (슥 13:7a).

이스라엘의 정화를 다루는 본문은 놀라운 말씀을 전한다. 이스라엘 백성들을 정화시켜 그들이 용서와 깨끗함을 얻는 진짜 방법이 무엇인가에 관한 말씀이다. 그것은 거짓 선지자들이 판치는 세상에서 진짜 목자, 참 목자의 죽음을 통해 이루어진다고 하신다.

여기서 우리는 히브리어 문법으로 "칼아"라고 한 표현을 주목해 봐야 한다. "칼아"라는 단어의 구조는 칼이 움직인다는 뜻으로, 예수 그리스도의 죽음을 가리키고 있다. 이사야 53장 10절을 보라.

> 여호와께서 그에게 상함을 받게 하시기를 원하사 질고를 당하게 하셨은즉.

무슨 뜻인가? 하나님께서는 우리 죄를 사하시기 위해 예수님을 십자가에 달려 죽게 하셨다는 것이다. 그렇기에 본문 13절에서 "칼아 내 목자 내 짝 된 자를 치라"는 말씀은, 우리의 우상숭배와 온갖 죄악으로 인한 값을 지불하기 위해 하나님께서 그분의 아들 예수 그리스도를 내리치셔야 하는 상황을 알리는 것이다. 성부 하나님께서 성자 예수 그리스도를 칼로 치는 것과 같은 십자가 사건을 가리키고 있다.

여기서 '내 짝 된 자'라는 표현을 주의 깊게 보라. '내 짝 된 자'는 영어로 'my associate'이다. 교회에서 부교역자를 가리킬 때 'associate pastor'라고 하지 않는가. 그렇다면 성부 하나님께서 'my associate'라고 하시는 분이 누구시겠는가? 그분의 메이트이신 성자 예수님을 가리킨다. '내 짝 된 자'라는 말은 출생을 통해서만 발생하는 형제 관계의 용어이기 때문이다. 즉 만군의 여호와의 신성을 지니신 분, 하나님의 아들 우리 주 예수 그리스도를 뜻한다. 예수님이 말씀하신 대로 예수님과 하나님은 하나이시기 때문이다(요 10:30). 본문은 하나님의 칼이 그분의 메이트이자 우리의 진정한 목자이신 예수 그리스도를 치심으로 이스라엘에 정화가 일어난다는 사실을 알려주고 있다.

그렇다면 이 일이 일어날 때 어떤 일들이 벌어질까?

목자를 치면 양이 흩어지려니와 작은 자들 위에는 내가 내 손을 드리우리라(슥 13:7b).

예수님이 십자가에 달려 죽으실 때, 제자들은 모두 흩어졌다. 이에 대해 마태복음은 이렇게 말씀한다.

그 때에 예수께서 제자들에게 이르시되 오늘 밤에 너희가 다 나를
버리리라 기록된 바 내가 목자를 치리니 양의 떼가 흩어지리라 하
였느니라(마 26:31).

예수님은 십자가에 달리기 직전에 제자들에게 본문 말씀을 인용
하시며 그들이 다 흩어질 것을 말씀하셨다. 너무 기묘하고 놀랍지
않은가? 이 말씀은 마가복음에도 그대로 기록되었다.

예수께서 제자들에게 이르시되 너희가 다 나를 버리리라 이는 기록
된 바 내가 목자를 치리니 양들이 흩어지리라 하였음이니라(막 14:27).

이런 가운데 하나님께서는 본문 7절 후반부에 "작은 자들 위에는
내가 내 손을 드리우리라"고 하셨다. 이는 십자가 사건으로 그분을
따르던 제자들이 흩어지지만, 하나님께서 택한 작은 자들에게는 정
결함과 더러움을 씻은 은혜를 베푸신다는 뜻이다. 심판 가운데서도
우리를 보호하시고 살아남게 하시며 지켜주시는 주님을 찬양하지
않을 수 없다. 그래서 8절은 이렇게 말씀한다.

여호와가 말하노라 이 온 땅에서 삼분의 이는 멸망하고 삼분의 일
은 거기 남으리니.

무슨 뜻인가? 마지막 때 아마겟돈 전투에서 끔찍한 살육이 일어
남으로 셋 중의 둘은 죽는다는 말씀이다. 이는 문자적인 해석 이상
의 함축된 의미가 담겨 있다. 파멸과 살육이 일어나지만 그 파멸과
살육이 일어날 때, 큰 무리가 아닌 작은 자들인 삼분의 일이 살아남

는다는 뜻이다.

그렇다면 살아남는 삼분의 일이 누구일까? 이에 대해서는 스가랴 12장 10절에 이미 나와 있다.

내가 다윗의 집과 예루살렘 주민에게 은총과 간구하는 심령을 부어 주리니 그들이 그 찌른 바 그를 바라보고 그를 위하여 애통하기를 독자를 위하여 애통하듯 하며 그를 위하여 통곡하기를 장자를 위하여 통곡하듯 하리로다.

살아남은 삼분의 일은 다른 사람이 아니다. 자기 죄가 예수님을 찔렀다는 사실을 알고 그 십자가를 바라보며 우는 사람들이다. 그 십자가가 정결의 샘임을 알고 애통하며 회개하는 작은 사람들, 그들이 바로 삼분의 일에 해당하는 사람들이다. 그 작은 자들이 정화되고 살아남은 순결한 사람들이다. 오늘날 예수 그리스도를 구주로 믿고 바라보며 사는 우리가 바로 이 작은 자들이다.

그리스도의 보혈, 하나님의 친 백성 되게 하다

계속해서 본문에서는 이 작은 자들에게 일어날 일들을 알려준다.

내가 그 삼분의 일을 불 가운데에 던져 은 같이 연단하며 금 같이 시험할 것이라(슥 13:9a).

살아남은 사람들은 불 가운데 던짐 받아 연단 받는다는 얘기다.

그리고 믿기 힘들 정도의 연단 과정을 겪고 살아남을 것이라는 뜻이기도 하다.

여기서 우리의 생애를 돌아보자. 생애를 돌아볼 때 평온한 인생은 아무도 없을 것이다. 어떤 분들은 지나온 골짜기가 너무 깊어서 어떻게 살아남았는지 이해하기 힘든 분도 있을 것이다. 그런데 불 가운데 연단 받았던 지난 시간을 돌아볼수록, 우리는 하나님을 전적으로 신뢰하고 의탁하게 된다. 불같은 연단이 우리를 금처럼 단련된 하나님의 백성으로 만들었음을 확신하게 되기 때문이다. 그 확신으로 본문 9절 후반부를 보라.

> 그들이 내 이름을 부르리니 내가 들을 것이며 나는 말하기를 이는 내 백성이라 할 것이요 그들은 말하기를 여호와는 내 하나님이시라 하리라(슥 13:9b).

이 얼마나 벅찬 말씀인가. 우리가 하나님의 이름을 부르고 하나님께 기도할 때, 하나님께서 들으신다. 하나님과 우리의 관계에 있어 중간에 막힌 담이 하나도 없다. 더욱 놀라운 것은 하나님께서 그분의 이름을 부르는 백성들을 향해 "이들은 내 백성이다"라고 말씀하신다는 것이다. 말할 수 없는 연단 속에서 살아남아 거짓되고 오염된 것들이 정결의 샘으로 정화되었을 뿐 아니라, 모든 거짓 우상으로부터 벗어나 오직 예수 그리스도를 구세주와 주님으로 고백하는 하나님의 백성들에게 그분께서 말씀하신다. "이들은 내 백성이라!"

이 말씀이 왜 이렇게 소중한가? 우리가 지상에서 들을 수 있는 가장 영광스러운 말씀이기 때문이다. 우리가 하나님의 친 백성이 된 것의 영광스러움은 하나님의 백성이 아닌 것에 관한 하나님의 선포를 보면 깨달을 수 있다. 호세아서 말씀을 보라.

여호와께서 이르시되 그의 이름을 로암미라 하라 너희는 내 백성이 아니요 나는 너희 하나님이 되지 아니할 것임이니라(호 1:9).

이는 나머지 삼분의 이에 해당하는 이들을 향한 하나님의 선포이다. "너희들은 로암미야. 너희는 내 백성이 아니야"라는 말씀이 누군가에게 떨어진다면 이 얼마나 끔찍한 일인가. 히브리어 '로암미'는 '로'가 부정어이고 '암미'가 하나님의 백성이란 뜻이므로, 결국 하나님의 백성이 아닌 사람들을 말한다.

하나님께서는 우리의 작음에도 불구하고 예수 그리스도를 믿는 우리를 하나님의 친 백성으로 삼아주셨다. 우리를 하나님의 로암미가 아니라 암미로 만들어주신 것이다.

무엇을 통하여 그렇게 하셨는가? 정결하게 하는 샘을 통해서다. 그 샘이 우리의 죄와 더러움을 씻어주셨다. 칼로 치신 예수 그리스도의 구속의 은혜로 우리가 죄 사함을 받았다. 진정한 목자 되시는 예수 그리스도의 은혜로, 우리가 시련의 고통 속에서도 은과 금처럼 연단 받아 살아남은 하나님의 암미가 될 수 있었다. 우리는 은혜 받은 하나님의 백성이 된 것이다! 이 사실에 감사하며 본문 1절 말씀으로 이 장의 결론을 내리자.

그날에 죄와 더러움을 씻는 샘이 다윗의 족속과 예루살렘 주민을 위하여 열리리라.

이 말씀이 신약시대를 사는 우리에게 어떻게 접목될 수 있을까?

누가복음에 잘 나타나 있다.

저녁 먹은 후에 잔도 그와 같이 하여 이르시되 이 잔은 내 피로 세우는 새 언약이니 곧 너희를 위하여 붓는 것이라(눅 22:20).

우리는 그리스도의 보혈을 통해 하나님의 친 백성, 하나님의 새 언약에 참여하는 하나님의 새 백성이 된다. 하나님께서는 이 언약에 참여하는 자마다 매일의 삶의 여정에서 승리를 허락하실 것이다.

요한계시록은 이와 같은 새 언약이 주어질 때 우리에게 있을 일에 대해 말씀한다.

또 우리 형제들이 어린 양의 피와 자기들이 증언하는 말씀으로써 그를 이겼으니(계 12:11a).

하나님께서 어린 양의 피를 통해 우리를 새 언약 백성이 되게 하심으로 승리를 주신다는 뜻이다. 그리스도의 보혈의 능력으로 삶의 모든 현장에서 마귀의 유혹과 세력을 이겨내게 하신다는 것이다.

지금도 마귀는 끊임없이 우리의 문제와 잘못, 연약함과 죄를 참소하며 지적한다. 그럴 때 우리의 힘만으로는 도저히 이겨낼 수 없다. 그러나 하나님의 친 백성, 그분의 암미가 되어 그리스도의 보혈의 잔에 참여하면 하나님께서 친히 우리에게 승리를 안겨주신다.

기억하라. 그리스도의 보혈은 우리를 보호할 뿐 아니라 우리를 변호한다. 예수님의 보혈이 우리를 변호한다! 아벨의 피가 하나님께 부르짖을 때 역사하셨다면(창 4:10), 하나님의 아들이신 예수님의 보혈로 하나님께 부르짖을 때, 하나님께서 얼마나 더 강력하게 역사하시겠는가.

우리는 성찬을 통해 강력하게 역사하시는 예수님의 보혈의 능력을 경험할 수 있다. 성찬식은 예수 그리스도의 보혈로 우리의 죄와 더러움을 씻김 받고, 이제는 우리가 하나님의 새 언약의 백성이 되었음을 선언하며 기념하는 축복의 시간이기 때문이다.

천하의 왕께로 걷게 하시다

"여호와의 날이 이르리라 그날에 네 재물이 약탈되어 네 가운데에서 나누이리라 내가 이방 나라들을 모아 예루살렘과 싸우게 하리니 성읍이 함락되며 가옥이 약탈되며 부녀가 욕을 당하며 성읍 백성이 절반이나 사로잡혀 가려니와 남은 백성은 성읍에서 끊어지지 아니하리라 그 때에 여호와께서 나가사 그 이방 나라들을 치시되 이왕의 전쟁 날에 싸운 것 같이 하시리라 그날에 그의 발이 예루살렘 앞 곧 동쪽 감람산에 서실 것이요 감람 산은 그 한 가운데가 동서로 갈라져 매우 큰 골짜기가 되어서 산 절반은 북으로, 절반은 남으로 옮기고 그 산 골짜기는 아셀까지 이를지라 너희가 그 산 골짜기로 도망하되 유다 왕 웃시야 때에 지진을 피하여 도망하던 것 같이 하리라 나의 하나님 여호와께서 임하실 것이요 모든 거룩한 자들이 주와 함께 하리라 그날에는 빛이 없겠고 광명한 것들이 떠날 것이라 여호와께서 아시는 한 날이 있으리니 낮도 아니요 밤도 아니라 어두워 갈 때에 빛이 있으리로다 그날에 생수가 예루살렘에서 솟아나서 절반은 동해로, 절반은 서해로 흐를 것이라 여름에도 겨울에도 그러하리라 여호와께서 천하의 왕이 되시리니 그날에는 여호와께서 홀로 한 분이실 것이요 그의 이름이 홀로 하나이실 것이라 온 땅이 아라바 같이 되되 게바에서 예루살렘 남쪽 림몬까지 이를 것이며 예루살렘이 높이 들려 그 본처에 있으리니 베냐민 문에서부터 첫 문 자리와 성 모퉁이 문까지 또 하나넬 망대에서부터 왕의 포도주 짜는 곳까지라 사람이 그 가운데에 살며 다시는 저주가 있지 아니하리니 예루살렘이 평안히 서리로다"(스가랴 14:1-11).

이 장과 다음 장을 통해 스가랴서 강해가 마무리된다. 돌이켜보면 스가랴서를 강해하는 일이 쉽지만은 않았다. 그러나 이 시대야말로 스가랴서 말씀이 꼭 필요하다는 생각에는 변함이 없다. 그래서 가능하면 스가랴서 말씀을 한 절 한 절 살펴보려고 했는데, 그것이 지금까지도 가장 감사한 일로 남는다. 나중에라도 코로나 팬데믹 시절을 떠올릴 때면 우리를 살게 했던 스가랴서 말씀을 자동적으로 떠올릴 수 있으면 좋겠다.

우리를 위해 싸우시는 하나님

스가랴 14장은 메시아 되시는 예수 그리스도의 귀환에 대해 집중적으로 말씀한다. 우리가 아는 대로 기독교 역사는 하나님의 '창조'를 선포하는 창세기 1장에서 시작하여, 마지막 요한계시록 22장에 이르러 "마라나타, 주 예수여 오시옵소서"라는 예수님의 '재림'으로 종결된다. 이 재림을 언약 신학적으로 표현하는 말이 '새 창조'인데, 어떻게 보면 새 창조야말로 '반전'이고 '역전'이며 '막판 뒤집기'이다.

스가랴서도 이를 그대로 알려준다. 예수님은 나귀 새끼를 타고 예루살렘에 입성하시고(슥 9:9) 은 삼십 세겔에 팔리셨으며(슥 11:12, 13), 찔린 바 되셨다가(슥 12:10) 대반전을 일으키시는 모습이 소개되고 있다. 본문 14장 4절은 이와 같은 예수님의 대반전이 어떻게 나타나는지 알려준다.

> 그날에 그의 발이 예루살렘 앞 곧 동쪽 감람 산에 서실 것이요.

"그날에 그의 발이 예루살렘 앞 곧 동쪽 감람산에 서실 것"이라 하신다. 초림 때 겸손하게 오셨던 예수님이 재림 때는 천하의 왕으로 오신다는 말씀이다. 여기서 '그의 발'은 예수 그리스도의 발을 말하며 '예수님의 재림'을 뜻한다. 완전한 막판 뒤집기라 할 수 있다.

사도행전 1장 11절에도 이와 같은 예수님의 '승천과 재림'에 관한 예언이 나온다. "이르되 갈릴리 사람들아 어찌하여 서서 하늘을 쳐다보느냐 너희 가운데서 하늘로 올려지신 이 예수는 하늘로 가심을 본 그대로 오시리라 하였느니라." 물론 우리는 영적 시력이 약하기 때문에 아직 이 말씀을 완벽하게 이해할 수 없다. 그러나 그와 상관없이, 주님의 다시 오심과 새 창조의 역사는 모두 이루어질 것이다. 이것이 '역사의 대혼돈 시대'를 살고 있는 이때, 우리에게 위로와 소망이 된다. 누가 뭐라 해도 하나님께서 친히 '예수님 중심'으로 그분의 역사를 써내려 가신다는 것이다.

이 사실을 기억하며 우리는 한 가지 주의를 기울여 본문을 봐야 한다. 이 본문을 문자적으로 해석할 것인지, 아니면 영적으로 해석할 것인지의 문제이다. 본문 4절만 해도 '예수님이 감람산에 서신다'는 말씀을 문자적으로 해석하는 분들은 예수님이 다시 오실 때 지리적으로 바로 그 장소에 재림하실 거라고 본다. 그러나 영적으로 해석하는 분들은 감람산은 상징일 뿐, 바로 그 장소를 의미하는 것은 아니라고 주장한다.

말씀 해석에 대한 내 입장은 포괄적이고도 계시 의존적이다. 그러므로 본문 말씀을 포괄적이고도 상징적으로, 또한 언약학적으로 오가며 말씀드리려 한다.

본문 해석에 대한 입장이 어떠하든 우리가 핵심적으로 붙잡아야 할 중요한 사항은, 초림으로 오셨던 예수 그리스도께서 반드시 다시 오실 것이라는 구원사적이고 언약적인 시각이다. 이 시각을 가지고 본문을 한 절 한 절 살펴봤으면 좋겠다.

먼저 1-5절까지는 말세에 고통당할 것에 관한 내용이다. 그중 1-2절은 예수님이 재림하시기 전 말세에 이스라엘이 당할 고통에 대해 소개한다. 이는 문자적으로 해석해도 무리가 없어 보인다.

여호와의 날이 이르리라 그날에 네 재물이 약탈되어 네 가운데에서 나누이리라 내가 이방 나라들을 모아 예루살렘과 싸우게 하리니 성읍이 함락되며 가옥이 약탈되며 부녀가 욕을 당하며 성읍 백성이 절반이나 사로잡혀 가려니와 남은 백성은 성읍에서 끊어지지 아니하리라(슥 14:1-2).

무슨 뜻인가? 그날에 유혈사태가 일어나 예루살렘에 큰 재앙이 온다는 뜻이다. 생각만 해도 끔찍한 일이다. 이는 주님이 예루살렘을 눈동자 같이 지키시고 불 성곽으로 보호하신다는 스가랴 2장의 말씀과 대조되어 보인다. 그러나 우리는 이 말씀을 볼 때 예루살렘을 향한 하나님의 궁극적 목적이 재앙 자체가 아님을 기억해야 한다. 예루살렘을 향한 주님의 궁극적인 목적은 새로운 구원의 시대를 열어주시려는 데 있다. 그러나 이것은 목자이신 주님의 안타까운 심정을 깨달을 때만 확인된다. 이어지는 14장 3절 말씀을 보라.

그때에 여호와께서 나가사 그 이방 나라들을 치시되 이왕의 전쟁 날에 싸운 것 같이 하시리라.

어려운 재앙의 시기, 영적으로 처절한 전쟁의 시기에 주님이 직접 나가 이방 나라들을 치고 백성의 절반을 찾아오신다는 말씀이다. 선한 목자가 달려가서 이리와 늑대에게 빼앗긴 양들을 찾아오듯이, 주님이 이방 나라에 빼앗겼던 백성들을 도로 찾아오신다는 것이다. 고난의 때에 메시아를 고대하는 하나님의 백성들에게 주님이 직접 용사가 되어 주시는 모습이다. 이에 대해 본문 3절은 "이왕의 전쟁 날에 싸운 것 같이 하시리라"고 했다. 이전에 전쟁이 일어날 때마다 하나님께서 적진을 향해 용사가 되어 출동해주셨던 것처럼 싸우신다는 뜻이다.

우리는 여기서 재난이나 고난을 당할 때 어떤 태도를 취해야 하는지 알 수 있다. 우리에게 일어나는 모든 고난은 하나님의 허락 하에 일어난다. 동시에 우리는 영적으로 사탄의 끝 모를 모략과 능력 때문에 재난을 당하기도 한다. 그렇다면 그때 우리가 할 수 있는 일이 무엇이겠는가? 자기 백성을 위해 용사가 되어 싸워주시는 하나님을 믿고 주님을 찬양하는 일이다. 왜냐하면 하나님께서는 우리가 고난당할 때마다 우리를 잊지 않으시고 출동해 싸우시는 분이기 때문이다. 따라서 고난당할 때 우리가 할 수 있는 최선의 길은 본문 3절 "여호와께서 나가사 그 이방나라들을 치시되 이왕의 전쟁 날에 싸운 것 같이 하시리라"를 기억하며 하나님을 찬양하는 일임을 잊지 말자.

이처럼 주님이 우리를 위해 친히 싸우신다는 사실은 성경 곳곳에 기록되어 있다.

> …우리의 하나님 여호와시라…우리를 대신하여 싸우시리라 하매 백성이 유다 왕 히스기야의 말로 말미암아 안심하니라(대하 32:8).

> …여호와께서 친히 너희를 위하여 싸우시리라 하였노라(신 3:22).

이 말씀대로 여호와께서는 우리를 위해 '친히' 싸우신다. 특별히 이 말씀은 과거에 한정된 말씀이 아니라 이 시대에 하나님의 자녀 된 이들의 삶에 역사하시는, 현재진행형의 말씀이다. 용사이신 하나님께서 현재 나와 함께 하시기에 우리는 이 싸움에서 이길 수 있다.

> 그러하오나 여호와는 두려운 용사 같으시며 나와 함께 하시므로 나를 박해하는 자들이 넘어지고 이기지 못할 것이오며 그들은 지혜롭게 행하지 못하므로 큰 치욕을 당하오리니 그 치욕은 길이 잊지 못할 것이니이다(렘 20:11).

우리가 고통 중에 있을 때, 하나님께서는 두려운 용사가 되셔서 우리를 위해 싸우신다. 그런데도 우리가 삶의 현장에서 우리를 위해 대신 싸우시는 하나님을 믿지 못하고 보지 못한다면, 우리는 예수님을 모르는 세상 사람들과 다를 게 하나도 없다. 세상 사람들은 고난 앞에서 "이게 되겠냐?"라며 낙담하지만, 하나님을 믿는 백성들은 그와 같은 고난 앞에서 우리를 위해 대신 싸우시는 하나님을 바라보며 참된 소망으로 전진할 수 있어야 한다. 성찬 때마다 예수님의 떡과 잔을 기념하고 그것을 '기적의 음식'으로 받으며 은혜를 소원했던 것처럼, 우리는 고난 앞에서 "내가 너를 위해 싸운다" 하신 하나님의 말씀을 기적의 말씀으로 받아먹음으로 믿는 대로 이루어지는 인생을 살 수 있어야 한다. 우리가 믿음의 눈을 갖고 살 때, "하나님께서 모든 것을 하셨습니다"라고 고백하는 인생이 될 수 있다.

이에 대해 시편 기자도 다음과 같이 고백했다.

> 주께서 내 영혼을 사망에서, 내 눈을 눈물에서, 내 발을 넘어짐에서 건지셨나이다(시 116:8).

시인은 어떻게 이런 고백을 할 수 있었을까? 주님이 자기를 위해 싸워주심을 믿고 소망했기 때문이다. 그래서 시인은 눈물이 변해 기쁨의 은혜가 되는 복을 누리며 이런 고백을 할 수 있었다. 우리는 환난 중에도 하나님을 믿고 그분을 바라봐야 한다. 그분은 우리를 죽이려 드는 세상의 모든 흉포함으로부터 우리 영혼을 건지시고 우리에게 상처 주며 괴롭히는 모든 상황으로부터 우리를 건지시며, 우리를 넘어뜨리는 모든 대적과의 관계로부터 우리를 건지시는 큰 용사 같은 하나님이시요 사망의 골짜기에서 우리를 구원하기 위해 오시는 구원의 하나님이시다.

그렇다면 하나님께서 우리를 위해 오실 때 어떤 일이 벌어질까?

본문 4-5절은 그때가 되면 자연계의 지각변동이 있을 것임을 먼저 알려준다.

> 그날에 그의 발이 예루살렘 앞 곧 동쪽 감람산에 서실 것이요 감람
> 산은 그 한 가운데가 동서로 갈라져 매우 큰 골짜기가 되어서 산 절
> 반은 북으로, 절반은 남으로 옮기고(슥 14:4).

앞서 말한 대로 '그의 발'은 '예수 그리스도의 발'을 가리킨다. 예수 그리스도의 발이 감람산에 서실 때 큰 지진이 일어나서 산 가운데가 동서로 갈라지고 산 절반은 북으로, 나머지 절반은 남으로 옮겨져 큰 계곡이 생긴다는 말이다. 여기에 덧붙여 8절에서는 지하에 샘이 흘러 반은 사해로, 나머지 반은 지중해로 흘러 들어가는 기이한 현상도 나타날 것임을 알려준다.

이와 같은 기이한 지각변동 앞에서 사람들은 놀라 도망친다.

> …너희가 그 산 골짜기로 도망하되 유다 왕 웃시야 때에 지진을 피
> 하여 도망하던 것 같이 하리라…(슥 14:5).

사람들이 산의 골짜기로 도망치는데 그 모습이 마치 유다 왕 웃시야 때 지진이 나서 도망치던 것과 같다는 말씀이다. 그리고 그 순간, 놀라운 일이 일어난다. 본문 5절을 보라.

> …나의 하나님 여호와께서 임하실 것이요 모든 거룩한 자들이 주와
> 함께 하리라.

하나님께서 임하신다고 한다. 여기서 특이한 점은 예수님이 감람산 사이에 서시며 재림할 때는 홀로 오시지 않는다는 점이다. 5절 후반부에 나타난 대로 "모든 거룩한 자들"과 함께 오신다. 거룩한 자들이 누구인가? 이들은 신구약성경에 나오는 믿음의 선배들과 우리의 선조들, 또한 천사들을 말한다. 그렇기에 이 구절은 데살로니가전서와 골로새서에 선포된 "주께서 호령과 천사장의 소리와 하나님의 나팔 소리로 친히 하늘로부터 강림하시리니"(살전 4:16a), "우리 생명이신 그리스도께서 나타나실 그 때에 너희도 그와 함께 영광 중에 나타나리라"(골 3:4)라는 말씀과도 동일한 맥락이다. 주님은 그 날에 모든 거룩한 자들과 함께 오신다.

새 창조의 반전 1. 빛이 없겠고 빛이 있으리로다

지금까지 고통의 때에 우리를 위해 싸우시는 주님에 대한 말씀을 드렸다면, 이제부터는 새 창조의 놀라운 반전에 대해 말씀드리려 한다. 이를 위해 본문 6절을 보자.

그날이 오면, 햇빛도 차가운 달빛도 없어진다(새번역).

특별한 회복 사건을 말씀하는 6-7절에서는 그날에 "햇빛도 차가운 달빛도 없어진다"고 한다. 그날이 오면 모든 빛이 사라진다는 것이다.

주의 날이 임할 때 빛이 사라진다니, 이상하다는 생각이 들지 않는가? 특히 여기에서 빛은 해와 달과 별과 같은 발광체 빛을 말하는 것으로, 그날이 오면 모든 물리적인 빛이 사라지고 어둠이 임한다는 얘기다. 어떤 분들은 본문 말씀이 너무 부정적으로 해석되어 심각한 고민에 빠지기도 한다.

그러나 '빛의 부재'는 다른 말로 하면 '새 창조의 반전'을 이루는 일이다. 창세기에서도 어두움 가운데 있을 때 '빛이 있으라' 하신 말씀을 따라 빛이 있지 않았는가. 어두움 이후에 비로소 빛이 온다는 것이다. 이처럼 빛이 없는 캄캄한 날들에 대해서는 요엘 2장에서도 다음과 같이 예언했다.

> 곧 어둡고 캄캄한 날이요 짙은 구름이 덮인 날이라 새벽 빛이 산 꼭대기에 덮인 것과 같으니 이는 많고 강한 백성이 이르렀음이라 이와 같은 것이 옛날에도 없었고 이후에도 대대에 없으리로다(욜 2:2).

우리는 요엘서에 소개된 말씀을 통해 무엇을 알 수 있는가? 심판의 날은 본래 빛이 없는 날이라는 것이다. 또한 스가랴서를 계시 의존적으로 해석해 볼 때, 빛의 사라짐은 그것으로 끝나지 않고 새로운 빛의 출현을 예고한다는 사실이다. 결국 이 말씀들은 고난의 때가 지나고 마침내 새로운 회복, 새 창조, 새 반전의 길이 열린다는 것을 알려준다. 이 말씀은 빛의 부재가 곧 '새 창조의 반전'을 가져온다는 사실을 중요하게 부각하고 있다.

이에 대해 본문 6-7절에서는 다음과 같이 기록했다.

> 그날에는 빛이 없겠고 광명한 것들이 떠날 것이라 여호와께서 아시는 한 날이 있으리니 낮도 아니요 밤도 아니라 어두워 갈 때에 빛이 있으리로다.

6절에서는 '빛이 없겠고'라고 했는데 7절에 보니 '빛이 있으리로다'라고 했다. 빛이 없어졌는데 빛이 있다. 너무나 신묘막측하지 않은가? 어둡고 캄캄한 날의 대반전이 이루어지고 있는 모습이다.

이는 구원 역사의 놀라운 말씀으로, 옛 창조의 빛이 새 창조의 빛에 자리를 내어주는 모습이라 할 수 있다. '없겠고'가 '있겠고'가 되는 대반전의 역사다. 또한 새 창조의 반전은 단순히 빛이 사라졌다가 다시 나타나는 차원이 아니라, 영원히 변하지 않는 하나님의 찬란한 영광으로 대치되는 것을 뜻한다. 하나님의 영광의 순전함과 장엄한 광채가 뒤덮이는 것을 말한다. 그때가 되면 창세기 1장에 기록된 3차원의 창조 세계에 나타나는 낮과 밤의 주기가 모두 사라지고 그와는 완전히 다른 새 창조, 새로운 빛의 개념이 나타난다.

이와 같은 새 창조의 반전이 이뤄지면 밤이 없어지고 빛만 비추는 날들이 계속될 것이다. 낮과 밤으로 특정 지어지는 옛 창조의 물리적인 형태가 사라지고 새로운 창조의 시대가 도래한다는 것이다. 이 얼마나 놀라운 일인가.

성경에서 옛 어둠이 사라지고 새 빛이 오는 것에 대한 가장 대표적인 말씀이 이사야 60장 19-20절이다. 나는 그간 이 말씀을 가지고 수십 번 설교했는데 스가랴서와 연결하여 이 말씀의 의미를 다시 곱씹고는 뛰는 가슴을 억누를 길이 없었다.

다시는 낮에 해가 네 빛이 되지 아니하며 달도 네게 빛을 비추지 않을 것이요 오직 여호와가 네게 영원한 빛이 되며 네 하나님이 네 영광이 되리니 다시는 네 해가 지지 아니하며 네 달이 물러가지 아니할 것은 여호와가 네 영원한 빛이 되고 네 슬픔의 날이 끝날 것임이라.

우리는 이 말씀보다는 사랑의교회 제자훈련의 금과옥조와도 같은 이 말씀의 뒷구절인 이사야 60장 22절을 더 주목했었다.

　그 작은 자가 천 명을 이루겠고 그 약한 자가 강국을 이룰 것이라 때가 되면 나 여호와가 속히 이루리라.

　이사야서 60장 22절은 매우 중요한 말씀이다. 그런데 이 중요한 말씀의 의미를 온전히 알려면 앞 절에 나오는 19-20절을 먼저 알아야 한다. "다시는 낮의 해가 네 빛이 되지 아니하고 밤에도 빛이 비추지 않는다"라는 말씀의 의미가 무엇인가? 하나님의 새 창조의 대반전이 이루어짐으로 옛 창조의 어두운 역사가 물러가고 영원한 빛이 도래한다는 뜻이다. 따라서 새 창조의 대반전으로 여호와가 우리의 영원한 빛이 될 때, 비로소 "그 작은 자가 천을 이루고 그 약한 자가 강국을 이룰 것이라 때가 되면 나 여호와가 속히 이루리라"라는 이사야 60장 22절 말씀이 이루어진다고 할 수 있다.
　하나님의 새 창조를 말씀하는 본문은 이토록 놀라운 의미가 담겨 있다. 그러므로 이 말씀의 의미를 완벽하지 않아도, 아주 조금만 깨달아도 우리는 평생 새 힘을 얻고 믿음의 용량을 키워나갈 수 있을 것이다. 이 말씀이 깨달아질 때, 어둡고 캄캄하기만 한 지금의 우리 상황도 새 사람으로 새롭게 태어나기 위한 '빚어짐의 시간'이 될 것이다.
　사실 주님이 오시는 그날이 되면 핵발전소, 태양광발전소, 석탄발전소도 문을 닫아야 한다. 가로등도 필요 없어진다. 책 읽을 때 켜야 했던 형광등도, 양치할 때 켜야 했던 화장실의 불빛도 필요 없다. 그날에 찾아올 주님의 빛은 해와 달과 별빛은 물론, 세상의 어떤 인위적인 빛도 의지하지 않는 새로운 빛이기 때문이다. 사도 요한은 이를 깨닫고 요한계시록에서 다음과 같이 기록했다.

> 그 성은 해나 달의 비침이 쓸 데 없으니 이는 하나님의 영광이 비치고 어린 양이 그 등불이 되심이라 만국이 그 빛 가운데로 다니고 땅의 왕들이 자기 영광을 가지고 그리로 들어가리라 낮에 성문들을 도무지 닫지 아니하리니 거기에는 밤이 없음이라(계 21:23-25).

너무나 장엄하지 않은가? "거기에는 밤이 없음이라"는 말씀의 의미가 깨달아질 때, 우리는 놀라운 은혜의 세계로 들어가게 된다. 자연의 빛이 아니라 계시의 빛이 우리 영혼을 환히 밝히는 세계 안으로 들어가게 된다. 그 빛이 우리 영혼에 들어오면 성탄절에 참 빛으로 오신 예수 그리스도가 깨달아지고, 세상 사람들이 안 된다며 도리질하는 일들에 대해서도 가능성을 회복하게 된다. 이 빛이 우리의 진정한 빛임을 믿고 확인하게 되는 그때, 그 작은 자가 천을 이루고 그 약한 자가 강국을 이루는 놀라운 삶이 우리에게도 이루어진다.

새 창조의 반전 2. 여름에도 겨울에도 생수가 솟아나리라

주님이 오시는 날, 우리에게는 또 한 가지 놀라운 대반전이 이루어진다. 본문 8절에 나오는 '생수'를 통한 반전이다.

> 그날에 생수가 예루살렘에서 솟아나서 절반은 동해로, 절반은 서해로 흐를 것이라 여름에도 겨울에도 그러하리라.

우선 예루살렘에서 생수가 솟아난다는 것은 엄청난 일이다. 당시 인근 이집트에는 나일강이 있고 페르시아에는 유프라테스와 티그리스 같은 강이 있어 물 부족을 몰랐지만, 이스라엘의 사정은 달랐다. 강이라고는 요단강과 같은 작은 강만 있었기에 이스라엘과 예루살렘은 늘 물 부족에 시달려야 했다. 그런데 메마른 유다 땅에 물이 넘쳐흐른다니, 이는 결정적인 축복이 아닐 수 없다. 시온의 생수가 일 년 내내 동서로 흐르고 '여름과 겨울에도', 즉 계절이나 환경에 상관없이 생수가 공급된다고 한다. 생수를 통한 새 창조와 대반전이 그날에 이루어지는 것이다.

우리는 예루살렘에서 생수가 솟아난다는 말씀을 보며, 성전 동편에서부터 생수가 흘러나온다는 에스겔서를 떠올리게 된다. 또한 '예루살렘'을 문자적으로만 해석하지 않고 '교회' 혹은 '성전인 우리 자신'으로 적용해보면, "너는 물 댄 동산 같겠고 물이 끊어지지 아니하는 샘 같을 것이라"는 이사야 58장 11절 말씀을 나의 것으로 받아들일 수 있다. 우리는 비록 수가성 우물가의 여인처럼 메마른 인생에 불과하지만, 주님을 신뢰하는 순간 날마다 솟는 샘물의 은혜를 주시겠다는 말씀이다. 실제로 그 약속의 말씀을 내 것으로 받고 인격적 성령의 능력을 체험할 때마다 하나님께서는 내 속에서 생수의 강이 흘러남을 경험하게 하셨다.

하나님은 그런 분이다. 하나님께서 역사하지 않으면 아무것도 아님을 고백하며 하나님의 약속의 말씀만을 붙들고 바라는 이들에게 생수를 통한 삶의 반전을 주시고 새로운 길을 열어주시는 분, 그분이 바로 우리가 믿는 여호와 하나님이시다.

천하의 왕이 오신다

지금까지 우리는 고통의 때 주님이 어떻게 우리를 위해 싸워주시고, 우리 인생 가운데 어떻게 새 창조의 반전을 이루시는지에 대해 살펴봤다. 이제는 본문 9-11절을 보며 하나님의 우주적인 통치와 왕권의 회복에 대해 나누려 한다. 먼저 9절을 보자.

여호와께서 천하의 왕이 되시리니 그날에는 여호와께서 홀로 한 분이실 것이요 그의 이름이 홀로 하나이실 것이라.

9절에서 우리 눈에 들어오는 단어는 '천하의 왕'이다. 여호와께서 천하의 왕이 되시는 그날에 사람들이 오직 주님 한 분만을 섬기고 그분의 이름만으로 간구하게 되며, 주님만이 이 우주 가운데 참 경배를 받으시는 유일한 왕이 되신다는 뜻이다. 이는 이사야서 말씀과도 연결된다.

…그의 이름은 만군의 여호와이시며…그는 온 땅의 하나님이라 일컬음을 받으실 것이라(사 54:5).

여호와께서 천하의 왕이 되시면 나타나는 현상이 본문 10절에 소개된다.

온 땅이 아라바 같이 되되 게바에서 예루살렘 남쪽 림몬까지 이를 것이며 예루살렘이 높이 들려 그 본처에 있으리니….

무슨 뜻인가? 소위 우주적 대격변이 일어난다는 것이다. 여호와께서 우주적 왕권의 중심이 되실 때, 예루살렘이 존귀함을 얻는다는 뜻이기도 하다. 물론 이 말씀에 대한 문자적인 해석과 영적인 해석에는 조금 차이가 있지만, 문자적으로 예루살렘에 대입하여 해석해도 전혀 의미 없다고는 볼 수 없을 것이다. 말 그대로 말세가 되면 이스라엘에도 큰 징조가 있을 것이기 때문이다.

동시에 우리는 이 말씀을 영적으로 해석하여 '예루살렘'을 '교회'로 적용해 볼 필요가 있다. 그렇게 말씀을 본다면 그날에 "온 땅이 아라바같이 되되 게바에서 림몬까지 이를 것이며"라는 말씀은 대체 무슨 뜻일까? 아라바는 다른 땅과 달리 '평지'이다. 그렇기에 이 말씀은 게바에서 림몬에 이르는 모든 땅이 아라바처럼 평지가 된다는 뜻이다. 온 땅이 평지가 됨으로 오직 예루살렘만 우뚝 솟아 존귀함을 얻는다는 뜻이기도 하다.

이어지는 11절을 보자.

사람이 그 가운데에 살며 다시는 저주가 있지 아니하리니 예루살렘이 평안히 서리로다.

너무나 귀한 말씀이다. 이 말씀 역시 문자적으로 보기도 하지만, 예루살렘을 교회로 적용하여 영적으로 해석할 때 깊은 은혜가 있다. 즉 이 말씀은 "사람이 그 가운데 살며 다시는 저주가 없으므로 교회가 평안히 서리로다"로 해석할 수 있다. 이를 통해 우리는 예루살렘이 '성곽 없는 성읍'이 된다는 스가랴 2장 4절 말씀이 드디어 그대로 이루어짐을 볼 수 있다. 한계가 없는 부흥과 회복이 교회에 일어나는 것이다. 그때가 되면 "다시는 저주가 있지 아니하리니"라는 구절도 현실화된다. 만군의 여호와의 그날에는 저주가 없으므로 영원한 구원의 날로 들어서게 되고, 참된 은총의 날도 영원히 지속된다.

이 얼마나 놀라운 말씀인가? 더욱 감사한 것은 하나님의 백성인 우리가 이 말씀을 믿고 붙들 때, 우리 삶에 한 가지 신기한 현상이 나타난다는 사실이다. 세상 사람들이 볼 때는 저줏거리인 일들이 결국은 은총과 구원으로 바뀌게 되는 것이다. "저건 저 사람에게 저주야"라며 얘깃거리가 되는 일들이 하나님의 날에는 구원과 은총으로 바뀌게 된다. 하나님의 백성에게 임한 저주는 여호와의 구원의 날에 곧 구원이요 회복이 된다는 것이다.

무슨 뜻인가? 본문의 예언이 선포된 지 500여 년 뒤에 바울이 다메섹 도상에서 부활하신 예수님을 만났던 일을 짚어보자. 바울이 부활하신 주님을 만난 그 순간, 하늘에서 영원한 빛이 비치고 바울은 마상에서 떨어지고 말았다. 그날 그 사건은 세상의 시각으로 보자면 '저주의 날'이다. 눈이 멀고 마상에서 떨어져 심판받았으니 저주가 아니고 무엇이겠는가? 그런데 바울에게 있어 그날은 심판의 날, 저주의 날이 아니라 구원의 날, 은총의 날이며 사명의 날, 영광의 날, 회복의 날이 되었다. 세상이 볼 때는 저주인 것이 그리스도인에게는 축복이요 회복이며 은총인 것이다.

우리도 마찬가지다. 살다 보면 우리도 바울이 마상에서 떨어지고 눈이 멀어버린 사건과 같은 일을 겪을 때가 있다. 그럴 때 사람들은 우리를 향해 "너는 저주받았다"라고 말할 수도 있다. 그러나 우리가 영적 시각을 가지고 그날이 결코 저주의 날이 아님을 믿는다면, 어떤 경우에도 저주와 같은 그 사건이 구원이요 은총이요, 생수의 사건이 될 수 있다. 진짜 그리스도인이 되면, 남들이 볼 때 저주인 일이 우리에게 구원이 되고 남들이 볼 때 슬프고 고통스러운 상황도 신묘막측하신 하나님을 체험케 하는 평강의 일로 바뀌는 것이다. 천하의 왕이 귀환하실 때, 우리에게는 이와 같은 현상과 축복이 일어난다. 그래서 천하의 왕이 이 땅에 다시 오심은 너무도 귀하고 감사한 일이 아닐 수 없다. 이사야는 이 사실을 알고 다음처럼 고백한다.

…그의 이름은 기묘자라, 모사라, 전능하신 하나님이라, 영존하시는 아버지라, 평강의 왕이라 할 것임이라(사 9:6).

천하의 왕이신 우리 주님이 귀환하실 때 일어나는 기묘한 현상과 은총을 알기에, 이제는 우리도 이사야처럼 고백해야 한다. "그분의 이름은 기묘자라, 모사라, 전능하신 하나님이라, 영존하시는 아버지라, 평강의 왕이라!" 우리가 왕이신 하나님을 바라봄으로 심판의 날이 구원의 날로, 어두움의 날이 빛의 날로, 메마른 날이 생수의 날로 바뀔 것을 확신하며 살 수 있기를 바란다.

천하의 왕이 이루시는 새 창조의 역사를 보라

나는 이 사실을 확실히 믿는다. 천하의 왕이신 예수님이 우리를 위해 싸우실 뿐 아니라 새 창조를 이루시고, 그분이 오시면 저주가 변하여 축복이 되고 회복이 되며 구원이 됨을 믿는다.

이 사실을 믿기에 삶의 두 가지 원칙을 세울 수 있었다. 그 하나가 고난이 찾아올 때의 원칙이다. 고난이 오면 나의 부족함 때문에 가슴을 치게 되고 때로는 억울함에 몸서리가 쳐지기도 하지만, 아무리 힘들고 어려워도 술수를 쓰지 않겠다는 것이다. 고난이 올 때마다 인간적인 방법을 쓰지 않겠다고 다짐하는 것이다. 이를 위해 정말로 어렵고 힘들 때, 그리고 결정적인 순간에 사람의 술수를 쓰지 않고 주님만을 절대 신뢰하는 은혜를 베풀어주시길 하나님께 기도하곤 한다.

> 비록 하나님이 나를 죽이실지라도 나는 그를 신뢰할 것이다(욥 13:15a, 현대인의성경).

내 삶에 또 하나의 원칙은 남을 죽이는 삶이 아니라, 남을 살리고 생수를 주고 빛을 던지는 사역을 하겠다는 것이다. 설령 내게 그럴 만한 능력이 눈곱만큼 주어진다고 해도, 나는 절대로 남을 비판하거나 끌어내리거나 해코지하거나 모략을 꾸미는 일은 하지 않겠다고 다짐했다. 그래서 강단에서도 누구를 치거나 때리는 일은 하지 않겠다는 원칙 속에 지금껏 달려올 수 있었다.

이처럼 내가 이 두 가지를 견제하며 살아가려 했던 데에는 하나님에 대한 신뢰, 말씀에 대한 믿음이 있기 때문이다. 남들이 볼 때는 "저 일은 저주다", "저 일은 심판이다" 하는 일조차 주님 손에 들릴 때는 구원이요 은총이며, 축복이 됨을 말씀이 알려주었기 때문이다.

성경을 보면 과거 이스라엘 백성들은 어려울 때 항상 술수를 썼다. 여호와를 끝까지 의지하기보다 외교적 술수를 통해 열방의 침략을 극복하려고 했다. 그러나 그들이 외교적으로 정치적으로 아무리 술수를 써도, 그 술수로 성공을 거둔 적은 한 번도 없었다. 이스라엘이 이집트를 의지하고 앗수르를 의지하며 외교적 술수를 쓸 때마다 결과는 참담한 실패로 끝나고 말았다.

따라서 새 우주적 통치의 시대가 도래한다는 것은, 이스라엘이 이

제 더 이상 외교정책으로 생명을 유지하는 도시가 되지 않는다는 것을 뜻한다. 그때가 되면 오히려 새 예루살렘은 여호와께서 친히 왕으로 임재하여 다스리시기 때문에, 우주적 통치의 중심지가 될 것이다.

그래서 시편 2편은 이방 나라들이 헛된 일을 꾸미며 여호와께 대적할 때, 하늘에 계신 자가 비웃으신다고 표현한다. 주님이 철장 권세로 그들을 깨뜨리시므로 오직 주님께만 입 맞추라고 한다.

> 어찌하여 이방 나라들이 분노하며 민족들이 헛된 일을 꾸미는가,
> 하늘에 계신 이가 웃으심이여 주께서 그들을 비웃으시리로다,
> 네가 철장으로 그들을 깨뜨림이여,
> 그의 아들에게 입맞추라…(시 2:1, 4, 9, 12).

마귀는 이 세상 거리를 활보하며 교회와 기독교를 비웃고 조롱의 화살을 쏘아대고 있다. 그러나 우리는 그것을 두려워하지 않아도 된다. 철장 권세로 통치하시는 하나님께서 천하의 왕으로 오시기 때문이다. 성탄의 그날에 천하의 왕으로 오신 주님을 당대 최고의 지식인이었던 동방박사들이 예배했던 것처럼, 우리도 그 메시아 앞에 무릎 꿇고 예배할 수 있어야 한다. 예수님이 천하의 왕이심을 믿고 그분을 경배하는 삶을 살 때, 우리는 그분께서 이루시는 새 창조의 역사를 보게 될 것이다.

마지막으로 '회개'를 우리가 스스로 짊어져야 하는 짐으로 여기지 말라는 말씀을 드리고 싶다. 많은 사람이 "회개하라"는 말씀에 대해 너무 큰 부담을 갖는 것 같다. 그 부담 때문에 오히려 회개하지 못하는 삶을 살아간다. 그러나 우리가 정말 우리를 위해 싸우시고 새 창

조의 역사를 이루시는 하나님의 은혜를 깨닫는다면 회개도 안심하고 할 수 있다. 주님 앞이라면 회개를 통한 깨어짐도 안심하고 할 수 있고, 주님께 맡기는 것도 안심하고 맡길 수 있다. 주님은 천하의 왕이시고 우리의 왕이시지 않은가. 회개를 통해 천하의 왕 앞에 깨어지고 엎드리며 경배할 때, 하나님께서는 기적을 베푸실 것이다.

참 생명으로 걷게 하시다

"예루살렘을 친 모든 백성에게 여호와께서 내리실 재앙은 이러하니 곧 섰을 때에 그들의 살이 썩으며 그들의 눈동자가 눈구멍 속에서 썩으며 그들의 혀가 입 속에서 썩을 것이요 그 날에 여호와께서 그들을 크게 요란하게 하시리니 피차 손으로 붙잡으며 피차 손을 들어 칠 것이며 유다도 예루살렘에서 싸우리니 이 때에 사방에 있는 이방 나라들의 보화 곧 금 은과 의복이 심히 많이 모여질 것이요 또 말과 노새와 낙타와 나귀와 그 진에 있는 모든 가축에게 미칠 재앙도 그 재앙과 같으리라 예루살렘을 치러 왔던 이방 나라들 중에 남은 자가 해마다 올라와서 그 왕 만군의 여호와께 경배하며 초막절을 지킬 것이라 땅에 있는 족속들 중에 그 왕 만군의 여호와께 경배하러 예루살렘에 올라오지 아니하는 자들에게는 비를 내리지 아니하실 것인즉 만일 애굽 족속이 올라오지 아니할 때에는 비 내림이 있지 아니하리니 여호와께서 초막절을 지키러 올라오지 아니하는 이방 나라들의 사람을 치시는 재앙을 그에게 내리실 것이라 애굽 사람이나 이방 나라 사람이나 초막절을 지키러 올라오지 아니하는 자가 받을 벌이 그러하니라 그 날에는 말 방울에까지 여호와께 성결이라 기록될 것이라 여호와의 전에 있는 모든 솥이 제단 앞 주발과 다름이 없을 것이니 예루살렘과 유다의 모든 솥이 만군의 여호와의 성물이 될 것인즉 제사 드리는 자가 와서 이 솥을 가져다가 그것으로 고기를 삶으리라 그 날에는 만군의 여호와의 전에 가나안 사람이 다시 있지 아니하리라"(스가랴 14:12-21)

스가랴서의 주제를 한마디로 정리하면 "돌아오면 회복된다"이다. 그렇다면 우리는 어디로, 누구에게로 돌아가야 할까? 결국 우리가 돌아가야 할 분은 예수님이다. 우리는 다른 곳이 아니라 예수님께로 돌아가야 한다. 스가랴서는 1장부터 14장까지 예수님에 대해 말씀하고 있는데, 각 장에서 말씀하는 예수님에 관한 내용을 정리하면 다음과 같다.

1장 : 화석류나무 사이에 붉은 말을 타고 서신 예수님
2장 : 측량줄을 잡으시고 성곽 없는 성읍을 약속하신 예수님
3장 : 더러운 죄악의 옷을 입은 우리에게 깨끗한 예복을 입혀주시는 예수님
4장 : 무한한 힘과 성령의 능력을 공급해주시는 예수님
5장 : 날아가는 두루마리와 에바로 죄악을 청산하시는 예수님
6장 : 영광의 면류관을 쓰신 예수님

7장: 너희의 금식이 누구를 위해 하는 금식이냐고 문책하고 도
　　 전하시는 예수님

8장: 거룩한 질투로 우리에게 회복을 주시는 예수님

9장: 우리를 왕관의 보석같이 만드시는 겸손한 왕이신 예수님

10장: 우리에게 봄비의 축복을 주시고 참된 복을 주시는 예수님

11장: 우리의 참 목자이신 예수님

12장: 이 땅에 재림하시는 예수님

13장: 우리에게 정결의 샘을 주시는 예수님

14장: 천하의 왕으로 오셔서 우리 삶의 모든 영역을 통치하시는
　　 예수님

어떤가? 장마다 살펴본 말씀의 내용들이 파노라마처럼 스쳐 지나가지 않는가? 그간 많은 분에게서 스가랴서 말씀으로 주님을 깊이 만났다는 얘기를 들을 때마다 설교자로서 매우 감사하고 영광스러웠다. 동시에 우리가 스가랴서를 통해 진정으로 예수 그리스도만을 바라보며 주님께로 돌아갈 수 있기를 소원했다. '내가 원하는 그리스도'가 아니라 '성경이 말씀하신 그리스도', 스가랴가 예언한 그리스도를 진실하게 바라볼 수 있기를 기도했다. 이 마지막 장도 그런 마음으로 우리의 뜻과 정성을 다해 예수 그리스도를 바라볼 수 있기를 다시 한번 소망한다.

대적자들에게 미칠 재앙

본문이 보여주는 첫 번째 내용은 배교자들과 대적자들의 궁극적 운

명이다. 이에 대해 본문 12절에는 섬뜩하고 두려운 구절이 나온다.

예루살렘을 친 모든 백성에게 여호와께서 내리실 재앙은 이러하니 곧 섰을 때에 그들의 살이 썩으며 그들의 눈동자가 눈구멍 속에서 썩으며 그들의 혀가 입 속에서 썩을 것이요(슥 14:12).

예루살렘을 치고 하나님을 불신하는 모든 사람에게 치명적인 병이 임한다고 한다. 어떻게 보면 이것은 너무 끔찍해서 '살아있는 죽음'처럼 보인다. 그런데 이에 더해 그들에게는 다음과 같은 재앙도 임한다.

또 말과 노새와 낙타와 나귀와 그 진에 있는 모든 가축에게 미칠 재앙도 그 재앙과 같으리라(슥 14:15).

이런 끔찍한 재앙이 대적자뿐만 아니라 그 집의 말과 노새와 낙타와 나귀와 모든 가축에게도 임한다는 것이다. 이는 과거 이스라엘이 출애굽하기 전, 애굽인들에게 임했던 재앙을 떠올리게 한다.

어떤 학자들은 본문에서 말씀하는 이 재앙에 대하여, 핵폭탄이 터짐으로 사람의 피부와 눈동자와 혀까지 녹는 형벌이 임할 것이라 보기도 한다. 또 다른 분들은 치명적인 감염병이 나타나는 것으로도 해석한다. 배교자들과 대적자들과 믿지 않는 이들에 대해 하나님께서 역병을 징벌로 내리신다는 견해이다. 13절은 대적자들에게 임할 징벌에 대해 계속해서 말씀한다.

그날에 여호와께서 그들을 크게 요란하게 하시리니 피차 손으로 불

잡으며 피차 손을 들어 칠 것이며.

그날에 이르러 악한 자들이 서로 싸우다가 망한다는 것이다. 이는 과거 이스라엘을 대적했던 산헤립의 앗수르 군대와 미디안 군대, 블레셋 군대를 떠올려보면 구체적으로 그려볼 수 있다. 이스라엘을 쳐들어왔던 블레셋 군대가 하나님께서 역사하시자 자중지란이 일어나 서로 칼로 자기 편을 치고 크게 혼란해진 일이 있었다(삼상 14:20). 본문은 그날에 이르러 그와 같은 일들이 나타난다고 한다. 한편, 14절에서는 독특한 내용이 소개된다.

유다도 예루살렘에서 싸우리니 이때에 사방에 있는 이방 나라들의 보화 곧 금 은과 의복이 심히 많이 모여질 것이요.

분위기가 앞 절과는 상당히 달라졌다. 앞 절에서는 배교자들에게 역병과 혼란이 찾아온다고 하셨는데, 14절에서는 느닷없이 이방에 있던 모든 금은보화와 의복들이 하나님의 백성들에게 심히 많이 모인다고 말씀하신다. 그날에 큰 환난이 찾아오지만, 결국 하나님의 백성들의 손 안에는 하나님께서 예비하신 축복들이 들어온다는 것이다.

우리는 여기서 하나님의 말씀을 말씀 그대로 받을 수 있어야 한다. 하나님께서는 환난 속에서도 그 백성들에게 필요한 실제적인 부를 허락해 주신다고 한다면, 이 말씀 앞에서 "아멘"으로 받고 평안 중에 그것을 소망할 수 있어야 한다.

초막절의 은혜 1. 감사와 기쁨과 말씀의 풍성한 잔치

이런 배경 가운데 본문 16-19절에는 중요한 초막절의 은혜가 소개된다. 먼저 16절을 보자.

예루살렘을 치러 왔던 이방 나라들 중에 남은 자가 해마다 올라와서 그 왕 만군의 여호와께 경배하며 초막절을 지킬 것이라.

믿지 않는 자들에게 심판이 임할 때, 예루살렘을 치러 왔던 이방 나라 중에 '남은 자'가 해마다 올라와서 그 왕 만군의 여호와께 경배하며 초막절을 지킨다고 한다. 쉽게 설명하자면, 이방 사람들 가운데 하나님을 믿기로 결심한 사람들이 하나님을 예배하며 초막절을 지킨다는 얘기다.

이는 바로 우리를 가리킨다. 엄밀한 의미에서 우리는 이스라엘 밖 이방 나라에서 태어난 사람들이 아닌가. 우리는 이스라엘 백성이 아님에도 불구하고 하나님의 은혜로 그분의 친 백성, 영적인 이스라엘이 되어 오늘날 하나님을 예배하고 경배하는 사람들이 되었다. 우리야말로 이방 나라 중에 '남은 자'로서 여호와께 경배하는 사람이 된 것이다.

본문에서는 이런 이들이 특별히 '초막절'을 지켜야 함을 말씀한다. 초막절이 어떤 절기인가? 우리가 아는 대로 이스라엘에는 유월절, 오순절, 초막절이라는 3대 절기가 있다. 그중 '유월절'은 이스라엘 백성들이 애굽을 탈출하기 전날 밤 여호와께서 모든 애굽의 장자를 죽이는 재앙을 내리셨을 때, 어린양의 피를 문설주에 바른 집은 재앙을 내리지 않고 지나가신(passover) 일을 기념하는 절기이다.

또한 유월절 이후 7 곱하기 7인 49일이 지난 50일째 되는 날에, 첫 수확을 감사하여 지키는 명절이 오순절(Pentecost)이다. 오순절에 성령이 강림하셔서 신약 교회는 오순절을 성령강림절로 지킨다. 마지막으로 초막절은 출애굽하여 광야에 머물던 때를 기억하기 위해 초막을 지어 절기 기간동안 그곳에서 지냈는데, 유대력으로 7월이고 우리가 쓰는 현재 달력으로는 9월 추수 때다. 그렇기에 초막절은 하나님께서 풍성한 수확, 특히 마지막 포도와 올리브 수확으로 채워주심에 대해 감사드리는 절기이다(신 16:13-17).

이를 시점별로 정리하자면, '유월절'은 과거 이스라엘 민족을 애굽에서부터 구원하시고 그리스도인들을 죄에서부터 이끌어내신 것을 기념하는 축일이다. 우리의 '과거'에 대한 감사 절기가 유월절이라 하겠다. 또한 '오순절'은 우리에게 성령을 주셔서 그의 도움으로 매일을 살게 하시는 '현재'에 대한 축제의 날이다. 그리고 '초막절'은 궁극적으로 미래에 일어날 일에 대한 축제의 절기다. 마지막 시대 예수님이 재림하셔서 마지막 왕국이 이루어질 것에 대해 기념하는 축제일이 바로 '초막절'의 진정한 의미이다.

유대인들은 유월절도 잘 지키고 오순절도 잘 지키지만, 특별히 초막절을 잘 지키려고 한다. 이때는 추수의 은혜와 함께 하나님께서 날마다 그들을 도우심을 기념하여 마당에 나뭇가지들을 늘어놓으며 절기를 지키는데, 이에 대해서는 출애굽기 23장이나 레위기 23장, 신명기 16장에 자세히 나와 있다.

성경에 기록된 초막절 사건 중, 느헤미야가 예루살렘의 성벽을 재건하고 난 후 수문 앞 광장에서 드린 초막절은 우리의 주의를 끈다.

율법에 기록된 바를 본즉…초막을 지으라 하라 한지라 백성이 이에 나가서 나뭇가지를 가져다가 혹은 지붕 위에, 혹은 뜰 안에, 혹은 하나님의 전 뜰에, 혹은 수문 광장에, 혹은 에브라임 문 광장에 초막을 짓되 사로잡혔다가 돌아온 회중이 다 초막을 짓고 그 안에서 거하니 눈의 아들 여호수아 때로부터 그 날까지 이스라엘 자손이 이같이 행한 일이 없었으므로 이에 크게 기뻐하며 에스라는 첫날부터 끝날까지 날마다 하나님의 율법책을 낭독하고 무리가 이레 동안 절기를 지키고 여덟째 날에 규례를 따라 성회를 열었느니라(느 8:14-18).

수문 앞 광장에서 드려졌던 초막절은 수백 년 역사 가운데 가장 강력한 은혜가 임한 초막절이었다. 그 기쁨이 얼마나 컸던지 에스라는 7-8일 동안 치러지는 초막절 행사에서 "첫날부터 끝날까지 날마다 하나님의 율법책을 낭독"했고, 무리는 일주일 내내 은혜를 받고 마지막 날 8일째에는 대성회를 열었다. 초막절을 치르는 내내 '눈물 섞인 감사'와 세상 사람들이 알지 못하는 '제어할 수 없는 기쁨', '말씀의 풍성함'과 '감격스러운 잔치'가 임했던 것이다.

온 성도들의 가정마다, 일터마다, 생업마다 초막절의 은혜가 물 붓듯 부어지기를 간절히 기도한다. 초막절의 기쁨과 말씀의 풍성함과 잔치의 은혜가 넘치기를 소원한다.

예전에 강원도 예수원에서 은혜를 받던 시절, 고(故) 대천덕(R. A.Torrey) 원장님으로부터 초막절에 관련한 말씀을 들었던 기억이 난다. 한국의 많은 교회가 부활절과 오순절은 잘 지키는데 초막절을 지키지는 않는다는 게 참 기이하다는 말씀이셨다. 그분은 생전에 한국교회가 초막절을 중시하길 원하셨다. 이스라엘이 행하는 대로 초막을 치며 기념하라는 말이 아니라, 초막절에 나타난 신학적, 영적, 언약적 말씀의 깊이를 그대로 삶에 접목하기를 바라는 마음이셨다.

나 역시 또 한번 소망하며 간구한다. 이 말씀을 읽는 모든 이에게 초막절의 은혜가 넘치기를, 초막절에 주실 은혜의 비가 쏟아지기를 바란다. 초막절과 관련하여 앞 장에서 살펴본 말씀처럼 하나님께서 '이른 비와 늦은 비의 은혜'를 우리 모두에게 베푸시기를 간구한다.

초막절의 은혜 2. 영적 추수의 은혜

초막절과 관련하여 갑자기 '비'를 언급하는 까닭은, 이어지는 본문 17절에서 '비'에 대해 언급하고 있기 때문이다.

> 땅에 있는 족속들 중에 그 왕 만군의 여호와께 경배하러 예루살렘에 올라오지 아니하는 자들에게는 비를 내리지 아니하실 것인즉.

땅에 있는 족속들 중에 하나님께 경배하러 올라오지 않는 사람들에게 '비'를 내리지 않겠다고 하신다. 반대로 초막절을 지키는 사람들에게는 '은혜의 비'를 내리겠다고 하신다. 18-19절을 보라.

> 만일 애굽 족속이 올라오지 아니할 때에는 비 내림이 있지 아니하리니 여호와께서 초막절을 지키러 올라오지 아니하는 이방 나라들의 사람을 치시는 재앙을 그에게 내리실 것이라 애굽 사람이나 이방 나라 사람이나 초막절을 지키러 올라오지 아니하는 자가 받을 벌이 그러하니라.

여기서 우리가 주목해야 할 단어는 '애굽 족속'이다. 하나님께서는 '애굽 족속'이 초막절을 지키러 오지 않는다면 비를 내리지 않으실 뿐 아니라, 12-15절에 나오는 재앙들도 내리시겠다고 하신다. 하나님께서는 왜 애굽 족속을 콕 집어서 비를 내리지 않는다고 하셨을까?

애굽 족속의 특징 중 하나는 하늘에서 내리는 비를 간절히 바라지 않았다는 데 있다. 그들은 비가 내리길 바라며 하나님께 기도하기보다 이집트의 큰 강인 나일강을 의지하며 농사를 지었다. 나일강이 범람하면 토지가 비옥해져 곡식 경작이 가능했기 때문에 그들에게는 나일강 자체가 신이었던 것이다. 그들은 '나일 신'을 믿었기에 "우리에게는 비가 오지 않아도 돼"라는 교만이 가득했다. 그러니 하나님께서 내려주시는 이른 비와 늦은 비의 은혜를 바라지도 않았다. 나일강도 결국 하늘에서 비가 내려야 장구히 흐르는 것인데, 비를 내리시는 하나님은 의지하지 않고 나일강만 의지하는 교만하고 어리석은 모습이었다.

놀랍게도 이러한 행태는 어느 시대, 어느 민족에게나 나타난다. 비를 내리시는 하나님을 의지하지 않고 자기 주변의 저수지만 있으면 다 된 것처럼 여기며 하나님의 영역주권에 도전장을 내밀곤 한다. 그러나 하나님께서는 그들을 향해 비가 내리지 않는 징벌이 임할 것을 말씀하신다.

우리는 여기서 초막절의 은혜의 핵심이 무엇인지 발견할 수 있다. 초막절의 은혜의 중요한 핵심은 세계선교를 통해 수많은 사람이 주님 앞에 나아와 예배하는 것이다. 이른 비와 늦은 비를 맞고 자란 곡식을 거두는 영적 추수야말로 초막절 잔치의 진정한 의미라 할 수 있다. 그래서 선교사님들은 한 지역에서 하나님을 예배하는 사람들을 탄생시키는 것에 선교의 목표가 있다고 말한다. 누군가를 전도하여 그 사람을 예배자로 만드는 것이 선교의 목표이고 초막절의 핵심이라는 얘기다. 이처럼 영적인 초막절이 회복되면 마지막 때 강력한 선교 운동이 일어날 것이다. 그때가 되면 하나님께서 낫을 휘둘러 익은 곡식을 거두어들이실 것이다.

이에 대해 요한계시록에서는 이렇게 말씀한다.

또 다른 천사가 성전으로부터 나와 구름 위에 앉은 이를 향하여 큰 음성으로 외쳐 이르되 당신의 낫을 휘둘러 거두소서 땅의 곡식이 다 익어 거둘 때가 이르렀음이니이다 하니 구름 위에 앉으신 이가 낫을 땅에 휘두르매 땅의 곡식이 거두어지니라(계 14:15-16).

놀라운 예언의 말씀이다. 영적 추수의 때, 즉 초막절에는 마지막 영적 추수의 낫을 휘둘러 땅의 곡식이 거두어진다는 것이다. 이것이 초막절에 이루어지는 또 하나의 큰 은혜이다.

초막절의 은혜 3. 생수의 강이 흘러나오는 성전의 회복

초막절의 은혜가 절정에 이른 모습을 가장 실제적으로 보여주는 말씀이 신약성경에 소개된다. 요한복음 7장 37-39절 말씀이다.

명절 끝날 곧 큰 날에 예수께서 서서 외쳐 이르시되 누구든지 목마르거든 내게로 와서 마시라 나를 믿는 자는 성경에 이름과 같이 그 배에서 생수의 강이 흘러나오리라 하시니 이는 그를 믿는 자들이 받을 성령을 가리켜 말씀하신 것이라 (예수께서 아직 영광을 받지 않으셨으므로 성령이 아직 그들에게 계시지 아니하시더라).

이 말씀의 배경이 되는 '명절 끝날'이 초막절이다. 초막절은 일주일 동안 계속되었다. 이때 수많은 레위 사람이, 많을 때는 3천여 명의 레위 사람이 매일 황금 항아리와 그릇을 가지고 실로암에서 물을 길어 예루살렘 성전으로 갖고 와서는 성전 앞 큰 바위에 부었다. 요한복음 7장은 이런 상황을 배경으로 말씀한다. 성전에 물이 차고도 넘치기에 누구든지 목마르거든 그 성전(예수님)에 와서 물을 마시라는 것이다. 성전 앞 큰 바위에 물을 부을 때 제사장들이 뭐라고 선포했는지 아는가? 스가랴 14장 8절 말씀을 선포했다.

그날에 생수가 예루살렘에서 솟아나서 절반은 동해로, 절반은 서해로 흐를 것이라 여름에도 겨울에도 그러하리라.

이 말씀을 선포하며 하루에 한 번씩 성전 앞 바위에 물을 부으면 사람들은 은혜에 젖었다. 그러다가 마지막 날에는 물이 차고 넘쳐 바위에서 샘솟는 듯한 광경이 펼쳐졌기에, 그 은혜가 절정에 달했다. 예수님은 이를 두고 요한복음 7장에서 다음과 같이 말씀하셨다. "초막절 마지막 날 흐르는 샘물이 무엇을 상징하는 줄 아느냐? 그것은 보통 물이 아니다. 너희 속에서 솟아나는, 아니 생수의 강이 되는 성령의 부어주심을 약속하는 것이란다."

나를 믿는 자는 성경에 이름과 같이 그 배에서 생수의 강이 흘러나오리라 하시니(요 7:38).

초막절의 마지막은 '생수의 강'이 우리 배에서 흘러나오며 마무리된다. 이 얼마나 가슴 벅찬 약속의 말씀인가. 그런데 여기서 생수의 강이 흘러나오는 '배'는 단순히 우리 몸의 일부를 뜻하는 것이 아니다. 스가랴서에서 강조한 스룹바벨 성전 재건을 말하는 것으로, 바로 우리 자신이 걸어 다니는 성전이기에 이 성전의 회복을 말씀하고 있다.

> 너희는 너희가 하나님의 성전인 것과 하나님의 성령이 너희 안에 계시는 것을 알지 못하느냐(고전 3:16).

초막절의 마지막 은혜는 바로 '성전 회복'이다. 초막절의 은혜로 생수의 강이 흘러나오는 것과 같은 '성전의 회복'이야말로 초막절에 임할 은혜의 절정이라는 것이다. 이와 관련된 본문 20-21절을 살펴보자.

> …여호와의 전에 있는 모든 솥이 제단 앞 주발과 다름이 없을 것이니 예루살렘과 유다의 모든 솥이 만군의 여호와의 성물이 될 것인즉 제사 드리는 자가 와서 이 솥을 가져다가 그것으로 고기를 삶으리라 그 날에는 만군의 여호와의 전에 가나안 사람이 다시 있지 아니하리라.

여기에는 '여호와의 전'이라는 단어가 두 번이나 나온다. 이스라엘이 그토록 재건되기를 바랐던 스룹바벨 성전을 가리킨다. 폐허가 되어 완전히 잿더미가 된 예루살렘이 물리적으로도 완전히 회복되었음을 알려주는 말씀으로, 이는 이 시대를 살아가는 우리의 성전도 회복시켜 주실 하나님을 소망하게 한다. 하박국 선지자와 에스겔 선지자는 회복된 여호와의 성전에 대해 다음과 같이 고백했다.

> 오직 여호와는 그 성전에 계시니 온 천하는 그 앞에서 잠잠할찌니라(합 2:20, 개역한글).

> 그 사방의 합계는 만 팔천 척이라 그 날 후로는 그 성읍의 이름을 여호와삼마라 하리라(겔 48:35).

'여호와삼마'는 "여호와께서 거기에 계시다"란 뜻이다. 그러므로 '여호와삼마'는 진정한 회복을 뜻하는 것으로, 그 이름 자체가 "회복되었다"라는 선포와 다를 바 없다. 그렇다면 구체적으로 성전이 회복된다는 것은 무엇을 뜻할까? 본문 20-21절에서 두 가지를 말씀하는데 그중 하나는 20절에서 찾을 수 있다.

> 그날에는 말 방울에까지 여호와께 성결이라 기록될 것이라(슥 14:20a).

'말 방울'은 거룩한 물건이 아니다. 아니, 어떻게 보면 하찮은 것이다. 특히 전쟁 시에는 말도 별로 거룩하지 않은데 하물며 말 방울은 어떠하겠는가? 그런데 그날에는 하찮은 말 방울에까지 '여호와께 성결'이라 기록된다고 한다. 여기서 '여호와께 성결'은 '코데쉬 라도나이'(קֹדֶשׁ לַיהוָה)로, 본래는 제사장의 관 금패에 기록되는 문구이다. 거룩한 제사장의 관 금패에만 기록되는 '여호와께 성결'이란 문구를 말 방울에까지 기록한다는 것이다. 이는 그날에 비천한 것, 미미한 것, 아무것도 아닌 것, 오염된 것, 더러운 것, 사악한 것들이 하나님께 거룩해지고 성결해진다는 뜻이다.

이에 대해 본문 20절 후반부에서는 이렇게 말씀한다.

여호와의 전에 있는 모든 솥이 제단 앞 주발과 다름이 없을 것이니.

여기 나오는 '솥'은 아주 천한 기구이다. 예루살렘에 있는 기구들 중 가장 천한 것이라 해도 과언이 아니다. 고기를 삶고 재를 옮기는 데 쓰이는 물건일 뿐이다. 그런데 그 솥이 거룩한 '주발'에 비견되고 있다. 그것도 어린양의 피를 담는 '주발'이다. 이는 가장 천한 솥이 가장 거룩한 주발이 된다는 뜻이다. 놀라운 말씀이지 않은가. 여호와의 전, 즉 성전이 회복되면 말 방울에 '여호와께 성결'이라 기록되고, 천한 솥이 거룩한 주발이 된다고 한다. 그야말로 출애굽기의 주제인 "너희가 내게 대하여 제사장 나라가 되며 거룩한 백성이 되리라"(출 19:6a)라는 말씀이 이루어지는 모습이다.

이는 거룩함이 보편화된다는 것을 뜻한다. 모든 백성이 거룩하게 되어 거룩함의 평준화, 거룩함의 일상화가 이루어진다는 얘기다. 첫 장에서 말씀드린 대로, 아브라함 카이퍼가 주창한 우리 삶의 모든 현장에 거룩한 영역주권이 성취되는 모습이기도 하다. 성전이 회복되면 이와 같은 일이 일어난다는 것이다.

회복을 넘어 부흥의 참 생명으로 살아가라

이제 스가랴서의 대미를 장식하는 마지막 구절을 보자.

…그날에는 만군의 여호와의 전에 가나안 사람이 다시 있지 아니하리라(슥 14:21).

초막절의 은혜를 말씀하는 본문 14장의 마지막 구절은 "…그날에는 만군의 여호와의 전에 가나안 사람이 다시 있지 아니하리라"이다. 이 구절을 보면 처음에는 약간 생뚱맞다는 느낌을 받을 것이다. 왜 스가랴서는 "축복한다"로 끝나지 않고 "그날에 가나안 사람이 다시 있지 아니하리라"라고 끝맺을까?

이를 이해하기 위해 스가랴서 첫 장과 마지막 장의 마지막 구절을 다시 읽어보자.

…여호와의 말씀이…스가랴에게 임하니라(슥 1:1).

…그날에는 만군의 여호와의 전에 가나안 사람이 다시 있지 아니하리라(슥 14:21).

스가랴서는 하나님의 말씀이 스가랴에게 임하는 것으로 시작하여 "가나안 사람이 다시 있지 아니하리라"로 끝난다. 그렇기에 이 마지막 구절은 매우 중요한 의미를 지닌다. 그렇다면 이 구절은 대체 무슨 뜻일까?

당시 가나안 사람들은 우상숭배의 표상이었다. 인신 제사를 지내고 우상숭배를 하며, 돈을 너무 사랑하여 돈에 눈독을 들인 사람들이었다. 돈 자체가 나쁘다는 말이 아니다. 하나님보다 돈을 사랑하여 돈 자체를 추구하다 보니 돈에 오염되었다는 뜻이다. 나중에 유대인들이 성전 안에서 물건을 사고팔며 뇌물을 주고받았던 것은, 그들이 가나안 문화에 오염되었다는 증거다. 그들은 성전을 돈으로 오염시켜 버린 사람들이었다. 그래서 예수님은 십자가에 달리시기 전에 채찍을 들고 성전을 정결케 하는 작업을 하셨다. 이는 가나안 문화로 오염된 것들을 주님이 정리하신다는 의미로 볼 수 있다.

그런 면에서 우리는 스가랴서의 마지막 구절인 "그날에는 만군의 여호와의 전에 가나안 사람이 다시 있지 아니하리라"라는 말씀을 삶에 접목할 수 있어야 한다. 우리는 걸어 다니는 성전이다. 그렇기에 우리는 우리 마음에 마지막까지 남아 있는 오염된 부분들이 주님의 은혜로 정결케 되도록 간구함으로, 다시는 우리 안에 남아 있지 않게 해야 한다. 그럴 때 초막절의 은혜가 한결같이 우리를 뒤덮을 것이다.

1981년으로 기억한다. 당시 흰돌산수양관에서 열린 대학부 수양회에 참석했다. 당시 대학부에는 소위 영파와 지성파, QT파와 기도파간에 약간의 갈등이 있었다. 그런 갈등이 일어나자, 나는 리더로서의 책임감에 마음이 괴로워서 예배당 앞 언덕 쪽 바위에 올라가서 그 문제를 놓고 마음을 다해 기도하지 않을 수 없었다. 그렇게 마음을 추스르고 다시 수양관으로 내려와 보니 마당 한쪽에 버스 한 대가 세워져 있었다. '어디서 온 건가?' 하며 살펴보니 사랑의교회 순장수양회를 위해 40여 명이 타고 온 버스였다. 고(故) 옥한흠 목사님도 함께 계셨다. 목사님은 나를 반갑게 맞아주시더니 대뜸 "오늘 순장수련회에서 오 형제가 설교해"라고 하셨다. 깜짝 놀랐다. 그때 내 나이가 스물여섯 밖에 안 되었을 때라 까마득하게 어린 사람이 순장님들 앞에서 말씀을 전할 엄두가 나지 않았기 때문이다. 당연히 나는 목사님께 설교를 고사했다.

"아이 목사님, 제가 어떻게 설교를 합니까?"

"아니야, 설교해."

"아, 못합니다."

"아니야, 해."

결국 나는 "알겠습니다"라고 답했다. 그때《내 마음 그리스도의 집》이란 소책자 내용을 가지고 말씀을 전했다. 당시 우리 대학부 지체들이 은혜로운 영적 성장 자료를 한국교회에 배포하자는 취지에서 그 책을 번역했었다. 나도 그 작업에 함께 참여하며 받았던 은혜가 컸기에, 그 은혜를 떠올리며 말씀을 전했던 기억이 있다.

책의 내용은 이렇다. 주인공은 은혜를 받은 후 자신의 서재와 주방, 거실과 작업실까지 모두 주님께 내어드린다. 그렇게 모두 내어드렸으니 이제 주님 앞에 자신을 드리며 살고 있다는 생각이 들었다. 그런데 며칠이 지나자 주인공은 마음이 찜찜했다. 하나님께서 '네 오락실은?', '네 침실은?'이라고 말씀하시는 것 같았다. 결국 주인공은 자기 오락실과 침실마저도 주님께 내어드렸다. '이제 내게 그리스도인으로서 성숙하게 사는 은혜를 주시는구나'라고 생각했다. 그런데 이후에도 해결되지 않은 뭔가가 남아 있었다. '이 정도면 모든 영역을 주님께 내어드렸으니 충분하지 않은가?'라고 생각했는데, 이상하게도 의심쩍은 마음이 사라지지 않더니 나중에는 불편한 마음마저 들었다. 알고 보니 아직 주님께 내어드리지 않은 방이 하나 남아 있었다. 네모낳고 자그마한 2층 다락방이었다. 사실 그 방에는 보잘것없는 물건들을 쌓아놓았던 터라, 아무에게도 심지어 예수님께도 보이고 싶지 않은 방이었다. 그런데 예수님이 그 방을 내어놓으라 하시니 주인공은 화가 나서 이렇게 외쳤다. "주님, 제가 서재와 주방, 거실과 작업실, 오락실과 침실까지 다 내어드렸는데 마지막 남은 작은 다락방은 그냥 놔둬도 되지 않나요? 이거 너무하신 것 아닌가요?"

그런데도 주님은 그 방을 내어놓기를 원하셨다. 결국 주인공은 다락방의 마지막 열쇠까지 주님 앞에 내어드렸고, 그 순간 비로소 신앙의 새로운 문이 열리기 시작했다.

어떠한가? 《내 마음 그리스도의 집》이라는 책의 내용이 이 장의 본문 마지막 구절에서 전하려는 내용과 일치한다는 사실이 깨달아지는가? 마지막 남은 것 하나, 아무것도 아닌 것 같은 그것까지 주님 앞에 내어드리며 정리하고 처리할 때, 성전인 우리 안에는 "가나안 사람이 다시는 있지 않게" 된다. 그리고 가나안의 솥 같고, 말 방울 같던 우리 인생이 제단의 거룩한 주발이 된다.

어떤 사람은 이렇게 생각할지도 모른다. '이것까지 내놓으면 주님이 내 인생의 기쁨과 즐거움을 다 빼앗으시는 것 아닌가?' 아니다. 우리가 말씀 앞에 결단하고 우리의 마지막 남은 조각까지 하나님 앞에 내어드리면, 하나님께서는 예비하신 초막절의 풍성한 은혜를 우리에게 부어주신다. 세상 사람들이 알지 못하는 '눈물 섞인 기쁨'과 감사와 말씀의 풍성한 잔치를 베풀어 주신다. 이 사실을 가슴에 안은 채, 이제 마지막 결론을 내려보자.

스가랴는 포로 생활 후 돌아왔을 때, 예루살렘의 척박한 현실과 마주해야 했다. 영적으로나 신앙적으로나 큰 절벽 앞에 서 있는 느낌이었다. 그러면 사람들은 대부분 적당히 선지자 노릇을 하며 적당히 안주하겠지만, 스가랴는 그러지 않았다. "어떻게 해야 해결될 수 있습니까, 어떻게 해야 담을 뛰어넘을 수 있습니까?"라며 하나님 앞에 애걸복걸, 그야말로 데굴데굴 굴렀다. 그러자 주님은 16년 동안 중단되었던 스룹바벨 성전을 재건해 주시며 예루살렘의 회복을 약속하셨다.

우리 앞에 벽이 있는가? 그렇다면 절대 포기하지 말고 스가랴처럼 이 말씀을 붙잡고 '포물절의 사명자'가 되기를 바란다. '포기하지말고 물러서지 말고 절망하지 말고' 하나님의 말씀을 붙들어 말씀의 성취를 이루는 인생이 되라. 무엇보다 본문을 통해 주시는 '초막절의 은혜'를 통해 우리 인생의 마지막 열쇠까지 주님 앞에 내어드림으로, 21세기의 거룩한 제사장으로 살아가는 은혜가 있기를 바란다. 주의 사랑 한없고 주의 권능 끝없음을 찬송하면서, 스가랴서에서 약속하신 모든 재앙이 물러가는 은혜, 솥이 주발이 되는 은혜, 성결의 은혜, 가나안이 청산되는 은혜가 온 교회 위에 임하기를 기도하며 축복한다.

🚲

가슴에 손을 얹고 기도합니다.

6개월 간의 스가랴서 대장정을 마무리하게 하신 주님의 이름을 높여드립니다. 이 말씀으로 벽 앞에 서 있는 분들이 다시 한번 벌떡 일어나게 하여 주시고 어떤 어려운 장애 앞에서도 포기하지 않고 물러서지 않으며, 절망하지 않는 사명자로 삼아 주옵소서.

우리 모두가 21세기의 거룩한 성전이 되어 우리 마음의 가나안을 청소하게 하시고, 우리 가운데 있는 수많은 주의 백성에게 솥이 하나님 나라의 거룩한 주발로 바뀌는 기적이 일어나게 하여 주옵소서.

돌아오면 우리를 예외 없이 회복시켜 주시는 우리 주 예수 그리스도의 이름 받들어 간절히 기도 올리옵나이다. 아멘.

국제제자훈련원은 건강한 교회를 꿈꾸는 목회의 동반자로서 제자 삼는 사역을 중심으로
성경적 목회 모델을 제시함으로 세계 교회를 섬기는 전문 사역 기관입니다.

그리스도로 살아나다

초판 1쇄 발행 2022년 9월 3일
초판 7쇄 발행 2023년 1월 31일

지은이 오정현

펴낸이 박주성
펴낸곳 국제제자훈련원
등록번호 제2013-000170호(2013년 9월 25일)
주소 서울시 서초구 효령로68길 98(서초동)
전화 02)3489-4300 **팩스** 02)3489-4329
이메일 dmipress@sarang.org

ISBN 978-89-5731-858-4 03230

※ 책값은 뒤표지에 있습니다. 잘못된 책은 구입하신 곳에서 교환해드립니다.